U0536427

赣鄱文化研究丛书

赣鄱宗族文化研究

施由明 ◎ 著

宗族，一个美好而温情的字眼，一个让中国人有归属的字眼，一个有情怀的字眼；而宗族文化则是儒家文化的内化，是中国传统文化的基石；赣鄱地区则是宗族文化的典型代表。

中国书籍出版社
China Book Press

图书在版编目（CIP）数据

赣鄱宗族文化研究 / 施由明著．
—— 北京：中国书籍出版社, 2017.4（赣鄱文化研究丛书．通论卷）
ISBN 978-7-5068-6124-3

Ⅰ．①赣… Ⅱ．①施… Ⅲ．①宗族—文化研究—江西 Ⅳ．① K820.9

中国版本图书馆 CIP 数据核字 (2017) 第 069977 号

赣鄱宗族文化研究

施由明 著

责任编辑	刘 娜
责任印刷	孙马飞 马 芝
封面设计	田新培
出版发行	中国书籍出版社
地　　址	北京市丰台区三路居路 97 号（邮编：100073）
电　　话	（010）52257143（总编室）　　　（010）52257153（发行部）
电子邮箱	chinabp@vip.sina.com
经　　销	全国新华书店
印　　刷	廊坊市海涛印刷有限公司
开　　本	180 毫米 ×260 毫米　　1/16
字　　数	480 千字
印　　张	30.75
版　　次	2017 年 4 月第 1 版　　2018 年 6 月第 1 次印刷
书　　号	ISBN 978-7-5068-6124-3
定　　价	92.00 元

版权所有 翻印必究

目 录

○ 绪 论

第一章　赣鄱宗族研究的学术回顾

一、国外学者对赣鄱宗族的研究 | 6

二、国内学者对赣鄱宗族的研究 | 8

○ 第二章　赣鄱宗族的历史形成

一、唐代中期以前赣鄱社会结构的演变 | 35

二、唐中期以后北人南迁入赣与庶民宗族的形成 | 51

三、赣鄱宗族形成于南宋 | 60

四、元明赣鄱宗族大发展 | 70

五、清代赣鄱社会全面宗族化 | 86

六、近现代赣鄱社会变迁与宗族兴衰 | 104

七、20世纪80年代后赣鄱农村社会宗族化趋向 | 114

○第三章　赣鄱谱牒文化

一、中国修谱的历史演进 | 128

二、赣鄱地域修谱的历史演进 | 132

三、赣鄱地域纂修族谱的过程 | 137

四、赣鄱地域族谱的构成特点 | 148

五、赣鄱族谱的社会历史功能、价值与社会文化意义 | 181

○第四章　赣鄱祭祖与祠堂文化

一、宋代以前江西地域的祭祀 | 207

二、宋元明江西地域祭祖与建祠的历史记载 | 209

三、清代江西的祠祭和墓祭 | 223

四、当代祭祖的复兴 | 275

○第五章　赣鄱族产文化

一、族产的源起与变迁 | 286

二、族产的来源 | 302

三、族产的管理 | 307

四、族产的功用 | 313

○第六章　赣鄱族规文化

一、族规的由来 | 316

二、清代的赣鄱族规 | 318

○第七章　赣鄱宗族文化的核心

一、族谱将儒家的忠孝廉节落实到基层民众 | 326

二、祭祖让基层民众践行儒家的孝敬诚 | 327

三、祠堂落实儒家的孝悌、礼、尊卑有序的思想和科举仕进的价值追求 | 328

四、族规将儒家思想化作基层民众的行为规范 | 331

○第八章　赣鄱宗族对书院文化的贡献

一、唐代赣鄱书院领先全国得益于宗族兴创 | 334

二、宋代赣鄱书院的兴盛有宗族兴创和捐助之功 | 345

三、元明清书院官学化宗族仍热衷捐助与兴创 | 352

四、近代学堂的创办有宗族之功 | 369

○第九章　赣鄱宗族对公学和蒙学的贡献

一、公学和蒙学的兴盛 | 376

二、宗族热衷于捐助公学和兴办蒙学 | 386

○第十章　赣鄱宗族对赣鄱人才辈出的贡献

一、宗族重学使宗族人才辈出 | 392

二、宗族人才辈出对赣鄱人才辈出有重大贡献 | 403

第十一章　赣鄱宗族文化与赣鄱社会变迁

一、宗族文化强化了古代社会稳定传续 | 410

二、宗族文化在近代社会变迁中的两面性 | 418

三、宗族文化对中国革命的功与过 | 429

四、宗族文化对当代赣鄱社会的影响 | 443

第十二章　历史启迪与未来展望

一、历史的启迪 | 446

二、未来的展望 | 451

参考文献

后　记

【绪论】

宗族，这是一个中国人都非常熟悉的字眼，因为我们都可归入某个宗族，或就在某个宗族地域范围内生活。

宗族，又是一个常常让中国人感到很温情的字眼，因为谈到宗族，人们或许就会想到族人、老家、先祖、姓氏来历、字辈等。

何为宗族？这是一个自20世纪30年代以来，许多学者就前后相继并至今仍在探究的问题。20世纪三四十年代著名的社会学家与人类学家费孝通认为，宗族是根据父系亲属原则而组成的社群。20世纪50年代英国著名的社会学家和人类学家弗里德曼在研究中国东南（广东和福建）的宗族之后认为，宗族就是有着共同族产、祠堂、族谱，共同祭祀祖先和遵守严格父系祭祀制度的组织。当代研究中国宗族的著名学者冯尔康先生认为，宗族是由男系血缘关系的各个家庭在宗法观念的规范下组成的社会组织。当代学者钱杭和谢维扬则认为，"实体性的宗族组织"特指农村中依据血缘关系而组成的宗族性团体，这些宗族性团体具有稳定的组织性，对其成员有系统的约束力。有的当代学者将宗族定义得较为宽泛，认为宗族是指基本上按男性血缘世系原则建立起来的，存在某种组织形式，进行有家族色彩的活动，具有内部认同和外部边界的社会群体。[1]笔者认为，宗族就是以共同祖先和有共同血缘关系为纽带而凝聚起来的一种社会组织。

宗族在中国是怎样起源和演变的？学者们做过很多探究，提出过不同的观点。[2]笔者认为，宗族源于上古社会的父系家长制，经历过西周

---

[1] 参见费孝通：《乡土中国》，中华书局2013年版；[英]弗里德曼：《中国东南的宗族组织》，上海人民出版社2000年版；冯尔康等：《中国宗族社会》，浙江人民出版社1991年版；钱杭、谢维扬：《传统与转型：江西泰和农村宗族形态》，上海社会科学院出版社1995年版；杨善华：《家族政治与农村基层政治精英的选拔、角色定位和精英更替——一个分析框架》，载《社会学研究》2000年第3期。

[2] 关于中国宗族的发展过程及其类型演变，各有不同看法，有所谓"三期说""四期说""五期说"等。可参见李文治：《中国封建社会土地关系与宗法宗族制》，载《历史研究》1989年第5期；郑振满：《明清福建家族组织与社会变迁》，湖南教育出版社1992年版；常建华：《宗族志》，上海人民出版社1998年版；徐扬杰：《中国家族制度史》，人民出版社1992年版；冯尔康等：《中国宗族社会》，浙江人民出版社1991年版；周建新：《人类学视野中宗族社会研究》，载《民族研究》2006年第1期。

和春秋战国时期的宗子宗法制宗族、秦汉豪族、魏晋隋唐士族、宋及其以后的庶民化宗族的演变过程。

何为宗族文化？宗族文化就是一切与宗族相关的文化，包括宗族的组织制度文化、建筑文化、行为文化、心理文化、教育文化、习俗文化等，内容博大精深，是中国传统文化的重要组成部分。

宗族和宗族文化的魅力何在？为何自民国以来吸引了那么多中外学者去痴痴以探？因为宗族和宗族文化与中国历史的方方面面纠结在一起，如政治、经济、文化、社会等，无不与宗族有关联，如不能理清西周的宗子宗法制，就不能清晰地认识西周和春秋战国时期的社会组织制度和社会结构；不能理清秦汉的豪族，就无法清晰地认识秦汉的社会状态和汉代的军事组织；不能理清魏晋隋唐的士族，就理不清魏晋隋唐的门阀政治；宋及其以后的庶民化宗族则更与国家的方方面面相互联系，如基层社会的组织结构、国家文化在基层社会的贯彻，国家教育在基层社会的展开，国民基本特性是怎样塑造出来的，国家教化是怎样在基层社会完成的，基层社会国民的思想和情感等，正因为宗族和宗族文化是解读中国历史的重要切入口，所以，宗族和宗族文化让许多学者深深着迷。而且中国各地的自然地理和生活环境各异，宗族和宗族文化有相同又各有不同，散发不同的魅力，从而宗族和宗族文化的研究异彩纷呈。

江西地处长江中下游南岸，雨量充足，光照和热能充沛，北有广阔的鄱阳湖平原，中有吉泰盆地，东西有赣抚平原和赣西平原，南部山地丘陵间有大小50多个盆地，都宜于水稻生长；还有广阔的湖面和河流宜于渔业；广大的丘陵山地适宜果业和经济作物种植。所以，江西自古就是"鱼米之乡"。唐代中期的"安史之乱"以后，北方移民曾大规模南迁，其中有一部分人口进入到了江西定居；唐末五代及北宋北方的战乱，都曾使北方人口大规模南迁，其中有相当一部分进入江西开始定居生活。这些北方移民与江西这个"鱼米之乡"相融合，耕读传家，从移民时的一两个人，繁衍成家族和宗族；唐宋的移民到明清时往往都传续成了大的宗族或望族。明代中后期和清前期，闽粤人口倒迁入赣，开发江西的山地丘陵，到清代中后期都繁衍成了宗族。所以，江西这个地域在明清时期是一个宗族势力强大的地区，宗族成为社会的基本结构单位，社会、经济、文化的发展和宗族紧密联系，不解读宗族和宗族文化，就难以透彻地了解江西历史的发展。

为了全面深入地解读江西这一特定地域的历史，同时，研究地方和国家是怎样互动的，正是本书编纂的意义之所在。

江西之所以又称"赣鄱"，是因为纵贯南北的赣江流入鄱阳湖，赣江流域和鄱阳湖流域连在一起，正好涵括了整个江西，所以，江西人又习惯称江西为"赣鄱"。

【第一章】赣鄱宗族研究的学术回顾

赣鄱地域自南宋以来就是中国宗族势力的强盛之区，到清代雍正年间达到顶峰。但无论国外还是国内学者，对赣鄱宗族的研究都不如对东南的闽粤、长江三角洲的江浙及淮河流域安徽的宗族研究那么多、那么深。然而，自20世纪90年代以后，学术界对于赣鄱宗族的研究越来越多。对于迄今为止有关赣鄱宗族的研究，本章作一简要的学术回顾。

一、国外学者对赣鄱宗族的研究

国内学者对于中国宗族的研究，远不如国外学者对中国士绅、乡绅和绅士（欧美学者习惯称"精英"）的研究，那么多、那么深入。如日本学者本村正一、根岸佶、佐野学、松本善海、仁田井陞、佐伯有、安野省三、田中正俊、滨岛敦俊、川胜守、西村元照、小山正明、重田德、酒井忠夫、沟口雄三、奥崎裕司、高桥孝助、山根幸夫等众多学者，从20世纪40年代到70年代，以乡绅等为视角解读中国社会，发表了不少学术水平较高的论著。欧美汉学界的学者，也在20世纪50年代开始，比较深入地研究中国的绅士阶层，张仲礼、瞿同祖、何炳棣、费正清等学者，都推出了力作，通过以绅士为视角，对中国的政治、经济、文化、社会等进行了深入的研究。[①]然而，国外学者真正关注到中国的宗族问

---

① 关于国外学者对中国士绅、乡绅和绅士的研究，可参见巴根：《明清绅士研究综述》（《清史研究》1996年第3期），郝秉键：《西方史学界的明清"绅士论"》（《清史研究》2007年第2期），徐茂明：《明清以来的士绅、乡绅、绅士诸概念辨析》（《苏州大学学报》2003年第1期），衷海燕：《士绅、乡绅与地方精英——关于精英群体研究的回顾》（《华南农业大学学报》2005年第2期），郝秉键：《日本史学界的明清"绅士"论》（《清史研究》2004年第4期），常建华：《日本八十年代以来的明清地域社会研究述评》（《中国社会经济史研究》1998年第2期）。

题是由于20世纪50年代英国汉学者莫里斯·弗里德曼（Maurice Freedman，1920—1975年），他提出了"中国宗族"这个概念，引发了随后海外学者对中国宗族的一系列研究。实际上，在弗里德曼之前，美国人类学家和社会学家葛学溥（Daniel Harrision Kulp）在20世纪20年代就已关注到中国的家族，1918年、1919年和1923年间，葛学溥曾多次在假期组织学生，对处于华南沿海的凤凰村进行调查，在1925年完成了其民族志的著作《华南农村生活——家族主义的社会学》，首次提出了"家族主义"这个概念。然而，葛学溥的调查与研究，仍然只是西方人类理论的思路和视角及方法，全方位地描述和分析了一村（凤凰村）的方方面面，揭示了中国乡村社会的一些基本问题，但是，他还没有走出西方人类学的套路，还没有真正找到和提出解读中国乡村社会的一个比较到位的视角和范式。直到20世纪50年代，英国汉学家弗里德曼才完成这项工作。

弗里德曼是一个受现代西方社会学结构功能主义理论影响的学者，又是一个研究过非洲宗族社会的西方人类学家，在20世纪50年代，他虽然没有到中国做田野调查，但他利用二手资料研究中国东南的福建和广东的乡村社会，先后完成出版了《中国东南的宗族组织》（1958年）和《中国的宗族社会：福建和广东》（1966年），对中国宗族的形成、特点、形式、功能结构等进行了研究，并阐述了他的分析，提出了解释中国农村社会的理论体系，即"中国宗族"这一范式（也被人们称为"弗里德曼范式"）。弗里德曼的理论体系，引发了西方学者对中国宗族研究的兴趣，但20世纪五六十年代，国外学者无法进入中国内陆进行田野调查，他们只有在香港、台湾、东南亚等地进行调查研究，他们求证弗里德曼的思想，并提出了一些与弗里德曼不同的看法，对如何定义中国的宗族展开了讨论，对族产、祠堂、族谱、父系继嗣原则等进行了研究。从弗里德曼开始，中国宗族正式成为一个理论概念。

综上所述，20世纪五六十年代西方学者对中国宗族的研究，主要集中在中国东南地区和东南亚一带，没有涉及江西地区的宗族。

在中国对外开放之后的20世纪80年代之后，西方学者对中国宗族的研究者少，少数学者的研究也仍然集中在中国的东南地区，如香港、台湾、珠江三角洲等，如英国汉学者科大卫（David Faure）等的研究。

日本汉学界对中国宗族的研究起于第二次世界大战前，出于迎合日本军国主义发动侵华战争的需要，把中国的宗族说成是古代氏族共同体的遗存。[①]第二次世界大战之后（即1945年以后），日本学者批判战前的论调，开展了对中国华北、华中、华南地区家族组织的实证研究，他们以祠堂、族谱、族产为主线，分析中国宗族的形成和发展。20世纪60年代，日本汉学界在研究中国乡绅的热潮中，致力于研究乡绅与宗族的关系，涉及中国许多地区的宗族研究，如江南、广东等地的家族个案，只有个别学者涉及江西的宗族，如三木聪曾述及江西的宗族。20世纪80年代以后，日本学者转向了对移民与宗族的研究及中国一些特定地域宗族的研究，如上田信对浙江奉化、衢州、金华、绍兴诸府移民与宗族形成的研究，山田贤对四川移民与宗族的研究，菊池秀明对广西移民与宗族的研究，片山刚对珠江三角洲的宗族与图甲、税粮、户籍等的研究，西川久子对顺德宗族及珠江三角洲的宗族乡绅与地域社会的研究，井上彻对珠江三角洲宗族的形成，田仲一成对浙江宗族组织的演变，中谷刚对崇明施氏宗族的研究，铃木博之对徽州宗族的研究等，[②]未见日本学者对江西地域宗族的研究。

二、国内学者对赣鄱宗族的研究

虽然"中国宗族"这一理论概念是由英国学者弗里德曼提出来的，但并不是说在弗里德曼之前就没有中国学者研究中国的宗族，恰恰相反

[①] 参见郑振满：《中国家族史研究：历史学与人类学的不同视野》，载《厦门大学学报》1991年第4期。
[②] 参见常建华：《日本八十年代以来的明清地域社会研究述评》，载《中国社会经济史研究》1998年第2期。

的是，弗里德曼正是利用了中国学者林耀华、胡先缙、刘兴唐等人论著中的资料来研究中国的宗族，特别是中国学者林耀华于1935年在燕京大学的硕士论文《义序的宗族研究》及其作品《金翼》《从人类学的观点考察中国宗族乡村》等。

实际上，中国学者对中国宗族的研究还不是以林耀华为最早。早在清末，思想家严复就在批判中国的宗法社会，认为中国的宗法社会是社会发展链条上最低端的社会。五四运动时期的陈独秀对中国的宗法社会进行了批判。毛泽东为了探索中国革命的道路，对中国农村展开了调查，在《湖南农民运动考察报告》一文中指出："政权、族权、神权、夫权是束缚中国农民的四条极大绳索"，必须通过革命进行革除。

中国学者涉及纯学术研究，最早可追溯到1917年王国维所撰的《宗法制度论》。此后吕思勉、陶希圣、高达观等人都撰有有关宗族的著作。中国本土学者对宗族的研究经历了1950年以前的20世纪上半叶、1950年至1970年、1980年至今三个阶段。关于中国本土学者对中国宗族的研究，常建华先生曾做过详细的综述。[①]

中国学者对于赣鄱地域宗族的研究，主要是在1980年之后，当中国的学术研究逐步走向繁荣，中国的学者全方位、多角度地展开对中国宗族的研究时，一些学者对赣鄱地域的宗族进行了一些研究，取得了一些研究成果，主要有以下一些方面：

（一）赣鄱宗族的形成

赣鄱地域在明清时期是一个宗族势力强盛的地区，赣鄱地域的宗族是如何形成的？施由明的《试论中原移民与赣中世家大族的形成》[②]一文以宋元明时期江西文人文集中的资料为依据，论述了赣中世家大族形

---

① 参见常建华：《二十世纪的中国宗族研究》，载《历史研究》1999年第5期；常建华：《近十年明清宗族研究综述》，载《安徽史学》2010年第1期；常建华：《近十年晚清民国以来宗族研究综述》，载《安徽史学》2009年第3期。
② 施由明：《试论中原移民与赣中世家大族的形成》，载《黄河科技大学学报》2009年第4期。

成于唐宋时期中原移民入赣，由于赣中有宜于生存的自然环境，加之在唐宋元时期基本上是一个较稳定的区域，中原移民定居赣中（今吉安市辖区）后，稳定地传续繁衍，在科举制的引领下，耕读传家，科举出仕，形成世家大族。文中列举了宋代欧阳修家族、明代解缙家族、杨士奇家族、金幼孜家族等的形成。施由明《论中原移民与江西宗族的发展——以赣中袁氏宗族为例》[①]一文，从文献记载考证了袁氏在汉代就已在赣北和赣西传衍，又以泰和袁氏为例，论述了唐代时源于中原的袁郜为官吉州，并定居吉州以及如何在赣中传衍成大族，最大的特点就是以科举仕进为家族的追求，成为赣中的"文献家"和"科举仕宦累累"。施由明的《论河洛移民与中国南方宗族——以江西为中心的历史考察》[②]一文，仍然是以宋元明时期江西文人文集中的"墓志铭""行状""族谱序"等记载为依据，认为江西的许多姓氏源头都可追溯到唐宋时期的河洛移民，移民们入赣后繁衍成宗族，在南宋时期是平民宗族自觉建设的时期，其主要表现是南宋时期出现了修谱高潮，出现了较大量的族谱序，这是因为唐后期移民入赣的人口在人口数量上已传衍成了宗族，修谱是宗族进入自觉建设的标志。施由明的《论中原移民与江西族谱编撰的兴起》[③]认为，江西是一个开发得晚（原为当地原住民百越族人遍布，直到汉末三国时期才基本汉化），又远离中原政治中心的地域，晋唐时代的门阀士族分布少，也就没有多少修谱的文化传统。直到宋代前期，由唐代中后期中原移民迁居江西后传续、繁衍，在人口规模上形成家族或宗族之后，才开启了庶民宗族修谱的历程，并很快进入到宋元明清时代江西在中国各地域中宗族势力强盛、族谱大量编修的时期。唐代中后期及唐末五代进入江西的中原移民到宋代前期，已经过一百多年，有的甚至近两百年，短的也有近百年的传承繁衍，在人口数量上已达到家族或宗族的规模。

[①] 载第九届河洛文化国际学术研讨会论文集《河洛文化与殷商文化》，河南人民出版社 2010 年版，第 636 页。

[②] 施由明：《论河洛移民与中国南方宗族——以江西为中心的历史考察》，载第十届河洛文化国际学术研讨会论文集《河洛文化与台湾文化》，河南人民出版社 2011 年版，第 471 页。

[③] 施由明：《论中原移民与江西族谱编撰的兴起》，载《黄河科技大学学报》2012 年第 5 期。

为了使后辈们牢记先辈的遗德，使家族的优秀传统能"守而不失"，从而开启了自觉的宗族建设，开启了庶民宗族修谱的历程。施由明的《明代江西宗族的大发展》[①]一文，依据对明代江西文人文集的记载，分析了明代江西宗族大发展的表现：普遍修谱、普遍建祠祭祖、自觉的制度化与组织化建设（表现在乡约的推行、族长、族规的兴起）、完备而有深度的宗族修谱理论。施由明的《清代江西社会的宗族化》一文，依据清代江西的族谱、府县志、文集等的记载，分析了清代江西社会宗族化的表现：聚居形式的宗族化、基层社会活动的宗族化、基层治理的宗族化、宗族势力的强大。施由明的《明清时期宗族与农村社会控制——以江西安义千年古村为例》[②]一文，依据安义县黄、杨两姓族谱的记载及地名志、清代县志等的记载，分析黄杨两姓在唐后期由湖北迁入安义后，是如何传承繁衍，不断开基建村，开成县内两大宗族，清代这两大宗族是如何建设的，从而由具体的个案说明江西宗族的形成。常建华的《宗族与农村基层社会控制的历史和现实——考察宋以来江西宗族的发展》，郑锐达的《宗族的形成与户籍的关系——江西萍乡个案研究》[③]一文，以萍乡刘氏和王氏为例，分析了清代赣西宗族形成的一种特殊形式，从粤闽进入赣西的移民，为了获取户籍，同姓之间跨地域建立大宗族，移民在获取户籍的同时，也建立了联系，这种联系可视作一种宗族联盟。饶伟新的《明清时期华南地区乡村聚落的宗族化与军事化——以赣南乡村围寨为中心》[④]一文认为，明清时期赣南"聚族而居"聚居聚落的形成，及宗族与村落的重叠，是由于自明中叶以来，赣南社会的长期动荡，赣南乡村居民自发地构筑大量用于军事防卫的乡村围寨，乡族武装力量崛

[①] 施由明：《明代江西宗族的大发展》，载《中国农史》2013年第2期。

[②] 施由明：《明清时期宗族与农村社会控制——以江西安义千年古村为例》，载《农业考古》2006年第4期。

[③] 郑锐达：《宗族的形成与户籍的关系——江西萍乡个案研究》，载《华南研究》第2辑，香港教育图书公司1999年版。

[④] 饶伟新：《明清时期华南地区乡村聚落的宗族化与军事化——以赣南乡村围寨为中心》，载《史学月刊》2003年第12期。

起，并日益军事化和割据化。刘经富的《从义宁州怀远陈姓宗谱祠志看陈宝箴家族史》[1]一文，通过讲述义宁州（今武宁县）清代著名文人士大夫陈宝箴家族的兴修谱历史，说明陈氏宗族从移民到宗族的形成与兴起，并反映了一个宗族的历史。常建华的《元人族谱序跋数量及反映的谱名与地区分布》[2]一文，对现存元代文人文集中族谱序跋数量做了统计，江西为现存元代族谱序跋最多的一个地区，反映了元代江西修谱的盛行。

（二）赣鄱宗族的结构与特点

许华安《清代江西宗族族产初探》[3]一文，分析了江西宗族所体现出来的一般特点，一是宗族特点为族产薄弱、祠谱发达；二是宗族功能特点为礼法观点趋淡、社会功能上升；礼法观念衰败并不意味着家族势力的衰弱，正反映出生存竞争日趋激烈条件下观念的调整；社会功能的上升突出表现在：对乡村势力范围的分割，对城镇工商部门的渗透，部分取代保甲的功能，成为政权的一部分。许华安的《清代江西宗族族产初探》一文，对清代江西族产特点进行了研究，指出清代江西的族产主要是族田，主要来源是族众捐赠、摊派和生息；清代江西族产与闽粤相比，数量显得贫弱，主要用于祭祖、修祠、"收族"等活动。施由明的《试析清代江西宗族的自治机制——以万载辛氏宗族为例》[4]一文，以清代万载辛氏宗族为个案，分析了清代江西宗族自治机制的特点是宗族有自我形成的权力机制，这就是族长、族正、禁首、房长、户长、族中绅士组成的金字塔式的权力体系，管理宗族中的成员；宗族的运行形成了一套机制，这就是以族规和祠规为准则的族人行为规范和约束制，族中权

---

[1] 刘经富：《从义宁州怀远陈姓宗谱祠志看陈宝箴家族史》，载《南昌大学学报》2003年第2期。
[2] 常建华：《元人族谱序跋数量及反映的谱名与地区分布》，载《史学集刊》2008年第6期。
[3] 许华安：《清代江西宗族族产初探》，载《中国社会经济史研究》1994年第1期。
[4] 施由明：《试析清代江西宗族的自治机制——以万载辛氏宗族为例》，载《江西社会科学》2008年第12期。

力人士如族长、禁首、房长、绅士等通过自己的品德、修养等形成典范引导机制，然后是教育塑造机制。农村社会之所以能稳定传续正是有宗族的自治机制。梁洪生的《家族组织的整合与乡绅——乐安县流坑"彰义堂"祭祀的历史考察》[1]一文，以乐安县流坑村为例，讲述了明代嘉、万年间董氏出了一批出类拔萃的乡绅、知识精英，乡绅们利用嘉靖十四年（1535）大宗祠被毁及重建的契机，在大宗祠旁建"彰义堂"，对家族组织则进行整合和强化，其手段是通过神主入祭"彰义堂"，并通过祭祖这种仪式，强化族人的亲情观念和认同心理，对宗族进行整合；乐安董氏宗族的乡绅们，不仅通过祠、谱、祖坟敬宗收族，还通过乡绅们的文化阐释和宣传这种特有的权力和资源，对乡民进行影响和控制。梁洪生的《江右王门学者的乡族建设——以流坑村为例》[2]，同样以流坑村董氏为例，讲述了江右王门的学者在明代嘉、万年间是如何建设乡族的。邵洪的《明清江西农村社区中的会——以乐安县流坑为例》[3]，通过分析明清乐安流坑董氏形形色色的会，说明明清时期城乡社会结构和组织体系复杂化。廖雅琴的《中国近代南方宗族早期变迁》[4]，则分析了在近代早期内忧外患、新旧杂陈的特殊环境下，南方宗族的一些变化，如族人离散和族规的一些时代特点：有的增加了禁止族人吸食鸦片的规定，有的增加了严禁皈依外来宗教的条款，有的将与清律接轨的笞、杖等体罚条款删除，有的出现了"禁缠足"等去陋习的规定，有的族规注入了西方民主思想，淡化了男女尊卑、长幼间的差异，甚至有的族规规定处理宗族事务要通过民主程序；近代早期宗族功能有的也发生一些变化，如废科举后，新式学堂取代了传统的义塾、私塾等。梁洪生的《辛亥革

---

[1] 梁洪生：《家族组织的整合与乡绅——乐安县流坑"彰义堂"祭祀的历史考察》，载周天游主编《地域社会与传统中国》，西北大学出版社1995年版，第57页。

[2] 梁洪生：《江右王门学者的乡族建设——以流坑村为例》，《新史学》第8卷第1期1997年版。

[3] 邵洪：《明清江西农村社区中的会——以乐安县流坑为例》，《中国社会经济史研究》1997年第1期。

[4] 廖雅琴：《中国近代南方宗族早期变迁》，载《学术论坛》2005年第8期。

命前后江西谱论与社会变迁——读谱笔记三则》[1]，以现存辛亥革命后10部江西族谱的谱序为例，说明辛亥革命后谱序所出现的新思想、新语言反映了社会状态的变化，如反映了"种""族"危亡之感、地方自治思想等。罗艳春的《祠堂与宗族研究》[2]，通过叙述明清时期龙氏祠堂的兴建与变化历程，分析宗族社会的变化。万载龙氏祠堂从明代嘉、万年间建立到明末清初祠堂初备，再到清代中期完备的祠堂期以及民国和新中国时期的后祠堂期，不同时期的宗族形态与宗族的变迁及地域社会的变迁是紧密联系的；嘉、万年间的龙氏宗族，利用了儒家伦理核心的"孝"及宋儒以来实施教化的乡约思想，来实现宗族整合和宗族结构完善；明末清初祠堂的改建和恢复，是明末清初失范的社会秩序下宗族重建的重要步骤，龙氏建在县城的祠堂与地域社会其他宗族和祠堂一道，成为国家和"士绅"救世的利器。到了清代中期，宗祠的规模日益扩大，支祠普遍修建、合宗祠兴建反映了宗族在地域社会日益发展。20世纪上半叶，宗族和社会都发生了重大转型。常建华的《明代江浙赣的宗族乡约化》分析了明代江浙赣的士绅是如何在宗族内部引进乡约而宣讲圣谕、设立族约、制定族规，进行宗族建设而使宗族组织化的，宗族的自治性也得以加强，并促进了官府与宗族的互动，这是宋儒重建宗族与在乡里移风易俗的成功社会实践。明代宗族因乡约化而组织化，对基层社会产生深刻的影响。常建华的《明代宗族研究》[3]一书，主要研究了明代中国南方（包括浙江、江苏、江西、安徽、广东，亦涉及少数北方省如河北）宗族的一些状况，如祠庙祭祖礼制和礼俗、宗族的组织化与族规的兴起、族论与谱论；其中有论及明代江西的宗族状况，主要分析明代江西吉安的宗族祠庙祭祖、吉安和南昌等地的宗族乡约化、龙南赖氏族规及吉安杨士奇与罗钦顺的谱论。常建华的《杨士奇之族谱序跋所见宗族与修谱

---

[1] 梁洪生的《辛亥革命前后江西谱论与社会变迁——读谱笔记三则》，载《中国社会历史评论》第2卷，天津古籍出版社2000年版，第117页。

[2] 罗艳春：《祠堂与宗族研究》，《史林》2004年第5期。

[3] 常建华：《明代宗族研究》，上海人民出版社2005年版。

——以明初江西泰和及吉安为中心》①，分析了杨士奇文集中所见族谱序跋的具体情况，指出杨士奇最重要的谱论是"故家论"，即指出望族存在的基础在于文化的传承，他在族谱序跋中描写了一幅幅故家盛衰消长的图景，洋溢着对诗书、仁德传家的礼赞。殷剑的《试论乐安流坑祠堂祭祖风俗中的宗法问题》②，分析了明清时期乐安流坑村祠堂祭祖风俗的一般特点，又论及了他的特殊性，这就是在大宗和各支祠都建有"彰义堂"，形成大大小小的"彰义堂"系列，用来表彰有义举的族人，凡捐银或田地达到一定的标准，可在彰义堂内买到牌位，一些较为富裕的族人可以为死去的祖先在多个堂内买到牌位，反映出封建社会后期经济因素影响族人在宗族中的地位。谢庐明的《宗族与变迁：赣南家法族规分析》③则根据族谱资料，分析了传统赣南客家家法族规的特点，如崇祖敬宗、团结和睦、孝敬父母、注重修养、风俗端正、勉励读书、崇文重教，戒除恶习等。20世纪80年代，赣南各地宗族复兴，如修祠堂、编族谱、祭祖活动等，新时代的赣南宗族族规与传统的家法族规有所不同，与国家法律相冲突的族规废除了，主动添加了社会主义精神文明建设的条款，新旧族规的观念有了很大差异。吴尔泰的《宗族对赣傩的传承与发展的影响》④，根据南丰、万载等地一些族谱的记载认为，赣傩的传承是依附于宗族而传承，赣傩舞戏之所以没有发展成一种艺术，正是由于宗族血缘的桎梏，从祭祀仪式到兼具娱人娱神的傩戏傩舞，只能在宗教仪式范围内发生变化。

（三）明代赣鄱宗族与基层社会

张艺曦的《社群、家族与王学的乡里实践——以明中晚期江西吉水、

---

① 常建华：《杨士奇之族谱序跋所见宗族与修谱——以明初江西泰和及吉安为中心》，载《中国社会历史评论》第5卷，天津古籍出版社2007年版，第193页。
② 殷剑：《试论乐安流坑祠堂祭祖风俗中的宗法问题》，《江西教育学院学报》2003年第4期。
③ 谢庐明：《宗族与变迁：赣南家法族规分析》，《赣南师范学院学报》2004年第4期。
④ 吴尔泰：《宗族对赣傩的传承与发展的影响》，《江西科技师范学院》2006年第2期。

安福两县为例》[①]，考察了明代中后期吉水、安福两地王学传播的途径，其中探讨了王门学者们是如何利用家族网络传播王学，使得学术草根化。同时分析了王门学者们是如何利用家族网络从事地方工作，如土地丈量与赋役改革等。曹国庆的《明代江西科第世家的崛起及其在地方上的作用——以铅山费氏为例》[②]，考察了铅山费氏在元明之际如何开基铅山，经商致富后，致力于培养子弟科举入仕，从景泰初到嘉靖末百余年间，先后走出进士6人，举人11人，成为"西江甲族"。费氏族人利用地方望族的地位和在朝中掌握的特权，全方位地干预地方事务，他们与地方官保持良好的社会关系，长达十余年与宁王朱宸濠的谋反做斗争，配合王阳明平定了宁王叛乱，对于地方风教、修志等文化事业总是表现出极大的热情，反映了明代江西地方大族对地方事务产生的影响。郭宇昕的《明代江西宗族建设个案研究——以泰和郭氏宗族为例》[③]，主要依据明代后期泰和文人士大夫郭子章文集《蠙衣生传草》的有关记载，及雍正四年（1726）刻本《泰和郭氏族谱》，分析了明代的宗族建设，首先是纂修族谱作为宗族建设、完善宗族组织、实现收族的重要手段，作为曾任兵部尚书而致仕的乡绅郭子章对谱论有着自己独到的见解，他主张将"皇纪言"置于谱首，即将"国家二百年来吾宗仕者""诰命封赠""国家敕令"等，"通以冠诸首以为谱华"，表现了宗族与政权之间的互动；其次是兴建祠堂、祭祀祖先，有祭祀始迁祖以下各祖的大宗祠复古堂，还有祭祀各先祖的特祠，郭子章仿朱熹《家礼》并结合当时的俗礼制定了一套祭祀礼仪，以郭子章为代表的缙绅士大夫对民间祭祀礼仪的改造和实践，使原本无制的祭祀礼俗得以定型。许怀林的《鄱阳洪氏家族的升起

[①] 张艺曦：《社群、家族与王学的乡里实践——以明中晚期江西吉水、安福两县为例》，载《台湾大学文史丛刊》，台湾大学出版委员会2007年版。
[②] 曹国庆：《明代江西科第世家的崛起及其在地方上的作用——以铅山费氏为例》，《中国文化研究》1999年第4期。
[③] 郭宇昕：《明代江西宗族建设个案研究——以泰和郭氏宗族为例》，《社科纵横》2012年第9期。

与陨落》①，分析了宋代鄱阳洪氏家族是怎样由农而商致富，重教育而使子弟出仕。然而，曾经文章与气节俱优的洪氏族人，却由于骄奢而败落了。康春华的《调适与融通：国家权力与客家宗族系统二重变奏——明代中叶崇义为例》②，分析了明代中后期江西的山区小县崇义县存在的两大权力系统：一是在明代中叶建县以前已存在的客家宗族系统，这套系统通过编修族谱、制定族规、制定对族人违反族规的惩治办法，建立了比较完善的组织和机构，拥有教化和族化的管理模式，在国家权力伸展之前实际承担了地方自治者角色。二是明中叶王守仁在平定南赣农民起义之后，奏请朝廷批准割大余、上犹、南康三县的一部分设置了崇义县，王守仁在崇义基层社会推行"南赣乡约"和"十家牌法"，即将国家权力伸入基层，形成了国家权力系统，这两大系统互相调适和融通，就是明代中后期赣南山区小县的管理状态。张渝的《思想的继承、实践与流变——明后期江西吉抚地区宗族》③一文，概述了王阳明在治理赣南社会时推行的"十家牌法""乡约""兴社学"的思想与实践，"江右王门"的弟子邹守益、聂豹、罗洪先、欧阳德、王阳愧等人，在吉安地区基层社会践行王阳明的社会治理思想，推行乡约，并将乡约引入宗族建设，王门二代弟子乐安流坑致仕乡绅董燧将王门思想引入董氏宗族建设实践，江右王门弟子对明后期吉抚两地的宗族国家组织化建设起了一定作用。衷海燕的《江右王学的学术传承与地方宗族的乡村实践——以明代中后期安福邹守益家族为例》④，叙述了江右王门领军人物邹守益领导了江右地区的王学活动，并将学术与宗族建设紧密结合，整合邹氏宗族内部，使邹氏宗族更主动地承担起乡里的责任，如主持地方公共事务、

---

① 许怀林：《鄱阳洪氏家族的升起与陨落》，《江西师大学学报》1999年第1期。
② 康春华：《调适与融通：国家权力与客家宗族系统二重变奏——明代中叶崇义为例》，《嘉应大学学报》2002年第5期。
③ 张渝：《思想的继承、实践与流变——明后期江西吉抚地区宗族》，《哈尔滨市委党校学报》2011年第6期。
④ 衷海燕：《江右王学的学术传承与地方宗族的乡村实践——以明代中后期安福邹守益家族为例》，《贵州文史丛刊》2014年第4期。

教化乡里、维护乡村社会秩序等，邹守益及其家族将王学学术思想转化为"化乡"理念，并付诸乡村社会实践。黄志繁的《乡约与保甲——以明代赣南为中心的分析》[1]，分析了明代正德年间王阳明在南赣巡抚任上推行保甲与乡约的情况，认为保甲法实际功能大于乡约，更为王阳明所重视，但保甲法也易于流于形式，无法掌握地方社会的真实人口情况，乡约则由于仪式烦琐，维持时间短，成为地方社会制度的一部分，但二者在赣南基层社会发挥了一定作用，后来历任南赣巡抚都沿用了保甲加乡约的社会治理方式。

（四）清代赣鄱宗族与基层社会

何仁美的《明清以来赣北地区宗族社会变迁——以何湾村何氏宗族为例》[2]，以赣北瑞昌市何湾村何氏宗族为个案，显示明清至20世纪90年代改革开放后赣北宗族的形成、发展、变迁历程及宗族与地方社会的关系。何湾村的何氏宗族开基于明代，明代后期进入自觉的宗族建设时期，如修谱、建祠，通过族规控制族人等达到地方社会自治；清代何氏宗族更加壮大，宗族建设进一步完善，除修有总谱外，各支还修有谱；祠堂建有总祠，各支有祠，族规是控制与约束族人和控制地方社会的工具，族规的制定迎合了国家政权的需要；民国时期族权被削弱；而从土改到"文革"时期，中央政权强化对乡村基层社会的管理，宗族处于解体状态；20世纪90年代后，宗族开始复兴，修谱、祭祖等宗族活动兴起。黄志坚、黄志繁的《清代赣南的乡族势力与农村墟市》[3]，认为清代赣南宗族势力强盛，在乡村，宗族聚族而居；明代赣南的墟市多受政府控制，但明代也有宗族开设的墟市；清代赣南人口大增，山区得到开

---

[1] 黄志繁：《乡约与保甲——以明代赣南为中心的分析》，《中国社会经济史研究》2002年第2期。

[2] 何仁美：《明清以来赣北地区宗族社会变迁——以河湾村何氏宗族为例》，厦门大学硕士论文2002年。

[3] 黄志坚、黄志繁：《清代赣南的乡族势力与农村墟市》，《江西社会科学》2003年第2期。

发，为了获取商业利润和控制地方社会，宗族设立的墟市渐多；乡族势力对农村墟市的控制，不仅使宗族组织获得了控制地方社会的资源，而且使墟市的设立不完全符合经济规律，呈现一定的"非经济性"。肖文评的《地方贸易发展与宗族复兴——以清至民国时期江西乐安县流坑董氏为例》[①]，主要依据明清董氏族谱的记载，考察了宋明时期由于科举人才辈出而成为望族的乐安县流坑董氏宗族在清代的状况；清代的董氏宗族虽然科举不利，但董氏宗族依据其所占据的优越地理位置，控制了赣江的一大支流——乌江的竹木贸易，董氏族人成立"木钢会"，举全族之力从事竹木贸易；经商致富后通过捐纳成为地方绅士者有之，通过结交地方官员提高宗族声望，通过将资金用于宗族建者有之，如修谱、建宗祠等，使其宗族团聚不散、兴盛不衰。邵鸿的《竹木贸易与明清赣中山区土著宗族社会之变迁——乐安县流坑村的个案研究》[②]，分别分析了明代和清代乐安流坑村董氏宗族在不同历史背景下的发展状况：宋元明时靠科举成望族，族中乡绅们进行建祠、修谱、行乡约、祭祖等宗族建设，但在明代后期已形成了士农工商的取向，不善读书者从事农工商；清代科举不利，但通过家族的力量垄断了乌江上游的竹木贸易，经商致富者多，从而捐功名者多，大房大修祠、谱，交结官府，仍然乃地方望族。衷海燕的《清代江西的乡绅、望族与地方社会——新城县中田镇的个案研究》[③]，对赣闽两省交界处新城县中田镇鲁、陈两大宗族在清代的情况做了考察，鲁氏自明代以来即由科举成为地方望族，陈氏在清代乾隆年间迁居新田，由竹木贸易而成富商大贾之后，培养子弟科举入仕而成地方望族，两大宗族通过联姻控制地方社会；其控制地方社会的途径主要有修建桥梁、创建会馆、赈灾、建仓储谷等取得对地方社会的支

[①] 肖文评：《地方贸易发展与宗族复兴——以清至民国时期江西乐安县流坑董氏为例》，《江西师范大学学报》2004年第4期。

[②] 邵鸿：《竹木贸易与明清赣中山区土著宗族社会之变迁——乐安县流坑村的个案研究》，载周天游主编《地域社会与传统中国》，西北大学出版社1995年版。

[③] 衷海燕：《清代江西的乡绅、望族与地方社会——新城县中田镇的个案研究》，《清史研究》2003年第3期。

配。衷海燕的《陂堰、乡族与国家——以泰和县槎滩、碉石陂为中心》①，依据作者在泰和县考察时所发现的民国时期所撰的《重修槎滩、碉石二陂志》，分析了对此二陂的管理所反映出水域内五大宗族势力的消长，及反映出地方政府利用宗族矛盾制衡宗族势力，以达到对地方社会秩序的管理。衷海燕的《清代江西家族、乡绅与义仓——新城县广仁庄研究》②，考察了清代新城县中田镇鲁、陈两大宗族是如何通过建仓来取得地方社会的支配权，并维持地方社会秩序。廖祥年的《社会控制视野下的国家、地方、宗族的三重变奏——以赣南盐政为中心》③，分析了清代赣南社会一种特殊现象的形成，这就是"私盐宗族化"；在清代的赣南，整族、整乡的人从事私盐贩运，人盗不分，寓盗于民，而国家总是试图用大一统的方式控制地方社会，而地方官员既要照国家的意志办事，又要考虑地方的特殊情况，与乡族打交道，三种势力胶着在一起。常建华的《乡约·保甲·族正与乡村治理——以凌燽〈西江视臬纪事〉为中心》④一文，依据清代雍、乾之际江西按察使凌燽任上的文书汇编《西江视臬纪事》，分析了清代雍、乾之际，江西省地方政府如何在乡间推行保甲、乡约与族正制；江西省地方政府推行保甲来维持地方治安，推行乡约来教化乡民，推行族正将宗族引入地方政府的管理体系中，这样在基层社会形成了严密而复杂的管理体系，同时，反映了国家与基层社会复杂的互动关系。罗艳春的《教育、宗族与地域社会——清中叶江西书院再考》⑤，通过考察万载县明清时代书院的建立情况，探讨了宗族与书院及与地域

---

① 衷海燕：《陂堰、乡族与国家——以泰和县槎滩、碉石陂为中心》，《农业考古》2005年第3期。
② 衷海燕：《清代江西家族、乡绅与义仓——新城县广仁庄研究》，《中国社会经济史研究》2004年第5期。
③ 廖祥年：《社会控制视野下的国家、地方、宗族的三重变奏——以赣南盐政为中心》，《盐业史研究》2005年第1期。
④ 常建华：《乡约·保甲·族正与乡村治理——以凌燽〈西江视臬纪事〉为中心》，《华东师范大学学报》2006年第1期。
⑤ 罗艳春：《教育、宗族与地域社会——清中叶江西书院再考》，载《中国社会历史评论》第9卷，天津古籍出版社2008年版，第124页。

社会的关系，认为清代嘉、道年间族学普及，族学除了作为教育场所，更重要的是成了宗族控产的一种重要形式；在嘉、道年间，宗族成了教育体系中的重要组成部分。施由明的《明清时期宗族、乡绅与基层社会——以万载辛氏为例》[①]一文，以清代万载县望族辛氏为例，考察了辛氏的兴起与这个宗族的运行机制，及辛氏宗族在基层社会所起的作用，反映了清代地方大族在维持地方社会秩序和控制地方的重要影响。徐秀丽的硕士论文《江西的宗族势力与乾隆朝的治理》[②]，考察了乾隆年间江西的宗族状况以及地方政府通过设立族正制、祠正制来管理宗族和地方社会，及乾隆二十八年（1763）上任江西巡抚的辅德通过"毁祠"来打压江西宗族势力。李平亮的《近代中国的新学、宗族与地方政治——以南昌熊氏宗族为中心》[③]，以南昌熊氏家族为例，分析了近代新学背景下宗族的新态势；认为晚清至民国时期，随着思想权势的转移和知识的转型，新式学历逐渐成为人们竞逐的目标；一些地方精英为维持家族的发展，获取新的社会权势，通过师承关系，将"新学"与家族的发展联为一体，创办新式学校，进行新的社会实践，为其家族成员进入新式机构创造条件，还形成了以学校为中心的政治权力网络，对地方政治局势和权力结构产生了深远的影响。

杨吉安的《20 世纪三四十年代国家视阈下江西万载新族学》[④]，分析了 20 世纪 30 年代初，江西万载的宗族组织借助国家的政治需求纷纷兴办新族学，以规避族产提拔。受国家力量的支配，族学从传统走向了现代。随着国家推广保学，族学原有的钱款与财产被国家盘剥，从而导致了族学的衰败或消失。宗族为代表的地方社会虽然表现出了强烈的不满，但在国家强势话语下，最终顺从了国家建设的要求。

---

① 施由明：《明清时期宗族、乡绅与基层社会——以万载辛氏为例》，《农业考古》2008 年第 4 期。

② 徐秀丽：《江西的宗族势力与乾隆朝的治理》，东北师范大学硕士论文 2009 年。

③ 李平亮：《近代中国的新学、宗族与地方政治——以南昌熊氏宗族为中心》，载《中国社会历史评论》第 8 卷，天津古籍出版社 2007 年版，第 277 页。

④ 杨吉安：《20 世纪三四十年代国家视阈下江西万载新族学》，《历史教学》2013 年第 24 期。

（五）客家宗族的特点

张嗣介的《沙河口的萧氏宗祠崇鹤堂及祭祖俗》[1]，讲述了赣县、信丰、万安等地萧氏在每年正月十五是如何在赣县沙河口总祠祭祖，及萧氏日常祭祠和节日祭祠等，并介绍了萧氏的源流与迁徙及《萧氏族谱》的修撰等，表明了客家宗族如何重视祭祖以及赣县、信丰、万安一带萧氏在1949年后生活的变化。朱祖振的《小姑朱姓发展及其民俗》[2]，介绍了石城县东南部的小姑乡中的朱姓的简史：从宋景定四年（1263）由汀洲迁居石城，明万历四十三年（1615）初修族谱，到1993年十修族谱。清乾隆间建造萧公庙，另有浓厚的信佛习俗。严恩萱、董源来的《南康凤岗董氏家族史略》[3]，根据族谱资料和田野调查资料，叙述了南康凤岗董氏如何由广东兴宁迁入南康，开基南康凤岗，发展成一个人口众多的大族，又是如何向外分支迁出；在凤岗耕读传家、经商贸迁，建祠堂、修族谱、讲风水；董氏宗族在南康凤岗发展的历史，实际上是许多赣南客家宗族在赣南发展的历史缩影：明末清初从闽粤倒迁入赣，艰苦开拓，家庭壮大，形成家族，再形成人口众多的宗族，然后建祠、修谱、耕读传家等。刘劲峰的《安远杜氏宗族》[4]依据安远县修田杜氏族谱的记载，详细考察了杜氏在两宋之交从吉水迁入安远开基后的发展壮大，到进入宗族建设：修谱、建词、祭祖、礼教、习俗等，及杜氏宗族在发展过程中与地域社会各姓的关系，反映了赣南客家宗族发展的历史过程。刘劲峰的《石城珠坑客家聚居区的形成与发展》[5]根据田野调查和族谱资料，考察了石城东南部山区闽赣交通要道上珠坑乡十大姓氏和宗族的分布，从明末清初客家闽粤移民迁入开基，到人口的增长、宗族的形成，宗族

---

[1] 罗勇、劳格文主编：《赣南地区的庙会与宗族》，国际客家学会1997年版，第111页。

[2] 同上。

[3] 罗勇、劳格文主编：《赣南地区的庙会与宗族》，国际客家学会、海外华人研究社、法国远东学院1997年版，第111页。

[4] 刘劲峰：《赣南宗族社会与道教文化研究》，国际客家学会、海外华人研究社、法国远东学院2000年版，第1页。

[5] 刘劲峰：《赣南宗族社会与道教文化研究》，国际客家学会、海外华人研究社、法国远东学院2000年版，第71页。

进入自觉建设时期：修谱、建祠、祭祖等，详细叙述了五大姓（魏、张、王、罗、孔）宗族情况，反映了客家移民宗族的历史；作为客家移民宗族的组成方式大致有两种：一是以真正的血缘关系为纽带建立起来的血缘性宗族，宗族成员由开基祖繁衍下来，开基祖自然而然成了全体成员共同崇拜的对象；二是以姓氏和地缘关系为契机，由数个互不关联的族支结合而成的结构性宗族，宗族内部每个成员仅仅是姓氏相同、地缘相近，族中创造出一个能为大家共同接受的象征性远祖，以作为宗祠的祭祀对象，并用谱系方式勾勒出许多虚假世祖，以把各个族支与远祖串联起来，形成虚假的世系网络。文章还列举了珠坑客家人礼俗和民间崇拜等。刘劲峰《上犹五指峰的客家宗族与村落文化》[1]，考察了上犹县西部山深林菁的五指峰乡姓氏的来源与宗族的形成和分布，反映了赣南山区客家宗族形成的一个特点，这就是人口多由清初从闽粤迁来，居住分散，任何一个姓氏都难以形成一个独立的、具有足够力量的、真正能以血缘关系为基础建立起来的宗族，为建立一个势力强大的宗族群体，以姓氏、地缘为纽带，以若干单个家族为基础组合而成的带有家族联盟性质的宗族体系应运而生，形成赣南山区宗族的一个特点即"结构性宗族社会"的特点。湘粤赣三省交界地带民间风俗深受湘楚文化的影响。廖近远、邓文钦的《黄陂中坝的宗族、墟市与庙会》[2]叙述了宁都县黄陂镇中坝廖氏宗族的渊源与发展概况，从唐代天宝十四载（755）开始修谱，到明代建祠堂，再到雍正九年（1731）修族谱时订族规、族约，廖氏作为开基早的原住宗族，重视教育，在宗族的发展过程中人才辈出，特别是宋代中进士和举人各12人；婚姻是展开社会关系的主要手段；在墟市经营是其主要经济活动；建有较多的庙宇；庙会是祭祀神明的活动，同时也是村民相互间联络感情、活跃经济文化生活的一种重要手段；宁都黄陂中坝廖氏宗族的历史，反映了赣南原住宗族发展的历史。曾文明的

---

[1] 刘劲峰：《赣南宗族社会与道教文化研究》，国际客家学会、海外华人研究社、法国远东学院2000年版，第130页。

[2] 刘劲峰主编：《宁都县的宗族、庙会与经济》，国际客家学会、海外华人研究社、法国远东学院2002年版，第46页。

《大沽旸霁的胡氏宗族与民俗文化》[①]叙述了宁都县大沽乡旸霁村胡氏自南宋光宗年间卜迁开基后的发展历史：不断地开基建村、建小宗祠、置族产、设族长、订族规、建众产助学，作为原住宗族有其显著特点，宗祠多、族产厚、人才辈出，种水稻、种油茶、织夏布，祖宗崇拜、神明崇拜等。邱常松的《洛口灵村的邱氏宗族与民俗文化》[②]叙述了宁都县洛口镇灵村邱氏的人口由来：唐代开基后人口不断外迁及在本县不断开基建村，并在本村繁衍传续，在明代建宗祠与家庙，在南宋时期就开始修谱，至1995年共十修；灵村邱氏在历史上曾科举人才辈出；族中管理主要靠族规的约束；族中的族产主要来源于向族人收取"附食牌位费"及他人的捐赠；族产的管理由各房推选办事公道、认真负责的两人担任，每年清明节之前，由各房派代表审查账务、单据，验证无误后，再张榜公布；宗族办有私塾；宗族于每年春节、元宵、清明、七月半、中秋、立冬日举行祭祖仪式，其中清明为大祭，县内和相邻的兴国、雩都、瑞金、石城、乐安、永丰、宜黄、南丰、广昌等县各房均派代表来灵村祠堂祭祖、扫墓；村内还建有汉帝庙、先锋庙等，每年都举行庙会"游神"。王检生、李儒朴的《田埠东龙的李氏宗族与民俗文化》[③]叙述了宁都县田埠乡东龙李氏的宗族历史概况，从宋代开基后，除在本村繁衍传续外，人口不断外迁或在本县开基建村；在历史上东龙李氏曾科举人才辈出，建有较多的祠堂，除总祠外，还有较多房祠和分祠；至1995年曾十修族谱；村内建有几座寺庙，每年举行庙会。曾材的《宁都城厢的各姓祠堂》[④]考证了宁都县城曾有过的众多祠堂的兴衰（从建到最后拆），并分析了宁都县城历史上祠堂众多的原因及祭祖的仪式，反映了赣南客家人非常

[①] 刘劲峰主编：《宁都县的宗族、庙会与经济》，国际客家学会、海外华人研究社、法国远东学院2002年版，第81页。
[②] 刘劲峰主编：《宁都县的宗族、庙会与经济》，国际客家学会、海外华人研究社、法国远东学院2002年版，第145页。
[③] 刘劲峰主编：《宁都县的宗族、庙会与经济》，国际客家学会、海外华人研究社、法国远东学院2002年版，第212页。
[④] 刘劲峰主编：《宁都县的宗族、庙会与经济》，国际客家学会、海外华人研究社、法国远东学院2002年版，第289页。

重视宗族建设。宋拔偕的《赖村的宋氏宗族与民俗文化》[①]叙述了宁都县西南部赖村镇宋氏宗族的历史概况，从明代成化年间由吉安迁宁都开基建村，靠种植和贩运物产（在本县或从吉安到本县之间）维持生活，到明代嘉靖九年（1530）修祠堂和族谱，每年清明举行盛大祭祖活动，建有一系列的寺庙，展现了赣南客家的一般特点。

周建新的《客家祖先崇拜的二元形态与客家社会》[②]分析了闽粤赣三角区的客家祖先崇拜的特点，认为客家的祖先崇拜存在二元形态，一是原生形态，二是再生形态和次生形态；原生形态是指祖先崇拜的原始的普遍情形，如祭祀本姓氏、本宗族已逝去的直接的血缘关系祖先；再生形态是指广义上的祖先崇拜，既包括没有直接血缘关系的同姓祖，也包括历史上有贡献有作为的外姓祖；二元崇拜反映了客家文化"多元一体"的结构，这种结构的形成源自漫长历史过程中由于战乱、饥荒、迁徙、民族融合等社会政治因素与闽粤赣边区自然地理因素综合作用的结果。

饶伟新的《清代赣南客民的联宗谱及其意义》[③]讲述了明末清初移居赣南山区的闽粤客民，随着人口的增长，他们开始了自觉的宗族建设，编修族谱、修建祠堂等，但他们定居时间短、宗族规模小，于是大约从嘉道年间起，相近同姓宗族开始联修族谱，通过拟制谱系，确立同宗关系，形成大宗族以对抗定居时间更长的"老客"（原住民）；也有定居时间短的"新客"与同姓原住民（老客）联修族谱，以达到地域社会与文化的认同；通过联修族谱，使不同时期迁来定居的客民之隔阂消失，这是一种社会和文化的重组，也是明清赣南客家社会的一大特点。

林晓平的《赣南客家宗族制度的形成与特色》[④]中根据一些放谱的记载认为，宋元时期是赣南客家宗族的形成时期，其标志是宋元时期赣南客家已开始兴建祠堂，但此时的祠堂仍属草创阶段，在明代后期乃是

---

① 刘劲峰主编：《宁都县的宗族、庙会与经济》，国际客家学会、海外华人研究社、法国远东学院2002年版，第405页。
② 周建新：《客家祖先崇拜的二元形态与客家社会》，《西南民族大学学报》2005年第3期。
③ 饶伟新：《清代赣南客民的联宗谱及其意义》，《赣南师范学院学报》2007年第4期。
④ 林晓平：《赣南客家宗族制度的形成与特色》，《赣南师范学院学报》2003年第5期。

祠堂普遍兴建时期，而到清初由于人口数量已较多，则宗族内各房开始了建房祠和支祠时期；宗族制度也就在明代中期以后走向完善。赣南客家宗族的特点是重祖、联宗、重教。

（六）宗族与中国革命

谢庐明、曾小锋的《20世纪二三十年代赣南乡村宗族与苏维埃革命》①分析了20世纪二三十年代中国共产党在赣南开展土地革命时，宗族对待革命的三种态度：反对、中立、支持，中国共产党认为宗族是一种守旧势力，严重阻碍苏维埃革命的开展，中国共产党决定分化和改造宗族组织，分别从经济基础、上层精英、社会意识、宗族功能等方面进行分化瓦解；通过没收公产，对宗族上层剥夺政治参与权并批斗，对顽固不化者甚至就地正法；对族长、房长、族人等宗族划分意识，代之以地主、富农、中农、贫农、雇农的阶级划分意识；对于对革命持不同态度的宗族，中国共产党采取区别对待的方针；中国共产党对宗族势力的改造，确保了苏维埃革命运动的顺利开展。

张侃的《从宗族到国家中国共产党早期基本建设——以1929—1934年的闽西赣南为中心的考察》②认为明清时期基层社会组织的主要部分是血缘宗族网络，宗族组织对基层社会的渗透是全面的，是基层社会控制的主要力量；中国共产党在20世纪二三十年代的闽西赣南革命过程中，通过强大的政治实践瓦解宗族对基层社会的控制，主要手段有：一是通过土地改革，消除乡族势力在几百年时间积累的经济基础，制定了《苏维埃土地法》《土地法》等，没收了宗族祠堂的土地公产；二是通过阶级斗争的方式，清除原来在宗族组织有巨大权威的、以乡绅为代表的地方精英，如打倒土豪劣绅等；三是消除宗族观念在基层政权上的延伸，

---

① 谢庐明、曾小锋：《20世纪二三十年代赣南乡村宗族与苏维埃革命》，《江西行政学院学报》2006年第1期。
② 张侃：《从宗族到国家中国共产党早期基本建设——以1929—1934年的闽西赣南为中心的考察》，《福建论坛》2002年第5期。

将宗法定位转化为阶级定位;中国共产党在20世纪30年代进行的国家建设对整个近现代中国社会的影响是巨大的,是中国共产党进行社会现代化的尝试。

(七)当代宗族与基层社会建设

肖唐标的《江西农村宗族情况考察》[①]在1993年、1994年和1996年组织大学生对江西大量姓氏抽样调查的基础上,得出了20世纪90年代前后江西农村宗族的状况:发展区域扩张化、活动方式多样化、组织方式多样化、组织形式实体化、组织方式社会化和组织活动公开化,并认为宗族势力的发展已成为影响农村社会改革、发展与稳定的一股不可忽视的破坏性力量,危及农村基层政权和基层组织的改革、发展与稳定。

肖唐标的《农村宗族重建的普遍性分析——对江西农村的调查》[②]认为判断宗族是否重建:一是看宗族组织和规则,二是看是否开展修谱、建祠等宗族活动;经过对江西乡镇村大量姓氏的调查,江西宗族已经普遍重建,其过程是:1976年前存在极个别、零星的建祠、修谱行为;1977年至1982年修谱建祠活动明显比"文革"前增多,处于宗族重建的抬头阶段;1983年以后修谱建祠活动更多;1987年以后修祠建谱频繁,可称之为助动发展阶段;1987年以后则进入高速发展阶段,甚至频繁发生宗族械斗。

肖唐标的《村治过程中的宗族——对皖赣10个村治理状况分析》[③],根据对皖赣10个村庄中宗族对村治影响的调查,认为宗族在村庄治理过程中发挥着双重性的功能:一方面,提供了较好的服务与帮助,填补了若干管理真空,避免了更严重的失范与无序,而且强族组织与集体意识

[①] 肖唐标:《江西农村宗族情况考察》,《社会学研究》1997年第4期。

[②] 肖唐标:《农村宗族重建的普遍性分析——对江西农村的调查》,《中国农村观察》1997年第5期。

[③] 肖唐标:《村治过程中的宗族——对皖赣10个村治理状况分析》,《中国农村观察》2005年第6期。

成了抗拒行政权力不法侵害与剥夺的工具；另一方面，宗族往往以狭隘的本族利益为归依，奉行着恃强欺弱的逻辑，并倡导男尊女卑，崇尚迷信，既不能肯定也不能否定宗族在村治中所起的作用。

肖唐标的《农村基层治理与民主实践中的宗族问题》[①]，依据江西省境内40多个村庄及江西省外一些村庄的调查认为，宗族对村政的影响力明显强于乡政的影响力，这表明宗族的影响力与其所处区域的面积成反比，并与村民行动的自主性成反比，宗族在乡村参与治理中有负面的消极作用和正面的积极作用，在一定条件下能提升选举的公平性和竞争性，并成为农民抗拒不法侵害而保障自身权利的武器，对宗族应有积极平和的心态和引导的政策。

曾国华的《宗族组织与乡村权力结构——赣南和粤东两个村镇个案的研究》[②]，根据对江西刘村和粤东平地镇两个村的调查认为，在某些特定的区域，宗族并非在1949年后的30年里被彻底摧毁，宗族仍然以较为隐蔽的方式得以延续；对于这些村庄来说，宗族在20世纪80年代复兴与重建更多地应当理解为宗族在新的时期里对新的环境的另一种适应；宗族再现是社会转型时期的必然；正确引导是宗族健康发展的必然。

唐晓腾的《社会变迁中的宗族与基层政府——1950—1979：对江西古竹村的分析》[③]，通过近四年（1998—2002年）对江西古竹村的跟踪调查分析认为：尽管国家权力努力向乡村伸展，但还是没能真正有效地改造传统乡土社会，宗族意识与作用一直存在于乡村社会，对改革开放后的乡村政治经济格局产生深远的影响。

戴利朝的《转型时期的农村宗族及其嬗变——以20世纪下半叶江西

---

① 肖唐标：《农村基层治理与民主实践中的宗族问题》，《中共宁波市委党校学报》2005年第3期。

② 曾国华：《宗族组织与乡村权力结构——赣南和粤东两个村镇个案的研究》，《思想战线》2004年第1期。

③ 唐晓腾：《社会变迁中的宗族与基层政府——1950—1979：对江西古竹村的分析》，《江西社会科学》2002年第4期。

为中心》[1]，作者依据其对家乡江西戴坊村及其周边村的长期关注和调查收集的资料为主要依据，研究了20世纪下半叶江西宗族的状况，认为进入20世纪以来，中央政府努力把政治权力伸入乡村，如设立乡政府等，但宗族在乡村治理和农人的生活中仍然起着重要作用；特别是在1949年新中国成立前，宗族仍然保持着强固的力量，如族长等人的权力、组织祭祀、族规的作用等仍然不变；新中国成立后，农村宗族状态分成两个阶段，1949年至1979年间，由于行为主体的多元化及乡土运作"规律"的多元化，宗族的命运不尽相同，尽管宗族组织被瓦解与族权被废除，族产充公，族谱、菩萨等被销毁，但民间社会仍然在维护与存续宗族的相关资料，突出表现在对族谱的保护上，正是这种保护才有了"文革"之后普遍兴起的修谱活动；20世纪八九十年代，宗族在农村社会生活的各方面仍然起着不同的作用，呈现多样化的特点。

蒋国河的《当代农村宗族族谱研究：以赣南闽西为中心》[2]，概述了20世纪80年代改革开放后至21世纪初，农村新修族谱的研究动态，认为当代族谱的研究还是一个相当年轻的领域、相当薄弱的环节，还有相当大的研究空间；通过考察赣南闽西当代农村修谱的过程认为，当代农村修谱活动的组织程序保留了许多传统的特征，又有一些新的时代特征，新谱的体例比之传统的族谱有很大的革新；当代的族规族约保留了一定的传统内容和特色，如重视家庭伦理教育、教化等，但又赋予了符合要求的新内容。

肖唐标的《乡村治理中宗族与村民的互动关系》[3]，主要依据1998年初对江西80个村2086位村民的问卷调查材料，分析了当代乡村中的宗族与村民的互动关系，认为当代农民对宗族活动的态度和行为是多元的，他们组织或参与宗族活动却也有着相当的非自愿成分，宗族的影响

---

[1] 戴利朝：《转型时期的农村宗族及其嬗变——以20世纪下半叶江西为中心》，《江西师大学报》2004年第2期。

[2] 蒋国河：《当代农村宗族族谱研究：以赣南闽西为中心》，福建师范大学2004年硕士学位论文，载中国知网。

[3] 肖唐标：《乡村治理中宗族与村民的互动关系》，《社会科学研究》2008年第6期。

力和约束力在不同层面的宗族活动中不相同，农民对宗族的策略也是灵活的。总的来说，当今农村宗族族权已趋式微，并主要通过积淀的习俗和规矩、村落舆论与评价等方式，发挥规制、组织、参与、物质援助、规劝与惩处等功能。

肖唐标的《农村宗族与村民选举的关系分析——对赣晋两省56个村庄跟踪观察》[①]，根据2002—2003年对江西40个村庄的第二波调查和山西16个村庄第一波调查，认为宗族在村民选举中影响依然常见，这种影响主要表现为村民投票的宗族取向，与影响村民选举的其他因素相比，宗族的影响还是微不足道的，没有成为左右选举的主要因素，其影响有正面的也有负面的。

付文茂、龚春明的《乡村文化复苏的路径依赖——以江西F村为例》[②]，以江西F村的调查材料为分析依据，认为宗族文化在乡村复苏的主要表现为祭祖联宗、编撰族谱、修建祠堂、组织乡村礼俗活动等；乡村宗族文化复苏的深层原因在于人们对祖宗神灵（化身为菩萨）的信仰，对祖宗神灵存在心灵上的依赖路径；由于宗族文化是基于对祖宗信仰而开展的活动，它要求人们为善、趋利避害，能满足村民精神的需求，化解村民日常生活中的困惑与不安，具有合理性。

谢建社等的《民工潮对农村宗族的影响——以江西姚圩镇为例》[③]，分析了在中国城市化进程中农民进城务工潮流对农村宗族的影响，认为原来内聚的村庄日益走向松散，血缘与地缘关系受到冲击，乡亲邻里关系削弱，业缘关系开始发展；"民工潮"正在影响农村家族关系的变化：一是农民生活水平提高，农村家族关系走向和谐；二是宗法观念淡化，现代思想增强；三是农村劳动力异地转移，缓解了人地矛盾；三是社会

---

① 肖唐标：《农村宗族与村民选举的关系分析——对赣晋两省56个村庄跟踪观察》，《北京行政学院学报》2007年第4期。
② 付文茂、龚春明：《乡村文化复苏的路径依赖——以江西F村为例》，《社会工作》2006年第10期。
③ 谢建社等：《民工潮对农村宗族的影响——以江西姚圩镇为例》，《南昌大学学报》2005年第3期。

秩序好转，干群关系缓和。

余冲等的《农村宗族组织的变迁——来自江西万载县的调查》①以万载县实地调查为基础，认为随着农村社会经济的发展，随着年青一代大量进入城市务工，宗族的影响力无论在物质层面还是精神层面都在衰落，如血缘型关系依然存在，但已松弛。由于人口流动加快，地缘关系被打破；传统的权威和礼仪逐渐瓦解；农业生产对宗族的依赖性降低；宗族集体活动越来越简化。然而，宗族势力在短时间内不可能消失，宗族势力对乡村社会的稳定作用仍然起着不可替代的作用，必须制定好宗族政策。

骆江铃的《宗族复兴的有限性与工具性——以赣北红顶村田野调查为中心》②基于对赣北红顶村的调查，探讨宗族复兴程度和宗族复兴意义，认为宗族复兴的原因主要有二：一是国家在前30年只摧毁了宗族形态，没有摧毁宗族意识；二是正式制度下乡村政权对宗族有依赖性，或者说，宗族还存在一些可利用的功能；修族谱成了少数人的事并在村书记的参与下，并且只有少数人遵守的一纸空文，加上族长的缺失（只有村长）说明国家权力的强大，都表明宗族复兴的有限性，这种有限性形成了宗族成为国家代理乡村的工具，并表现在方方面面。

肖塘镖的《宗族重建抑或瓦解——当前中国乡村地区的宗族状况分析》③，依据其2001年和2002年对江西等省的调查，探讨了两个问题：一是当今中国农村究竟在多大层面上重建了？二是在不同地区的农村为何宗族重建呈现不同的状况，有的已复兴，有的则瓦解？调查的结论是：宗族的重建或瓦解在国内农村是同时出现，有的地方的农村正在重建，有的地区的农村已经瓦解或正在瓦解，前者主要在南方，后者主要在北方，之所以呈现这种状态，有着多方面的原因。

---

① 余冲等：《农村宗族组织的变迁——来自江西万载县的调查》，《理论导报》2011年第1期。
② 骆江铃：《宗族复兴的有限性与工具性——以赣北红顶村田野调查为中心》，《农业考古》2013年第6期。
③ 肖唐镖：《宗族在重建抑或瓦解——当前中国乡村地区的宗族状况分析》，《华中师范大学学报〈人文社会科学版〉》2013年第2期。

钱杭、谢维扬的《传统与转型：江西泰和县农村宗族形态》①一书，在近五年的田野调查基础上，充分掌握了大量第一手资料，综合运用历史学、人类学和社会学的研究方法，详尽地分析了泰和县农村宗族重建的环境、宗族结构的转型、宗族谱牒的重修、宗族祠堂的修复以及现代宗族文化的特征，并参照比较了湖南省七个县（市）的同类状况，得出了一系列具有重要学术价值和现实意义的结论。

---

① 钱杭、谢维扬：《传统与转型：江西泰和县农村宗族形态》，上海市社会科学院出版社1995年版。

【第二章】

赣鄱宗族的历史形成

宋元明清直至现当代，江西是一个宗族遍布且宗族体系、机制很完备的区域。江西区域的宗族起源、孕育于何时？本文之所以定位于汉代，是因为江西有史可考的、最早的姓氏可追溯到秦末汉初，以及宋明以后一些少数宗族的姓氏来源可追溯到两汉，并且江西具有宗族形态的社会基本单位也是最早可追溯到汉代的。之所以将江西宗族孕育的末端定位于唐宋，是因为江西许多宗族的姓氏来源于从晋末至唐宋几次大的北人南迁。尽管明清时期从闽粤倒迁入赣不少人口，也孕育了明清及其后来江西的一些宗族，但这些倒迁入赣的闽粤人口的宗族姓氏来源，还是大多可追溯到晋末至唐宋的北人南迁。

江西庶民宗族形成定位于南宋时期，其标志是南宋时期出现了大量族谱序，说明南宋时期江西大量的宗族在修谱，即南宋时期江西较多的庶民宗族进入了自觉建设时期。其原因是唐代中后期的移民入赣，经过两百多年的繁衍、传续，在人口规模上已形成宗族或家族，即使是北宋初年的移民也经过了一百多年的繁衍，在人口规模上至少形成了家族，而在北宋早期，欧阳修和苏洵已经为庶民通过编修族谱来凝聚族人提供了范例，即欧阳修和苏洵树立了庶民宗族自觉建设的范例。

元明时期是江西宗族的大发展时期。清代为江西社会全面宗族化的时期，这种宗族化的状态延续到1949年新中国成立以前。1949年至1979年的30年间，基层社会传统的宗族组织被摧毁，宗族活动被停止，族谱不再编纂，而且许多族谱被收缴、烧毁，许多宗祠用作生产队或生产大队的办公场所、学校或其他公共场所。然而，宗族意识没有根除，也无法根除，因为血缘和地缘关系的状态依旧。所以，1980年以后，江西和全国许多地方一样，随着改革开放的春风，宗族开始了复兴或重建，农村社会又出现了宗族化的趋向。

一、唐代中期以前赣鄱社会结构的演变

（一）上古赣境社会状态探讨

是否在秦末以前江西就不存在宗族？因为在商代的时候中原地区就已形成了很完备的宗法宗族体系和制度[①]，而此时的江西社会又是怎样的一种状态？秦末以前的江西社会没有多少可供分析的文字记载，只有依赖考古发掘材料来进行研究。

从相关的考古资料可知，早在20万年前赣鄱大地上就有人类居住，在安义县城郊、新余市郊袁河岸边的台地上，都发现了距今20万年前旧石器时代的器物。[②]在鄱阳湖东侧赣东北平原上的乐平市涌山岩洞中曾发现距今5万年的人类活动遗迹。[③]在赣东北鄱阳湖东南岸、乐安河下游的万年县吊桶环遗址曾发现旧石器时代晚期（距今5万至2万年间）的遗存。[④]而新石器时代晚期人类活动的遗址则遍布全省各地，据初步统计有150余处之多[⑤]，这些距今6000年至4000年的原始人类在赣江两岸及其众多支流的阶地、台地、丘陵、盆地中，以共同的血缘为基础所组成的氏族群体生活着。

进入商代，在中原区域进入辉煌的青铜文明时代时，江西区域的人们也创造了令今人震惊的青铜文明。1989年在江西新干县大洋洲商墓出土文物1万多件，其中青铜器475件，玉器700余件，陶器100余件。青铜器有纹饰组合，有独特的礼器，有轻巧锐利、线条流畅的兵器，有适用精致的生活用具和代表先进生产技术的生产工具等。青铜器数量之

[①] 朱凤瀚：《商周家族形态研究》，天津古籍出版社2004年版。
[②] 李超荣、徐长青：《江西安义潦河发现的旧石器及其意义》，载《人类学学报》第10卷第1期（1991年）；李超荣：《江西安义县旧石器的研究》，载《江西文物》1991年第3期；李超荣、侯远志、王强：《江西新余发现的旧石器》，载《人类学学报》第13卷第4期。
[③] 黄万波、计宏祥：《江西乐平"大熊猫——剑齿象"化石及其洞穴堆积》，载《古脊椎动物与古人类》第7卷第2期（1963年）。
[④] 严文明、彭适凡：《仙人洞与吊桶环——华南史前考古的重大突破》，载《中国文物报》2000年7月15日。
[⑤] 彭适凡：《江西通史·先秦卷》，江西人民出版社2008年版，第38页。

多、纹饰之绮丽、制作之精美，不仅在江南地区，即使在商朝的中心地区——中原，也是罕见。新干大洋洲商墓出土的大量青铜器和玉器等，使考古界和学术界都为之震惊：在一向被认为在夏、商、西周时期处于蛮荒落后状态的南方地区，竟然出土了如此成规模的大量的青铜器，而且制作精美、器形多、艺术成就高，从而揭开了商代江西社会经济文化的朦胧面纱。①

新干大洋洲的出土器物显示，商代的时候在赣中北区域存在一个地方政权——吴城方国②。这个方国是一个什么样的组织形态？彭适凡先生认为可能是酋长制国家。这仅仅是考古发现上的推断。是否是部落酋长制？或是宗法宗族制？因为没有任何文字材料，仅凭考古发现的器物，已难判断当时的社会组织形态。

进入两周时期，对于江西社会的研究，我们所能依据的仍主要是考古发掘的遗址和器物。现已发掘的江西境内的较为重要的两周遗址有南昌市青山湖台山嘴、安义县铜锣山、九江县神墩、磨盘墩，湖口县下石钟山、永修县梅棠曲尺塘、临川县河东大墉山、茶子山与丁家山、清江县筑卫城、樊城堆上层和彭家山、新干县牛头城和赵家山、万年县雷坛、铅山县曹家墩、萍乡市彭高、赤山和宣风河下、靖安县高湖、蔡家山、高安县消水洞、定南县历市镇北山、进贤县寨子峡、靖安县周代大墓等。

通过对考古遗址和器物的研究，对当时的社会状态及经济文化可做出一定的判断，但对当时的社会组织形态还是难以做出判断。如对西周时期的赣境地域，考古器物表明了当时的手工业状态和某些社会经济状态，考古器物还表明了当时西周王朝在赣境至少有两个统治据点，这就是"应"国和"艾"国；考古器物还显示西周文化正在深刻地影响赣地，如有的青铜器上就打上了中原的烙印③，但考古器物和考古遗址却无法

---

① 施由明：《论中原文化在赣鄱地域的早期传播与影响》，载《黄河科技大学学报》2010年第4期。
② 邵鸿先生称商代中期至公元前7世纪为江西历史上的方国时期。见彭适凡：《江西通史·先秦卷·导论》，第9页，江西人民出版社2008年版。
③ 彭适凡：《江西通史·先秦卷》，江西人民出版社2008年版，第228—233页。

显示当时的社会组织形态。而对东周时期的江西，我们不仅有一些出土器物和考古遗址可供研究，还有汉及其后的一些文字叙述可供分析，因而我们不仅对东周江西的社会经济状态可做一些判断，我们还知道，吴、越、楚曾先后占领赣地，即所谓春秋战国时期江西属"吴头楚尾"说。但是考古遗址和出土器物及有关的文字记载还是无法判断当时的社会组织形态。

有关的文字记载告诉人们，春秋战国时期广大的南方地区居住着百越民族，就是秦朝吕不韦门人所撰《吕氏春秋》卷二十《恃君览第八》所说："扬汉之南，百越之际，敝凯诸、夫风、余靡之地，缚娄、阳禺、驩兜之国多无君。"① 这就告诉我们，分布在长江、汉水以南的广大地区的百越民族还处于一种比较原始且落后的社会状态。汉代班固所撰《汉书》卷二十八下《地理志》颜师古注引臣瓒曰："自交趾至会稽七八千里，百越杂处，各有种姓。"② 这也告诉我们，从越南北部直至江浙、苏南、皖南的广大南方地区分布着支系繁多的古越民族。据彭适凡等学者的研究，当时赣境地区的越民族主要分为两支："赣江流域的两岸及以西为扬越，赣江以东包括赣东北、赣东地区则为干越。"③

虽然对于春秋战国时期江西境内的扬越、赣越的社会组织状态没有直接的文字记载，但可以比照岭南等地百越社会的记载，以观照赣境地域越族社会。南朝宋范晔所著《后汉书》卷一百六《循吏列传·任延传》记载东汉初年光武帝时，任延被任命为九真郡（今越南北部）太守，当时九真的骆越（百越的一种）状态是："俗以射猎为业，不知牛耕，民常告籴交趾，每致困乏。延乃令铸作田器，教人垦辟田畴，岁岁开广，百姓充给。又骆越之民无嫁娶礼法，各因淫好，无适对匹，不识父子之性，夫妇之道。延乃移书属县，各使男年二十至五十，女年十五至四十，皆以年齿相匹，其贫无礼娉，令长吏以下各省俸禄以赈助之，同时相娶者

---

① 《景印文渊阁四库全书》第848册，第449页。
② 《景印文渊阁四库全书》第249册，第764页。
③ 彭适凡：《江西通史·先秦卷》，江西人民出版社2008年版，第245页。

二千余人。"①同书卷一百十六《南蛮》则记载西汉末年岭南至越南北部一带："言语各异，重译乃通，人如禽兽，长幼无别，项髻徒跣，以布贯头而着之后，颇徙中国罪人使杂居其间，乃稍知言语，渐见礼化。"②两百多年后的三国时期，交广区域的百越民族生活状态似乎还没有多少改变，晋陈寿编纂的《三国志·吴志卷八·薛综》记载："交趾、糜泠、九真、都庞二县皆兄死弟妻其嫂，世以为俗，长吏恣听不能禁制。日南郡男女裸体不以为羞。由此言之，虫豸有腼面目耳！然而土广人众，阻险毒害易以为乱，难使从治。"③

春秋战国时期江西的越族是否也是这样一种比较落后的社会态势？因没有确切的文字记载，已难断定，但可能性很大，因为江西的汉化主要始于秦始皇统一中国后实行郡县制。随着政权的不断设立，由点到面地展开，尽管在秦始皇统一中国以前，中原文化持续不断地影响赣境，但对赣境百越民族社会生活的影响还是很有限的。班固《汉书》卷六十四上《严助》载淮南王刘安上书汉武帝："臣闻长老言，秦之时尝使尉屠睢击越，又使监禄凿渠通道。越人逃入深山林丛，不可得攻。"④汉代高诱所注《淮南鸿烈解》卷十八《人间训》更详细地记载秦始皇"使尉屠睢发卒五十万为五军：一军塞镡城之领，一军守九嶷之塞，一军处番禺之都，一军守南壄之界，一军结余汗之水。三年不解甲驰弩，使监禄无以转饷，又以卒凿渠而通粮道，以与越人战，杀呕君译吁宋。而越人皆入丛薄中，与禽兽处，莫肯为秦虏。相置桀骏以为将，而夜攻秦人，大破之，杀尉屠睢，伏尸流血十万"⑤。这两则记载都反映了当时南方的越人还是处在较为原始的氏族社会状态。

---

① （南朝宋）范晔：《后汉书》卷一百六《循吏列传·任延传》，《景印文渊阁四库全书》第253册，第482—483页。
② （南朝宋）范晔：《后汉书》卷一百十六《南蛮》，《景印文渊阁四库全书》第253册，第656页。
③ （晋）陈寿：《三国志·吴志卷八·薛综》，《景印文渊阁四库全书》第254册，第798页。
④ （汉）班固：《汉书》卷六十四上《严助》，《景印文渊阁四库全书》第250册，第469页。
⑤ （汉）高诱注《淮南鸿烈解》卷十八《人间训》，《景印文渊阁四库全书》第848册，第733页。

（二）秦汉时期汉化进程中的赣境社会形态探析

江西的越族人逐渐汉化是始于秦始皇统一天下后在全国各地设立政权机构，中原文化随着政权的伸展较为快速地展开。

秦统一中国之后实行郡县制，分天下为36郡，后增加到48郡。今赣鄱区域分归两个郡管辖：今赣北、赣中、赣南归郡治设在今安徽寿春县的九江郡管辖，今萍乡、宜春等赣西地带归郡治设在今长沙市的长沙郡管辖。秦王朝在今赣鄱区域内到底设置了几个县级单位，至今学术界仍有不同的看法，或认为设置了7县、2县、10县，但至少有一个番县是毫无疑问的，因为秦末番县令吴芮举兵反秦是有明确的史料记载的。

秦朝灭亡后，汉高祖刘邦派灌婴占领了今江西区域后，设置了豫章郡，郡治在今南昌市东南。郡下设18县，东汉时不断增设，至东汉末年增设到26县。

无论是西汉时的18县还是东汉时的26县，这些行政权力机构都是传播中原汉文化的有力机构，推动中原汉文化及汉越民族融合由点到面地展开，中原汉民族的生产技术、生活方式、伦理与礼仪等思想观念，通过郡县的汉族或汉化了越族官员而得到强有力的传播。

于是，在两汉的历史文献（《汉书》《后汉书》等）的记载中出现了江西地域的一些人物。军政人物有吴芮、英布、梅鋗、章文、罗洙、陈夫乞、曾据、李淑、陈靖、羊茂、何汤、刘陵、邓通、宋度、谌重、喻猛、项诵、周腾、孔恂、张冀、廖国祥、施阳、罗劭。儒家文化人物有程曾、唐檀、张遐、徐稚、袁京、陈重、雷义。《三国志》还记载了汉末三国时期反抗东吴孙氏政权的已汉化了的赣地山越首领（称"民帅""宗帅"）：洪明、洪进、苑御、吴免、华当、吴五、邹临、尤突、彭绮、吴遽、彭虎、董嗣等。

对于两汉时期江西的社会组织结构，如家族状态，文献记载很少，只有晋代陈寿所撰的《三国志》记载了一些汉末三国时期江西原住民的基层组织状态，陈寿称这种组织为"宗部""宗伍"，其首领被称为"宗帅""民帅"。

《三国志·吴书卷四·太史慈传》注引《江表传》中写道："鄱阳民帅别立宗部，阻兵守界，不受（华）子鱼所遣长吏，言'我以别立郡，须汉遣真太守来，当迎之耳'。子鱼不但不能谐庐陵、鄱阳，近自海昏有上缭壁，有五六千家相结聚作宗伍，惟输租布于郡耳，发召一个遂不可得，子鱼亦睹视之而已。"①

《三国志·魏书卷十四·刘晔传》中则说："上缭虽小，城坚池深，攻难守易。"②

从陈寿的记载来看，汉末江西的这种"宗部""宗伍"是一种既有地缘性又有血缘宗族关系的集军事与行政为一体的一种基层自治组织。组织首领（即"民帅"）既是军事首领又是基层行政长官，还是宗族首领。相比两汉中原的豪族，江西的宗部、宗伍具有更强的军事性。中原的豪族有军事组织的特点，但主要进行大庄园的安全防卫，中原豪族更多的是官僚、地主、富商三位一体，而江西的宗部、宗伍更多的是宗族与军事组织一体。因而，在汉末东吴孙氏政权镇抚江西境内的山越时，江西境内的山越在为数不少的宗帅、民帅率领下，进行了持续三四十年的顽强抵抗，陈寿在《三国志·吴书》中有较多记载，如：

《三国志·吴志卷十五·贺齐传》："（建安八年）贼洪明、洪进、苑御、吴免、华当等五人，率各万户，连屯汉兴，吴五六千户别屯大潭，邹临六千户别屯盖竹，同出余汗。军讨汉兴，经余汗。齐以为贼众兵少，深入无继，恐为所断，令松阳长丁蕃留备余汗。蕃本与齐邻城，耻见部伍，辞不肯留。齐乃斩蕃，于是军中震栗，无不用命。遂分兵留备，进讨明等，连大破之。临陈斩明，名帅尽擒，复立县邑，料出兵万人，拜

---

① （晋）陈寿：《三国志·吴书卷四·太史慈传》注引《江表传》，《景印文渊阁四库全书》第254册，第758页。
② （晋）陈寿：《三国志·魏书卷十四·刘晔传》，《景印文渊阁四库全书》第254册，第292页。

为平东校尉。(建安)十年,转讨上饶,分以为建平县。"①

《三国志·吴志卷十五·贺齐传》:"(建安)十八年,豫章东部民彭材、李玉、王海等起为贼乱,众万余人。齐讨平之,诛其首恶,余皆降服。拣其精健为兵,次为县户。"②

《三国志·吴志卷九·吕蒙传》:"(建安十九年)蒙还寻阳,未期而庐陵贼起,诸将讨击不能擒……复令蒙讨之。蒙至,诛其首恶,余皆释放,复为平民。"③

经过孙氏政权三四十年对山越的镇抚,"强者为兵,羸者补户"④,江西基本汉化了,这种具有宗族与军事结合的组织体也基本解体了。

两汉时期赣鄱地域内一些汉化较早的地域如今南昌、鄱阳、余干、宜春等地的一些地域的宗族状态又是如何?因缺乏史料记载,已难考证,但可以肯定的是,没有中原的那种大量豪族的分布,可能有些望族,如北宋乐史在《太平寰宇记·江南西道》中就谈到汉晋时期豫章区域有五大姓:熊、罗、雷、谌、章。浔阳(今九江)区域有三大姓:陶、翟、骞。这些姓氏,有的在汉代就已经是望族,如熊、罗,其他是汉至晋才形成望族。

从考古材料来看,两汉江西也存在一些望族,如在宜春市和南昌京家山就发掘过较大规模的东汉墓群,这些墓群都是聚族而葬的。

两汉时期,江西境内在这些汉化较早的地方,可能大多以小家庭和小家族为社会结构单位。因为无论是本地原住民汉化还是少量北方迁入人口,在汉代繁衍传续的时间都不长,未能形成大家族。

以东汉著名的"南州高士"徐稚为例,其曾祖父徐审言是西汉沛郡人,一位饱学之士,王莽末年,全家徙居会稽郡太末县(今浙江龙游),东汉建武年间(公元25年—55年)避战乱,又徙居豫章郡南昌县,从此在南昌一带稳定传衍,即使到汉末,也仅仅只能传衍成一个小家族。

以原浔阳(今九江)原住民陶渊明家族为例,陶渊明的高祖陶丹原

---

① (晋)陈寿:《三国志·吴志卷十五·贺齐传》,《景印文渊阁四库全书》第254册,第877页。
② (晋)陈寿:《三国志·吴志卷十五·贺齐传》,《景印文渊阁四库全书》第254册,第879页。
③ (晋)陈寿:《三国志·吴志卷九·吕蒙传》,《景印文渊阁四库全书》第254册,第818页。
④ (晋)陈寿:《三国志·吴志卷十三·陆逊传》,《景印文渊阁四库全书》第254册,第854页。

鄱阳人，因任东汉末东吴政权的扬武将军、柴桑侯，"逐居其地，生侃，字士衡，娶十五妻，生二十三子，二子少亡，二十一子官至太守，侃生员外散骑岱，岱生晋安城太守逸，逸生彭泽令赠光禄大夫潜，潜生族人熙之。"①陶丹父亲陶同，这是寻阳陶氏最早可追溯到的人物，这说明可能在东汉后期原居住在鄱阳县的一支原住民才以陶为姓，即东汉后期才汉化，到东晋末与刘宋之际的陶渊明时才发展成较大较有名的望族。在汉末可能仅仅是一大家庭而已。

两汉中原地域已逐步发展出较完备的宗族形态，但这种宗族形态不是宋明时代的那种祠堂家长制宗族形态。

赵沛在《两汉宗族研究》中说："汉代初年，所谓宗族实际上大致相当于我们所谓的家族范畴，只是社会上仍保持着上古以'宗族'称亲戚的传统而已。几乎可以肯定地说汉初社会生活的基本单位在个体家庭，人们的社会政治联系一般限于家族范围之内。除个别的'宗族'联系较为紧切的大族（如六国贵族之氏）势力以外，汉初社会的宗族联结是十分有限的。这种情形到西汉中后期以后，已经开始了根本的变化，社会各阶层的宗族联结越来越紧密，汉代社会已开始了宗族化社会的进程，而这一进程的发展又是和豪族势力的发展密不可分的。"②

对于东汉时期宗族组织构成的特点，张鹤泉在《东汉宗族组织试探》一文中认为："东汉宗族组织，是在先秦宗法组织瓦解后，适应东汉的社会条件，而形成的又一种共同祖先、共同血缘关系的家庭和家族共同体，这种共同体，在组织上较严密，具有明显的特点。"其特点有：一是有共同尊奉、祭祀祖先的仪式、场所——祠堂；二是有共同的族人会议；三是由族长支配全体族人，而且有能够约束族人的"族规"；四是在东汉宗族组织中族人亲族范围明确（是在"九族"范围内，以血缘关系为纽带的家庭和家族的组合）。③

---

① （宋）邓名世：《古今姓氏书辨证》卷十一《六豪·陶》，《景印文渊阁四库全书》第922册，第123页。
② 赵沛：《两汉宗族研究》，山东大学出版社2002年版，第109页。
③ 张鹤泉：《东汉宗族组织试探》，载《中国史研究》1993年第1期。

赵沛对张鹤泉的观点经过辨析后认为："不可否认的是两汉时期并不存在宋明以后那种聚族而居形态下的宗族形态，尤其是尚未发展到族下分房，房下分支的那种严密的宗族组织结构……根本原因在于两汉时代的聚族而居尽管一直处于逐步发展的形态之下，但还未发展到宋明以后那种普遍存在的状况。"①

两汉时期江西的社会更不可能存在宋明及其以后的那种严密的宗族组织，因为江西社会还在汉化过程中，即江西社会形态的演变远落后于中原地区，仅仅是宋以后江西少数宗族的源头可追溯到汉代的人物，如南昌、丰城等地的徐氏宗族追溯到东汉徐孺子（徐稚），南昌、丰城等地的雷氏宗族可追溯到东汉雷义，江西境内许多地方的罗氏宗族可追溯到西汉罗珠，南昌、宜丰等地的梅氏宗族可追溯到东汉梅福，宜春、南昌等地的袁氏可追溯到东汉袁京，宜春的易氏可追溯到东汉易洸等。

罗珠，据雍正《江西通志》卷六十六《人物·南昌府》引《南昌耆旧记》的记载："罗珠，（汉）高帝时从灌婴定豫章，有功德于民，卒官，子孙因家焉。"②罗珠成了江西罗氏的开基祖，北宋史家乐史在《太平寰宇记》中谈到魏晋南北朝时期豫章五大姓，罗姓居首位。今江西省内许多地方都有罗氏族人分布。

徐稚（公元97—169年），字孺子，东汉后期豫章郡南昌县人，一位学识渊博之士。南朝宋范晔《后汉书》卷八十三《周黄徐姜申屠列传·徐稚》记载："徐稚，字孺子，豫章南昌人也。家贫常自耕稼，非其力不食，恭俭义让，所居服其德，屡辟公府不起。时陈蕃为太守……在郡不接宾客，唯稚来特设一榻，去则悬之……至于稚者，爰自江南卑薄之域而角立杰出，宜当为先。"时人称之为"南州高士也"③。今南昌的北沥村徐氏、丰城以徐稚为开基祖。

雷义，字仲公，鄱阳人。年少时与同郡陈重为好友，一起学习儒家

---

① 赵沛：《两汉宗族研究》，山东大学出版社2002年版，第146页。
② 雍正《江西通志》卷六十六《人物》，《景印文渊阁四库全书》第515册，第289页。
③ （南朝宋）范晔：《后汉书》卷八十三《周黄徐姜申屠列传·徐稚》，《景印文渊阁四库全书》第252册，第160页。

经书，后互相推让被举为孝廉，成为佳话。曾任郡功曹、尚书侍郎、灌谒太守。与陈重成为两位品德高尚、轻生重义、扶危济困的名士，"陈雷之谊"成为古代交友的典范。① 溯雷义为始祖的雷氏有鄱阳、丰城等地雷氏族人。

梅福，字子真，九江寿春人，汉成帝（公元前33—前7年）时人。《汉书》卷六十七《杨胡朱梅云传·梅福》记载："少学长安，明《尚书》《谷梁》《春秋》，为郡文学，补南昌尉，后去官归寿春。"② 这条史料说明，在西汉成帝时豫章郡可能已开办了官学，教授五经③，梅福是精通儒经的教官（"郡文学"）。同时，梅福还以个人正统的儒家操行影响区域风气，梅福曾上书成帝，要求成帝学汉高祖刘邦：从谏纳善、重士，通篇上书表现了梅福对儒家治国理论的精通，可惜的是成帝"不纳"，梅福愤而弃官而去，隐居于南昌城郊之南，即今青云谱，闲居垂钓。东汉时，他垂钓之处即被称为梅湖，并建梅仙祠祀奉之。汉平帝元始年间（公元1—5年），梅福料知王莽将篡政，于是又隐居于南昌西郊飞鸿山学道避世，后人将飞鸿山改称梅岭（即今国家级森林公园），并立梅仙观、梅仙坛、梅尉宅奉祀之，今南昌附近的一些梅氏族人追其先祖为东汉梅福。

袁京，本乃中原人，生活在东汉章帝、和帝时代，因厌恶官场的争斗、腐败，来到当时的宜春县城东北五里山隐居，集贤讲学，清廉高洁，成为东汉中期的节义名士。死后葬于五里山，"时人因名袁山，郡守为立'高士坊'"④。此外，宜春的袁河、袁州也是因袁京而得名，袁氏子孙由此在赣西一带传衍开来，并播迁全国许多地方。

易氏，今赣西宜春等地的大姓。据清佚名修纂《（宜春赤溪塘）易氏

---

① （南朝宋）范晔：《后汉书》卷一百一十一《陈重传》《雷义传》，《景印文渊阁四库全书》第252册，第583、584页。
② （汉）班固：《汉书》卷六十七《杨胡朱梅云传·梅福》《景印文渊阁四库全书》第250册，第534页。
③ 汉武帝时即规定：都城设立太学，教授五经，郡、县设立学校，设置经师；要做官就必须通经，通一经即可做官。
④ 雍正《江西通志》卷七十二《人物二》，《景印文渊阁四库全书》第515册，第495页。

宗谱》卷首《重桂堂易氏宗谱序》[①]记载："宜邑之有易氏，自汉征南将军（易）洸始，武帝命洸领兵宜春，卒，遂葬焉。子孙因之，邑有将坟山。在越数十传至（易）重，唐会昌中及进士第，官大理评事，是皆不为无据。顾宜邑之易众矣。洸与重世系抑有远矣……今塘下易氏不谓然也……（明代）其迁自南昌者为荣甫、华甫公昆季，请即以此为断，而其上概从略焉。"易氏族人今在宜春分布有数十村落。

（三）魏晋南北朝时期江西的宗族状态探析

前述江西地域从较为原始的百越族经过秦汉400多年的汉化，至汉末三国时期江西的原住居民以"宗伍""宗部"这样一种集地缘和血缘为一体的组织形态生存着，并对抗孙吴政权。虽然当时江西境内的山越被镇抚了，"强者为兵，赢者补户"[②]，起而反抗的"宗伍""宗部"也解体了，江西境内基本汉化了，然而，这种带有军事性的豪强大族的组织形式仍然延续下来了，在两晋南朝时期又出现在历史的记载中。

据唐代姚思廉所著《陈书》等的记载，自梁末太清二年（548）"侯景之乱"始，至陈朝末（589），在战乱的社会中，江西的豪强大族崛起，即《陈书》中所说的"南州酋豪"。[③]南州，即指赣江流域；酋豪，即原住民豪强。这种原住民豪强率领既有血缘关系的族人又有地缘关系的乡人，组成自己的武装，抗击乱军，保卫家园；在平定侯景之乱及支持陈霸先建立陈朝的过程中起了重要作用。据《陈书》的记载，著名的南州酋豪有巴山新建（今崇仁）人黄法氍、南昌人熊昙朗、新吴（今奉新）洞主余孝顷、临川人周续、临川人周敷、临川南城人周迪、南康酋豪蔡

---

① （清）佚名：《（宜春赤溪塘）易氏宗谱》清光绪元年重桂堂木活字本，江西省图书馆藏，存一册。
② （晋）陈寿：《三国志·吴志卷十三》，《景印文渊阁四库全书》第254册，第854页。
③ （唐）姚思廉：《陈书》，《景印文渊阁四库全书》第260册，第727页。

路养、巴山（崇仁）人陈定、宁都人刘蔼等①。实际上，梁陈之际，南州酋豪遍布豫章、临川、南康、崇仁等许多郡县，正如姚思廉在《陈书》卷三十五中的《史臣后论》说："梁末之灾珍（侯景之乱），群凶竞起，郡邑岩穴之长，村屯邬壁之豪，资剽掠以致强，恣陵侮以为大。"②

另外，《陈书》卷三十五《周迪传》中记载："迪招募乡人从之，每战必勇冠众军，（周）续所部渠帅皆郡中豪族，稍骄横，续颇禁之，渠帅等并怨望，乃相率杀续，推迪为主，迪乃据有临川之地。"③这说明当时豪族地主多而有实力。

《陈书》卷三十五《熊昙朗传》中记载："巴山陈定亦拥兵立寨，昙朗伪以女妻定。子又谓定曰：'周迪、余孝顷并不愿此婚，必须以强兵来迎'，定乃遣精甲三百并土豪二十八人往迎，昙朗执之，收其马杖。"④这段话同样说明当时江西境内广大乡村豪族地主多，陈定一次就派出了二十八个土豪为他办事，这些土豪应当都是些有实力的豪族首领。

两晋南朝时期遍布江西各地的豪族是一种什么样的组织形态？由于没有历史记载，无法较详细地解剖，但可以肯定的是由于血缘或乡里关系而聚在一起，有首领，但不是如宋明时代那样由族人推举出来的族长，而是既背靠大族势力又凭个人的能力和威信而成为首领（酋豪、土豪）的。如《陈书》卷十三和卷三十五的记载。

周敷，字仲远，"临川人也，郡豪族。敷形眇小，如不胜衣，而胆力劲果，超出时辈。性豪侠，轻财重士，乡党少年任气者咸归之"⑤。周敷既依傍了其所出身的豪族，又凭个人的能力而成了豪族首领（酋豪）。

黄法氍，字仲昭，巴山新建人也。"少劲捷有胆力，步行日三百里，

---

① 可参见唐姚思廉撰《陈书》卷十一《黄法氍传》、卷十三《周敷传》、卷三十五《熊昙朗传》《周迪传》、卷八《周文育传》、卷一《高祖纪上》，司马光《资治通鉴》卷一百六十三《梁简帝大宝元年》等。
② 《景印文渊阁四库全书》第260册，第796页。
③ 《景印文渊阁四库全书》第260册，第791页。
④ 《景印文渊阁四库全书》第260册，第790页。
⑤ 《景印文渊阁四库全书》第260册，第612页。

距跃三丈,颇便书疏,闲明簿领,出入郡中,为乡间所惮。侯景之乱于乡里合徒众。"[1]有胆有识又有文化,所以在乡里有号召力。

熊昙朗,"豫章南昌人也,世为郡著姓。昙朗跅驰不羁,有膂力,容貌甚伟。侯景之乱,稍聚少年,据丰城县为栅,桀黠劫盗多附之"[2]。由此可知,熊昙朗既背依大族又凭个人的豪霸称霸一方。

这些遍布江西各地的豪族是以什么样的组织机制、组织规范来凝聚、约束族人、乡人?因史料缺乏,已无法剖析。

两晋南朝时期,是基层社会遍布没有政治地位的豪强大族时期,同时又是大小门阀士族把持各级权力的时期,江西虽不像三吴之地遍布把持权力的士族大族,但也有不少各级官员或皇室成员分封于此形成中小士族家族,他们在江西地域分封有食邑,并世代承续。

据唐代房乔等撰《晋书》卷九十九《桓玄传》记载:桓玄,"讽朝廷以己平元显功,封豫章公,食安成郡地方二百二十五,邑七千五百户"[3]。安成郡即今宜春、萍乡一带。这则史料说明,当时江西地域的许多地方是两晋南朝官员或皇室成员的封地。

南朝刘宋时期,刘宋朝廷更将江西地域许多区域分封给其官员或其皇室成员,从梁沈约撰《宋书》的记载可知,刘宋朝廷在江西所分封达千户以上食邑者多达十多处,而食邑在千户以下者,则遍布当时江西地域的七郡(见表1)。

表1　南朝刘宋朝廷在江西所分封达千户以上食邑

时间	食邑人姓名	封位(食邑地)	受封原因	食邑户数
永元元年(420)	刘穆之	南康郡公	肇基王迹,勋造大业	三千户
永元元年(420)	刘义真	庐陵王	帝子	三千户
永元元年(420)	徐羡之	南昌县公	佐命之功	二千户
永元元年(420)	傅亮	建城公	佐命之功	二千户
永元元年(420)	檀道济	永修公	佐命之功	二千户

---

[1] 《景印文渊阁四库全书》第260册,第618页。
[2] 《景印文渊阁四库全书》第260册,第790页。
[3] (唐)房乔等:《晋书》卷九十九《桓玄传》,《景印文渊阁四库全书》第256册,第625页。

续表

时间	食邑人姓名	封位（食邑地）	受封原因	食邑户数
永元元年（420）	庐陵公（未明）	柴桑县公	未明	二千户
元嘉九年（432）	朱脩之	南昌县侯	平义宣叛乱	（未明）
元嘉二十九年（452）	沈庆之	南昌县公	伐逆定乱，世祖登基	三千户
孝建元年（454）	颜竣	建城县侯	勤政	二千户
孝建元年（454）	王谦之	石阳县子	解国难	五百户
孝建元年（454）	庞秀之	乐安县伯	解国难	六百户
孝建二年（455）	刘休业	鄱阳王	帝子	二千户
孝建二年（455）	刘怀珍	艾县侯	平殷琰叛乱	四百户
孝建二年（455）	陈显达	彭泽县子	平殷琰叛乱	三百户
大明二年（458）	檠闲	高昌县男	追加爵封	三百户
景和元年（465）	阮佃夫	建城县侯	帝登基之功	八百户
景和元年（465）	袁顗	新淦县子	以奖义概	五百户
景和元年（465）	徐爱	吴平县子	以奖义概	五百户
景和元年（465）	王道隆	吴平县侯	帝登基之功	五百户
泰始元年（465）	刘勔	鄱阳县侯	平殷琰叛乱	千户
泰始二年（466）	刘孟	安成王	孝武帝第十六子	二千户
泰始五年（469）	刘准	安成王	帝子（后继位为顺帝）	三千户
总计	二十二人			二万二千六百户

说明：此表资料来源于《宋书》。南康郡，今赣州；庐陵，今吉安；建成，今高安；柴桑，今九江县；石阳，今吉安境内；乐安，今上饶境内；鄱阳，今鄱阳县东；艾县，今修水县东；高昌，今吉安境内；新淦，今樟树市；吴平，当在南昌市附近；安成郡，今宜春、萍乡一带。[①]

齐、梁、陈时期也是如此，江西地域的许多地方分封给了皇室成员，如唐李延寿撰《南史》卷五十一《梁宗室上》临川王萧宏，"都下有数十邸，出悬钱立券，每以田宅邸店悬上文券，期讫便驱，券主夺其宅，都下、东土百姓，失业非一"[②]。

这些官僚或皇室成员的士族家族又是怎样的一种内部结构？因没有这一时期江西地域士族家族、家庭的详细资料，也就无法分析这一时期

---

① 本表转引自方潜龙、吴岫：《东晋南朝时期江西田庄经济探析》，载《九江学院学报》2006年第2期。

② （唐）李延寿：《南史》卷五十一《梁宗室上》，《景印文渊阁四库全书》第265册，第745页。

江西地域的士族家族，我们仅能知道的是：这些家族拥有相当数量的土地所有权和相当数量的佃户（如上述食邑），还有大量的财产，如《晋书》卷六十六《陶侃传》记载曾位登西晋三公的陶侃，"媵妾数十，家僮千余，珍奇宝货富于天府"①。直到其孙陶淡隐居不仕，仍然"家累千金，僮客百数"②，而陶氏家族的内部结构如何，无资料可供分析。

另外，《晋书》卷七十五《范汪传附子宁传》记载江州刺史王凝之上言："豫章郡居此州之半，太守臣（范）宁入参机省，出宰名郡，而肆其奢浊，所为狼藉……臣伏寻宗庙之设，各有品秩，而宁自置家庙。"③这则资料说明，两晋南朝时期，有的大官僚家族自置有家庙祭祖。李卿在《秦汉魏晋南北朝时期家族、宗族关系研究》一书中说："文献所见'家庙'祭祀祖先在这一时期还不多，仅见2例……多数官僚并无家庙。"并认为："秦汉魏晋南北朝时期宗族合族进行祭祀的活动很罕见，修谱之类的重大宗族活动虽有，但多限于士族。宗族公有财产尚未见，制约宗族行为关系的族法、宗规也未制定，宋以后发展起来的祠堂、族产、族规等标志宗族组织的主要特征此时皆不具备。这一时期在修谱活动中有可能出现临时性的宗族组织，但这种宗族组织的功能也仅限于修谱。而在祭祀等活动中，尚未见宗族组织存在的迹象。总而言之，宗族组织制度在这一时期还未普遍建立，宗族组织仍很少见或者说组织不严密。"④

隋朝的江西延续着六朝以来豪强遍布的社会状况，隋政权统一江西后曾极力拉拢与利用江西本地的豪强，如鄱阳豪强袁赟曾帮助隋政权平定大业末年从鄱阳起兵反隋的操师乞，同时，隋政权又极力削弱江西豪强的势力，如将有影响力的江西人士调离本土等。⑤

---

① （唐）房乔等：《晋书》卷六十六《陶侃传》，《景印文渊阁四库全书》第256册，第128页。
② （唐）房乔等：《晋书》卷九十四《隐逸·陶淡传》，《景印文渊阁四库全书》第255册，第540页。
③ （唐）房乔等：《晋书》卷七十五《范汪传附子宁传》，《景印文渊阁四库全书》第256册，第254页。
④ 李卿：《秦汉魏晋南北朝时期家族、宗族关系研究》，上海人民出版社2005年版，第222、235页。
⑤ 钟起煌主编，陈金凤著：《江西通史》第4册，《隋唐五代卷》，江西人民出版社2008年版，

豪强是一定地域内有经济与人力实力的一个群体的代表，这个群体可能是集血缘与地缘关系的一群人组成，即可能是以某一豪族或大族为核心，再加上有地缘关系的一些人组成的一个群体。

隋代江西境域豪强多，说明这一地域的大族多。《隋书·经籍志》记载了41部谱书，从其中的地域名称上可以确认属江西境域内的有4部：《洪州诸姓谱》十一卷、《吉州诸姓谱》八卷、《江州诸姓谱》十一卷、《袁州诸姓谱》八卷，尽管已无法了解这四部著作的内容，但从这四部著作的书名即可知，隋代江西境域内的各地域已形成了一些著姓，著姓就代表着大族，这是自两汉以来，血缘与地缘族群发展的结果。这种大族是一种什么样的组织形态？已无资料可供分析。豪强大姓之外的诸多血缘小群体又是一种什么样的结构？也已无法明确分析。

唐王朝建立之后，开始了扶持新贵族、打压旧士族的历程，从唐太宗时期二修《氏族志》，到武后时期重修并改称《姓氏录》，再到唐玄宗时期修《姓氏类》，五品以上的官员都享有一定的政治经济特权，但北方那些大的旧士族并未因为李唐王朝抬升新贵而变为庶族，他们通过与当朝新士族联姻，通过利用他们在文化传承上的优势，培养子弟科举入仕，仍然在政治舞台上有一定的势力，所以在唐代中前期，北方的社会仍然是一个士族社会，新旧世家大族仍然把持着相当数量的社会资源。

唐代中前期的江西，由于远离国家政治中心，没有多少士族影响，依然保持着由血缘加地缘组成的原住民豪强大族分布较多的特点，唐代已有一些明确的记载。

唐代元和元年（806年）进士，陆州人皇甫湜（官至工部尚书），曾写过一篇称赞庐陵县令张儇的文章，即《庐陵县厅壁记》，文中称赞张儇勤于政事，"恂恂以奉上，煦煦以字民"，并果断地处理地方问题，"弹豪纠黠以沉断，清白之操较然绝类"，[①]字里行间透露出当时庐陵县域有势

第6页。

① 雍正《江西通志》卷一百二十二《艺文·记一》，《景印文渊阁四库全书》第515册，第277页。

力的豪强多。

唐代大文豪柳宗元在《宜城县开国伯柳公行状》中，记载了河东人柳惟深任永丰令时，"用重典以威奸暴，溥太和以惠鳏嫠，殴除物害，消去人隐……宰制听断，渐于讼息。耕夫复于封疆，商旅交于关市，既庶而富，廉耻兴焉"①，字里行间同样反映出当时赣中一带豪强势力强大。

最能说明江西长期以来豪强势力强大的史实是，唐末江西境内豪强崛起。

钟传（？—906）崛起于赣西高安，后来占据赣北。危全讽（？—909）及其弟危仔昌崛起于抚州，后分别占据抚州和信州。彭玕与其兄彭瑊、弟彭瑊崛起于吉州。卢光稠、谭全播崛起于虔州。他们分别割据一方，成为一方诸侯。此外，还有一些地方小豪强，团聚乡民，结寨自保，如雍正《江西通志》卷一百六十二《杂志补》记载："唐末大盗肆起，民转徙无所依，乐安朱纶率乡众结寨于岩陀，固以土墙，上筑崇楼，令妇女处其中，而屋市屯店环绕于外，七千余户相依，盗不得逞……纶主寨事，分职守，立法制，催督各户，轮苗米、酒税、曲脚钱，纳于抚。纶老弟绘主之，子孙相继。自元和迄五季百五十年安居无恙，建炎之难亦仿行之，绍兴间创邑设官，众始散。"②

如前所述，豪强是以血缘加地缘关系的一个群体，这个群体以有实力的大族为核心，聚集地缘关系组成。唐代的江西就是这样延续着自汉代以来的一种社会结构。

二、唐中期以后北人南迁入赣与庶民宗族的形成

唐代中后期，身兼平卢、范阳、河东三镇，即今河北一带的节度使安禄山和他的部下史思明起兵十五万反唐，史称"安史之乱"。这场叛乱持续了八年才被平定。北方的社会经济遭受了极大的破坏，整个黄

---

① （唐）柳宗元：《柳河东集》卷八《行状》，《景印文渊阁四库全书》第1076册，第71页。
② 雍正《江西通志》卷一百六十二《杂志补》，《景印文渊阁四库全书》第515册，第810页。

河中下游地区的状况是："宫室焚烧十不存一，百曹荒废曾无尺椽，中间畿内不满千户，井邑榛棘豺狼所嗥，既乏军储又鲜人力。东至郑、汴，达于徐方，北自覃、怀，经于相土，人烟断绝，千里萧条。"①经历过这场劫难的杜甫，在《逃难》中写道："故国莽丘墟，邻里各分散。"在《无家别》中写道："我里百余家，世乱各东西。"②同样经历过这场劫难的李白，在《永王东巡歌十一首》中写道："山川北虏乱如麻，四海南奔似永嘉。"③

正是这场劫难，开启了北方人口又一次大规模的由北往南迁徙，据吴松弟先生估算，安史之乱结束时大约有250万移民定居在南方，而唐末估计有400万移民定居在南方。④从安史之乱到唐后期的藩镇割据，北方人口一直在不断南迁。唐末黄巢起义到五代十国时期，北方人口有更大规模的南迁。

人口南迁的结果是社会结构发生大的变化，北方从汉代以来从豪族到世家大族，再到门阀士族这样一种社会结构发生了大的变化即士族衰落了，一旦新朝廷不再扶持新士族，社会结构的状态必然改变，而宋王朝建立后，采用科举取士的选官制度，使得魏晋以来的士族走向了真正的消亡。尽管唐朝廷已采用科举取士的用人制度，但唐朝廷每次科举取士的名额很有限，使新旧士族在政治上一直占据优势。

在北方社会结构发生变化的同时，南方的社会结构也在悄然发生变化，这就是北来的移民通过人口传衍，孕育出新的血缘家族和宗族，这种血缘家族不同于魏晋以来的士族，他们不讲求门第，宗族建设只为尊祖敬宗，凝聚族人，与政权、特权无关，所以又被称为庶民宗族或平民宗族。这种宗族孕育于唐后期的北人南迁之后，到宋代已成为南方社会的基本结构单位。

---

① （后晋）刘昫：《旧唐书》卷一百二十《郭子仪》，《景印文渊阁四库全书》270册，第436页。
② 《全唐诗》，三秦出版社2002年版，第1册，第819页。
③ 《全唐诗》，三秦出版社2002年版，第1册，第622页。
④ 葛剑雄主编，吴松弟著：《中国移民史》第三册，福建人民出版社2004年版，第260页。

就江西而言，唐后期至唐末五代北人的大量迁入，孕育出了宋代及其以后江西社会以庶民家族或宗族为基本结构单位的特点，原住民豪强大族遍布的特点被改变，原住民血缘族群也被引导到宋及其以后的庶民家族或宗族的建设历程中。

关于安史之乱后，中原移民进入江西的情况，早有些学者进行了研究，如吴松弟在《中国移民史》第三册"隋唐五代卷"，曾专门讲述安史之乱爆发后北方移民南下进入江西的情况，并列举了25位移民进入江西的洪、饶、信、吉、江五州，另列举了35位移民在唐末五代进入江西各州。①陈金凤在《江西通史》第四册"隋唐五代卷"，也专门讲述了安史之乱后北人迁赣的潮流，及唐末五代移民持续入赣的情况，并根据有关史料记载，列举了一些北方移民入赣的实例。②但对于这些移民进入江西后繁衍成宗族的状况没有做探讨，因其写作的目的不在于探讨宗族的形成。本书根据有限的史料对唐后期直至唐末，北方移民进入江西后传衍成宗族的情况做些钩沉。

（一）赣北

这是一个移民进入较早的区域，早在晋末"永嘉之乱"的那次北人南迁，就有万余人分布在赣北沿江如彭泽一带，后来"土断"之后也都"土著化"了，这些人的传衍情况没有多少记载。唐代中后期至唐末五代，北方移民进入江西时，有许多是先到达赣北后，再往南迁，也有许多就在赣北留居，后传衍成大宗族，以南昌附近的安义县著名千年古村——罗田黄氏等为例。

安义县建县于明正德十三年（1518年），建县时的人口只有10442人③。唐宋时期安义县境域内一直有大片的荒洲、湖沼可供开垦。晚唐

---

① 葛剑雄，吴松弟著：《中国移民史》第三册，福建人民出版社2004年版，第291—299页。
② 钟起煌主编，陈金凤著：《江西通史》第4册，《隋唐五代卷》，江西人民出版社2008年版，第88—107页。
③ 转见《安义县志》，南海出版社1995年版。

广明元年（880年）黄光远为避战乱，从湖北蕲州罗田村迁徙到今安义罗田村定居，《黄氏宗谱》记载："光远公，系湖广罗田人也。唐广明年间，避兵乱迁卜兹地，里名罗田，不忘所自带耳。"与黄光远同来安义的还有其表弟杨振德，到安义境地后，"光远以打猎为生，出没山林，振德以捕鱼为业漂泊水上"。[①]此后，黄、杨后裔在安义县境内开拓、繁衍、扩展，不断地开基建村，传衍成安义县境内的大族。黄光远后裔在安义境内所建村庄如表2所示。

表2 安义县境内黄氏所建村庄

乡名	村名	建村年代	开基祖及迁出地
长埠	罗田	唐广明年间	黄光远由湖北蕲州罗田迁此开基
长埠	北步山	宋初	罗田贵族之仆人黄姓聚此立基
长埠	北岗	宋中叶	罗田黄凤颗徙此建村
长埠	初一村	明初	罗田黄文吉徙此建村
长埠	水南村	明洪武七年	罗田黄氏十七代一能公在罗田村外水溪之南开新基
长埠	山上村	明中叶	罗田之水南黄树棠分支来此建村
长埠	岭下	明中叶	老下黄无杞迁此立基
长埠	一房	明中叶	老下一支分支于此建村
长埠	毛岗村	明末	罗田七世祖戬公之后裔陵罗公
长埠	坛口	清初	罗田黄克勤徙此立基
长埠	云庄	清康熙年间	一房兴公迁此种庄田
长埠	新唐	清咸丰年间	文方公由鼎湖晒谷石迁此
黄洲	老屋	元中叶	罗田黄徙此建村，后子孙蕃衍分支别地建新村，称原村为老屋
黄洲	黄洲村	明初	黄应元由罗田来此建村，故名黄家洲，简称黄洲。相传此地原为芦苇丛生之地
黄洲	牛福	明中叶	老屋黄道豪徙此立村
黄洲	仓下	明中叶	老屋黄友为迁此
黄洲	广门	明景泰间	十七世祖友辉公名广，由老基迁此
黄洲	雷湖	明洪武年间	黄氏十五祖黄瑜公由老屋徙于雷湖
黄洲	黄土坪	明中叶	雷湖黄许吾徙于此
黄洲	后昌	明中叶	老屋黄道元、道心徙此，期望后嗣蕃昌
黄洲	九坊	明中叶	黄荆坡由老屋徙此建村，因排行九，名九坊

---

① 转见《安义县地名志》，安义县地名志办公室编印，1985年第一次印刷。

续表

黄洲	山田	明末	牛福黄道明、道统徙此垦山造田
黄洲	谷场	明末	黄姓由雷湖迁此建村
黄洲	老园	清康熙年间	牛福五甲光桐、黄朝雄徙此洪家老菜园立基
黄洲	况家垄	清乾隆年间	黄氏由老屋徙此定居
黄洲	老树下	清乾隆甲申年	二十五世祖共秀由老屋徙于此
黄洲	圳溪	清中叶	老屋黄家黄时行随母迁此
黄洲	庄上	清嘉庆年间	
黄洲	院前村	清中叶	老屋孙益徙基于此
黄洲	山背	清道光年间	二十世祖黄义和公由牛福洪家凌徙此
黄洲	黄家凌	清中叶	中福黄文皆、文林迁居于中栏山坡上
黄洲	前辈	清中叶	黄、熊二姓合基
黄洲	罗家	清咸丰七年	二十三世祖黄琴乐公从八坊迁此
鼎湖	柘山		万、黄、余三姓合基
鼎湖	祠堂里	明正德年间	十五世祖宗明由柘山黄家分徙于此建村
鼎湖	港南黄家	明末	二十三世祖和贵公于明崇祯年间由水南徙此立基
鼎湖	对港村	清道光年间	二十三世祖先有公由柘山黄家徙此
石鼻乡	石溪村	明正德五年	龙凤公从罗田徙基石溪
石鼻	江家边	明初	黄杨余刘四姓合基。明洪武七年，十五世祖戬公后裔从罗田徙基于此
石鼻	黄家咀	明中叶	罗田黄泱迁此建村
石鼻	庙山村		谢、熊、黄三姓合基

（资料来源于《安义黄氏宗谱》，转引自《安义县地名志》）

由表2可知，黄光远避战乱迁居安义县，在安义境内开拓繁衍，建村41处，黄氏总人口占全县人口的7%，安义县有句俗语："小小安义县，大大罗田黄"，可见黄氏乃安义大族。与黄光远同来的扬振德的后裔也在安义县的石鼻镇、新民乡、长埠乡、长均乡等建村33处，杨氏总人口占全县人口的8%，[①]同样是安义的大族。

安义黄、杨二姓是北来移民繁衍成大族的历程缩影。在赣北这个移民进入较早的区域内，由唐代北方移民繁衍成大家族的实例较多，如德安义门陈氏，分宁（今武宁）黄庭坚家族等，这两大家族因已有较多研

---

① 安义县志编撰领导小组：《安义县志》，南海出版社1990年版。

究，在此不再赘述①。

（二）赣西

高安幸氏，在安史之乱以前（武周万岁登封元年）因幸茂弘"丞南昌，因家高安之洪城里""其先沧州青池人"，②即今河北沧县东南。从幸茂弘传至曾孙幸南容，于德宗贞元九年（793年）中进士，官至国子祭酒，"名播海内"③，元和九年（814年）幸南容告老还乡后，为让子弟致力于科举，在高安城北60里创建了桂岩书院，这是江西最早的一座书院，至幸南容孙幸轼于咸通七年（866年）中三史科，为太子校书郎，家徙郡城，书院荒芜。"宋幸元龙重新之有记，周益公必大题额，成化间幸顺迪重建，刘革记"④。自幸茂弘自北方而来，定居南昌后，幸氏子孙一直在高安传续，据民国年吴宗慈编的《江西通志稿》记载：高安幸氏，"唐进士幸南容二人，宋进士幸扩等十七人，清举人幸梅三人"。幸氏，至今是高安的大族。

（三）赣中

唐代中原移民进入赣中地域，传衍世家大族的一些实例见表3。

表3 唐代中原移民在赣鄱形成大族实例表

宗族名	始迁祖	迁入时间	祖籍地	迁出地	迁入地	家族名人	迁入原因
永新、安福等地欧阳氏	欧阳琮	唐黄巢乱	渤海郡	长沙	庐陵	欧阳修	官吉州刺史遇乱不愿北归

---

① 陈月海主编：《义门陈文史考》，江西人民出版社2006年版；黄宝华：《黄庭坚评传》，南京大学出版社2005年版。
② 雍正《江西通志》卷三十八《古迹一·南昌府》，《景印文渊阁四库全书》第514册，第306页。
③ 崔群：《唐开国子祭酒文贞公传》，转见钟起煌主编、陈金凤著：《江西通史》第4册，《隋唐五代卷》，江西人民出版社2008年版，第221页。
④ 雍正《江西通志》卷二十一《书院一》，《景印文渊阁四库全书》第513册，第702页。

续表

新淦孔氏	孔绩	唐黄巢乱	山东		新淦	孔文仲三兄弟	仕吉州为推官遇黄巢乱遂家新淦
新淦袁氏	袁致安	唐代	世居河洛间	泰和	新淦	袁邦用	族大分支
新淦宋氏	宋询	唐代	丹阳	袁州	新淦	宋惟学	询仕袁州刺史因秩满道经新淦柘乡爱其山水
泰和袁氏	袁邯	唐代	陈郡		泰和	袁士安	为吉州刺史留家于此
安福王氏	王该	唐代	太原	庐陵	安福	王庭珪	族大分支
泰和陈氏	陈晖	唐末五代	颖川	金陵	泰和		避战乱
泰和萧氏	萧鹏举	唐末五代	西安	长沙	泰和		避战乱
吉水段氏	段成式	唐代	临淄	临淄	庐陵	段成式	为吉州刺史因家焉
安福永新泰和等地刘氏		唐末五代	沛县	金陵	吉州		避战乱
泰和康氏	康立极	唐末五代		金陵	泰和		自金陵官泰和留家
吉水解氏	解禹	唐天宝间	山西平阳		吉水	解晋	官吉州刺史留居
吉水泰和等地杨氏	杨辂	唐末五代	华阴		庐陵	杨邦义 杨万里	为官庐陵留居
泰和曾氏	曾构	唐末五代	山东	金陵	泰和	曾安止	避五季乱
吉水胡氏		唐末五代		金陵	吉水	胡铨	避战乱

（表中资料来源依次见：欧阳修：《文忠集》卷七十一《欧阳氏图谱序》，四库全书第1102册，第559页；金幼孜：《金文靖集》卷九，《孔处士立夫墓志铭》，四库全书第1240册，第847页；金幼孜：《金文靖集》卷九，《袁处士立夫墓志铭》，四库全书第1240册，第839页；金幼孜：《金文靖集》，卷九《宋惟学墓志铭》，四库全书第1240册第838页；杨士奇：《东里集》续集卷十三，《西昌袁氏家谱序》，四库全书第1239册，第535页；王庭珪：《庐溪文集》附录胡铨邦衡撰《墓志铭》，四库全书第1134册，第354页；杨万里：《东里集》卷四《陈氏族谱序》，四库全书第1238册，第51页；胡铨：《澹庵文集》卷五，《监察御史萧公墓志铭》，四库全书第1137册，第43页；王庭珪：《庐溪文集》卷四十六，《故刘君德章墓志铭》，四库全书第1134册，第321页；杨士奇：《东里集》续集卷三十，《纪善康君墓表》，四库全书第1239册，第60页；解缙《文毅集》卷八《修家谱序》，四库全书第1236册，第710页；杨士奇：《东里集》续集卷三十，《族弟仲穆墓志铭》，四库全书第1239册，第54页；刘球：《两溪文集》卷二十三，《故翰林侍讲学士奉训大夫曾公行状》，四库全书第1243册，第684页；杨万里：《诚斋集》卷一百十八，《金鱼袋赠通议大夫胡公行状》，四库全书第1161册，第495页。）

以上表3中所列的都是唐代中后期至唐末，移民进入赣中地域后，至宋明时代传衍成了赣中地域的著姓望族，至今仍然是赣中地域的大族。

另据《永新县志》（1992年编）记载，永新长久以来排居前十位的大姓是刘、贺、尹、龙、周、李、陈、萧、颜、王，其中据史料记载，贺、尹、龙、颜四姓是唐末五代由北方迁来。

龙氏始迁祖龙庚，原巨鹿（今河北南部）人，乾符年间（874—879）任吉水县丞，后避战乱，安家于县东里乡莲塘村，其后裔在县内不断开基建村，成为永新著姓大族，有"无莲塘不成龙"之说。

尹氏始迁祖尹濯，河南汴州（今开封）人，唐末任平南将军，封鄱阳侯，后避战乱，避地建村名平南坊，后裔分迁县内许多地方开基建村，成永新著姓大族。

贺氏始迁祖贺凭，会昌间（841—846）任永新县令，秩满定居永新良坊，子孙繁衍，不断开基建村，成永新著姓大族。

颜氏开基祖为唐代大儒颜真卿后裔，在颜诩任南唐永新县令时，其父辈早已落籍永新，到颜诩时已"一门百口，家法肃然"，以孝义著称。[①]

（四）赣东

据宋元时期江西文人们对江西宗族姓氏的追溯，涉及赣东区域一些姓氏由唐代北方移民而来如表4所示[②]。

表4 唐代北方移民在赣东的一些姓氏表

姓氏	迁出地	迁入地	年代	迁入江西的原因	史料出处
胥	燕（今河北）	临川（今抚州）	唐前期	十三代祖义唐御史中丞坐言武后事贬临川因家焉	欧阳修《文忠集》卷六十一《左班殿直胥君墓志铭》
陆	吴县（今苏州）	金溪县	唐末五代	（陆九渊）六世祖讳德迁五代末避地于抚州金溪	杨简《慈湖遗书》卷五《象山先生行状》
黄	河南固始县	金溪县	唐末五代	避乱徙闽，（后子孙）散居他郡，今邵武南城临川多其后	危素《说学斋稿》卷二《金溪黄氏墓记》

---

① 以上四例转见钟起煌主编、陈金凤著：《江西通史》第四册，"隋唐五代卷"，第101页。
② 这些文集见《景印文渊阁四库全书》，上海古籍出版社1987年版。

续表

曾	山东	南丰县	唐末五代	公曾氏讳巩字子固，其先鲁人，后世迁豫章因家江南，公之四世祖延铎始为建昌军南丰人	曾巩《元丰类稿》附录《墓志》
晏	山东	临川（今抚州）	唐后期	公讳殊字同叔姓晏氏……其高祖讳墉，唐咸通中举进士卒官江西始着籍于高安，其后三世不显，曾祖讳延昌又徙其籍于临川……有姜之裔齐为晏氏	欧阳修《文忠集》卷二十二《碑铭二首·侍中晏公神道碑铭》
饶	金陵（今南京）	抚州	唐末五代	故卫尉寺丞饶君讳怀英，官以子贵得之，其先世家金陵，祖汉仕李氏为散骑常侍，唐社既屋，君挈其室南迁，初来抚州买薄田数十亩力治耕种遂有其居	吕南公《灌园集》卷十九《墓志·饶君寺丞墓志》

以上几姓自唐代移民赣东以后，一直在赣东的抚州属地传衍、分支开基，成为抚州地域的大姓，如胥氏在今抚州市属地内的临川、宜黄、乐安、南城、黎川、资溪、广昌等地都有分布，特别是在宜黄、临川为大姓，宜黄胥氏在宋代端拱、景德、景祐、庆历年间曾产生胥正伦等一门五进士的盛况。金溪陆氏，从唐昭宗陆希声的孙子陆德迁携家避乱，居金溪青田，至南宋陆九渊时已发展成了"聚族逾三千指，合爨将二百年"①的大家族，至今陆氏后在抚江西，特别是在抚州一带广泛分布。南丰曾氏，从唐后期的僖宗乾符年间（874—879）占籍南丰后，子孙繁衍，兴办教育，到北宋时期成了著名的文化大家族，从太平兴国八年至宝祐元年（983—1253）的271年间，南丰曾氏共产生进士55人，解试41人，荐辟19人，成为朝廷官员者过百人，著名的文人士大夫有曾致尧、曾易占、曾巩、曾布、曾肇，至今曾氏子孙在抚州各县广布。临川晏氏，自唐后期迁入临川后，在北宋时代就成了一个著名家族，不仅晏殊、晏几道父子驰名词坛，临川晏氏家族还曾产生进士8人。

（五）赣南

唐代的赣南，尽管张九龄在开元四年（716）开凿了大庾岭驿路，南北交往更为频繁，但整个赣南还是较为原始的，大山长谷，瘴烟毒雾，

---

① （元）胡炳文撰：《纯正蒙求》卷下，《景印文渊阁四库全书》第952册，第42页。

是一个流放犯人的地域，但在唐代中后期至唐末的北方人口南移的过程中，还是有些移民进入并定居下来。据有关学者的研究，宁都县的郑、孙、戴、蒙、古、黎、廖、吴、管、李、朱、邱、严、卢、胡、宁、陈、曾、刘、何、崔、黄、温、宋、谢25姓是唐至五代迁入宁都定居的，其中有12姓氏的资料可查证是从北方诸省直接迁来的。石城县的赖、胡、温、许、杜、廖、花、鄢、洪、汤、金、联、雷、蓝、罗、朱、杨、王、毕、龚、熊、高、何、严、吉、李、白、黄、谢、万、赵、连、蔡、周、官、陈、曾、康、巫、冯、彭、卢42姓是在唐至五代迁入定居的。①

类似于宁都、石城，赣南各县都有姓氏均由唐代中后期至唐末五代因避战乱，由北方迁来定居，繁衍成大族。

唐代中后期至唐末五代还只是北方移民进入定居地后处于宗族人口的繁衍期，即庶民家族的孕育期，对于如何建设庶民家族还处于探索阶段，但有一个目标是明确的，这就是必须让家族子弟有文化，这是北方移民传承中原重文化的传统，特别是唐代已采用科举选官的制度，更在导向上引导了中原移民在移入地重视中原文化的传承。于是，开启了家族办书院的历程，高安幸南容创办了桂岩书院，洪州（今南昌）程天器创办了飞麟书屋，吉水解世隆创办了登东书院，德安陈崇创办了东佳书堂，奉新胡玱创办了华林书院，这都是家族为培养子弟而创办的书院。可以说，唐末五代中原移民在江西孕育家族的同时，也开始进入自觉的宗族建设，只不过其办法还仅仅在于重视培养族人文化的阶段。

三、赣鄱宗族形成于南宋

宋代是一个没有实现真正意义上全国统一的朝代，东北有契丹族建立的辽及后来女真族建立的金，西北有党项族建立的西夏。宋政权与东北、西北的少数民族政权长期处于力量制衡状态，而且宋政权的屈辱求

---

① 周红兵：《赣南客家源流考》，《赣南师范学院学报》1992年增刊。

和，通过送钱送物求得了北宋政权一百六十多年的延续，但当 1125 年金兵大举南下，攻入黄河流域，烧杀抢掠，中原地域的百姓进行了顽强的抵抗，但损失惨重。1126 年，金兵再次大举南下时，中原地带的人民再次饱受浩劫，1127 年宋高宗南渡，在临安（杭州）建立南宋政权。

（一）北人南迁入赣

自金军攻宋之后，战火燃遍了整个黄河中下游地区，为了生存，中原人民不得不开始向淮河以南迁移。高宗南迁过江后，江淮地区也沦为战场，为避战乱只有渡江。1127 年靖康之乱以后，北方人口的南迁持续了一个半世纪，估计不少于 500 万人迁入了南方。[①]江西是这次北人南迁的重要迁入地，到南宋后期江西已人满为患，赣中吉安和赣西袁州的人口又向湖南迁移。

大量的北方移民进入江西，大大加快了自唐后期以来社会结构的变化，这种以平民宗族为社会基本结构的状态，在移民的繁衍中不断形成。

关于宋代北方移民移入江西的历史过程与概况，许多学者都做过研究，如葛剑雄主编的《中国移民史》第四卷，对于辽宋金元时期中国移民的历史做了较深入、广泛的研究，其中对北方移民进入江西各州的历程，做了较深入的研究，并以列表的形式列举了 215 例移民实例。钟起煌主编、许怀林著的《江西通史》北宋卷和南宋卷，也列举了一些北方人口迁赣的实例，并对北宋和南宋江西境内开基建村的情况做了一些研究，对江西各州军的户口变化做了较为详细的研究。此外，还有一些相关的研究论文。这些研究都是着眼于移民史的研究，而不是宗族的研究。

（二）北方移民入赣繁衍成宗族

对于宋代北方移民进入江西后繁衍成宗族的状况，有许多这样的实例：如赣北是宋代靖康之乱后北方移民大规模进入的地区，许多北方移

[①] 葛剑雄主编，吴松弟著：《中国移民史》第四卷，福建人民出版社 1997 年版，第 415 页。

民定居在赣北的信、饶、洪、江四州，也有许多移民经过赣北或在赣北停居之后，往赣中、赣南、赣东和赣西迁移。许多移民定居赣北后，繁衍成了大家族。

赵氏是宋皇室南奔后在江西广泛分布、形成宗族的一个姓氏，在信州的玉山、铅山、弋阳和饶州的余干都有一些赵氏宗室进入并定居下来，形成大族。南宋名相赵汝愚，是宋太宗长子汉王七世孙，其父赵善应为江西兵马都监，金兵灭北宋后，留居余干，到赵汝愚时就是余干大族，《宋史》记载："汝愚聚族而居，门内三千指，所得廪给悉分与之，菜羹疏食恩意均洽，人无间言。自奉养甚薄，为夕郎时，大冬衣布裘，至为相亦然。"①据吴宗慈《江西通志稿·氏族略》的统计：余干赵氏"宋进士赵汝愚四十四人，明进士赵珩一人，乡举赵哲五人，武举赵衮一人"②。余干赵氏自宋以来一直是余干大族。

丰城王氏，北宋时自契丹归，因中原战乱，避地丰城，形成大族：

公不安于契丹，竟自北而南徙家于豫章丰城之城头里，有至德观钟铭及碑可考。盖自契丹归时中原云扰，故避地于江之南也。自五闽积至今凡二百余年子孙繁衍盛大，别派分枝星列棋处，绵亘十四五里皆一姓，举进士者代不乏人，团族彬彬皆儒。公之十四世孙某惧其族之衍而岁且久将忘其所自出也，乃于其里白马山之阴立一庙而取其族谱图刻于中，俾公之子孙至斯庙者皆得因流而寻其源焉。族之人虽数十百千而其来实出于一，则协比友睦之心油然以生，不至于亲尽则疏，相视如路人，美哉斯意乎！③

由一人繁衍成一个家族，往往需要一百多年的时间，曹树基在《中国移民史》第六卷中曾论述到：对于移民家族的形成，由一人繁衍成一

---

① （元）脱脱等：《宋史》卷三百九十二，《赵汝愚》，《景印文渊阁四库全书》第288册，第377页。
② 吴宗慈：《江西通志稿》第三十五册《氏族略》，江西博物馆1982年整理，南昌市西湖文教印刷厂。
③ （宋）姚勉：《雪坡集》卷三十六《丰城王氏家庙记》，《景印文渊阁四库全书》第1184册，第247—248页。

个家族，按 1 人传 5 人、25 年一代计算，需要 100 年左右的时间[①]。而由家族繁衍成宗族则需更长时间。唐后期及唐末五代自北方进入江西的移民，到北宋初年，大都已经过一百多年的繁衍，在人口数量上已达到了一个家族（有的甚至达到了宗族）的规模，以欧阳修家族为例，其先祖欧阳琮在唐后期黄巢起义军进入吉州时（878 年），任吉州刺史，曾率乡人自保，乡人赖以保全。因避战乱，遂安家吉州庐陵。从欧阳琮八传至欧阳万，欧阳氏子孙一直在庐陵开拓、繁衍，成了庐陵的大族，这就是欧阳修在《欧阳氏谱图序》中所说"世为庐陵大族"。由于欧阳氏家族出儒学与仕宦人才多，其所居之乡被称为"儒林乡"。[②]

在人口数量达到家族甚至宗族规模的状况下，该如何去凝聚、去建设家族或宗族，如前所述，唐末五代时一些家族就已开始了这方面的探讨，这就是着重在文化上培养家族子弟。

北宋初期，宋朝廷提出了以"孝悌"治理社会的理念，高调旌表同财共居的义门家族，并对其进行减免赋税和赏赐物品。在宋朝廷政策的引导下，一些大的家族有了建设家族、凝聚家族的方法，这就是以"孝义"凝聚家族，于是，在宋代涌现了一些"义门"家族。列入《宋史》中的《孝义传》的江西"义门"大家族有江州德化许祚、信州李琳、信州玉山俞携、德化范芸轩、江州德安陈兢、洪州奉新胡仲尧、吉州永新颜诩、南康建昌洪文抚等，这些家族都是"以孝悌称"，数世乃至十多世同居，人口达百口以上至数千口者有之（如德安陈氏）。宋统治者治理国家的理念成了一些家族建设的手段。

仅靠用"孝悌"培养思想的自觉以维系家族的同财共居，还是远远不够的。上百甚至逾千人同财共居在一起，还必须有约束性的规范。于是，将汉代以来的"家训""家戒"和唐代士大夫家族流行的"家法"，应用到了宋代的大家族建设中。如"江州义门"陈氏[③]，在北宋初期仍沿用唐后期陈崇

[①] 葛剑雄主编，曹树基著：《中国移民史》第六卷，福建人民出版社 2004 年版，第 306 页。
[②] （宋）欧阳修：《文忠集》卷七十一《谱》，《景印文渊阁四库全书》第 1102 册，第 562 页。
[③] 参见许怀林：《"江州义门"与陈氏家法》，载陈月海主编：《义门陈文史考》，江西人民出版社 2006 年版，第 21—23 页。

撰写的"家法"来维系家族；吉州永新人颜诩，"一门千指，家法严肃，男女异序，少长辑睦，匦架无主，厨馔不异，义居数十年终日怡愉。"①

在北宋前期，在一些大家族用文化建设家族、孝义凝聚家族、家法规范家族成员的同时，一些文化精英们想到了族谱，这种在魏晋南北朝和隋唐时代主要为选官和婚配及为了张显门第而撰写的著作，在庶民宗族日益成为社会基本结构单位的情况下，族谱不为选官、不为婚配、不为张显门第，而是用来凝聚宗族。

首先是欧阳修（1007—1073年），在宋仁宗皇祐、至和年间（1049—1056年），"以其家之旧谱问于庶人，各得其所藏诸本，以考证其同异，列其世次，为图谱一篇"②。

在欧阳修的叙述中，没有明确地说明他为什么要撰写"欧阳氏谱图"，但从欧阳修编撰的《新五代史》和《新唐书》可知，欧阳修是一个非常重视族谱资料的史家，在这两部史书中欧阳修引谱入史，在《新五代史》中专设了《十国世家年谱》，在《新唐书》中记述宰相389人，世系98族，大量使用了族谱资料。当欧阳修撰写完这两部史书之后，回头整理自家的谱图也就在情理之中了。

除了作为史家对族谱资料的重视外，从欧阳修的《欧阳氏谱图序》中我们可以看出，欧阳修已考虑到欧阳氏宗族自定居吉州以来，作为移民发展而来的宗族，因为宗族不断扩大，因为族人间关系的疏远，因为祖宗事迹需要后辈不忘记，所以撰写了《欧阳氏谱图序》。欧阳修在"序"中说：

盖自八祖以来，传今百年或绝或微，分散扶疏……自通而上其行事见于史，自安福府君而下遭世故无所施焉。某不幸幼孤，不得备闻祖考之遗德，然传于家者，以忠事君，以孝事亲，以廉为吏，以学立身，吾先君诸父之所以行于其躬、教于其子弟者，获承其一二矣。某又尝闻长

---

① （元）脱脱等：《宋史》卷四百五十六《孝义·颜诩》，《景印文渊阁四库全书》第288册，第431页。

② （明）贺复征：《文章辨体汇选》卷五百五十七《世谱一》，欧阳修《欧阳族谱》，《景印文渊阁四库全书》第1408册，第744页。

老言,当黄巢攻破江西州县时,吉州尤被其毒,欧阳氏率乡人捍贼赖保全者千余家,子孙宜有被其阴德者。顾某不肖何足以当之。《传》曰:"积善之家必有余庆。"今八祖欧阳氏之子孙甚众,苟吾先君诸父之行于其躬、教于其子孙者,守而不失,其必有当之者矣。

为了使后辈们能牢记先辈的遗德,为了使家族的优秀传统能"守而不失",欧阳修写了"谱图"。这正是中原移民发展而来的宗族,在宗族壮大之后所萌生的凝聚宗族的愿望,作为学识渊博的史家,欧阳修想到了族谱,创立了"断自可见之世"的修谱原则和用列表式及五世以下"别自为世"的修谱方法,开启了平民化修谱的历程,这正是唐代中后期以来中原移民的结果。

欧阳修撰写《欧阳氏谱图序》的目的,已不同于晋唐时代的官私修谱,已没有了政治的目的,即不为选官,不为婚配,不为彰显门第,因为宋代已不可能用族谱来达到政治目的,所谓"取士不问家世,婚姻不问阀阅",公平、公开的科举制已是主要的选官制度。

在欧阳修撰写《欧阳氏谱图序》之后,紧随他之后认识到族谱重要性的是与他同时代的苏洵(1009—1066年),撰写了《苏氏族谱》[①]。苏洵撰写族谱的原因,同样是他认识到了族谱的重要性:"自唐衰,谱牒废绝,士大夫不讲,而世人不载,于是乎由贱而贵者耻言其先,由贫而富者不录其祖,而谱遂大废。"苏洵为呼应欧阳修撰"谱图",并试图唤起文人士大夫们撰写族谱的兴趣,苏洵吸收了欧阳修小宗法修谱方法,并创立了大宗法修谱之法:"洵尝自先子之言而咨考焉,由今而上得五世,由五世而上得一世,一世之上失其世次,而其本出于赵郡苏氏,以为《苏氏族谱》。它日欧阳修公见而叹曰:'吾尝为之矣!'出而观之有异法焉。曰:'是不可使独吾二人为之,将天下举不可无也。'洵于是又为大宗谱法以尽谱之,变而并载欧阳氏之谱以为谱例,附以欧阳公题刘氏碑后之文,以告当世之君子,盖将有从焉者。"

苏洵家族同样是由中原移民发展而来,其先祖源自盛唐时代的著名

---

① 苏洵:《嘉祐集》卷十四,《景印文渊阁四库全书》第1104册,第947页。

诗人苏味道贬官四川，由其一子繁衍而来。苏洵撰写《苏氏族谱》也正是因为宗族已壮大，为了凝聚宗族，不致使族人相见如途人，使族人都能保持孝悌之心，"观吾之谱者孝悌之心可以油然而生矣！"

但欧阳修、苏洵的著述，并没有很快引起文人们群起撰写族谱，尽管王安石撰写了《许氏世谱》、曾肇撰写了《曾氏谱图》一卷，但整个北宋时代，除欧阳修和苏洵撰写"谱图""族谱"之外，现存的"谱序""世谱序""家乘序"等总共也就只有19篇[1]。其中的一个重要原因是北宋的统治者虽然非常重视宗族在社会治理中的作用，但并没有采纳张载、程颐等思想家们提出的利用祭祖、修谱等仪式凝聚宗族的主张。虽然宋仁宗庆历元年（1041年）允许文武官员依旧式建家庙（当时未规定定制），但皇祐二年（1050年）明确规定正一品平章事以上立四庙，东宫少保以上立三庙，其他官员祭祖于寝。即只允许高级官员庙祭祖先，平民百姓还未被允许庙祭。直到北宋末年的宋徽宗大观二年（1108年），徽宗才同意从三品以上官员祭五世，正八品以上官员祭三世，从八品以下的官员及庶民祭二世[2]。

欧阳修和苏洵开创了用族谱来凝聚庶民宗族的范例，并且开创了庶民宗族族谱的体例模板，这就是"五世则迁""近者详写""远者略写"的模板，为其以后庶民宗族的凝聚开创了先例，在中国宗族发展史上具有重要意义。

在欧阳修、苏洵撰写"谱图""族谱"之后，稍晚于欧、苏的理学家张载（1020—1078年）、程颐（1033—1107年），为庶民宗族的建设创造了理论基础，并提出让庶民宗族建家庙和祭祖来凝聚宗族的设想。

张载在《张子全书·宗法》中说："管摄天下人心，收宗族、厚风俗，使人不忘本，须是明谱系、世族与立宗子法，宗法不立则人不知统系来处，古人亦鲜有不知来处者。宗子法废，后世尚谱牒犹有遗风。谱牒又废，人家不知来处，无百年之家，骨肉无统，虽至亲恩亦薄。"[3]

---

[1] 黄超、王善军：《宋代族谱序跋所涉家族的地域分布》，载《大连大学学报》2012年第1期。
[2] （元）脱脱等：《宋史》卷一百九卷《礼志十二》，上海古籍出版社1987年版。
[3] （宋）张载：《张子全书》卷四《周礼·宗法》，《景印文渊阁四库全书》第697册，第129页。

张载主张将上古的宗法制普遍化、民间化，普遍建立各自的统系，使人人知"来处"，并在理论上提出了立家谱的必要性，开了宋代主张立家谱的理论先河，对后来家谱的普及与兴盛起了重要作用。

张载还主张不分贵族官僚和庶人都建家庙祭祖："凡人正厅，似所谓庙也，犹天子之受正朔之殿。人不可常居，以为祭祀吉凶冠婚之事于此行之。厅后谓之寝，又有适寝，是下室，所居之室也。"并且主张"庶人亦须祭及三代"，"士大夫有大事"可以"裕及其高祖"，即祭及四代祖先。[①]

程颐比张载更大胆、更明确地提出，士大夫和庶人都可以建家庙，且士大夫可以祭祀始祖和先祖。程颐说："收合人心，无如宗庙……系人心，合离散之道，无大于此。"[②]"冬至祭始祖，立春祭先祖，季秋祭祢……先祖者，向始祖而下，高祖而上，非一人也，故设二位。常祭止于高祖而下。"[③]

张载和程颐的宗法理论与建设构想，对此后的庶民宗族的发展影响很大，南宋朱熹（1130—1200年）继承和发展了张载和程颐的思想，构建了"家礼"理论，创设了祠堂祭祖的办法来凝聚宗族，为庶民宗族的发展架构了模式。

如上所述，唐后期和唐末五代自北方迁来的移民，到北宋前期有许多在人口上都已达到大家族的规模，一些大家族在北宋前期就已开始了自觉的家族建设的探讨。较普遍地进入自觉的家族建设，还是到南宋后期。最明显的标志是修族谱。尽管欧阳修早在北宋皇祐、至和年间（1049—1056年）就已创立了模板，直到南宋后期，江西的家族才普遍进入修族谱的时期。其原因主要在于，到南宋后期，不仅唐后期和唐末五代迁来的移民已经分支建宗成为大宗族，就是北宋末南宋初迁来的移民也都成了大家族，在张载、程颐、朱熹等宗族建设理论的影响下，江西进入

[①] （宋）张载：《张子全书》卷八，《祭祀》，《景印文渊阁四库全书》第697册，第182页。
[②] （宋）程颐：《伊川易传》卷四《周易下经》，《景印文渊阁四库全书》第9册，第428页。
[③] （宋）朱熹编：《二程遗书》卷十八《刘元承手编》，《景印文渊阁四库全书》第698册，第241页。

到自觉和普遍的家族建设时期。[1]

  这种由中原移民传衍而成的平民宗族，南宋后期自觉进行正式的宗族建设的标志就是修族谱。由于自唐后期至北宋末、南宋初移民而来的中原移民，经过数百年（至少也有一百年）的传衍，人口规模已达到成为宗族或家族的状态，这些传承着中原文化精神的移民后裔们便开始了自觉的敬宗收族。从现存江西文人的文集中可知，这种较普遍而自觉的敬宗收族主要始于南宋后期。尽管在北宋时已有欧阳修的《欧阳氏谱图序》，为后人留下了修谱的范式，但从现存宋代江西文人文集中的"族谱序"来看，北宋和南宋中前期，江西境内还没有较普遍地进入修谱的阶段，因为直到南宋中期才有欧阳守道（1208—1272 年）《巽斋文集》卷十二《序》中《黄师董族谱序》，而到了南宋后期江西的文人们写的"族谱序"就多了，如景定壬戌（1262 年）及第的刘辰翁所著《须溪集》卷六《序》中就写有《王氏族谱序》《泰和胡氏族谱序》《吴氏族谱序》，南宋末文天祥《文山集》卷十二《记》中有《李氏族谱亭记》。据有关学者统计，现存南宋时期的族谱序跋有 67 篇，涉及 60 个家族；其中江西的文人士大夫们所写族谱序跋共有 16 篇，涉及 13 个家族。[2]到了元代初期，江西的文人们写了很多"族谱序"，如王义山《稼村类稿》、刘壎《水云村稿》、吴澄《吴文正集》、徐明善《芳谷集》、刘岳申《申斋集》、刘诜《桂隐文集》、揭傒斯《文安集》等[3]，都写有一些"族谱序"，特别是大儒吴澄写得较多。这都标志着宋末元初，中原移民传衍而成的宗族们正在进行自觉的宗族建设，他们在修谱以凝聚族人。[4]

  现存江西宋元时代文人所写的族谱序表明，南宋后期江西群起修谱者首先是那些中原移民发展而来的宗族。这些移民宗族由于先祖自北而来，经过一两百年乃至数百年的传续与繁衍，对宗族的凝聚、祖宗的记

---

[1] 施由明：《论河洛移民与中国南方宗族——以江西为中心的历史考察》，第十届河洛文化国际学术会议论文集《河洛文化与台湾文化》，河南人民出版社 2011 年版，第 471—478 页。
[2] 黄超、王善军：《宋代族谱序跋所涉家族的地域分布》，载《大连大学学报》2012 年第 1 期。
[3]《景印文渊阁四库全书》集部，别集类。
[4] 施由明：《论中原移民与江西族谱编撰的兴起》，载《黄河科技大学学报》2012 年第 4 期。

忆等有着特别的渴求，于是在张载等人提出用族谱、祠庙祭祖等来"敬宗收族"的主张成为共识之后，南宋后期移民的后裔们进入到了普遍修谱的时代，如欧阳修族人的后裔、南宋中期的吉州著名文人欧阳守道在《黄师董族谱序》①中谈到其对修谱的看法，认为"族非谱无以知枝叶本根之分合，然生今之世家有此者亦罕矣！盖虽大家往往失其传也！""世遇乱离人不自保，遂使子孙不得尽知先世之所从来，可痛也！"所以，他感叹黄师董所示世谱"自临桂以上得八世，降而下又二世，支分派别凡二百若干人昭然在目，其偶失名字者盖无几！"同时他还感叹自家的族谱："姑以吾家论之，十世之间幸而有可考者，由吾宋承平之时以至于今也！等而上之虽欲知不可得矣！熙宁间六一公作世次碑，推其所自远，自司马以下昔尝以为传信，今考唐武德至于广明之乱，距江南李氏有国，岁月盖无几耳，而欧阳氏乃十三四世，其信然耶？"欧阳守道也是典型的移民后裔的修谱心态。

到了宋末元初，族谱在尊祖敬宗与敬宗收族中的重要性得到了文人们普遍而深入地认同。宋末元初时，文人们在撰写族谱序时，往往都要强调族谱在尊祖敬宗与敬宗收族中的重要性了。

宋末元初江西的著名大儒吴澄在《题吴德昭世家谱》中说："世家谱何为而作也？使为人子孙者知所本始也……番易宗人以番君谱示予，观之油然有尊祖敬宗之心。"②

宋末元初德兴县文人徐明善在《芳谷集》卷上中的《太原族谱序》中论述道："太原族谱者王君聚翁所作也……今谱断自歙来德兴者为始祖而系之太原者，着始祖之所自出也。礼曰：尊祖故敬宗，敬宗故收族，古有大宗以收族，今宗法弛，犹赖谱可以收族也。"③

宋末元初吉水县文人刘诜撰在《桂隐文集》卷二《序·龙溪曾氏族

---

① （南宋）欧阳守道：《巽斋文集》卷十二《序·黄师董族谱序》，《景印文渊阁四库全书》第1183册，第592页。
② （元）吴澄：《吴文正集》卷五十六《序》，景印文渊阁四库全书第1197册，第558页。
③ （元）徐明善：《芳谷集》卷上中的《太原族谱序》，《景印文渊阁四库全书》第1202册，第580页。

谱》中论述道："族不可以无谱，族有谱然后不以疏为戚、戚为疏，不以尊为卑、卑为尊，戚疏尊卑秩然不可紊而后孝弟之心生焉。若戚也而为疏，疏也而为戚，尊也而为卑，卑也而为尊，尊卑疏戚其序已紊，孝弟之心何由而生？然尊卑疏戚之序素紊者，始于义不亲、情不密，义亲情密无是病矣！故明吾谱者所以使吾义亲情密也。今夫父子兄弟之间宁有不义，亲情密也哉？自再世而降至三世、四世、五世而后浸有不知彼为吾兄、为吾叔父、为吾伯父者矣！又自是而愈远而后鬻吾之族于他人，市他人之族以为己族者矣！嗟夫！使吾族谱明又安得有是病哉。"[1]

元代初年的普通文人对族谱的重要性已有如此深刻的论述了！

除修谱外，族塾义学也是收族重要且普遍的手段，如北宋前期江西著名的家族书院有德安陈氏的东佳学堂、豫章胡氏的华林书院以及建昌洪氏的雷塘书院等。有些家族还置有族产以凝聚宗族，王善军在《宋代宗族和宗族制度研究》一书中的《宋代宗族义田建置情况一览表》所列的：铅山县刘辉、金溪县曾巩、德兴县张焘、乐平县王刚中、龙泉县孙逢辰、靖安县舒氏、新昌县陈雷、庐陵县萧知常、龙泉县陈合、永丰县俞澄，都是置有一定族产的家族。[2]

四、元明赣鄱宗族大发展

元代是庶民宗族普遍形成并已进入到普遍通过修谱来凝聚宗族的时代，建祠祭祖以凝聚宗族的办法虽还未普遍推开，但也正日益成为凝聚宗族的手段，张载、程颐、朱熹等人的敬宗收族理论和方法已为庶民家族或宗族普遍接受。

元代初期，江西的文人们就写了很多"族谱序"。如王义山写有《刘宣使秉忠家谱序》，刘埙写有《南丰朱氏家谱跋》《读曾丹潭梦吉

---

[1]（元）刘诜：《桂隐文集》卷二《序·龙溪曾氏族谱》，景印文渊阁四库全书第1195册，第157页。

[2] 王善军：《宋代宗族和宗族制度研究》，河北教育出版社2000年版，第64—68页。

家谱》，吴澄写有《清江皮氏世谱序》《井冈陈氏族谱序》《庐陵王氏世谱序》《詹氏族谱序》《丰城县孙氏世谱序》《邓氏族谱后序》《罗山曾氏族谱序》《庐陵娄氏家谱序》《横冈熊氏族谱后序》等24篇族谱序，及《题董氏家传世谱后》等6篇族谱题跋，徐明善写有《太原族谱序》《姜起翁访十五世祖墓及谱》《项氏族谱》，刘岳申写有《洛阳杨友直家谱序》，刘诜撰有《龙溪曾氏族谱》，揭傒斯撰有《孔氏谱序》《重修揭氏族谱序》等。据中国学者常建华和日本学者多贺秋五郎等人的研究，元代江西是中国写有最多"族谱序"的一个区域，常建华先生从元人文集中统计出："族谱反映的地区分布，前6名依次为江西80种、浙江37种、江苏13种、安徽12种、河北10种。"[1]从这些"谱序"可知，宗族修谱正是按张载、程颐等人所说，为了"人人亲其亲，长其长……尊祖、敬宗、收族"[2]。刘诜《桂隐文集·龙溪曾氏族谱》中说："明吾族谱者，使吾之子孙不以吾谱鬻于他人而不市他人族以为吾族也。苏明允有言：观吾谱者，孝悌之心亦可油然而生矣！"[3]刘诜的论述表明，通过修谱以达到敬宗收族的目的，这一思想在元代已成为宗族建设的普遍指导思想。

在南宋朱熹的《家礼》创设祠堂祭祖的构想之后，元代的许多家族也开始按朱熹的理论建祠祭祖。常建华在《明代宗族研究》一书中，曾列举6个宗族设祠祭祖的实例：安福刘氏秀川罗氏、吉水刘氏、庐陵曾氏、庐陵欧阳氏、吉水旷氏，这6例中，有两例是在寺观立祠祭祀父亲，另4例所祭超过了近祖四亲，安福刘氏属于祭祀先祖的专祠，另3例是始祖祠，常建华先生由此得出结论说："元代吉安宗族建祠祭祖已经比较成熟。"[4]

从现存元人文集可知，不仅仅是吉安，江西其他地区都有建祠祭祖的

---

[1] 常建华：《元人文集族谱序跋数量及反映的谱名》，载《史学集刊》2008年第11期。
[2] （元）徐明善：《芳谷集》卷上，《太原族谱序》，《景印文渊阁四库全书》第1202册，第580页。
[3] （元）刘诜：《桂隐文集》卷二《序·龙溪曾氏族谱》，《景印文渊阁四库全书》第1195册，第157页。
[4] 常建华：《明代宗族研究》，上海人民出版社2005年版，第150—154页。

实例。如吴澄在《吴文正集》中写有：《廉吏前金谿县尹李侯生祠记》《湖口县靖节先生祠堂记》《濂南王先生祠堂记》《豫章甘氏祠堂后记》《临川饶氏先祠记》《灵杰祠堂记》，刘将孙在《养吾斋集》写有《松坡赵公祠堂记》《文氏祠堂记》《许氏祠堂记》，揭傒斯在《文安集》写有《杨氏忠节祠记》《叶真人祠堂记》等，这其中有祭祀某人的专祠，有祭祀先祖的专祠，也有祭祀近四祖的祠堂。如吴澄在《豫章甘氏祠堂后记》写道："古之卿大夫士祭不设主，庶士之庙一，适士之庙二，卿大夫亦止一昭一穆与太祖而三，今也下达于庶人通享四代，又有神主，斯二者与古诸侯无异，其礼不为不隆，既简且便，而流俗犹莫之行也。豫章甘君景文独拳拳于报本追远，推其族之统系以记其家之祠堂。"[1]这段话表明，元代江西的一些家族已按朱熹《家礼》所设定的祭祀近四祖的礼制来凝聚宗族。

明代江西的宗族延续元代江西宗族的发展态势，在元代的基础上走向大发展，形成了庶民宗族完备而成熟的建设模式，具体表现在更为普遍修族谱、普遍建祠祭祖、制度化与组织化建设、形成了有深度的庶民宗族建设理论。[2]

（一）普遍修谱

元代江西的家族已进入普遍通过修谱来聚凝宗族的阶段，虽然已无法看到元人所编的族谱，但现存江西文人所写的大量族谱序说明了这一点。同样，明代江西人所编族谱虽已存世很少，但现存明代文人文集中大量的族谱序跋，说明明代江西进入到了更普遍的修谱阶段，修谱成为各宗族更为普遍地凝聚宗族的手段，大量的族谱序跋又反映了明代更为普遍地进入到一个以宗族为社会结构单位的社会。

宗韵先生在他的博士论文《明代家族上行流动研究》中，曾对四库

---

[1] （元）吴澄：《吴文正集》卷六十四，《记·豫章甘氏祠堂后记》，《景印文渊阁四库全书》第1197册，第411页。

[2] 关于明代江西宗族的发展，可参见施由明：《论明代江西农村宗族的大发展》，载《中国农史》2012年第2期。

系列（文渊阁四库全书、续修四库全书、四库存目丛书、四库未收书辑刊、四库禁毁书丛刊）中的族谱序跋进行了统计与研究。据宗韵先生的统计，1595篇谱牒序跋中，属于江西政区的谱牒序跋有662篇，占总数的44.91%，其次是南直隶、浙江、福建、广东、湖广等。[①]即江西是明代文人写有最多族谱序跋的政区，也表明明代江西是全国宗族化最广泛与最普遍的地区，宗族成为社会结构基本单位最普遍的地区。这662篇族谱序跋在江西境内的分布也说明了这一点，因为这些族谱序跋涉及江西各府：抚州府102篇、赣州府8篇、广信府16篇、建昌府20篇、九江府3篇、临江府17篇、南安府12篇、南昌府61篇、南康府3篇、饶州府9篇、瑞州府7篇、袁州府2篇。[②]即江西各府的宗族都在通过修谱来凝聚宗族。

从修谱的时间上看，从明初贯穿到明末，江西各地的宗族都在不断地修谱，如元末明初泰和人刘崧的《槎翁文集》中有族谱序跋14篇，元末明初金溪人危素的《危学士全集》中有族谱序跋12篇，洪武初泰和人梁本之的《坦庵文集》有族谱序7篇，明前期泰和人尹昌隆的《尹讷庵先生遗稿》中有族谱序4篇，明前期吉水人胡广的《胡文穆公文集》中有族谱序19篇，明前期泰和人王直在《抑庵文集》中有族谱序跋59篇，明前期崇仁人吴与弼的《康斋集》中有族谱序跋59篇，明前期泰和人杨士奇的《东里集》和《东里续集》中共有族谱序跋75篇……这些都说明从元末明初到明前期，江西的宗族就在大修族谱，一直到明末。

江西宗族之所以在明代大规模地修谱，主要原因是从唐后期以来，中原移民在江西一直较稳定地发展着，大部分形成了分支较多的大家族。

唐宋元近750年间，江西区域是很稳定的，没有大的战争，尽管唐后期的黄巢起义军曾两次进入江西，但仅仅是过境，没有大的破坏，特别是有些地方官曾组织地方力量抵抗，保护了当地的社会经济，如欧阳修的祖先欧阳琮当时为吉州刺史，就曾组织当地人士有效抵抗；欧阳修

[①] 宗韵：《明代家族上行流动研究》，华东师大学出版社2009年版，第45页。
[②] 宗韵：《明代家族上行流动研究》，华东师大学出版社2009年版，第33—35页。

（1023年进士）在《欧阳氏谱图序》中说："吉州府君讳琮，葬袁州之萍乡，而子孙始家于吉州。当唐之末，黄巢攻陷州县，府君率州人扞贼，乡里赖以保全，至今人称其德。"[1]南宋末元军进入江西时也仅在南昌遇到较为猛烈的抵抗，南昌被攻下后，抚、赣、吉、南安等郡相继归附，尽管张士杰、文天祥曾组织力量抵抗，但主要也只在赣南、闽西和广东一带，战争对赣中南区域没有多大破坏。

元末的反元武装红巾军最早起于江西，后席卷江西，特别是从元至正十二年到至正十八年（1352—1358）的7年间，战争在江西激烈拉锯，使得田地荒芜，房舍被焚，许多世家大族遭到打击，明前期的著名文人解缙（1388年进士）在《刘君象贤墓志铭》中曾叹道："元季之乱，大家世族能卓然不为乱贼所污，保其家，复其盛，昌其后者，江乡甚不多见也。"杨士奇在《族弟仲穆墓志铭》中也曾谈到元末那场战争的破坏性："元季兵祸鞪輆，数十年城邑荒隳，高门大第莽苍榛荆瓦砾中，人民幸存者百殆一二而流荡散处无宁居焉。逮皇际明混一之运，有能复其故业，盖千之十一。"[2]

然而，唐宋开基的中原移民经过唐宋元数百年的繁衍发展，毕竟已成很大的家族，战争尽管惨烈，但这些大族分支多，其血脉还是保存下来了，如杨士奇在前述的文章中接着说："于时杨氏之后其仅存者皆退处山溪林谷间，虽不废诗书而自食其力，恬澹怡愉无外慕之心。"即杨氏宗族的血脉通过在赣中的山林间耕读保存下来了。

这些唐宋移民所形成的大宗族，在江西这块生存环境较好的地域中耕读传家。在宋明时期朝廷以科举取士的背景下，产生了大量科举仕宦人物，这些文化人物热衷于家族建设，往往是修谱的组织者，从而形成元明时期江西的大量族谱序跋，使得江西的宗族建设走在全国的前列。

---

[1]（宋）欧阳修：《文忠集》卷七十一《序·欧阳氏图谱序》，《景印文渊阁四库全书》第1102册，第652页。

[2]（明）杨士奇：《东里续集》卷三十《墓表》，《景印文渊阁四库全书》第1239册，第54页。

（二）普遍建祠祭祖

元代许多宗族已在宋代张载、程颐、朱熹等人的思想影响下，建祠祭祖。明代江西的宗族更为普遍、广泛地建祠堂祭祖。常建华先生在《明代宗族研究》的第四章"江西吉安府的宗族祠庙祭祖"中，对元代吉安府宗族设祠祭祖的兴起、明代江西吉安府的祠庙祭祖的发展，及吉安宗族设祠祭祖过程的个案分析（列举了64个实例）并对明代吉安府士大夫们建祠祭祖的主张进行了分析，常建华先生的结论是："明代吉安宗族祠堂设置兴起于永乐以后，正德以后加快了建祠速度，至明末建祠速度减慢。明代建祠祭祖有一个从前期家祠向中后期始祖祠，或从前期小宗祠向中后期宗祠演变的过程。""吉安宗族设立祠堂祭祖大致是从元代开始的，元代吉安宗族建祠祭祖已经比较成熟。明代吉安宗族制度进一步发展成熟，主要表现在建祠祭祖的同时，伴随着修族谱、行墓祭、置祭田、设义塾等举措，有意识地采取'制度'来合族，维持乡族社会秩序。倡行建祠祭祖等宗族建设的主要是士大夫，祠堂记文的作者多是吉安出生的名宦宿学……吉安宗族设祠祭祖在明代中后期的一个特点是总祠的出现。明代中后期吉安大姓宗族兴建总祠合族，实际上吉安在元代已经出现个别总祠，至明代中后期则普遍化，吉安的大族以总祠为重要手段使宗族组织化。建祠不仅是为了祭祖、聚会以及办理族务，更重要的是以宗族之法维持礼法，翊辅教化，维护乡族社会秩序。"[①]

常建华先生对元明时代吉安府设祠祭祖兴起的历程和状况，做了深入的剖析。然而，正如上文分析元代时所说，设祠祭祖不仅是吉安一府的宗族用于凝聚宗族的行为，已经是南方许多地区宗族凝聚族人的手段，明代更是如此，以江西的浮梁和丰城为例。

杨士奇在《东里续集》卷一中的《浮梁李氏祠堂记》写道：

> 浮梁之田西里李氏，故文献家。永乐中奉化县丞善谋，作祠堂于正寝之左，未就而没，至其子安遂成父之志。堂及岁时之祭……李氏文献

---

① 常建华：《明代宗族研究》，上海人民出版社2005年版，第135—182页。

数百年,至奉化能颉颃于此,非仁人孝子之心乎!安又能遂其父之心于既没之后,非卓然善继者乎!诗曰:"孝子不匮,永锡尔类。"李氏有焉。于是安请记堂之成。安,永乐甲辰予读廷试卷时所荐进士,今为监察御史。堂成于安,登第之岁记作于宣德五年十二月甲午云。

李时勉在《古廉文集》卷三中的《袁太守祠堂记》写道:

太原太守袁公谓予曰:"吾与兄若弟于所居之东作祠堂,以奉先世神主,欲依晦庵先生《家礼》之制,惟祭祀礼仪近有所谓《家礼》,易见颇异同,不能使人无惑焉。又祭祀品物惧后世或因措置不及致有废缺。程夫子曰:冬至祭始祖,立春祭先祖,忌日迁主至于正寝,人能存此,虽幼者可使渐知礼义。而晦庵先生曰:吾家旧时时祭外有冬至、立春、季秋三祭,后以立春、冬至二祭为僭,故止季秋依旧祭礼。然《家礼》尤存冬至、立春二祭之仪,惧于后世不知而行之,失先儒慎于礼文之意。欲依《家礼》定为祭祀仪式,勒之于石置诸祠堂门庑间,以遗之后人,俾遵效而行之,不为世俗所眩,不为贫贱而怠,不以富贵而僭,庶几奉先追远之意永永而无替。愿先生为我序之。"夫《家礼》一书朱文公斟酌礼仪而为之简便切当,不背于古而宜于今,然世俗鲜以为务,虽簪缨士大夫而不能知,况农工商贾负贩之流乎!富盛而有力者且不能行,况贫穷寡弱衰落之族乎!不惟其不能知,耳所未尝闻也!不惟不能行,目所未尝见也。苟有言之,闻者必以为异而谤之。有行之,见者必以为怪而笑之。自非信古而笃好违俗而特立者不能力行之而不惑也,此予于袁氏兄弟而深有重焉。袁氏丰城望族,敦诗书而尚礼仪,至太守与其兄秉彝及其弟平恂恂雅饬,笃于友爱,居家者以忠信见称,居官者有廉能之誉。当乡邦礼废之余而能协谋以立奉先之所,且取法一本乎《家礼》,不惟定其制而且立石以传之久,其为示今传后也不亦贤矣乎!谨为序其言而书之。[①]

嘉靖《南康县志》卷四《礼制》中说:"祭礼:士庶家多立祠堂,无者祭于寝,一依朱子《家礼》行之,清明、中元、冬至合族人于祠致祭,

---

① (明)李时勉:《古廉文集》卷三《记》,《景印文渊阁四库全书》第1442册,第679页。

惟冬至祭始祖，立春祭先祖，季秋祭祢，尚未有定论，其仪文简略，合祭太数，当议而正之。"①

这两例都是依朱子《家礼》在建祠祭祖，说明明代南方宗族已普遍接受朱熹所创设的祭祖规制和仪式。

（三）制度化与组织化建设

上述建祠祭祖是凝聚宗族、将宗族组织化、制度化的重要手段，通过将祭祖作为一种宗族制度（冬至、立春、季秋等固定时间祭祖），起到了将宗族组织化和制度化的作用，朱子《家礼》成为凝聚族人的一种重要手段，是宗族建设组织化与制度化的重要依据。常建华先生在《明代宗族研究》一书中说道："明代以宗祠祭祖为纽带所凝聚的族人，不仅为宗族的组织化提供了基础，而且在一定程度上标志宗族的组织化和宗族制度的普及。"②常建华先生所言，透彻地指出了明代宗族建祠祭祖的实质。

明代宗族进入更为规范化的制度与组织建设是由于乡约的推行。乡约在基层社会的推行使宗族进入到乡约化的状态，从而又推动了族规的兴起与族长的设立。

关于明代乡约的推行已有很多研究成果。③关于明代江西推行乡约的历程也有一些研究，如美国学者郝康迪著、余新忠译《十六世纪江西吉安府的乡约》一文④，既回顾了中国明代以前乡约的历史（从蓝田《吕氏乡约》到朱熹的《增损吕氏乡约》），又梳理了明代乡约的推行历程，特别是详细论述了王阳明在赣南推行乡约及江右王门弟子们在赣中践行

---

① 嘉靖《南康县志》卷四《礼制》，《天一阁藏明代方志选刊》本，上海古籍书店1963年影印，第853页。
② 常建华：《明代宗族研究》，上海人民出版社2005年版，第185页。
③ 可参见秦富平：《明清乡约研究述评》，载《山西大学学报》2006年第5期。
④（美）郝康迪著、余新忠译：《十六世纪江西吉安府的乡约》，载《赣文化研究》总第六期，南昌大学1999年12月编印内部资料。

乡约的历程和状况。黄志繁的《乡约与保甲：以明代赣南为中心的分析》一文①，分析了王阳明在赣南面对盗贼横行，所采取的"乡约加保甲"的治理模式的过程与实际效果，认为两者在当时尽管没有起到多大的实际效果，但也没有完全流于形式，成了基层社会制度的一部分。衷海燕的《明代中叶乡约与社区治理——吉安府乡约的个案研究》一文②，主要从分析士绅与基层社会治理的角度，论述了明中叶后吉安士绅及吉安府个别地方官在吉安推行乡约的历程。常建华先生的专著《明代宗族研究》第五章《乡约的推行与明朝对基层社会的治理》，从乡约的历史到明初朝廷教化政策（从宣传《大诰》三编到宣传《教民榜文》），从明中叶王阳明在赣南实践乡约教化，到嘉靖至万历时期乡约在京师、南京、两直隶、山东、山西、河南、陕西、四川、江西、湖广、浙江、福建、广东、广西、云南、贵州十三布政使司的推行，都做了较为独到的分析，文中对江西推行乡约历程的论述，除较为详细地梳理了王阳明及王门弟子在吉安府践行乡约的实践活动外，还列举了抚州乐安县、饶州浮梁县和鄱阳县、瑞州府和袁州等推行乡约的实例。③

乡约在基层社会的推行，对宗族的组织化起了重要作用。常建华先生论述道："宗族乡约化，是指在宗族内部直接推行乡约或依据乡约的理念制定宗族规范、设立宗族管理人员约束族人。它可能是地方官推行乡约的结果，也可能由宗族自我约束实践产生，宗族乡约化导致了宗族组织化。"④

从明代万历年间南昌知府范涞所主修《南昌府志》卷二十五《艺文类·奏疏·文移》中的《南昌府为查举宗长以寓乡约以敦风教事》一文可知，明代赣北的南昌府曾有过一次较大规模的在所辖州县，由地方

---

① 黄志繁：《乡约与保甲：以明代赣南为中心的分析》，《中国社会经济史研究》2002年第2期。
② 衷海燕：《明代中叶乡约与社区治理——吉安府乡约的个案研究》，《华南农业大学学报》2004第3期。
③ 常建华：《明代宗族研究》，上海人民出版社2005年版，第235—244页。
④ 参见常建华：《明代宗族研究》，上海人民出版社2005年版，第259页。

政府组织各州县宗族推举宗族长的教事，赋予宗族长一定的威权，推行乡约，治理宗族，以达到治理基层社会的目的。文中说："照得所属地方多故家巨族，其礼义廉耻、孝悌忠信之风传自先世者，宜无不善，但世趋江河，人心不古，昔朴而今华，昔实而今伪，兼之族渐蕃衍，子孙分，各为，不听本家尊长约束，以致习俗日偷，奸盗诈伪，放僻邪侈，无所不至，远则有玷家声，近则连累父兄，羞辱族里，抑亦有司教化未明，申谕不熟之故欤？查见行保甲法立有保长，检察非为，以保护地方，而宗长之名仍未议及，恐教之无素，民未知。"[①]由此可知，明初以来的保甲法已不起多大作用，在不废保甲法的状态下，采用宗长制来治理基层社会，办法是：

每姓设立宗长一名，使各训其子孙。

族大者数百丁、数十丁，不妨立二三名，即一姓三五烟一二十人者亦立一名。

务令本姓推选素行服人、齿德俱尊者充之。

该州县给印信文簿一扇，叶（页）数多寡、照丁繁简不必拘泥，但高阔，尺寸照式装订，簿首即将本府所示开写在前，各该州县径书发行年月，印押，每族一簿。每簿只于年月及簿面用印钤盖，后面空白不必用印，听各族宗长书列善恶，每簿用白厚纸装壳，顶写某都某村某姓宗长簿，其字径寸实书，不用浮签，以防日后剥落。簿内坐名，右付宗长某人，异日或有事故，另推更换，即仍送州县改名，仍用印盖，年久纸尽，另装簿呈官仿行。

各该州县仍给刑杖一条，付各宗长收执，刑杖上用绵纸一片，大字书"官给刑杖"四字，亦用印钤盖，使粘于杖上。

每月朔日各宗长，率本宗子弟集赴祠堂，无祠堂者听空屋，各整肃衣冠，如乡约礼跪拜、序坐，讲明《圣谕六言》，使知警省。士农工商各务本业，冠婚丧葬一遵《家礼》，仪节不得用浮屠尼道，居常一切神会、

[①]《（万历）新修南昌府志》卷二十五，《日本藏中国罕见地方志丛刊》本，书目文献出版社1990年版（下同），第497页。

戏场夸斗无益之事悉行屏绝，毋得犯禁，或有与同姓、异姓争讼，小忿即委曲解释，省得紊烦官府，损坏身家，结怨亲故，遗累子孙。或欲远游糊口，即各躬报于宗长前，同某生往某处干某业，归家之日到宗长报明，倘有异货异物，必须查究明白，恐有别情。其族间有孝子、顺孙、节妇、烈女及行善积德等项，备将事迹开注簿内，年终送州县查实，以冯赏劝，若果异行可征者，该州县为申府，转请院道重嘉旌奖。如子弟悖顽为非，不听教训者，初犯，宗长于祠堂谕戒；再犯，仍加重谕；三犯，集众，将官给刑杖、鞭皮示警；如复不悛，宗长具名，令本宗子弟呈该州县以冯拿究，枷号本宗祠堂示众，惩一儆百，令迁善改过。然合族宣敷圣谕之时，即是乡约之意，近村或有派姓零户、田庄佃家，因而感义，欲入听讲者，不妨劝率招徕，共成美俗，毋以众暴寡，毋以强凌弱。如各宗长与人为善，化俗有效，各该掌印官行奖励，其尤善者或请给冠带，或敦请乡饮，以风各族，如宗长不能正己、教率无方、自底不类，则官法不贷，另行佥换，是在各长吏加意着实举行，积之岁月，庶几化民善俗。[①]

从上述内容可知，这是政府在引导、支持、用行政命令规范宗族建设，借助宗族长的力量治理与控制基层社会，政府用行政手段助推宗族的组织化与制度化建设，其结果是必然助推族规与族长的出现，形成明清庶民宗族的治理模式。

从正德年间王阳明在吉安府庐陵县及南安、赣州二府尝试乡约，到嘉靖以后王阳明的弟子们在吉安府及其他一些县区倡行乡约，嘉靖二十几年江西副使王宗沐配合巡抚在江西推行保甲乡约，明万历年间一些地方官在江西一些县区推行乡约，[②]对明清时期庶民宗族成熟而完备的建设模式的形成起了一定作用。这种建设模式便是修族谱、建祠、祭祖、设族长、立族规、立族产，对族人形成了较为严密的控制。

---

① 《（万历）新修南昌府志》卷二十五，《日本藏中国罕见地方志丛刊》本，第498页。
② 参见常建华：《明代宗族研究》，上海人民出版社2005年版，第235—244页。

（四）完备而有深度的庶民宗族建设理论

庶民宗族从唐宋的孕育，到元代的发展，到明代形成了较为完备而成熟的建设机制，这就是修谱、建祠祭祖、设族产为主要手段的建设机制。不仅在实际操作上形成了这些机制，明代的文人士大夫们还从理论上论述了这套机制的可行性、必要性、重要性，即论述了宗族就是应当这样建设。

1. 宗族建设必须修谱，族谱在宗族建设中有着非常重要的作用

明代的文人士大夫们往往是家乡宗族建设的倡导者、领导者、引领者，即使他们远离家乡，家乡的宗族修谱后往往会不远千里带上族谱找他们写谱序，因为他们有名望，他们的序言就显得很有分量。如杨士奇作为四朝元老和著名的文人士大夫，写了75篇族谱序跋；王直也是著名的文人士大夫，曾写了59篇族谱序跋，大多数是他们的家乡吉安府的族谱序跋。他们在所写的族谱序跋中往往都会阐述他们对族谱重要性和必要性的认识，这种认识包括下列几个方面：

（1）族谱是序昭穆、辨世系的重要和必要手段。

这是明代文人士大夫们在族谱序中论述得最多、最首要的观点。

杨士奇在《玉山李氏重修族谱序》中说："族谱之作，所以明世次，别疏戚，著其所自出，而表先烈启后昆之意，亦具乎其中。故凡世臣巨室之家，皆有谱，而谱非有良子孙则莫能举而修之也。"[①]杨士奇认为，作为世家巨族，首要标志便是有族谱，因为作为世家巨族，是有文化、有名望的家族，必然世次分明、亲疏清晰、有文化的子孙相继，族谱肯定是有人相继去修的。

罗钦顺在《雷冈康氏族谱序》中说："谱牒不修，则本源弗明、昭穆弗辨，仁孝之道、雍穆之风鲜不微矣。前代虽有显者，其亦不复接于耳目，又安知践修之责之在于我，求其能免于卑陋而聿进于高明，岂不难

[①] （明）杨士奇：《东里续集》卷十二《序》，《景印文渊阁四库全书》第1238册，第521页。

哉。故善观人之家族者，即其谱牒之废举，而其昌大与否亦自可见。"①罗钦顺认为，明本源、辨昭穆、弘仁孝，全在于族谱是否修撰，从族谱废举，可看出一个家族昌大与否！

梁潜在《南富王氏族谱序》中说：王氏从定居庐陵何山，到分迁安福连岭，到分迁泰和南富，又析居泰和之南塘、栗园、池头、石滩、槐下、岭上、楼下，"虽异居散处而昭穆世系详无少紊者，推原其故，以有谱牒故也"②。谱牒能明世系，这是梁潜从具体的实例做出的论证。

王直在《泰和罗氏族谱序》中说："隋唐之际，最尚氏族，族必有谱，所以著其本而联其支，自祖宗以来，至于子孙传次之远，得以考其源流而不至迷谬，此尊祖敬宗之道也，自是而后至于今，故家令族鲜有不务此者。"③支脉清楚、子孙传次清楚，这是隋唐时代名门望族通过族谱以达到尊祖敬宗目的的办法，现在的世家望族都仍然如此！族谱就是这样重要！

李时勉在《南冈李氏族谱序》中说："谱者记先世所自出与夫长幼、尊卑、远近、亲疏之序，所以明昭穆而著彝伦之道也！"在《燕山胡氏族谱序》中又说："故家大族不可以无谱，无谱则不知先世之所自来，四时祀事无由以致其敬，吾见孝子仁人之失其祖，痛心切骨而无所用其情者多矣！"④

金幼孜在《周氏族谱序》中说："予观故家大族其根本深固，枝叶扶疏，愈久而益番，愈远而益大者，虽本乎祖宗积累之勤、敷遗之厚，而所以维持防范之者，则在乎子孙之贤笃、亲亲、明世系、谨昭穆以合而一之，此予于吉水周氏之家谱所以为之敬羡而重有取焉！"⑤

诸如此类的论述，在明人的族谱序中往往很常见，成为明代文人士

---

① （明）罗钦顺：《整庵存稿》卷九《序》，《景印文渊阁四库全书》第1261册，第127页。
② （明）梁潜：《泊庵集》卷五《序》，《景印文渊阁四库全书》第1237册，第329页。
③ （明）王直：《抑庵文集》卷五《序》，《景印文渊阁四库全书》第1241册，第101页。
④ （明）李时勉：《古廉文集》卷四《序》，《景印文渊阁四库全书》第1242册，第723、730页。
⑤ （明）金幼孜：《金文靖集》卷七《序》，《景印文渊阁四库全书》第1240册，第756页。

大夫关于修谱重要性的共识。而到清代，几乎大多数族谱开篇的序言中都会重复明人的这一共识，这就是明世次、辨昭穆、识亲疏，必须修谱！

（2）尊祖、敬宗、睦族、弘仁孝，必须修谱。

上述王直、李时勉都曾谈到，在明世系、辨昭穆之后，才能达到尊祖、敬宗、睦族的目的，而首先在于修谱。

杨士奇说："后世宗法既废，世臣巨家重尊祖敦族之心者，皆本诸此，以作谱牒，以约其族之人，俾皆由于孝弟。此古人忠厚之意，而非有贤者则不能为之也。"①

王直说："自古大家世族必有宗法以属其子孙，使悠久而不紊，迨宗法废而族无所统，于是有谱牒以正其本、联其支，此尊祖睦族之大者也。尊祖，仁也；睦族，义也；尊祖、睦族而仁义之道行焉。"②

罗钦顺则指出："世久而族蕃，谱不可作也。谱作而源委明、昭穆辨，戚疏之分者，显晦之迹彰。一展阅间，必将惕然有动乎其中者。仁让之行、诗书之业，此谱之所系未可轻视也。故凡有志于尊祖厚族以大其家者，未尝不以谱牒为重。"③

通过修谱，世系明、支脉明、昭穆明，从而可达到尊祖、敬宗、睦族的效果，又可达到在宗族中行仁孝的目的，从而维持良好的社会秩序。这就是罗钦顺所说的："王化必自睦族始，而睦族之道，亲以恩亲，分以义正。自宗法废而宗无所统，犹赖世之仁人君子作谱牒以联属之。"④所谓"王化"，就是儒家理想中的良好社会秩序。

关于族谱的重要作用，明代的许多文人士大夫都有论述，以上是代表性的论述，也是明代文人士大夫们的共识。

---

① （明）杨士奇：《东里续集》卷十二《序·陈氏族谱序》，《景印文渊阁四库全书》第1238册，第517—518页。

② （明）王直：《抑庵文集》卷五《序·泰和陈氏族谱序》，《景印文渊阁四库全书》第1241册，第137页。

③ （明）罗钦顺：《整庵存稿》卷九《序·龙陂谢氏族谱序》，《景印文渊阁四库全书》第1261册，第121页。

④ （明）罗钦顺：《整庵存稿》卷九《序·南安林氏重修族谱序》，《景印文渊阁四库全书》第1261册，第120页。

（3）修谱的方法。

文人士大夫们不仅论述族谱的重要作用，对于如何修谱，也各有见解。但对于下列几个方面是共识。

一是必须世系清楚。

明前期的杨士奇记载了他修杨氏族谱："泰和杨氏故有谱，刻石置县西延真观，元季，观毁于兵，石坏，刻本亡逸，士奇求之二十余年不得，近得族父与芳翁寄示所修谱一帙，其间传系失于接续者亦多矣。窃惧其益久而益废也。乃本谱图所载，准欧阳氏五世以下别自为世之法而统录之，其传系失于接续者，皆仍旧位置，而详注于下方，庶几延真刻本有出可以参补，名曰：泰和杨氏族谱。於乎，即谱而观，繇庐陵府君迄今凡廿有三世，繇允素府君始迁泰和以来十有八世矣。"[①]另外，杨士奇又作"谱图"："此图上自府君辂始迁庐陵，以再迁泰和于今廿有三世，其间或书字、或书名、或书行、或书号者，凡四百九人，失其字名行号但书某以识之者，十有五人，总四百二十四人。夫谱泰和之族必自庐陵府君始者，尊吾所从出，且旧图之录也。"在世系图中，还须列清楚高祖、曾祖以下"生卒年月，葬某地、娶某氏、女适某人"。之所以作图："图以揭世系，而谱兼载事略。"[②]

从杨士奇的叙述中可知，修谱首先是将世系记载清楚。而且尽可能地"凡其生卒之岁月，娶某氏，葬某地，子男女几人，各详注于名字之下，而阙其所不知。"[③]

二是必须记载先人的事迹，以启迪后人。

李时勉在《南冈李氏族谱序》中说："善者纪之，而不善者讳之，仕宦者书之，而隐处者不遗，所以存忠厚而示劝惩之义也。然则故家大族又岂可以无谱哉？无谱则不惟无以考观前人之所遗而效法之，以尽承先

[①]（明）杨士奇：《东里文集》卷十三《序·泰和杨氏族谱序》，《景印文渊阁四库全书》第1238册，第524—525册。

[②]（明）杨士奇：《东里文集》卷十二《序·重修族谱图序》，《景印文渊阁四库全书》第1238册，第513—514册。

[③]（明）罗钦顺：《整庵存稿》卷九《序·中塘张氏重修族谱序》，《景印文渊阁四库全书》第1261册，第123页。

裕后之道，且将无以辨昭穆、别长幼而尽敦宗睦族之意，由是礼义不兴则恩意不通而纷争陵犯之风起矣，纷争陵犯之风起则相见如途人者有矣！"①

李时勉（1374—1450年）早于罗钦顺（1465—1547年）89年，到罗钦顺时有了更明确的族谱写作体例，更明确地从体例上形成了一定要记先人事迹和所得的荣誉。罗钦顺在《曲山萧氏族谱序》中说："惟于谱后别为事迹志，具载族人之显者本末及所得累朝诰敕，至于祠宇、祭田有关萧氏世德者，皆附录焉。"②在《南安林氏重修族谱序》中谈到该谱的体例："首姓原，次世系图，又次世传，以及衣冠图，恩命录之类，凡十类，为一卷。"③

通过记载先人事迹、荣耀，世代相传，教育、启迪后人，成为明清时代庶民宗族族谱的一大特点。

2. 建祠祭祖是宗族建设的必需措施和办法

对于建祠祭祖的重要性，明代许多文人士大夫有一些相关论述，罗钦顺作为一个著名的理学者，他有一段话是比较有代表性的："礼之行于家者，惟祭为重，所以报本而追远也。此人道之大端，孝子慈孙之至情也。去古虽远，遗经尚存，制度仪文犹有可考。而因陋就简，其来已非一日，虽贵极卿相，有家庙者亦云鲜矣。知礼之君子，盖深病之，于是乎祠堂之制起焉。其为制也，盖参酌古今之宜而通乎上下者也。是故家有祠堂，则神主有所藏，人心有所系，昭穆有序，尊亲并隆，仁让之兴未必不由乎此，其有裨于风化岂小哉。"④

祠堂和族谱一样，是凝聚族人必不可少的手段。

到明代后期，世家大族往往都建有祠堂，万历年间吉安人王时槐主修的《吉安府志》卷十一《风俗志》中记载吉安府："故家世胄族有谱家

---

① （明）李时勉：《古廉文集》卷四《序》，《景印文渊阁四库全书》第1244册，第723页。
② （明）罗钦顺：《整庵存稿》卷九《序》，《景印文渊阁四库全书》第1261册，第119页。
③ （明）罗钦顺：《整庵存稿》卷九《序》，《景印文渊阁四库全书》第1261册，第120页。
④ （明）罗钦顺：《整庵存稿》卷二《记·泰和山东王氏祠堂记》，《景印文渊阁四库全书》第1261册，第33—34页。

有祠，岁时祭祀必以礼，长幼之节疏不间亲，贵必下贱苍头、臧获长子孙，数十世名义相续属不绝，家范肃于刑律，乡评严于斧钺。"①族谱、祠堂、族规成了维系社会秩序的重要手段。②

从上述表述可知，到明代时，对于如何建设庶民宗族，文人士大夫们已从理论上做了深度的探讨。

五、清代赣鄱社会全面宗族化

从汉末三国时期江西境内基本汉化，到唐后期中原移民大量进入江西，庶民宗族形态开始孕育。北宋年间，许多移民经过人口繁衍，已在人口形态上形成了较大的血缘群体，即已在人口数量上形成了家族乃至宗族形态。也正是在北宋年间，欧阳修和苏洵创立了编撰庶民宗族族谱凝聚族人的办法，张载、程颐等人在理论上对如何建设庶民宗族进行了探讨。南宋朱熹创立《家礼》，制定了庶民宗族建设的具体模式。也正是在南宋年间，江西庶民宗族基本形成，元明时代得到大发展，到清代时，进入了全面宗族化的时代。

所谓全面宗族化，就是宗族成了社会结构和社会活动的基本单位，每个人都纳入了某一宗族群体，每个人的社会活动大多以宗族活动为展开。

清代江西社会的全面宗族化主要表现在这几个方面：

（一）聚居形式的宗族化

聚居形式的宗族化，即人群聚居以宗族为基本结构单位，主要表现形式是一姓一村，即使杂有外姓，也往往是以一姓为主，即其中一姓占

---

① 万历《吉安府志》，《日本藏中国罕见地方志丛刊》本，书目文献出版社1991年版（下同），第171页。
② 关于明代江西宗族的发展还可参见施由明：《论中原移民与赣中世家大族的历史形成》，载《黄河科技大学学报》2009年第3期。

人口数量的绝大多数。关于这种情况，在当时文人著作中有许多描述。

雍正十一年至乾隆八年（1733—1743年）在江西任按察使的安徽定远人凌燽，在其任内辑录的部分草拟档《西江视臬纪事》一书，其中《议建昌府条陈保甲详》一文中，谈到江西全省的情况："据详江右风气，大都聚族而居，贤否不一。其间容有别姓，要亦无多……查江右风俗，聚族而居，所在多有。"①这是作为当时江西省级地方官员对江西社会状态的描述，这种描述是具有权威性的。

清代的一些府县志对当时聚族而居的社会状态也有很多记载。

清同治十二年（1873年）《赣州府志》卷二十《舆地志·风俗》引康熙五十年辛卯（1711年）张尚瑗主修的《赣州府志》说："诸邑大姓聚族而居，族有祠，祠有祭。祭或以二分，或以清明，或以冬至。长幼毕集，亲疏秩然，反本追远之意油然而生。"②这则资料说明，尽管赣南有许多家族由明后期与清前期由闽粤返迁入赣的客家人繁衍而成，但在清代前期的康熙末期，赣南各地已遍布大姓，聚族而居，这其中有唐宋建村的村庄，也有明后期和清前期建村的村庄，大多数聚族而居。道光二十四年（1844）刊本的《宁都直隶州志》卷十一《风俗志》记载宁都的社会状态："巨家大族莫不有宗祠，以祀其先。"同治《会昌县志》卷十一《风俗志》载："（会昌）乡民聚族而居，室户鳞次，多至数千家。睚眦小怒，动辄格斗，各庇其族，不逞之徒往往挟力以游，捐躯不悔，故命件特别为多。"

赣南是一个明清时期移民进入较多的地区，在清前期已大多聚族而居，而那些在唐后期至两宋时期中原移民进入较多的赣北、赣中、赣东等地区，则更是宗族遍布，聚族而居。

---

① 中国社会科学院历史研究所编《清史资料》第三辑，中华书局1982年版，第201页。
② 赣州地区区志编纂委员会办公室1986年整理本《赣州府志》，内部发行，第742页。

（二）基层社会活动的宗族化

基层社会由于宗族群体遍布，宗族为凝聚族人，常常举行一些宗族活动，族人为了在社会上不处于势单力孤的地位，往往要依托宗族群体所形成的势力，因而对宗族活动往往是积极参与，乃至于积极组织。

宗族在基层社会最固定、最常见、最主要的社会活动是修谱、建祠、祭祖、置族产。

修谱是为了凝聚族人，如前曾述，江西宗族较多地修谱始于南宋时代，到元明时代，江西各地的宗族进入了普遍修谱的时代。到清代，修谱成了宗族活动的普遍行为，形成了"村村有谱""祠必有谱"的状态，祠谱相配是清代江西宗族修谱的一个特点，即有谱必有祠，有祠必有谱的一种状态。如同治十二年（1873）刊本《赣县志》卷八《地理志·风俗》记载："其乡聚族而居，必建宗祠，置祭山，修族谱，以尊祖睦族，长幼亲疏秩然不乱。"①

进入清代，江西谱学的发达还表现如下：

一是出现了许多族谱的亚种，如墓谱、牌谱、胙谱、婚谱。许华安先生早在1993年研究江西宗族时就注意到了这种情况，在《试析清代江西宗族的结构与功能特点》②一文中写道："墓谱载先世坟茔图。牌谱载祭祀神位昭穆图。胙谱载颁发胙肉的标准。婚谱载本族祖先配偶所出地并其辈分。"在江西省图书馆现藏的300多部以赣西北家族为主的族谱中，有一部分就是这些种类的谱，如《（万载县安仁坊）李大祠神主册》（清同治十年以后陇西堂木活字本）、《（万载高邨李氏和房祠主册）》（清光绪三十二年祢祭堂木活字本）、《万载坛下何祠牌位谱不分卷》（道光十九年吉福堂木活字本）、《万载辛幼房祭先事件册》（嘉庆二十年木活字本）等。

二是联谱，同姓联宗修谱，这在明后期和清前期闽粤客家返迁（或

---

① 《中国方志丛书·华中地方·第100号》，台湾成文出版有限公司1970年版，第253页。
② 许华安：《试析清代江西宗族的结构与功能特点》，载《中国社会经济史研究》1993年第1期。

称倒迁）入赣的移民聚居地是普遍的宗族活动，这种活动直至清末民国时期仍然不断。饶伟新先生在《同姓联宗与地方自治——清末民国时期江西地方精英的文化策略》一文中写道："对于明清时代同姓联宗的发生、发展，以往有关研究比较注重从族源认同、科举合作、商业经营、水利合作、民事纠纷等方面加以功能主义解释，认为同姓宗族之所以进行联合，主要是因为通过追溯共同远祖和重建之间的历史联系这一联宗活动，可以强化族源认同意识和提高同姓族人的社会政治地位，实现同姓宗族在科举、商业、水利、乡族械斗及民间词讼等各种地方社会事务中的相互合作；也正是这些动机和现实需要，促成了同姓宗族的联合，推动了联宗活动的普遍发展。"[1]清末科举制废除以后，同姓联宗仍在广泛发展并呈现出新的演变趋势和时代特点，表现在："一方面，同姓联宗活动的范围和方向发生了明显变化，即伴随着清末科举制度的衰落和废除，同姓宗族为科举合作需要而在府城、省城所开展的联宗活动不仅没有停止，反而更加频繁和活跃，甚至下移到县以下的重要乡镇中进行……另一重要变化就是，推动、参与和主持联宗活动的宗族精英成分发生了结构性变化，即在联宗活动中扮演主要角色的，已由过去以科举士人和致仕官绅为主体的传统士绅，逐渐让位于近代的新式精英分子，他们大多是受过新式教育，之后又往往投身于教育界、党政军界以及商界，并取得一定职衔和权位的地方精英人物……可以说，清末民国时期同姓宗族的联合，在某种意义上就是同姓宗族中各类新式精英人物的聚会与联盟。"[2]

从以上内容可知，清代的同姓联宗既有全省性的，如罗、熊等姓就修有全省通谱，也有仅限于乡、县、府的同姓联宗。

建祠、祭祖，这在元代江西的一些区域已是家族的普遍行为，如前述的赣中地域，元代已出现总祠。明代则是普遍建祠，到清代则更是宗族重要的活动。清代江西的宗族特别热衷于建祠，宛如没有祠堂，宗族

---

[1] 饶伟新：《同姓联宗与地方自治——清末民国时期江西地方精英的文化策略》，载《学术月刊》2007年第5期。

[2] 饶伟新：《同姓联宗与地方自治——清末民国时期江西地方精英的文化策略》，载《学术月刊》2007年第5期。

就不存在，就没有标志，就无以在社会立足，于是，清代江西的城乡遍布了大小祠堂。

乾隆二十八年（1763年）到乾隆三十年（1765）在江西任巡抚的辅德曾谈到江西这种普遍建祠的情况："惟查各属讼案繁多之故，缘江西民人有合族建祠之习，本籍城乡暨其郡郭并省会地方，但系同府同省之同姓，即纠敛金钱，修建祠堂，率皆栋宇辉煌，规模宏敞……况查所建省祠堂，大率皆推原远年君王将相一人，共为始祖，如周姓则祖后稷，吴姓则祖泰伯，姜姓则祖太公望，袁姓则祖袁绍。有祠必有谱，其纂辑宗谱，荒唐悖谬，亦复如之。凡属同府同姓者，皆得出费与祠，送其支祖牌位于总龛之内，列名于宗谱之册，每祠牌位动以千百计。源流支派无所择，出钱者秦越为一家，不出钱者置亲支局外。"[①]

辅德所谈到的这种情况，已不仅仅是普遍建祠祭祖，而是清代江西突出的建祠特点，这就是联宗建祠，"原其创建之初，不过一二好事之徒，藉端建议，希图经手侵渔，访其同府同省同姓，或联络于生童应考之时，或奔走于农民收割之后，百计劝捐，多方耸动。愚民溺于习俗，乐于输助。故其费日集而多，其风日躔而盛。"[②]

既联宗建祠，必联宗修谱，这是清代江西全面宗族化的重要标志，全社会的人都概念很明确地纳入了不同的宗族群体中。

实际上，在辅德之前的江西按察史凌燽就已谈到江西宗族的这种情况，在《平钱价禁祠本严霸种条议》中说："江省聚族而居者皆有祠堂，有祠堂即有公产，每年所收租利，除纳粮祭祀外，余银悉行生放，以为公项。其法未尝不善。但所收租利，自应为合族婚丧赡贫济急之用。乃江省淳朴之俗，亦鲜赒恤之事。而好事者据此为利，微嫌小忿莫不凭恃公资以讼本，狂上诬下，告讦无休。更或图谋风水，占夺峦林，诡立祖名，择族中之狡黠者冒名混告，一切盘费食用，皆取给于公祠，狡黠之

---

① （清）贺长龄辑：《皇朝经世文编》卷五十八《宗法》（上），《中国近代史料丛刊第一编0731号》，台湾文海出版社1966年版，第2156—2158页。

② （清）贺长龄辑：《皇朝经世文编》卷五十八《宗法》（上），《中国近代史料丛刊第一编0731号》，台湾文海出版社1966年版，第2158页。

徒籍以为利。甚至平空唆讼，托称打点名色，恣为诓骗，以饱私囊，刁讼之风所由不息也。"①

关于清代江西祠堂之多，梁洪生、李平亮先生在《江西通史·清前期卷》中曾引述乾隆三十年（1765年）后修成的《万载锦衣坊陈氏族谱》，其中保存的乾隆二十九年七月初五日和八月十五日万载知县为核查当地祠堂及谱牒的两份上行公文，谈到该县的祠堂状况："查卑县祠堂三十六所：陈祠，李祠，朱祠，易祠，汪祠，彭祠，杨祠，高祠，戴祠，郭祠，钱祠，曹祠，宋祠，辛祠，王祠，敖祠，喻祠，袁祠，唐祠，鲍祠，常祠，周祠，龙祠，张祠，龙祠，谌祠，徐祠，罗祠，阳祠，周祠，邬祠，宋祠，刘祠，闻祠，王祠……查各姓均有近世始祖，必远追帝王将相，附会夸耀，未足传信，俱令于谱内削除。其各祠尚系本支自为禋祀，并非同姓共立一祠，联合一谱及敛费建祠置产各情弊，应听存留。"②

一个山区小县，竟建有这么多祠堂，可想而知，辅德所说的江西宗祠的状况并没有虚夸！

江西祠堂的发达还表现在，各大族或大姓不仅建有总祠，各房、支大都还建有房祠、支祠。以上述万载的辛氏为例。

万载辛氏宗族的开基祖是辛弃疾（祖籍山东历城）的孙子辛竭，③在南宋末（1237年左右），定居万载，后人口不断繁衍，发展成一个大宗族。辛竭生子三，长子和幼子在万载传衍；长房传至十世后，派生了延、顺、达、昌、孚5个支房；幼房传至十世后派生了敬存、敬让两大公派，明洪武丁丑年（1397年）始修族谱为宗族形成标志，到明天启年间（1621—1627年）始建族祠，到清后期所建祠堂如下④。

---

① 中国社会科学院历史研究所编：《清史资料》第三辑，中华书局1982年版，第208页。
② 转引自钟起煌主编、梁洪生等：《江西通史》第9册《前清卷》，江西人民出版2008年版，第232页。
③ 可参见施由明：《试析清代江西宗族的自治机制——以万载辛氏宗族为例》，载《江西社会科学》2009年第12期。
④ 本表转引自许华安：《试析清代江西宗族的结构与功能特点》，载《中国社会经济史研究》1993年第1期。

表5　万载辛氏到清后期所建祠堂表

祠名	时间	录建者	类别
辛氏总祠	天启4年	辛氏全体子孙	总祠
延、顺房祠	天启6年	延、顺房子孙	房祠
觐房祠、达房祠、昌房祠、孚房祠、通房祠	乾隆初年	各房子孙分建	房祠
顺房祠	光绪31年	顺房子孙	房祠
延房祠	光绪22年	延房子孙	房祠
觐支燕山公祠	道光22年	燕山公五服内子孙	支祠
顺支退庵公祠	咸丰11年	退庵公五服内子孙	支祠
达房止公祠	嘉庆年间	达房子孙	支祠
昌房宣公享堂	咸丰年间	宣公三服内子孙	家祠

一个宗族就建有这么多祠堂，全省宗祠数量之多也就可想而知了。

在清代，祠堂已成了宗族群体屹立于社会的标志，是宗族群体取得社会认可的标志，又是凝聚族人的媒介，是宗族议事、处理族中事务和祭祖的场所。

祭祖是宗族重要而固定的活动，通过祭祖，达到宗族群体对祖先的认同、对共同血缘的认同、对亲情的认同，所谓"敬宗收族"。

清代江西宗族的祭祖和中国南方许多地域的祭祖一样，有三个固定而重要的祭祖活动，这就是清明挂纸、中元超度亡灵、冬至祠堂祭祖。

清明祭祖之所以称为"清明挂纸"，是因为清明是墓祭，到祖先墓地扫祭、除草培土，将纸钱挂于墓地，这是大体共同的一种习俗，至于具体的仪式，各地还有一些差异，在清代所修府县志的风俗篇中都有对清明的民载。

同治十年（1871）刊本《新建县志》卷十五《昌肇志·风俗》："清明，于坟头挂纸钱拜扫。"[1]

同治《南城县志》卷一之四《风俗》："清明，是日插柳于门，人簪嫩柳，谓之'辟邪'。具牲醴扫墓，以纸钱挂坟，谓之'挂纸'。用艾和米为糍以给守塚及塚旁来观者，有力之家鼓吹上墓，祭以特豕。"[2]

---

[1]《中国方志丛书·华中地方·第885号》，台湾成文出版有限公司1989年版，第715页。
[2]《中国方志丛书·华中地方·第818号》，台湾成文出版有限公司1989年版，第393—394页。

同治十一年（1872）刊本《都昌县志》："以清明前数日至祖先墓所，除草培土，具肴醑酒，标挂寓钱。"①

道光六年（1826）刊本《兴国县志》卷之十一《风俗》："清明上墓，以先期为敬。盂饭杯酒，只鸡方肉，遍供祖先坟茔，虽简陋不尽中礼，而地无远近必到，家无论贫富皆然。报本返始之思出自天性。谓墓祭为不见于经者，亦苟论矣。"②

光绪二年（1876）刊本《长宁县志》卷三《政志·风俗》："寒食节合族祀祖先于宗祠，仍每坟备鼓鼓乐、牲醴，分日祭扫，合通邑计之刑猪不下万口，终岁之费莫耗于此，虽展敬有加而靡费亦甚侈矣！"③

从上可知，清明墓祭祖先，不同地方多少有些差异，还有些地方的富家大族在清明节还举行祠祭，如：

同治十二年（1873）刊本《万安县志·风俗》卷："祭祖，以清明、冬至节为期，每祭必醮坟而后行礼。其族大财盛能备祭仪者，先日设牌位，日午省牲，夜间习仪，质明行祭，皆整衣肃冠。主祭者族长，分献者房长，引礼者绅士，执事者儒童，奔走役使者丁，总理其事者曰头人，鼓吹而兼歌唱者曰传堂。祭用三献，门外设燎，其胙有生有熟，或发胙钱，主祭、分献、引礼、执事、头人另有生胙。"④

同治《会昌县志》卷十一《风俗》："礼有五经，莫重于祭。古者，士大夫有田则祭，无田则荐，是祭未有无田者。会邑诸族各有祭田，其祖宗遗下以备祭祀者为血食。无，则子孙计口敛钱，买田以祭，谓之'斗丁'，亦谓'铁板丁'以其无能改易也。每当清明，本支首事先期以红笺大书某日祀某祖，帖于祠门外，并编派主祭、陪祭、通赞、引赞、司樽、读祝各执事。前一日下午，荐牲习仪。至期黎明，整肃衣冠，齐集祖祠，分班致祭。各用礼仪悉遵文公所订家礼而慎行之。祭毕，按丁发肉，绅

---

① 《中国方志丛书·华中地方·第 879 号》，台湾成文出版有限公司 1989 年版，第 134 页。
② 《中国方志丛书·华中地方·第 938 号》，台湾成文出版有限公司 1989 年版，第 312—313 页。
③ 《中国方志丛书·华中地方·第 261 号》，台湾成文出版有限公司 1976 年版，第 808 页。
④ 《中国方志丛书·华中地方·第 868 号》，台湾成文出版有限公司 1989 年版，第 235—236 页。

耆另发胙肉、胙钱若干。午席，绅耆毕集祠内宴饮，所以馂神余也。"①

农历七月十五民间称为"鬼节"，道教称为"中元节"，佛教称为"盂兰盆节"，人们这一天在家中焚烧纸钱，祭先祖，有的还会延请僧人或道士做法事，超度亡魂。清代江西各府县志都有记载。

同治十二年（1873）刊本《瑞州府志》卷二《风俗》："中元节各家具钱楮、冥衣、金银锞，薄暮焚之，设肴馔以祀先人。"②

冬至是与清明同等重要的祭祖节日，是宗族凝聚族人的重要活动，族人整肃衣冠，族长主持祭祀，仪式隆重，各府县志多有记载。

乾隆二十五年（1760）刊本《袁州府志》卷十二《风俗》："诸大姓皆有祠，祠有祭田。祭期率以清明、冬至日，族人咸聚，尊卑长幼秩然，亦有非绅士不得执事者。主祭或用族长名，以弟子代行礼；或以达者主之，受胙、颁胙如仪。"③

同治《铅山县志》卷十一《风俗》："冬至，士俗家无论有无祠宇，必立冬至以牲醴致告祖考。祭之前日，族长率合族子孙整肃衣冠以待。届期，登堂礼拜。"④

在清代的宗族族谱中的"族规"篇中，对清明、中元、冬至如何祭祖都有严格的规定。

1990年安义县京台村《京台刘氏合修族谱》⑤存有道光二年（1822）修族谱中的"家规序·十曰慎终追远"规定："凡族众置祭田，于清明、冬至宰牲举祀，各房分胙，唱名不到者罚。"并对祭仪有详细的规定，既保存了清代祭仪，又记载了民国七年（1918年）订正后的祭仪，《冬祭规仪》："冬祭为祀：祖大典所以报本者也，自应每年举行，其礼节尤宜慎重庄敬，我族旧规系于冬至前一日准备祭仪、祭堂，护送谱牒至祠，推定主祭、助祭、执事人等，晚间预祭，值冬至日黎明，众裔孙整肃衣

---

① 《中国方志丛书·华中地方·第904号》，台湾成文出版有限公司1989年版，第249—250页。
② 《中国方志丛书·华中地方·第99号》，台湾成文出版有限公司1970年版，第54页。
③ 《中国方志丛书·华中地方·第844号》，台湾成文出版有限公司1989年版，第569—570页。
④ 《中国方志丛书·华中地方·第911号》，台湾成文出版有限公司1989年版，第366页。
⑤ 安义县京台村刘氏家族自印自存，作者2004年在刘氏家中查阅。

冠，齐集，正祭以展孝思，仪式向用三献礼，今仍如旧，惟将跪拜改鞠躬矣。礼节（民国廿七年岁次戊寅订正）：祭冬礼开始，全体肃立，执事者升堂各司其事，鸣炮，奏乐，主祭、助祭者诣盥洗所盥洗……"

乾隆四十五年（1780）的《万载辛氏族谱》①中的族规对族人所立的行为准则有一条："隆祭祀。春月祭扫龙山祖茔及清河渡、何家山等处，承年预备猪羊，先期通知，合族遵期登山致祭，午刻会宴，共沾祖惠；中元日，族长暨各房长人絜不得苟简从事，先十通知合族至期齐集，恪共行礼，其与祭之族长、乡绅、斯文人等宜随承祭孙于二门外序次行礼，违者有罚；至新捐贡监及加职者俱于冬至前三日报名，以便书名与祭。"同样，对于祭祖的仪式、步骤都有严格而详细的规定。江西省图书馆存有一本清嘉庆二十年（1815）《（万载）辛幼房祭先事件册》，从中可以看到对祭祖的非常详细的规定。

至于凝聚族人的另一手段——族产，上面的引文中已说到，在清代往往是有谱有祠有族产。

（三）基层治理的宗族化

明代的江西已基本形成宗族化的状态，各地的宗族都有较完备的修谱、建祠、祭祖、设族产、办私塾等，宗族基本成为社会结构单位。入清以后，江西各地进一步进入宗族化的状态，特别是更普遍地修谱、建祠、联宗、宗族械斗等，所以统治者意识到，要治理与控制好基层社会，必须引导、利用与控制好宗族。

清顺治九年（1652年），清朝廷吸取明朝治国经验，颁行了朱元璋《圣谕六言》到八旗与各省，推行"孝治"。

康熙九年（1670年），康熙帝扩展了《圣谕六言》的思想和内容，向全国颁行《上谕十六条》，每条七个字，结构工整，其中一、二、十五条是这样规定的：敦孝悌以重人伦，笃宗族以昭雍睦，联保甲以弭盗贼。

---

① （清）辛聚等修、辛廷芝等纂，乾隆四十五年木活字本，江西省图书馆藏，存6册。

从中可得知,康熙帝注意到了宗族在社会建设中所起的重要作用。

雍正二年(1724年)雍正帝对《上谕十六条》"寻绎其义,推衍其文,共得万言,名曰《圣谕广训》,旁征远引,往复周详,意取显明,语多直朴,无非奉先志以启后人,使群黎百姓家喻而户晓也。"①即雍正帝对这十六条上谕逐一详细解说,形成了十六篇短文和一篇序言,世称《圣谕广训》,又简称《广训》。在《圣谕广训》中,雍正帝对"笃宗族以昭雍睦"特加注释,对于宗族修谱、建家庙(祠堂)、祭祖("荐烝尝")、置义田(族田)、办家塾等家族建设给予了肯定,反映了雍正帝对于宗族在基层社会的势力和作用有着更为明确的认识,且看雍正帝的注释:

《书》曰:"以亲九族,九族既睦,是帝尧首以睦族示教也。"《礼》曰:"尊祖故敬宗,敬宗故收族。"明人道必以睦族为重也。夫家之有宗族,犹水之有分派,木之有分枝,虽远近异势,疏密异形,要其本源则一,故人之待其宗族也,必如身之有四肢百体,务使血脉相通而疴痒相关。《周礼》本此意以教民著为六行,曰孝,曰友,而继曰睦,诚古今不易之常道也。我圣祖仁皇帝既谕尔等"敦孝弟以重人伦",即继之曰"笃宗族以昭雍睦"。盖宗族由人伦而推,雍睦未昭,即孝弟有所未尽。朕为尔兵民详训之:大抵宗族所以不笃者,或富者多吝,而无解推之德;或贫者多求,而生觖望之思;或以贵凌贱,而势利汩其天亲;或以贱骄人,而忿傲施于骨肉;或货财相竞,不念袒免之情;或意见偶乖,顿失宗亲之义;或偏听妻孥之浅识,或误中谗愬之虚词,因而诟谇倾排,无所不至。非惟不知雍睦,抑且忘为宗族矣!尔兵民独不思子姓之众,皆出祖宗一人之身,奈何以一人之身,分为子姓,遽相视为途人而不顾哉?昔张公艺九世同居,江州陈氏七百口共食,凡属一家一姓,当念乃祖乃宗,宁厚毋薄,宁亲勿疏。长幼必以序相洽,尊卑必以分相联。喜则相庆以结其绸缪,戚则相怜以通其缓急。立家庙以荐烝尝,设家塾以课子弟,置义田以赡贫乏,修族谱以联疏远,即单姓寒门,或有未逮,亦各随其力所能为,以自笃其亲属,诚使一姓之中,秩然蔼然,父与父言慈,子

---

① 《清文献通考》卷二百二十五《经籍考十五》,《景印文渊阁四库全书》第637册,第286页。

与子言孝，兄与兄言友，弟与弟言恭，雍睦昭而孝弟之行愈敦，有司表为仁里，君子称为义门，天下推为望族，岂不美哉？若以小故而堕宗支，以微嫌而伤亲爱，以侮慢而违逊让之风，以偷薄而亏敦睦之谊，古道之不存，即为国典所不恕，尔兵民其交相劝励，共体祖宗慈爱之心；常切水木本源之念，将见亲睦之俗成于一乡一邑，雍和之气达于薄海内外，诸福咸臻，太平有象，胥在是矣！可不勖欤？[①]

从上相关内容可知，清初的几位皇帝高度重视引导基层社会的宗族建设，以达到基层社会秩序稳定的目的。实际上，雍正之后的乾隆、嘉庆、道光帝也是继承了这一对待基层社会的策略，就是重视和引导宗族建设。

地方官员在实际的地域社会治理中则将引导、控制与利用宗族付之于具体的实际行动中。

清政府对地方社会的控制则从设立乡约、推行教化到实行保甲制。

顺治十六年（1659年），清政府规定，严行乡约制，让乡人公推６０岁以上，品德和个人行为都没有过错，并且品德和业绩都比较有名的生员来担任约正和约副；若没有这样的生员，便以平时由个人良好品行而有名望且年龄也六十上下的平民来担任约正和约副，让他们每月初一和十五宣讲《圣谕六言》，并负责将乡人善恶表现登记簿册，交地方官。

康熙九年（1670年），康熙帝颁布"圣谕十六条"，并规定将之"晓谕八旗并直隶各省府、州、县乡村人等切实遵行"[②]。

康熙二十四年（1685年）又规定：督抚保举、荐举府、州、县官员，将"第一条实填'无加派火耗'字样；第二条实填'实心奉行上谕十六条，每月吉聚乡村乡约讲解'字样。余条仍照旧例，开具实绩应用如所请，嗣后督抚保举、荐举府、州、县官员将此二条添注册内，如保举不实，别经发觉者照徇情荐举卓异例，督抚各降二级调用，申详之司道等官各降三级

[①] 雍正《圣谕广训·笃宗族以昭雍睦》，《景印文渊阁四库全书》第717册，第593—594页。
[②] 《清圣祖仁皇帝实录》卷三十四，康熙九年十一月己卯，中华书局1985年版，《清实录》第4册，第466页。

调用"①。即将地方官员的升迁与宣讲"圣谕十六条"相联系。

雍正二年（1724年）二月颁布《圣谕广训》，并颁布普法令："古有月吉读法之典，圣祖仁皇帝'上谕十六条'有'讲法律以儆愚顽'一则。盖欲使民知法之不可犯，律之无可宽，畏惧猛醒，迁善而远过也。但法律包举甚广，一时难以遍喻。尔部可将大清律内所载凡殴杀人命等条，逐条摘出，疏解详明，通行各省。令地方有司刊刻散布于大小乡村处张挂，遍加晓谕，风雨损坏，仍复再颁。俾知斗殴之律，尚然如此，则故杀谋杀罪更可知。父兄子弟，互相讲谕，时存提撕警戒之心，以化其好勇斗狠之习，庶命案可以渐少，以副朕好生慎罚之至意。"②

清雍正四年（1726年），雍正帝在一些地方，如福建、湖广、浙江等省实践的基础上，强力推行保甲："保甲之法，十户立一牌头，十牌立一甲长，十甲立一保正。其村落畸零及熟苗熟獞，亦一体编排。地方官不实力奉行者，专管兼统辖各官分别议处。再，立民间劝惩之法以示鼓励。有据实首告者按名数奖赏，隐匿者加以杖责，应通行直省。以文到半年为限，有能举首盗犯者免罪。其从前未经发觉之案，地方官即行揭报者亦免议处。"③

清代的基层社会宗族势力强大，要在基层社会推行保甲制，不引导、利用好宗族肯定是难以推行的，于是雍正帝在与大臣们交换宗族治理的办法之后，想到了一个利用宗族势力来推行保甲的办法，这就是在宗族中设立族正来推行保甲："凡堡子、村庄聚族满百人以上，保甲不能遍查者，拣选族中人品刚方，素为阖族敬惮之人，立为族正。如有匪类，报官究治，徇情隐匿者与保甲一体治罪。"④

江西地方官强力推行族正制是在清乾隆六年至八年（1741—1743）

---

① 《清文献通考》卷五十五《选举考九·举官》，《景印文渊阁四库全书》第633册，第382页。
② 《清世宗宪皇帝实录》卷十九，雍正二年闰四月戊寅，中华书局1985年版《清实录》第7册，第309页。
③ 《清世宗宪皇帝实录》卷四十六，雍正四年七月乙卯，中华书局1985年版《清实录》第7册，第702页。
④ 《钦定清文献通考》卷二十三《职役三》，《景印文渊阁四库全书》第637册，第468页。

陈宏谋担任江西巡抚期间，据常建华先生对清代族正设置过程的考证[①]：乾隆六年（1741年）九月，陈宏谋上任江西巡抚，当时乾隆帝针对闽粤赣三省毗连地械斗成风，要求三省督抚化导整治，陈宏谋调查了江西地方（特别是三省毗连地）的宗族情况，发现宗族势力强大，主张利用宗族首领的势力来整治宗族，发布了《行查惩治界连闽粤剽悍刁风檄》《禁宗祠恶习示》，乾隆七年（1742年）十月又颁发《再饬选举族正族约檄》，即按雍正帝在雍正四年所要求设立族正的办法来治理宗族，其办法是："于江西酌定祠规，列示祠中，予以化导约束之责，族中有口角争讼之事，传集祠正，秉公分剖，先以家法劝诫。"[②]

另据道光年间江西按察使司编纂《西江政要》卷六十九《民间选立族正劝化章程》（道光三年九月初六日）可知，当年陈宏谋设立族正制的特点是：由宗族内部选举祠正，再由州、县查验确定，给予牌照，牌照规定，"宣讲圣谕，以兴教化。每逢祭祀聚集之时，于公祠内会同族长、房长，传集合族子弟，分别尊卑，拱立两旁。将'上谕十六条'句解字释，高声曲喻，并将律例罪名及条教告示，随时讲读，实力劝导，俾尔族姓，务各心领神悟，父慈子孝，兄友弟恭，夫和妇顺，敦族睦姻，以成仁厚之俗"。[③] 即利用宗族中有影响力的族正来着力教化族人。

凌焴《西江视臬纪事》中的档案也比较详细地反映了江西通过设立族正来推行保甲制的过程[④]，同时反映了地方政府利用宗族的势力来治理地方社会的策略：选族中有威望、人品正的人担任族正，官给权力约束、化导族人，防止族人间和宗族间起衅和利用族产健讼。

1. 根据朝廷的要求，通过设立族正以推行保甲、乡约。

[①] 常建华：《清代宗族"保甲乡约化"的开端——雍正朝族正制出现过程新考》，载《河北学刊》2008年第11期。

[②] （清）贺长龄辑：《皇朝经世文编》卷五十八《礼政·宗法上》；陈宏谋：《寄杨朴园景素书》，《中国近代史料丛刊第一编0731号》，台湾文海出版社1966年版，第2150页。

[③] 江西图书馆藏本。

[④] 常建华：《乡约·保甲·族正与清代乡村治理——以凌焴〈西江视臬纪事〉为中心》，载《华中师范大学学报》2006年第1期。

凌燽《西江视臬纪事》中的《议建昌府条陈保甲详》记述，江西社会的结构特点是聚族而居，往往一姓一族一村，其中即使杂有异姓，人数也不多，如令同族人自联成牌甲，必然导致相互隐瞒一些不法之事，但除了责成族人互相督察之外，又能如何？所以规定：

请聚族同居者照常编甲，择甲内之别姓以充甲长。再于通族中遴选族正，董率族人等语。查江右风俗，聚族而居，所在多有，保正、甲长即系族人，固难保其不无徇隐。但别姓既寥寥无几，若令专充甲长，则每年佥点，更替无人，势致一二异户长川充役，似非所以均劳逸而便民情也。况保正、甲长虽系族人，既已在官，则职役为重，原不得复徇亲属容隐之事，应请仍饬一体编排，轮流充应。如徇隐事发，异姓同族一例究拟，不少宽贷，则公私攸别而劳逸可均。至设立族正，久奉定例，诚恐各属有不能实力奉行，未免日久法弛，应请通饬各属，如地方、村庄聚族满百人以上，拣选族中人品刚方，素为阖族敬惮者，立为族正。如有匪类，令其报官究治，倘徇情容隐，与保甲一体治罪，务照定例遵行可也。①

2. 将族正制与保甲制结合起来，让族正去化导、约束族人。

凌燽《西江视臬纪事》中的《请开鼓铸勤稽缉并邻邑协缉族保约束条议》主张，将保甲与宗族结合起来治理宗族，即所谓"族尊乡保"，就是将宗族与保甲融合构成乡村组织体系，并规定对不作为的"族尊乡保"进行相关惩处，通过控制宗族首领来控制宗族，以治理基层社会。

窃以族正有约束之条，保甲有稽查之责。互殴之家争地争坟、分塘分水以及一切起衅之端，彼此雀角必有其渐，且纠众赴斗事非俄顷，族尊保正理无不知，果能约束于平时，觉察于先事，何难即为解纷。即有强悍不遵，亦可禀官究治，宜无不戢。无如族尊乡保视同秦越，事前则纵恶长凶，全无顾虑；时后则装聋作聩，膜不相关。江省薄俗，所在皆然，良可鄙恨。应请严饬通示；嗣后地方凡有聚众争角，俱责成族尊乡保约束劝谕。如凶徒不遵约束，即刻禀官拿究。倘族尊乡保仍漫不管束，

---

① 中国社会科学院历史研究所编：《清史资料》第三辑，中华书局1982年版，第201页。

致成命者，即将族尊乡保照知人谋害他人不行劝阻又不首告律，杖一百。即不知情亦坐以失察，照不应重杖。仍令各县将责成约束之处，刊刷小示，遍发城乡村落，一全谕知。庶族保知所凛遵，而凶徒不敢横恣矣！[①]

3. 利用族正来治理宗族间的健讼。

明代以来，江西的宗族间就争讼不断，争风水、争坟地、争山林、争水利等。进入清代，宗族利用族产，即祠堂公产作为资本进行争讼，并成为一种普遍的社会风气，凌燽《西江视臬纪事》中的《平钱价禁祠本严霸种条议》谈到这种情况之后，凌燽的建议是利用族正、族副来管理公产，禁止用公产作为争讼之资，而必须将族产用作周恤贫困的族人：

夫子孙建祠置产，本以报本崇先，乃反为健讼之资，其弊由公产不为公利，而适以启觊觎者之心。应通行饬示，凡公租所积，概令增置公产。岁收所积，除完粮备祭外，其余择令族正、副经营。凡族中有丧不能葬，贫不能娶，以及一切应恤公事，概不许指此为用。则公项皆为义举，而风俗返淳矣。[②]

4. 设置族约以化导族人。

在族正之外另设族约，并规定以族长、房长之外的举、贡、生、监中下层人士为最佳担任，如同乡约，专行化导族人，以达到稳定基层社会秩序。

本司细加筹划，查定例内开："族满百人以上，保甲不能遍查，拣选族中人品端方、素为合族敬惮者，立为族正。如有匪类令其报官"等语。今似应仿族正之例，通行各属凡有世家大族丁口繁多者，即令该族于尊长内无论是否族长、房长，择有举贡生监品性素优，实为合族所敬惮者，公举一人委为族约，无举、贡、生、监，即选人品端方足以服众者一人为之。地方官给以牌照，专为化导约束，使之劝解善规过，排难解纷。子弟不法，轻则治以家法，重则禀官究治。至口角争忿，买卖田坟，或

---

① 《续修四库全书》第882册，上海古籍出版社2002年版，第53页。
② 中国社会科学院历史研究所编：《清史资料》第三辑，中华书局1982年版，第208页。

有未清事涉两姓者，两造族约即会同公处，不得偏袒。族内如有孝弟节义及赒恤义举，族约即为报官请奖。族约遇有事故，公举另替。如恶薄子弟，因族约公言，欺凌寻衅，借端报复者，报官重处。至地方一切缉拿逃盗、拘犯承应诸事，事系保甲，概不得责成族约，俾优其品，以专其任。如果两年之内，化导有方，约束无事，地方官给匾奖励；五年无犯，详宪请奖；十年之内，能使风俗还淳，浇凌胥化者，详请具题奖叙，以示鼓励。如此则报充之族约，皆为公正之人，伊等自惜身名，自不肯偃仰薄俗，而凛遵法守，亦必无滥行恣罚，以饱贪饕、轻擅戕命，以干宪典之事，庶以族化族，而民风归厚，公祠之恶习可除，而公祠之实效可收矣。（续补）①

从以上内容可知，面对宗族化和宗族势力的强大，从朝廷到地方官员，充分利用宗族中的首领如族长、房长和族人素为敬惮的举贡生监等来治理宗族，以稳定基层社会秩序和控制基层社会。宗族成了地方政权的一个组成部分。

（四）宗族势力的强大

清代江西宗族势力的强盛在全国是很有名的，一些地区的宗族私立禁约、规条、碑记，甚至对族人违反族规，不鸣官，族中权威私自惩处，乃至处死，或用竹篓沉置水中，或掘土坑活埋致死，还逼迫其亲属写立服状，不许其亲属声张，乾隆帝刚接帝位就要求江西地方官要"严加禁止"这种情况。《清高宗实录》卷十八乾隆元年五月丙午条记载：

朕闻江西地方，土瘠民贫，率多勤俭谋生，安分自守；惟山县乡村，常有凶蛮争角，动辄统众毒殴，将人活埋毙命者，如南昌府属之靖安，临江府属之新淦，赣州府属之信丰等县尤甚，且信丰地方，山村乡镇，有等豪蛮，私立禁约规条碑记，贫人有犯，并不鸣官，或裹以竹篓，沉置水中，或开掘土坑，活埋致死，勒逼亲属，写立服状，不许声张，似

---

① 《续修四库全书》第882册，上海古籍出版社2002年版，第163页。

此种种惨恶，骇人听闻，皆从前地方官员失于化导禁约，以致村野凶暴，藐法横行，如果系奸宄不法之徒，自当呈送官长治以应得之罪，岂有乡曲小人，狂呈胸臆，草营人命之理。着该省文武大员，通行晓谕，严加禁止，倘有不遵谕，仍蹈前辙者即行严拿，从重定拟，不少宽贷。①

凌燽《西江视臬纪事》卷四中的《禁止藉称祠禁勒罚滋事》也谈到江西宗族祠堂权力大，"祠禁"族人：

江省故家大族以及编民之家，皆设立祠堂，以展岁时之飨。其尊亲崇本者固自不乏，而城乡暴户，辄有不法族恶，遇事生风，偶见族人稍有干犯，不计亲疏，不问轻重，动称祠禁，辄纠多人，群聚醉饱，少不遂意，恣索无休，甚至击鼓聚众，押写服辜，倡言致死。而族中无赖恶少，借势逞威，或捆缚抬溺，或毒殴活埋，以昭孝昭敬之区，为灭性灭伦之地。族党不劝，地邻不阻，群相效尤，群相隐匿。此等恶俗，殊骇见闻。本司莅任以来，屡经惩创，而现在仍报案频闻。②

面对这种状况，地方政府只好下令："嗣后如有族人干犯法纪，教诫不悛，轻则量以家法责惩，重则请以官法究处。倘有仍前托名祠禁勒罚滋事者，定即照律科惩，倘敢倡议将人致死者，造意加定即按谋故情形，分别坐以斩绞重辟。"③

终清一代，宗族中的族长、房长、绅士对族中事务和族人都拥有很大的权力，往往撇开保甲，独自行使对地方社会的控制。道光十年（1830），御使周作揖在上奏朝廷时谈到江西宗族："遇族中大小事件，均听族长、绅士判断。"④而道光帝则下颁上谕命令："着该抚（江西巡抚吴光悦）通饬所属，切实选举公正族长、绅士，教诲族众。如有为匪不法，即行捆

---

① 《清高宗纯皇帝实录》卷十八，乾隆元年五月丙午，中华书局1986年版《清实录》第9册，第466页。
② 《续修四库全书》第882册，上海古籍出版社2002年版，第141页。
③ 《续修四库全书》第882册，上海古籍出版社2002年版，第141页。
④ 《清宣宗成皇帝实》卷一百八十一，道光十年十二月戊戌，中华书局1986年版《清实录》第35册，第869页。

送究惩。"①

全面宗族化是清代江西突出的社会特点。

六、近现代赣鄱社会变迁与宗族兴衰

近现代即指从1911年至1979年的近70年间。在这近70年里，中国社会风起云涌、跌宕起伏，经历了冰火两重天的新旧两个时代：从1911年至1949年的近40年里，中国社会烽烟四起、战火连绵，中国人民饱受战争之苦和外敌侵略之苦；1949年新中国成立之后，人民翻身做主人，中国社会发生了极大变化，社会经济文化得到了快速发展，但社会也经历了一些起伏动荡。在这70年间的社会变迁中，中国的宗族经历了从延续传统到被摧毁的历程。

（一）1911至1949年间传统宗族的延续

1911年10月10日武昌爆发辛亥革命后，江西成为起而回应革命的第三个省区，江西至此结束了封建王朝的统治。此后，江西逐步成了军阀控制区，北洋军阀对江西有长达14年的控制。1926年7月，北伐军进入江西，并于9月成立了国民党江西省政权，直至1949年6月国民党统治在江西结束。在这期间，从1927年至1934年10月，中国共产党在江西举行了南昌起义、湘赣边秋收起义等一系列起义，先后建立了井冈山、中央、赣东北（闽浙赣）、湘赣、湘鄂赣等革命根据地，直至建立了以瑞金为中心的中华苏维埃共和国；曾经江西省三分之二以上的地区为根据地区域。1938年6月，日本侵略军开始侵入江西，至1945年8月投降，以南昌、九江为中心的赣北14县市被日军占领，并在九江建立了伪政权，对赣北区域进行殖民统治，全省60多个县先后遭日军侵扰，江西人民深受日军侵害之苦；抗战期间，国民党省政权迁往了泰和县。

---

① 《清宣宗成皇帝实录》，道光十一年二月甲申，中华书局1986年版第36册，第869页。

无论是北洋军阀的统治还是国民党的统治，都没有从体制上触动对农村社会的管理体制，仍然是延续封建专制的管理体制，他们所做的，无非就是拼命收税，榨干农民的血汗，以解决军费和各种开支。使得封建宗族制的农村社会状态不仅没有多少改变，反而使宗族长权势更为强化。只有中国共产党在红色政权区开展了"打土豪，分田地"，从体制和社会基础与经济基础等方面，瓦解了宗族制，但也只是短暂的，因为1934年10月红军长征后，原来的红色政权区又变成了国民党统治区。

民国年间（1911—1949年）关于江西社会的宗族状态记载不多，但从有限的史料仍可透视出民国年间江西的宗族状况。

1917年前"南京政府司法行政部"编《民事习惯调查报告录》①，记载了司法部门始于清末光绪三十三年（1907年）对全国各省的民商事习惯调查，这次调查历行约4年，因清廷被废而调查中止。民国七年（1918年）北洋政府司法部重启民商事习惯调查，至1921年停止。此书的调查报告，最为突出地反映了清末和民国初年土地占有、租佃、买卖关系，其次是亲属间的继承关系，是研究清末和民国初年中国农村社会的重要资料。此书有关民国初年农村宗族状况的资料不多，但有少数资料反映了民国初年农村宗族状况，如在第一编第二章《江西省关于民律总则习惯之报告》中写道："赣南各县，祠产最多，其次神会，其次各种慈善事业。"②此则资料说明，赣南各县宗族势力强大，宗族势力根深蒂固，各宗族积聚了很多祠产，而祠产是凝聚族人的重要手段。祠产多，说明宗族的凝聚力强。祠产对宗族的凝聚，其中一项重要的内容是资助族人学文化，在科举未废之时，主要是支持族人科举入仕。

祠产中有学租一项，为科举时代资送大小考试及奖赏之用者，无族无之。奖赏有二：一为花红，一为膳租，并行不悖。花红以一度给付为

---

① 胡成晟、夏新华、李交发点校，1927年南京国民政府司法行政部编：《民商事习惯调查报告录》，中国政法大学出版社2005年版。

② 胡成晟、夏新华、李交发点校：《民商事习惯调查报告录》，中国政法大学出版社2005年版第4页。

止；膳租则终身给付，按期照人数分配。如有数人中试或入庠，则数人分收学租；若仅一人则归一人独收。此项财产均系独立，不作别用，所以鼓励学风也。科举既废，旧时举贡廪附收租如故，近则学校毕业生变多援例收租，虽经本省行政长官通饬提办小学，而提出者仍寥寥。①

此则报告第四节《宁都县习惯》还记载了宁都县的宗族情况。

宁都县风俗大抵聚族而居，各族之中多有众会。其成立时，先由族人倡首捐集款项，订立簿籍、登载用途及其管理方法，以便世守。此种财团法人之作用，大约以办理公益及慈善事业为指归，如修族谱、供祭祀、修道路或建醮禳灾等类，皆为众会应办之事。其管理人则由族众公推，生息方法不外贷款、贷谷数种，秋冬收息以作正用。此项办法立意本善，惟规条不备，经理非人，款目不清，时滋讼息，殊为可惜。

此则资料说明清代和民国的江西农村社会，宗族是社会的基本单位，宗族在基层社会起着重要作用，基层社会的事务都是以宗族为单位来解决，宗族有很强的凝聚力。

20世纪二三十年代，毛泽东为了探寻中国革命的道路，对中国农村社会做了许多调查，他在1930年5月写的《寻乌调查》开篇中说："我做过的调查以这次为最大规模。我过去做过湘潭、湘乡、衡山、醴陵、长沙、永新、宁冈7个有系统的调查，湖南那5个是大革命时代（1927年1月）做的，永新、宁冈两个是井冈山时代（1927年11月）做的。"毛泽东非常惋惜地说：这些调查稿都损失了！从《毛泽东农村调查文集》②可知，毛泽东在江西做过的农村调查，除《寻乌调查》之外，还有著名的《兴国调查》（1930年10月）、《长冈乡调查》（1933年11月）。凭借毛泽东对民国年间中国农村的深切了解，在1927年3月于所写的《湖南农民运动考察报告》中就指出：近代中国"由宗祠、支祠以至家长的家族系统"构成了以"祠堂族长"为代表的族权，是压迫中国人民的四

---

① 胡成晟、夏新华、李交发点校：《民商事习惯调查报告录》，中国政法大学出版社2005年版第4页。
② 《毛泽东农村调查文集》，人民出版社1982年版。

大权力体系之一；1928年11月毛泽东在《井冈山的斗争》指出，当时赣西、赣中一带宗族状况："无论哪一个县，封建的家族组织十分普遍，多是一姓一个村子，或一姓几个村子。非有一个比较长的时间，村子内阶级分化不能完成，家族主义不能战胜。"毛泽东的这些论述，表明了在20世纪二三十年代江西宗族势力的根深蒂固和强大。

1930年5月，毛泽东在寻乌县做了详细的调查，对这个县的各阶层状况和具体状况都有详细的记载，其中对"祖宗地主"的分析，说明了民国年间祠堂在农村社会中所起的重要作用，以及祭祖和祠堂公产对凝聚族人的重要作用，由此得出，中国的农村社会是一个牢固的宗族社会。

《申报》记者陈赓雅在1933年曾写有《赣皖湘鄂视察记》一文，其中谈到那时的万载："各姓氏家庙林立栉比，颇饶宗法社会之意识……家族制度亦较严密。各姓宗祠，计有三四十所，所用门联多为'皆以明伦，庙中何殊庠序；是亦为政，门内等若朝廷'等口气。中以辛、宋、郭三氏宗祠规模最大，年可收租五六百石。"[1]一个山区小县，传续着明清以来的宗族态势。

肖唐镖等著的《村治中的宗族》[2]，对江西八个村和安徽一个村的宗族历史和现状进行了调查，其中的一些调查资料反映了民国年间江西的宗族情况。

肖唐镖在《宗族强弱分殊背景下的村治——江西省华村调查》一文中，对泰和县万合乡华村的调查："在1949年新中国成立以前，本村各庄一直有较健全的宗族组织……在解放前和解放初的一段时间，族长在村内享有较高的权威。"[3]族长可以喝令在全村"风水宝地"处砍树的族人在宗祠前长跪，并打其屁股，可见族长确是有权威的。

戴利朝的《单一宗族聚居村的治理——江西省岱村调查》一文中，记述了泰和县苑前乡岱村，这是一个开基于宋朝的村庄，到明清时期已

---

[1] 陈赓雅《赣鄂湘皖视察记》，上海申报月刊社，1934年版，第24、26页。
[2] 肖唐镖等：《村治中的宗族》，上海书店出版社2001年版。
[3] 肖唐镖等：《村治中的宗族》，上海书店出版社2001年版，第37页。

是一个很兴盛的宗族，修族谱、建祠堂、祭祖等，至今仍存有28座祠堂，直到民国时期各房支都有一定数量的祠产，主要是田产，收获物或租金主要用于宗族祭祀等宗族活动。"老人们还记得，（1949年前）岱村每年的宗族祭祀活动定时举行，所有'前辈'或称'命好人'（指70周岁以上男性）和'斯文'（指未入仕途而有功名的读书人，包括进士、举人、监生、贡生和生员等）被请到祠堂。在族长主持下，举办大型祭祖、会餐等活动，热闹非凡。而由各支后派人参与组成的'约会'则成为维持村落社会秩序的主要组织。"①民国年间，宗族在农村社会的作用由此可知。

唐晓腾的《一强余弱宗族村的治理（二）——江西省古竹村调查》，记载了永新县古竹自然村的历史与现状，这是一个以唐姓为主的多姓村，元末唐姓徙居此村。到清代时唐氏已发展成地方大族，民国末年唐氏宗族与附近合东村左氏宗族争夺土地而发生过5次械斗，每次械斗时全村的青壮年倾巢而出，这说明宗族在地方社会中强大的号召力。②另外，在民国年间，宗族的族产在凝聚族人方面，如同明清时期一样，仍然起着重要作用。

新中国成立前，古竹村唐氏宗族不仅有族产，而且每个"位下"都有会产，因而在当时若哪个小孩（男孩）读书成绩特别优秀，却因家穷无力教养而将要失学时，"位下"乃至宗族就会从会产和族产中拿出部分钱来给予扶助，使得部分家贫的优秀学子得以成才。如古竹自然村的博士唐学泳，他父亲早逝，母亲孤寡一人带着他过日子。他自幼聪慧好学，在读完国立小学考入永新中学时，家中无力供养，后来"位下"的头人和宗族族长们经协商，从会产和族产中拿钱供他读书，这样直至他从上海师范学院去法国留学才停止。唐学泳在上海师院没毕业就公费派遣留学法国，在法国取得古典音乐理论博士学位。这种宗族扶助的现象，在

---

① 肖唐镖等：《村治中的宗族》，上海书店出版社2001年版，第112页。
② 肖唐镖等：《村治中的宗族》，上海书店出版社2001年版，第252页。

新中国成立初期仍然存在。①

邱新有的《一强余弱宗族村的治理（三）——江西省仲村调查》一文中谈到，鄱阳湖东南的贵溪境内的仲村，是个以邱姓为主的多姓村，新中国成立前夕，"仲村邱氏宗族势力较强，有比较稳定的宗族组织，村庄内建有祠堂，1945年还修过族谱"。"邱氏宗族当时的族长就是当时的保长邱文郁，他是邱氏宗族开展活动的核心人物，且权力极大。由于此人心地善良，且文笔很好，经常帮族民写诉状，在村民中威信高，是当时远近闻名的人物。"1945年修谱时，"其谱头是从福建马鼻山接过来的。据村里的老人介绍，为迎接谱头的到来，村里敲锣打鼓，非常热闹。按邱氏宗族的习惯，谁家的男丁多，谁就有资格捧谱和保存族谱。"②由此可知，民国年间的赣东北农村的宗族依然延续着明清时期的发展态势，国民党对农村社会的控制，依然要依靠、利用地方的乡绅。

郑一平的《城郊杂居村的宗族与治理（一）——江西省什村调查》调查的是另一种具有典型意义的村庄，既非单姓也非以一姓为主兼及几个小姓的村庄，而是一个多姓村（上饶市附近），有10多个姓氏，其中有5个较大的姓（许、张、刘、黄、郭）。实际上，什村是一个行政村，是由多个自然村组成，在民国年间曾是一个保。"历史上什村宗族在村治中曾经起过重要作用，直到新中国成立前，它们仍有较严密的宗族组织，有明确的族规族训，有族产和族庙，一些宗族组织与地方村治组织相互交织，一些宗族头人凭借较强的经济实力和有效的人格力量，在处理族内事务、家庭纠纷、带领族人对抗外来宗族力量的影响等方面，都起到重要作用。""历史上宗族组织对村治发挥了重要作用，根据老人回忆的情况判断，民国年间要数张氏和许氏两个宗族能力较强。张氏宗族头人张儒铃是国民党保长，不仅在张氏宗族内有较大的权力，而且管理着整个保（与今什村范围差不多），在收钱收粮、摊丁派差等方面都有较大的权力……就是乡政府也基本不了解民情，只要保里完成任务，一切事务

---

① 肖唐镖等：《村治中的宗族》，上海书店出版社2001年版，第270页。
② 肖唐镖等：《村治中的宗族》，上海书店出版社2001年版，第317、332、336页。

由保长说了算。"①由此可见，民国年间族绅在地方事务中的重要影响。

刘劲峰的《单姓异族村的治理——江西省金村调查》，记载了安远县郊濂江乡金村陈氏宗族的情况，这是一个单姓但人口来源非同一血脉的村庄。在明代，他们就联合组成了一个宗族，名曰"树滋堂"。族长由宗族中辈分较高且有财有势，又具有一定文化知识的人，且多为有科举功名的乡绅如邑庠生、监生等学衔。"族长对整个宗族具有绝对的领导权与裁判权，他在宗族祭祀时作为主祭站在最中心的位置上，平时则对宗族内重要问题的决策、族内的财务开支及宗族执法等具有决断权。族长下面一般都设有若干助手，具体负责管理宗族财产、处理宗族内部事务。"②

上述几个村的资料说明民国年间江西的宗族延续着明清以来的发展状态，宗族组织完备，从族谱、族规、祠堂、祠产等基本硬件，到宗族的祭祖活动等基本软件，在民国年间北洋军阀及后来的国民党统治区时期，都达到了中国历史上最完备的时期，而且在国民党政权之下，宗族长的势力更为强化，国民党政权依赖基层族绅维持乡村秩序，并依赖族绅们去完成派粮征丁。

从现存一些族谱的修订时间来看，民国年间许多宗族仍在延续清代以来的修谱常态。上海图书馆家谱中心存有五百多种江西地区的族谱，其中有一部分是民国年间所收，而且民国年间所收之谱，往往和清代所修之谱形成完整系列，如《萍乡湘东县城文氏三修族谱》（四卷），清光绪十年（1884年）文尧臣修辑；到民国十一年（1922年）又续修《萍乡湘东县城文氏四修族谱》（六卷），文正邦编纂；《瑞金县孔胡氏族谱》在道光年间、光绪十三年（1887年）和民国十八年（1929年）先后续修；《（广丰）吴塘吕氏宗谱》在清光绪和民国年间曾先后续修；《瑞金东山朱氏六修族谱》和《瑞金东山朱氏七修族谱》分别为清光绪年间和民国年间续修；《（萍乡）石溪周氏族谱》在清宣统元年（1909年）和民国年间

---

① 肖唐镖等：《村治中的宗族》，上海书店出版社2001年版，第395、397页。
② 肖唐镖等：《村治中的宗族》，上海书店出版社2001年版，第530页。

先后续修;《乐安郭氏宗谱》在清道光二年(1822年)、咸丰六年(1856年)、民国七年(1918年)先后续修;《(瑞金)白溪陈氏族谱》从清代的八修、九修、十修到民国年间的十一修等。①从这有限的一点族谱修撰历程可知,民国年间江西的宗族仍在延续每隔二三十年就要修谱的规矩,即明清以来宗族的发展态势仍在延续。

然而在中央苏区通过"打土豪,分田地",摧毁了宗族势力,②但在1934年红军长征后,中央苏区又被国民党占领,人们又陷入水深火热中。

(二)1950年至1979年间传统宗族被摧毁

1949年9月30日,江西全省解放,随后江西和全国其他地区一样经历了土地改革、试行农业合作社,到1958年全面实行人民公社制,从反右倾到十年"文化大革命"(1966—1976年),再到1979年的全面拨乱反正。

土地改革彻底摧毁了封建宗族制的经济基础,公产(族产或祠产)被分归个人所有,族绅如族长等人的土地被分给农民们所有。从1950年11月到1952年3月,江西在土改过程中,依法没收、征收的土地1330余万亩,占全省完成土改地区土地面积的35%,无偿地分给279万多农户(占全省农户总数的73.4%)、917万无地少地农民(占农村总人口的64.5%),平均每户分得耕地5.4亩,人均1.64亩,免除了过去每年向地主交纳约20亿斤粮食的苛重地租。此外,还把11万多头耕畜、118万多件主要农具分给了无地少地的农民(占农村总人口的64.5%),过去由地主把持的山林、鱼塘也全部分给农民。这样基本上满足了农民对土地和其他生产资料的要求,延续千百年来的封建制度的根基——地主阶级的土地所有制彻底废除了,代之以农民的土地所有制。③

---

① 见王鹤鸣、马远良、王世伟主编:《上海图书馆馆藏家谱提要》,上海古籍出版社2000年版,第71、90、117、136、361、550页。
② 见本书第十一章第三节。
③ 危仁晸主编:《当代江西简史》,当代中国出版社2002年版,第65页。

从农业合作社到人民公社制，宗族的政治基础被摧毁了。经过后来的阶级斗争扩大化和十年"文化大革命"，族谱作为封建的文化产物被烧毁，宗族的祠堂被充公，用作生产队或大队办公，或用作学校、医院等。一些宗族长作为反革命被镇压。宗族的活动不再重现。正如冯尔康先生在《中国宗族社会》①中所说：1949 至 1979 年，中国大陆宗族处于被瓦解、被打击阶段。

但从 20 世纪 80 年代中国农村体制改革之后的宗族复兴或重建的历程研究中，一些学者认为，在高度的政治体制和阶级斗争氛围中，特别是"文化大革命"的阶级斗争扩大化，农村宗族的形态被摧毁了，宗族活动消失了，但农村的宗族意识、家族文化并没有根本消除，因为聚族而居的生存状态并没有改变。

刘劲峰先生曾对赣南乡村宗族的历史与现状做过调查，在《从传统社会中走出来的中国乡村村民——对江西南部乡村的调查》②中谈到 1949 至 1979 年的这段时间，赣南各地有形的宗族组织虽然被摧垮了，但无形的宗族影响却依然在乡村中较普遍地存在，宗族观念依然在村治工作中起着相当大的影响作用。如兴国的三寮村有曾、廖两大族，皆以看风水有名；自清代以来，两族常有争斗。新中国成立后，两族的宗族组织从体制和形态上都已被消除，但两族村民宗族意识依然强烈，在村内工作，只有同族的干部才能安排同姓的村民，否则会被认为是对方有意欺负。所以村干部只能按两族姓的 4 比 3 比例配备，才能正常地开展村里的工作。

无形的宗族影响更为普遍地表现在村民的日常生活及乡村的各种文化活动中。刘劲峰曾谈到安远金村，村民们的日常交往是以血缘亲属关系的疏密程度为准绳，以五服内的血缘亲属为核心（小房），患相救、喜相庆、纷相解等，都是以血缘关系越近越依靠。实际上不仅仅是安远，

---

① 冯尔康：《中国宗族社会》，浙江人民出版社 1994 年版。
② 肖唐镖、史天健主编：《当代中国农村宗族与乡村治理——跨学科的研究与对话》，西北人民出版社 2002 年版，第 155 页。

作者本人的家乡南康县塅上村亦是如此，实际上全省的情况相似，这种宗族意识还是存在的。赖观扬在《从桃川赖氏的发展看宗族与农民的关系》①一文也曾谈到龙南县桃川村赖氏，在新中国成立后宗族组织被铲除，"文化大革命"中公开的宗族活动已停止了，"但以小宗族（三服以内）为核心的生活仍在继续。虽有乡（公社）、村（大队）建制，农民仍以亲疏论长短。因为宗族是农村盘根错节的情结网络，是扩大了的'家庭'，对农民是有凝聚力的社会自然群体"。

族谱的保存也反映了新中国成立后尽管历经阶级斗争教育、城乡路线教育，历经十年"文化大革命"，许多族谱作为封建社会的产物被烧毁了，但从20世纪八九十年代的修谱可知，还是有许多族谱被保存下来了，许多新谱仍以老谱为基础，所以族谱的保存反映了1949—1979年间宗族意识的存在。肖唐镖在《宗族强弱分殊背景下的村治——江西省华村调查》②一文中，曾谈到泰和县华村：

在人民政权建立后，尤其是随着土地改革等一系列政治变革和政治运动的到来，像全国绝大多数农村一样，本村宗族的宗族组织也被瓦解。然而，值得注意的是，作为组织的宗族虽然不复存在，但是宗族所形成的一些"规矩"却没有变，村民维护宗族利益的自觉性与责任感始终存在。后者，最典型地表现在对《族谱》与宗祠的保护上。如田段，至今不仅刘氏宗族保留着笔拟的旧《草谱》，而且肖氏宗族的《族谱》也一直保存着。肖氏族谱按习惯系由族内长者保管，有意思的是，自20世纪60年代初至"文化大革命"结束，族内长者是一位新中国成立初期入党的共产党员、村干部章炽，即使是在轰轰烈烈的"破四旧"等运动中，他也毫不犹豫地保护着几卷厚厚的《族谱》未上交。在红卫兵、民兵持续冲击并拆毁邻村庄的一座庵后，村内的三座祠堂却未受到冲击，一直完好无损。当时，村内聚众练武术、舞龙灯、狮灯等活动都被予以取缔，

---

① 肖唐镖、史天健主编：《当代中国农村宗族与乡村治理——跨学科的研究与对话》，西北人民出版社2002年版，第170页。
② 肖唐镖等：《村治中的宗族——对九个村的调查与研究》，上海书店出版社2001年版，第16页。

宗族的有组织性活动都被停止，但《族谱》与宗祠却一直保留着，这实际上揭示了宗族在中国农民心中的根深蒂固，也预示了它的可能复兴。

如上述这种在从土改到"文化大革命"结束后族谱和祠堂仍保存下来的事例不在少数，特别是许多祠堂改作小学或村大队礼堂等形式而保存下来，为"文化大革命"结束后的宗族复兴留下了基础。

之所以在政治的高压下无形的宗族意识根除不了，是因为中国农村的地缘和血缘相重叠的生存状态没有改变，所以，宗族的情感仍然还是保留着的。

七、20世纪80年代后赣鄱农村社会宗族化趋向

（一）改革开放过程中中国农村社会的新变化

1978年12月中共十一届三中全会召开。全会高度评价关于"实践是检验真理的唯一标准问题"的讨论，确定了解放思想、实事求是、团结一致向前看的指导方针，果断地停止使用"阶级斗争为纲"的口号，做出了把工作重点转移到社会主义现代化建设上来和实行改革开放的决策。全会的召开，实现了具有伟大意义的历史转变，标志着中国共产党重新确立了马克思主义的思想路线、政治路线和组织路线，中国进入了社会主义现代化建设的新时期。

1979年江西农村和全国的农村一样，开始了农业生产责任制的试点，与此同时，江西一些农村还开始了包产到户和包干到户的"双包"责任制。到1982年春，全省已有99.3%的生产队建立了各种形式的生产责任制，形成了多种责任制形式并存，而以"双包"即家庭联产承包责任制为主要形式（占总数的86.5%）的局面。[①]

由于农业生产责任制与长期实行的"三级所有、队为基础"这一政社合一的人民公社体制相矛盾，要求有与之相适应的行政管理和经

---

① 危仁晸主编：《当代江西简史》，当代中国出版社2002年版，第341页。

济管理体制改革。1982年11月下旬至12月上旬召开的五届全国人大五次会议通过的新宪法，明确提出了改变农村人民公社政社合一的体制，设立乡政权和村民委员会的农村管理体制的新规定。同年12月，江西省开始试点，实行党、政、企分开，分别成立乡党委、乡人民政府，实际上取消了人民公社制度，从根本上改变了农村社会生活的基本面貌和运行方式。

1982年宪法在农村村委会基础上，确立了村民委员会的宪法地位。

1998年全国人大通过《中华人民共和国村民委员会组织法》，从操作角度以法律的形式确立了村民自治及其程序的合法性。各地也相配套出台了一系列相关法律规章。

随着农村政权主体权威与社会控制的削弱，宗族权威开始恢复，宗族组织走向重建，宗族在农村社会中发挥着越来越重要的作用。

（二）农村社会宗族化趋向

20世纪80年代开始的江西农村社会和全国其他许多地区的农村社会一样，开始走向宗族化，源自于中国传统宗族构成的几大要件的再出现：一是族长、房长等宗族领导和管理者的出现，二是族谱这一宗族凝聚物的重修，三是宗祠这一宗族标志的重修或重建，四是族规家法等组织原则的制定，五是祭祖等宗族活动的举行。冯尔康先生认为，有修家谱、建宗祠的任何一项活动，都是宗族成立的标志，都表明族人不再是散沙无统理的，而是有了组织。[1]肖唐镖先生认为："据以判定宗族重建的标志应当是二元性的：一是宗族组织机构与规则，另一是修谱、建祠等宗族活动的展开。"[2]

江西自宋代至近现代一直是中国宗族势力的强盛之区，在"文化大革命"时，江西人的宗族意识一直潜藏着。1979年之后，随着农业生产

---

[1] 冯尔康等：《中国宗族社会》，浙江人民出版社1994年版，第271页。
[2] 肖唐镖：《农村宗族重建的普遍性分析——对江西农村的调查》，载《中国农村观察》1997年第5期。

责任制和家庭联产责任制的铺开，宗族开始恢复或者说重建，农村社会又出现宗族化趋向。肖唐镖先生在1993年、1994年曾两次组织江西的大学生回乡，以自然村为单位进行随机抽样调查，涉及62个县市区的384个姓次，调查结果显示：当时已修宗谱、建祠堂的姓次分别占调查姓次总数的71.1%和61.7%。1996年，肖唐镖先生等人又组织课题组对江西6个县的19乡镇的418个姓次进行调查，结果表明：已修族谱、建宗祠的分别达到59.8%和59.6%。根据这两次调查的结果，肖唐镖先生的结论是："江西农村各姓次中六成以上已重建宗族，它已不再是个别地方或少数地方、个别姓氏或少数姓氏的情形，而已遍布全省多数农村，成为多数姓氏的现实。"另外，他们还对峡江、万载、乐平、瑞昌、鄱阳县进行了抽点调查，也印证了这个结论。[①]

除了修谱、建祠外，宗族重建的另一个重要标志就是宗族领导者或管理者的重现，类似于传统宗族的族长、房长、族中长老等，如果一个宗族没有宗族领导者的出现，这个宗族也就难以重建，如修谱、建祠、祭祖、修祖坟等宗族活动，没有人去组织，是不可能重新开展的。而这些宗族重建的组织者和领导者往往都是一些有文化有学养者，如退休教师、退休干部等。

对于江西宗族重建的过程，肖唐镖先生调查的结论是："在1976年以前，全省一直存在修谱建祠情况，但都是极个别零星行为。至1978年以后则逐渐增多，这个发展过程大概有三个阶段：首先是1977年至1982年的抬头阶段，修谱建祠活动比'文化大革命'前明显增多；然后到1983、1984年，这类活动比前一阶段又明显增多；而自1987年以来，活动更为频繁集中，至今方兴未艾。如果将第一个阶段称作复苏抬头阶段，那么可将第二阶段称作助动发展阶段，1987年以来的发展则是高速发展阶段。这种时间上的分布，应当说在较大程度上反映了全省宗族重

---

① 肖唐镖：《农村宗族重建的普遍性分析——对江西农村的调查》，载《中国农村观察》1997年第5期。

建的过程。"[1]

随着宗族重建，宗族械斗又随之而来，在20世纪80年代末90年代初，江西境内的宗族械斗频频发生，如1990年江西境内曾发生宗族械斗187起。1990至1996年间，江西农村共发生械斗1392起，"其中有一部分系由坟地纠纷等纯宗族因素而起，其他大多数虽由资源权属纠纷等因素而起，但大都离不开宗族在其中的组织和领导作用。每一起宗族械斗案，都有一个酝酿、发动和实施的过程，尽管有的属事发突然（如因小孩口角、打架而起等）；都有严密的组织和分工，尽管外人总是难以发现谁是组织者、指挥者。械斗一旦发生，唯有族权至上，外人说话不灵，政府权威失落"[2]。

1979年以后，江西农村社会宗族的重建或曰恢复，或者说农村社会的宗族化，这已是不争的事实。重建后的宗族和传统的宗族即1949年以前的宗族有何不同，即重建后的宗族是一种什么样的状态？仍以宗族的构成要件进行比较。

族谱，这是一个宗族之所以成为宗族的最重要标志，是族谱把一个宗族的前世和今生告诉了族人：我们这一姓氏是怎样起源、怎样延续传承、怎样分支而来、怎样传延到了你，我们的祖先有着怎样一些荣耀的事迹，我们这个宗族的组织规则和组织纪律是什么，我们有哪些族产，我们如何祭祀祖先，我们的祖坟地在哪儿等，所以，族谱就如一面团结、凝聚族人的旗帜，没有族谱就如一支队伍没有旗帜。如前所述，我们之所以判断江西的庶民宗族形成于南宋，就是于宋元时代江西文人文集中发现南宋后期江西许多宗族正在举起宗族的旗帜，这就是修谱。后来还形成了每30年一续修谱的理论，所以，直到民国年间的战乱年代，还有不少宗族续修宗谱。所以，凡族必有谱。

1979年之后，宗族复兴的最重要标志就是修谱，江西的农村社会普

---

[1] 肖唐镖：《农村宗族重建的普遍性分析——对江西农村的调查》，载《中国农村观察》1997年第5期。
[2] 肖唐镖：《农村宗族重建的普遍性分析——对江西农村的调查》，载《中国农村观察》1997年第5期。

遍兴起一股修谱热，大多数的姓氏都先后修谱。对于当时修谱的情形，当时人曾有生动的记载，我们且看1989年5月13日《南昌晚报》摘自《农民日报》的一篇文章《"修谱热"在赣东》：

修宗谱在赣东形成一股潮流。这股潮流大约始于1984年。近两年陡然兴盛起来，至今已是波翻浪涌。抚州市郊及临川县至少一半村、族均已重建宗谱，崇仁、宜黄、乐安、金溪、东乡的许多族姓也纷纷回应。以保守估计，赣东至少有30万人卷入了修谱的潮流。

修谱活动程序繁多，耗费是惊人的。一般修谱要建立20余人的管理及写作班子，另外，还要请一批谱匠印制谱书，每套谱书印制费高达千元以上。在这同时还要建"戏台"，以便制谱完工后召开"出谱大会"。大会期间要摆宴席、请剧团，放鞭炮的数目要用百万响来计算，还要请大小汽车壮大场面。

一个村族修谱，往往牵涉几个县甚至几个省的人员，驱车数百里回老家"接谱"是常事，因而，召开"接谱大会"往往车水马龙，少长咸集。有的村为安排众多回老家"接谱"的人住宿，不惜耗资费力在村周围搭许多草棚，夜间灯明四野，通宵达旦。

今年春，临川罗湖乡某村修谱，两个多月的筹备工作花费2.4万多元，还不包括50余辆大小汽车的开支及各家各户招待亲朋的开支。某张氏村庄路没有一条是完好的，场地没有一块是平坦的，只要下点雨，就需要穿着长筒靴才能进村，可是他们宁肯满身泥浆，却把上万元宝贵的资金花在修谱上。这些钱当然要按人口摊派到各家各户。一般男子须出10元左右修谱费，女子减半。推算起来，目前赣东的农民们至少已把250元资金投入了修谱"大业"。

尽管修谱者都说，目的是为了"让后人了解自己的祖宗"，但随着修谱活动的进展，人们重建的不仅仅是一本"谱书"。宗族观念也在强化，对许多农村家庭来说，交纳数十元乃至一二百元修谱费是一个不小的负担。临川太阳乡某村修谱，人均摊派40元，有几位村民把孩子读书的钱拿了出来，致使子女辍学。因为他们害怕"铲谱"（从族谱上除名），也怕人家说："你不要祖宗啦？"在村、族修谱的热潮中，一些村内居住的外姓惶惶不安。他们不断听到责问,你又不是我们一个姓,还赖在我们地盘上干什么?某村一位带子再嫁的妇女,因其子未能入谱,自愿多交500元入谱费仍不行,致使她考虑迁回原籍。

临川某周氏村庄的宗谱在地产所有权方面,照抄了新中国成立前宗谱的记载,结果引起了宗族矛盾。某人在旧地基上盖房,另一族的人就挥舞锄头挖墙脚,说:"这地是我们的,50年前的谱上就写得清清楚楚!"一些老人则宣称:"宗谱有教化作用。"然而,不少村、族"出谱大会"时,族中各房为争出谱的先后次序,不惜恶语相向乃至大打出手,只传说谁走在前面谁就"发财"。

修宗谱热起来是基于怎样的社会心态呢?可以说是纷繁复杂。有人说修谱活动的倡导者大都是族中长者或族中势力较大的宗族,他们觉得如今风气似乎不如以往那么"淳厚"了,中国人是崇拜祖宗的。于是,善良的人们打出祖宗的旗号来收拢人心。

也有人说:自从"大包干"之后,人们的集体归属感日渐消失,而长期以来所养成的依赖心理又未彻底消除。这样,不少农民产生了一种势单力孤的感觉。而当别人已经在修谱并结成"群体"之后,更会加强这种感觉。

临川县云山乡云山村一位农民说:"人家修了谱,我们不修怎么行!"一位小伙子说得更干脆,"人多势大,打架不怕!"这就是说,他在寻找一种可供他们依靠的势力,免得遭受别人欺辱。

"修谱热"的兴起,有历史的原因,也有现实的原因,或许有一天会平静下来,但他后面隐藏的这种心态却不会自然地清除,这使我们的农村工作又面临一个很困难而又亟待解决的课题。

这篇文章把20世纪80年代江西东部抚州地区农村的修谱讲述得非常生动,还分析了修谱热的成因。可以说,那个年代江西农村宗族的重建,都是以这样的修谱开始。江西师范大学教授梁洪生先生研究过20世纪90年代的修谱,他曾撰有《近观江西民间的修谱活动》和《谁在修谱》两篇文章[1],指出民间精英如退休还乡干部、村干部、教师等在倡导

---

[1] 分别见《东方》,1995年第2期和第3期。

和组织修谱，他们的原动力既有家族荣誉感和责任感，也有寻求自身社区权威、利益和地位及重建乡村社会关系网络的目的。

总之，有族谱，古今宗族皆然，无族谱则宗族无旗帜、无凝聚力。今谱多沿用老谱的体例，在族规中加入了一些时代的要求和语句，在世系的延续上加入更长的链条。

宗祠，这是成为宗族的必备要素，因为凡是宗族必须要有活动的场所，如族人的婚姻、上谱、祭祀、丧事等都要在宗祠举行；许多大的宗族除总祠外，族内各房还有分祠。清代江西全面宗族化的标志之一就是宗祠遍布，到民国年间皆然。乾隆年间的江西巡抚辅德曾禁"祠宇流弊"，"禁止妄联姓氏创立公祠"，但也只禁于一时。1949年新中国成立后，对宗族采取了禁止和取缔的政策。有的宗祠被拆毁，多数宗族的祠堂用于办学校，或大队、生产队办公，或堆放杂物等。但宗祠不管作何用处，祠内的神像、牌位等都被拆毁，有的戏台也被拆毁。1979年之后，江西各地的宗祠随着修谱热的兴起而大多恢复为宗族活动之地，许多宗族重建或维修了宗祠。

以戴利朝先生调查的泰和岱村为例[①]，这是一个单姓村（戴氏），开基于明初，至1949年新中国成立前修建了30余座祠堂（除总祠彝伦堂外各房还有支祠）；1949年以后这些祠堂多被用作食堂、粮仓及住房，不少祠堂因此被毁坏；20世纪80年代之后，大小祠堂陆续得到修整，且都用作了宗族活动，如宗族红白喜事等都到总祠彝伦堂进行，考上大专院校者都会到总祠放鞭炮、拜祖宗，村委会为了借助宗族的力量，还出资对总祠进行了修缮。

以肖倩、曾星调查的泰和藻苑村为例[②]，这是一个以肖氏为第一大姓，刘氏为第二大姓，兼及李、陈、郭等共8个姓氏组成的行政村。20世纪

---

① 戴利朝：《单一宗族聚居村的治理　江西省岱村调查》，载肖唐镖、史天健主编：《当代中国农村宗族与乡村治理——跨学科的研究与对话》，西北人民出版社2002年版，第112页。
② 肖倩、曾星：《一强余弱宗族村的治理（一）——江西省藻苑村调查》，载肖唐镖、史天健主编：《当代中国农村宗族与乡村治理——跨学科的研究与对话》，西北人民出版社2002年版，第195页。

80年代以后，村中的大多数人认为修复祠堂是本族人的头等大事，而且认为谱可以不修，但祠堂一定要修，这是宗族的门面，每家每户都用得上，每当提及邻村新修建的造价几十万元的大祠堂，村人都表羡慕之色。其中刘氏所在自然村照溪村曾维修过一次祠堂，由族人集资购买材料，并由族人义务劳动。1996年刘氏族人将祠堂内外两块牌匾"永庆堂""刘氏宗祠"重新整修油漆后，举行了上牌仪式，族长带领全村男子祭拜祖先，挂上匾牌。

再以唐晓腾调查的永新县古竹村为例，这是一个5个姓组成的行政村，其中的古竹村为唐姓[①]，1992年唐氏宗族进行了续谱并成立了"修大祠主事会"（"主事会"是一个临时性组织，只管续谱和修祖祠，由古竹村自然村村长、村小组长和退休干部组成），主事会通过向全村在外工作人员去函筹款及向在家村民集资、集料，筹到款1万余元，1993年开始重修大祠，至1994年正月完成，正月初六通过发请帖，请来了从古竹徙居莲花、安福、永新3县6个村落的唐氏宗族代表聚会新修大祠，举行了隆重的拜祖仪式，来聚会的外村唐氏族人送来了屏、匾等纪念物。

由上可知，宗祠，乃古今宗族之必备。

族规，也是古今宗族必定要制订的。在修族谱时，肯定会制订族规。1980年之后，所修族谱一般是在老谱的族规基础上做些修改，加入了一些合乎时代要求的内容和语言，如遵纪守法等。不过，进入20世纪80年代之后新修族谱所订的族规，对族人的约束力不强，约束村民行为的主要还是国家法律。

族长，这是1949年以前的宗族所必设的。20世纪80年代之后重建的宗族，有许多重设了族长，其称呼也许不是"族长"，主持族中事务。但许多宗族没有恢复族长这类组织建制，只是有一些热心宗族事务的乡间精英如退休干部、教师、村长等人在倡导与主持族中事务。以本人家乡南康县墩上村为例，20世纪90年代之后修了谱也维修了宗祠，但并

[①] 唐晓腾：《一强余弱宗族村的治理（二）——江西省古竹村调查》，载肖唐镖、史天健主编：《当代中国农村宗族与乡村治理——跨学科的研究与对话》，西北人民出版社2002年版，第249页。

没有恢复所谓的"族长"之职等。

宗族的活动，如祭祖、过年舞龙狮、过年期间的聚会等，是20世纪80年代宗族重建或恢复之后，每个宗族都会有的活动。只是各个宗族活动的多与少不等而已。与1949年以前的宗族活动相比，可能现在宗族活动的宗族意味更淡了，更多的在于互相联络感情而已。

对于新时期农村社会改革之后兴起的宗族与传统宗族的不同，一些学者在理论上做过概括，如王沪宁认为，20世纪90年代的村落家族文化的变化表现有以下9点：

（1）血缘型的人际关系依然存在，但不构成决定人们社会地位的正式依据；

（2）地缘关系的意义被削弱，人口流动在扩展；

（3）传统的礼降到次要地位，法理因素在传统社会明显上升；

（4）单一的农耕方式已被打破；

（5）家族群体对社会的需求越来越多；

（6）家族的封闭性也被打破；

（7）长期的稳定性也发生变化；

（8）社会体制力量压倒宗族共同体，社会秩序在农村社会占统治地位；

（9）社会体制已是村落基本功能的主要执行者，村落家族还执行一定功能，但已不是主体功能。[1]

钱杭也认为20世纪90年代以来重新恢复的宗族组织，无论结构还是功能，都不是旧宗族的恢复和翻版，应当看作是传统宗族转型过程中的一个阶段性产物。

宗族随着时代变迁而发生形态和功能上的变化，这是不争的也是符合历史发展规律的事实。

对于农村宗族为何在1979年之后会重建或曰复兴或曰恢复，许多学

---

[1] 王沪宁：《当代中国村落家族文化——对社会现代化的一项探索》，上海人民出版社1991年版，第212—213页。

者都做过分析①,《"修谱热"在赣东》一文就曾分析认为,修谱的原因很复杂,或者是为了用祖宗来收拢人心,或者是为了形成"群体"势力等。而学术界的学者们从政治、经济、文化等方面都做了理论上的论述。

一是经济原因。王沪宁认为,在漫长的岁月长河中,没有形成强大的物质生产力冲击家族文化,而农业生产的季节性特点,需要必要的协作,这就使得包产到户之后,行政控制的弱化和退出,从而使家族势力抬头。②

二是文化原因。钱杭认为,宗族之所以复兴,是因为同族成员有一条共同的文化上的根,正是这条根满足了族人们的历史感和归属感,实现了人们对现实生活的道德感的责任感。③有学者认为,农民缺乏精神文化,宗族势力利用宗族文化如祭祀、族戏、婚丧嫁娶等,较易聚集族人。④或认为传统的宗族文化、宗族意识和宗族情感蕴含着中国农民对"本体性"的需求,即人类的认同感和归属感,形成心理上的满足。⑤

三是公益事业的需要。王铭铭认为,宗族能够满足人们的社会公益事业和福利事业要求及精神上的某些需要。1979年改革后,政府"公有"力量部分削减,生产成了个人一家一户的事,公益事业和社会互助成了民间的事,但宗族共同体能满足族人们的要求。⑥

笔者认为,宗族之所以复兴或重建,最主要的原因是农村社会的聚居形式和生存方式没有大的改变,地缘和血缘叠合这种聚居形式和农业耕作的生产方式,使得人们对宗族这种组织形态特别喜好,这种组织形式使特定地域内有血缘关系的人们能在情感上得到联结,情感有归属感,

---

① 温锐、蒋国河:《20世纪90年代以来当代中国农村宗族问题管窥》,载《福建师范大学学报》2004年第4期。
② 王沪宁:《当代中国村落家族文化——对社会现代化的一项探索》,上海人民出版社1991年版,第6页。
③ 钱杭、谢维扬:《江西泰和农村宗族形态》,上海社会科学院出版社1995年版,第22—29页。
④ 买文兰:《中国农村家族势力复兴的原因探析》,载《华北水利水电学院学报》2001年第3期。
⑤ 余红:《中国农村宗族势力为什么能够复活》,载《南昌大学学报》1996年第3期。
⑥ 王铭铭:《村落视野中的文化与权力——闽台三村五论》,北京三联书店1997年版,第63—64页。

族人感到有群体力量可以依靠，有群体的温暖，在基层社会有群体的势力，是一种保障。所以在1979年之后，阶级斗争的高压氛围消失后，农村社会很快回归到传统的宗族组织形态。然而，随着改革开放后社会经济的发展，农村社会人们的生存方式发生较大改变，如民工潮和城市化进程加快，人们的宗族观念走向淡化也就成了必然。

对于宗族复兴后宗族与村治的关系，许多学者都做过研究[1]，许多学者都想理清新时期宗族对村庄治理的影响，都进行过一些个案调查，由于各地情况的不一样，得出多种结论也就在情理之中了。有的学者（如肖唐镖等人）认为重建后的宗族对村民自治和村委会选举是负面的，大族往往左右村委会干部的选举，

村民利用血缘关系拉帮结派，影响选举的公正性和村领导班子的质量。[2]有的学者则对宗族与村民自治和村干部选举持基本肯定的态度，如认为村民在选举过程中有宗族偏好是肯定的，但若选举是在公平、公正的状态下进行，各方势力通过博弈，正好达到平衡。[3]有学者认为是消极还是肯定，要视具体情况而定，如"党强村强""党弱村弱"等。

从肖唐镖、余红、陈翠玲等学者对江西宗族与村治的调查来看，20世纪90年代后宗族村治的负面影响是比较大的，宗族势力向基层政权渗透，干扰党的路线方针政策，宗族械斗事件频发。从1990年至1993年一季度发生宗族械斗1355起，导致159人死亡。[4]

然而，从20世纪90年代以来，中国的社会在改革开放的深入发展中步伐不断加快，1992年邓小平南方谈话之后，中国的工业化、城市化全方位展开，1994年后中国出现了"民工大潮"，大批农民进入城市，进入到工业、城市建设、服务业等各行业中。据学者估计，1994年全国大致有8000万到1亿流动人口在农村和城市间流动；2001年国家启动

---

[1] 温锐、蒋国河：《20世纪90年代以来当代中国农村宗族问题管窥》，载《福建师范大学学报》2004年第4期。

[2] 肖唐镖：《宗族与村治、村选举关系研究》，载《江西社会科学》2001年第9期。

[3] 朱康对等：《宗族文化与村民自治》，载《中国农村观察》2000年第6期。

[4] 余红：《当代农村五大社会问题》，江西人民出版社1995年版。

了西部大开发战略，进一步推动了中西部城市化的发展步伐。2014年3月中共中央、国务院印发了《国家新型城镇化规划（2014—2020年）》，指出城镇化是现代化的必由之路，是解决农业农村农民问题的重要途径，是推动区域协调必需的有力支撑，是扩大内需和促进产业化升级的重要抓手。因而，城镇化仍然是中国社会发展的方向。

城镇化的结果是大量农村人口离开农村，乃至于一些村成为平时只有老人小孩的空心村，其结果是传统农村社会的生存方式得到改变，农民不再仅仅依赖土地生存，农民的生存范围不再封闭，即地缘关系被打破，进入城市的农村人口有更大的交往范围，人的思想、眼界扩大，不再那么依恋于宗族，对宗族的情感走向淡化也就成了必然，宗族的集体活动走向简单也就在情理之中了。也许宗族这种社会组织在农村社会还会长期存在，因为中国农村社会不可能彻底解体，大量人口还是根在农村，即使候鸟式地在城市与农村来回，但农村仍在，血缘型人际关系虽然松弛了，但依然会存在，宗族势力也就不会消亡。

【第三章】赣鄱谱牒文化

家谱或族谱是一个宗族的构成要件，是宗族文化的核心之一，族谱或家谱承载了家族文化的重要方面，同时，围绕修谱又形成了一些宗族文化。

一、中国修谱的历史演进

所谓"谱"，其基本含义是"布也，列其事也"[①]。谱有各种各样的，如棋谱、花谱、酒谱等，列不同事物之书便成不同的谱。记载一姓世系和其人物事迹之谱便是家谱，也称家乘、族谱、宗谱、祠谱、通谱、支谱等，皇室的家谱称为"玉牒"；家谱、族谱等又往往简称为"谱"，或称为"谱牒"，即"谱"往往是家谱或族谱的代名词。明代方孝孺在《族谱序》一文中说："谱者，普也，普载祖宗远近、姓名、讳字、年号，谱者，布也，敷布远近，百世之纲纪，万代之宗派源流，序述姓名，谓之谱系；条录婚宦，谓之簿状，天子书之谓之纪，诸侯书之谓之史，大夫书之谓之传，总而言之谓之谱，谱者，补也，亡遗者治而补之，故曰：序得姓之根源，纪世数之远近，父昭子穆，百代在于目前，谱之于家，若网在纲，纲张则万目具，谱定则万枝在。"[②]家谱的种类很多，方荣先生在《家谱的起源、价值、作用和内容》一文中总结说："除一般家谱外，还有专门某家族人物言行的世德录、先行录、先世事迹略等；专门考订某家族世系源流的氏族源流、世系考等；专门汇集某家族规条训戒的家规、族规瞻族录等，专门

[①]（汉）司马迁著、（宋）裴骃集解：《史记》卷十三《三代世表第一》，《景印文渊阁四库全书》第243册，第284页。

[②]（明）方孝孺：《逊志斋集》卷十三《序》，《景印文渊阁四库全书》第1235册，第400页。

辑录某家族诗文著述的清芬录、咏芬永烈编、世珍集等，专门记载某家族祠墓、义庄的祠考、墓图、义庄录等，以及杂述某家族遗闻逸事的旧闻录、旧德述闻、故实等等，都属于家谱的范畴。"①

关于家谱的起源和演变历程，许多学者都做过相关研究和论述。

有的学者认为，在甲骨文出现以前就已经存在结绳、口述等方式的记事家谱，其主要依据是司史迁在《史记·太史公自序》中说："唯三代上矣，年纪不可考，盖取之谱牒旧闻。"②在《史记》卷十三《三代世表》中又说："五帝三代之记尚矣！自殷以前诸侯不可得而谱，周以来乃颇可著。"③即在商代以前还没有文字，这之前的事情只有依靠一些旧的传闻，所以商以前的诸侯就无法列出谱系。此外，文献记载还有《易经·系辞下》载："上古结绳而治，后世圣人易之以书契。"许慎《说文解字·叙》中说："神农氏结绳为治而统其事。"就是说上古的人们通过结绳来记各种事，其中包括记载世系和家族成员情况；最有力的证据是鄂伦春人在使用满文以前，一直用结绳记事，包括记世代，直到十七八世纪；锡伯族人直到 19 世纪初还保留着用结绳记事记载世系的方式。至于口述家谱，同样为一些少数民族所保留，如蒙古族和西南少数民族等。④

到了商代，甲骨文出现，统治者将其世系的传承刻在龟甲兽骨上，因而商代帝室的血缘传续就比较清晰了，所以有的学者就认为家谱起源于商代，即殷商起源说。王国维先生曾根据甲骨家谱写有《殷卜辞中所见先公先王考》和《续考》两文，证明《史记·殷本纪》记载的商代世系基本可靠。

到了周代，中国的文字已比较成熟，而且青铜器也铸造的比较多了，所以，帝室传续比较多地刻在青铜器上，这就是司马迁所说"周代以来乃颇可著"。从目前发现的周代青铜铭器来看，刻在青铜器上的铭文家谱比较多，所以有的学者认为，家谱起源于周代。比较有代表性的是 1976

---

① 方荣：《家谱的起源、价值、作用和内容》，《学术研究》2014 年第 7 期。
② （汉）司史迁：《史记·太史公自序》，《景印文渊阁四库全书》第 244 册，第 958 页。
③ （汉）司马迁：《史记》卷十三《三代世表》，《景印文渊阁四库全书》第 244 册，第 958 页。
④ 欧阳宗书：《中国家谱》，新华出版社 1993 年版，第 5—7 页。

年在陕西扶风庄白村出土的《墙盘》，其铭文准确列举了周初文王、武王、成王、康王、昭王、穆王六代王系，还记载了此器制作者微氏家族与这六王同时代的高祖、烈祖、乙祖、亚祖祖辛、文考乙公五代祖先的活动事迹，还有制器者本人墙。①

到了春秋战国时期，已出现一些成文的帝室和诸侯家谱了，如《世本》《大戴礼记·帝系》《诸侯谱》《卿大夫谱》，所以有的学者认为家谱起源于春秋战国。

还有的学者认为，家谱起源于宋代，因为到了宋代才形成了庶民家谱的范式，即欧谱和苏谱两种范式，到南宋时比较多的庶民开始修谱，进入了庶民修谱的时代。

虽然家谱编撰的起源很早，王室、诸侯、功臣大夫们对家谱非常重视，但从理论上论述家谱或族谱的重要性，是北宋的张载。虽然欧阳修在《欧阳氏图谱序》中说明他编写"欧阳氏图谱"的目的在于让欧阳氏子孙明"祖考之遗德"，使"亲疏有伦"；苏洵在《苏氏族谱》中说，他编写《苏氏族谱》的目的在于使苏氏族人相视而不至于"途人"，使苏氏族人观其族谱"孝悌之心而可油然而生矣"，即无论欧阳修还是苏洵，他们知道族谱的重要性，但都未从理论上论述族谱的重要性。直到北宋的张载，作为一个深入思考社会治理的理学家，他深知族谱对社会治理的重要性，从理论上明确地论述了族谱的重要性："管摄天下人心，收宗族，厚风俗，使人不忘本，须是明谱系。"②而要"明谱系"，那毫无疑问，必须修谱牒，所以张载又说："宗法不立，则人不知统系来处，古人亦鲜有不知来处者；宗子法废，后世尚谱牒犹有遗风；谱牒又废，人家不知来处，无百年之家，骨肉无统，虽至亲恩亦薄。"

程颐和朱熹着重论述了家庙祭祖对凝聚宗族的重要性，朱熹还撰写了《家礼》，对如何祭祖做了设计。南宋时郑樵在《通志·氏族序》中只是谈到隋唐而上的魏晋南北朝时代，谱牒是那么重要："自隋唐而上，官

---

① 欧阳宗书：《中国家谱》，新华出版社1993年版，第14页。
② （宋）张载：《张子全书》卷四《宗法》，《景印文渊阁四库全书》第697册，第161页。

有薄状，家有谱系。官之选举，必由于薄状；家之婚姻，必由于谱系。历代并有图谱局，置郎令史以掌之，仍用博古通今之儒，知撰谱事，凡百官族姓之有家状者则上之，官为考定详实，藏于秘阁，副在左户，若私书有滥则纠之以官籍，官籍不及则稽之以私书，此近古之制，以绳天下，使贵有常，尊有贱，有等威者也，所以人尚谱系之学，家藏谱系之书。"[1]然而，唐末五代以后，谱牒就不是那么重要了："自五季以来，取士不问家世，婚姻不问阀阅，故其书散佚，而其学不传。"即谱牒散佚了，谱牒之学也不传了。

北宋欧阳修和苏洵开启了中国一个平民修谱的时代，即不为政治目的，纯粹为了亲情，为了凝聚族人而修谱，中国就逐渐进入一个普遍修谱的时代，即庶民修谱的时代，并且中国文人士大夫们不断而深入地认识到族谱在普通家庭、家族中的重要性。从南宋时代的族谱序开始，文人士大夫们就在论述族谱之重要，如南宋庐陵教育家欧阳守道（1102—1172年）在《黄师董族谱序》说："族非谱无以知枝叶本根之分合，然生今之世家有此者亦罕矣！盖虽大家往往失其传也。"[2]

欧阳守道是南宋中后期时人，从其论述可知，到南宋后期，还没有普遍修谱，即使是一些大家族也还没有修谱，但是他认识到了族谱的重要性，一个家族的人口分合状况，没有谱来记述是搞不清楚的。

到了明代，对于家谱或族谱的重要性，文人们在"族谱序"中往往有很深刻的论述，认为无族谱则无法明世次、辨昭穆、识亲疏。[3]如明代著名文人士大夫泰和人杨士奇在《安成李氏族谱序》中说："宗族盛者必有谱，所以明源本，别疏戚，盖有裨于人心世道者也，使知尊其所尊，亲其所亲，斯孝友睦姻之道行焉，然谱非仁人不能作；仁道之行，本于身，始于家，故谱者仁人之首务也。"[4]明代文人士大夫峡江人金幼孜在《吴氏族谱序》中说："族不可以无谱，谱者所以敦本始，

---

[1]（宋）郑樵：《通志》卷二十五《氏族略》，《景印文渊阁四库全书》第373册，第161页。
[2]（宋）欧阳守道：《巽斋文集》卷十一《序》，《景印文渊阁四库全书》第1183册，第588页。
[3] 参见第二章第四节关于明代文人士大夫对族谱理论的阐述。
[4]（明）杨士奇：《东里集》卷七《序》，《景印文渊阁四库全书》第1238册，第510页。

明世系，别等衰而笃恩义也。夫人之生，其初一人之身，至于二世三世，其居尚同一家，饮食、起居、冠婚、丧祭相聚于一堂之上，揖拜跪起，长幼之礼秩然而不紊，谱不作可也；传之既久，至于后世，一人之身散而为数十百人，仕宦转徙之靡常，居止地望之有异，苟无谱以合之，则苗裔无所处，疏戚无所辨，至于相视为途人，比比而是，此谱之不可以不作也。"①

到清代，族谱的重要往往与国史相提并论，所谓"家之有谱犹国之有史也"，这是清代族谱序中常见的论述。如清代佚名纂修《（萍乡小库村）王氏族谱》②开篇《序》中说："家之有谱，犹国之有史，史以信今传后，惩奸慝也；谱以循流溯源，防假冒也。"清程逢露等修《（新建）大塘程氏宗谱》卷首《序》中说："谱者犹国之有史也，传以信，不传以疑，先世之食采受姓，鼻祖耳孙以及递传而降，凡衣冠者若而人文章政事者，若而人节义忠孝者，若而人若昭、若穆、若疏，瓜瓞云礽，皆于是考之，否则记载无闻，渊源莫溯，不数传而祖功宗德与寒烟蔓草相萎谢；凡本支百世遂等之陌路，相视岂少也。"③在清代的族谱开篇之"序"中，往往都会有如此之论述，表明到清代时，中国的家庭、家族对族谱极为重视，族谱在普通民众生活中很重要。

二、赣鄱地域修谱的历史演进

赣鄱地域在秦统一中国之前，乃原住民百越民族分布之区，所谓"扬汉之南，百越之际"④，"自交趾至会稽七八千里，百越杂处，各有种姓"⑤。

---

① （明）金幼孜：《金文靖集》卷《序》，《景印文渊阁四库全书》第1240册，第788页。
② （清）佚名纂修：《（萍乡小库村）王氏族谱》，清光绪二年三槐堂木活字本，存一册，江西图书馆藏。
③ （清）程逢露等修：《（新建）大塘程氏宗谱》，清咸丰七年木活字本，存十二册，江西图书馆藏。
④ 《吕氏春秋》卷二十《恃君览》，《景印文渊阁四库全书》第848册，第450页。
⑤ （汉）班固：《汉书》卷二十八下《地理志》颜师古注引臣瓒语，《景印文渊阁四库全书》第249 804册，第804页。

秦统一全国后，在全国设立郡县制，江西开始纳入国家统一政权的版图，开始了汉化的历程，但直到三国时期才基本汉化，所以在秦汉间，江西也就谈不上什么修谱的问题。魏晋隋唐时期，是官方有组织地修谱时期，同时也有私家修谱（私家谱也要送官方谱局才能得到认可），但主要修谱者都是士家大族，修谱主要是为政治目的，如选官、婚配等。江西地域无论是魏晋还是隋唐，士家大族少，对于那一时期江西士家大族修谱的情况已不得而知。

江西的宗族主要孕育于唐代中期以后的北人南迁。[①]到宋代才比较多地繁衍、扩展成宗族。江西的修谱，最早见之于《隋书·经籍志》载有《洪州诸姓谱》9卷、《吉州诸姓谱》8卷、《江州诸姓谱》11卷、《袁州诸姓谱》，但可追溯的修族谱的确切时间，就是北宋至和二年（1055年）欧阳修写的《欧阳氏谱图序》。欧阳修的《欧阳氏谱图》和他同时代的苏洵的《苏氏族谱》开启了中国庶民修谱的新时代。但从《四库全书》和《全宋文》所存的族谱序跋来看，北宋的族谱序跋并不多，表明北宋时期庶民修谱还不多，据王善军等学者统计，共有涉及18个家族的23篇序跋，其中涉及江西的有3个家族4篇序跋，这就是饶州浮梁县程祁所撰《程氏世谱序》和《程氏世谱后序》，吉州永丰县欧阳修所撰《欧阳氏谱图序》，洪州分宁县范廖所撰《乙酉家乘序》。[②]实际上，除这几篇外，还有王安石所写《许氏世谱》[③]和曾肇所著《曾氏谱图序》[④]，二者都是写江西东部抚州的家族。

到了南宋，见之于文人文集中的族谱序跋就更多了，表明到南宋，特别是南宋后期，更多的庶民家族自觉地进入了修谱阶段；据王善军等学者从《四库全书》和《全宋文》统计，此二书共存有67篇序跋，涉及

---

① 参见第二章第二节。
② 黄超、王善军：《宋代族谱序跋所涉及家族地域分布》，载《大连大学学报》2012年第1期。
③ （宋）王安石：《临川集》卷七十一《杂著》，《景印文渊阁四库全书》第1105册，第588页。
④ （宋）曾肇：《曲阜集》附录曾俨撰《行状》，《景印文渊阁四库全书》第1101册，第398页。

60个家族,其中由江西籍文人所写16篇序跋,涉及江西13个家族,[①]表明南宋时期江西至少有13个家族进入了修谱阶段,见表6。

表6 南宋江西族谱序跋

家族所在州、军	家族所在县	家族序跋作者和名称
信州	弋阳	张浚:陈氏族谱序;陈伯康:族谱志 何澹:陈氏族谱序;谢深甫:陈氏族谱序
吉州	庐陵	刘辰翁:王氏族谱序 文天祥:庐陵衡塘陈氏族谱序 欧阳守道:书欧阳氏族谱
	永丰	曾丰:重修族谱序
	永新	刘辰翁:吴氏族谱序
	泰和	刘辰翁:泰和胡氏族谱序 文天祥:瑞山康氏族谱 徐鹿卿:文溪曾氏五君图赞
	吉水	文天祥:跋吴氏族谱
	龙泉	文天祥:李氏族谱亭记 文天祥:燕氏族谱序
临江军	新淦	黄榦:书新淦郭氏叙谱堂记

(转引自黄超、王善军:《宋代族谱序跋所涉及家族地域分布》,载《大连大学学报》2012年第1期。)

除上述族谱序跋表明江西的家族在宋代修谱外,在有的非族谱序跋类文章中也谈到宋代的修谱,如前述南宋宜丰人姚勉在《雪坡集》卷三十六《记·丰城王氏家庙记》曾谈到丰城王氏先祖如何从北方迁来,家族是如何壮大,又谈到家族将谱刻于家庙中的石碑:

某惧其族之衍而岁且久将忘其所自出也,乃于其里白马山之阴立一庙,而取其族谱图刻于中,俾公之子孙至斯庙者皆得因流而寻其源焉。族之人虽数十百千而其来实出于一,则协比友睦之心油然以生,不至于亲尽则疏,相视如路人,美哉斯意乎。夫知有母而不知有父者,禽兽也。知有父母而不知有祖者,庶民也。为士则知有祖矣。知有祖则知有祖之始矣。联宗协亲族序可以和,别生分类谱牒可以考,是庙之立岂徒云乎

---

① 黄超、王善军:《宋代族谱序跋所涉及家族地域分布》,载《大连大学学报》2012年第1期。

哉！抑王氏知其祖之所自出又当知其所自立也……宝祐元年三月日姚某撰并书。①

文天祥在《李氏族谱亭记》②曾谈到吉州龙泉（今遂川）李氏宗族，仿苏洵作家谱刻石，并建石谱亭。

苏老泉有《族谱引》又有《族谱亭记引》，专言父祖子孙出于一本，不可忽忘，则以乡人不义不睦者为戒，愚尝谓：引之词极论骨肉之所从而动其内心之爱，此宜与贤者道，至于记之所载其言他人戕贼之故而惟恐族陷于不淑，羞恶之心人皆有之，则此训又亲切焉。西山李氏家于龙泉数百年，先世有讳谷者与颍滨游，老泉之谱引自以为得于面授，而切意其亭记尚未及见也。今其族仿苏氏作族谱亭以不忘先世颍滨之交，以庶几老泉之意，有名继祖者又修复之，以绍前志为予求序，予为之书而东道其美。夫其谱引先世既自得之以遗其子孙，今其子孙固已识先世之用心矣，予犹以为未也，则告诸继祖岁时聚族拜奠亭下，更愿与《苏公亭记》各各观诵一过，使为长上者复申告之曰：谨毋为乡之某人者。

关于将族谱刻于石碑保存的文化习俗，即石谱，早在汉代已有，杨冬荃先生在《汉代家谱研究》一文写道："汉代的家谱还往往以碑刻的形式出现，其中有的专门刻碑记载家谱，有的将家谱专门刻于墓碑背后，有的则在墓碑中详录其族世系……现存者有东汉初期的《三老碑》。"③此碑于清咸丰二年（1852年）出土于浙江余姚，现立于杭州西泠印社三老石屋中。杨冬荃先生通过关于汉代文献有关家谱及碑刻的考证，认为汉代族谱清晰地表明："在唐代以前，中国家谱并非一直是由官修官掌的，在两汉这长达三四百年的时间里，撰写家谱曾一直是一些政府官员和文士儒生的自发行为和自由行动。因此，在家谱以官修官掌而著称于世的商、周和六朝、隋唐之间，还有私修家谱相当盛行的两汉时代。"④

---

① （宋）姚勉：《雪坡集》卷三十六《记》，《景印文渊阁四库全书》第1184册，第254页。
② （宋）文天祥：《文山集》卷二十二《记》，《景印文渊阁四库全书》第1184册，第578页。
③ 中国谱牒学研究会编：《谱牒学研究》第三辑，书目文献出版社1992年版，第37页。
④ 中国谱牒学研究会编：《谱牒学研究》第三辑，书目文献出版社1992年版，第60页。

明代著名文人士大夫杨士奇在他所撰的《泰和杨氏族谱序》①中曾谈到其祖上也是将谱刻于石碑，放于内观保存："泰和杨氏，族故有谱，刻石置县西延真观。元季观毁于兵，石坏刻本亡逸。士奇求之廿余年不得。近得族父与芳翁寄示所修谱图一帙，其间传系失于接续者亦多矣！窃惧其益久而益废也！乃本谱图所载，准欧阳氏五世以下别自为世之法，而统录之。其传系失于接续者，皆仍旧位置而详注于下方，庶几延真刻本有出，可以参补，名曰《泰和杨氏族谱》。"②杨士奇此段叙述表明，刻谱于石，保存族谱，直到元代其法仍在沿用。

在宋末元初文人文集中也谈到南宋江西一些家族的修谱，如宋末元初临川大儒吴澄在《丰城县孙氏世谱序》和《巴塘黄氏族谱序》③中谈到这两族人在南宋以来实际已修谱，孙氏曾在南宋孝宗乾道九年、宁宗庆元五年、度宗咸淳元年三修族谱，元英宗至治元年又续修。乐安黄氏在孝宗淳熙末年"谱其族系"，在理宗绍定三年"冠毁谱亡"后，在宝祐年间重修，景定中又增续之，到元武宗至大元年，将谱付梓。

到元代更多家族进入了修谱阶段，据日本学者多贺秋五郎和中国学者常建华依据现存元人文集统计，元代江西是修谱最多的一个区域，仅四库全书中保存的涉及江西的族谱序跋有80篇，为全国各区域最多的。常建华先生据《文渊阁四库全书》现存族谱序跋统计，全国222个宗族的233篇族谱序跋中，江西有80篇，族谱数占总数222的30.04%；其次为浙江，族谱数占总数222的16.67%。④可见，元代的江西宗族是全国发展最快、最成熟的一个地区。到明代，江西进入了大规模修谱时代，明万历《吉安府志》卷十一《风土》曾谈到明代的吉安府："故家世胄族必有祠，家有

---

① （明）杨士奇：《东里集》续集卷十三《序》，《景印文渊阁四库全书》第1238册，第529页。
② （明）杨士奇：《东里集》卷五《序·杨氏家乘序》，《景印文渊阁四库全书》第1238册，第62页。
③ 此二序见元代吴澄：《吴文正集》卷三十二《序》，《景印文渊阁四库全书》第1197册，第339、353页。
④ 常建华：《元人文集族谱序跋数量及反映的谱名与地区分布》，载《史学集刊》2008年第6期。

祠，岁时祭祀必以礼。"①宗韵先生从四库系列中1803种明人文集中析出1595篇族谱序跋，其中江西就有662篇，占总数的44.91%，为全国最多。

清代不但大多数家族有谱，如康雍时的高安著名文人朱轼在《高氏族谱序》中说："燕晋士大夫不能言五世以上祖，而吾乡田夫野老动曰：吾宋祖某，唐祖某，周秦汉祖某某。"②清代康雍时临川著名文人士大夫李绂在《别藉异财议》谈到其家乡："族必有祠，宗必有谱""尊祖敬宗收族之谊，海内未可或先"③。清代不但族谱多，而且谱的种类多。④

三、赣鄱地域纂修族谱的过程

修族谱，乃族中大事，标志着一个宗族走向了自觉的组织建设阶段。从有关记载来看，宋元明时代修谱还没有形成复杂的仪式，但到清代，修族谱已成为宗族很隆重的事，细节很讲究，过程颇为复杂，围绕族谱的纂修，形成了族谱纂修文化。

（一）宋代修谱

宋代是如何纂修族谱的？因已不存那时的族谱，只有从现存族谱序及有关宋人著述中去了解一点那时的修谱信息。从族谱序中可知，宋代的修谱，主要是族中的文化人出于自觉的家族责任、家族意识，为让后人不忘祖宗，而通过个人努力、通过长时间收集资料，甚至几代人的努力，才将谱修成。宋代的庶民修谱，不可否认欧阳修、苏洵的示范和影响力很大，为什么修谱和怎么修谱的问题，欧阳修和苏洵在理念和方式上作了示范。欧、苏的修谱都是出于个人自觉的宗族意识，以个人的学

---

① （明）王时槐修：《万历吉安府志》卷十一《风土》，《日本藏罕见中国方志丛刊》本，书目文献出版社1991年版，第170页。
② （清）朱轼：《朱文端公集》卷一，清乾隆二年（1737）刻本。
③ （清）贺长龄辑：《皇朝经世文编》卷五九，中华书局1992年版，第1504页。
④ 参见本书第二章关于"元明赣鄱宗族大发展""清代赣鄱社会全面宗族化"。

识和资料积累完成修谱。这种修谱的风范从宋经元到明都保持着，明代的修谱仍然主要是个人为之，而不是组谱局集体来修，因而也就没有那么多的仪式和规定。宋元明的族谱序都反映了这一点。

（二）元代修谱

以宋末元初几位文人的记载为例。宋末元初诗人、学者、评论家、南丰人刘埙在《水云村稿》卷七中的《读曾丹潭梦吉家谱》[1]述及其家乡曾氏家族修谱：

> 余家宅西里，与先哲曾南丰先生子固（曾巩）南轩相距数武。自江楼居士以来，与诸曾世讲有婚媾之好焉。一日梦吉、元吉昆季步余水云深处，叙寒暄，道今故已出世谱，视余曰：此我祖文昭子开先生（曾肇）元丰所手编，而从祖文肃（曾布）所参订者也。追惟遭罹衰乱，分崩荡析，园庐荒废，旧业萧条，独是编出入必俱岿然灵光。某等绍承无状，藉此少逭不孝之罪，公其为我序而存之，俾我子孙世有考焉。

从刘埙的叙述中可知，南丰曾巩家族在北宋神宗元丰年间就已开始编纂族谱，由曾巩之弟曾肇（字子开）编撰，另一弟曾布（谥文肃）参订了此谱。此记载说明，宋人修谱如欧、苏，是以个人之力、个人的宗族责任感修谱。

元初大儒、崇仁人吴澄在《詹氏族谱序》中谈到乐安县詹氏修谱："詹族多文儒而贡士叔厚君学行尤卓，何也？其学同乎理，其行殊乎俗也。尝仿欧阳氏世谱谱其族，所以孝夫本原，仁夫支派者，用意甚厚，斯亦足以见其学行之一端……噫！叔厚君不可复得，子世忠以所修族谱示予。"即元代乐安詹氏族谱乃是出于族中"学行"出众的詹叔厚个人宗族责任和个人的努力。

在《巴塘黄氏族谱序》中，吴澄记述了乐安县巴塘黄氏家族修谱的经历，此族乃于北宋大中祥符七年（1014年）从华容（今湖南北部）

---

[1]（元）刘埙《水云村稿》，《景印文渊阁四库全书》第1195册，第423页。

迁居于乐安县，175年后的南宋淳熙末（1189年）开始修谱，"淳熙末名筠者，谱其族系。绍定庚寅，冠毁谱亡。宝祐中名栝者重修，名崇实者将锓木不果。景定中，名楷者因栝所修而增续之，名三杰者作序。皇元至大戊申，名绍复者润色旧谱，锓之以传，并刻初三代所葬地图。九栝之孙复亨又备其所未备，请予序之。"乐安县巴塘黄氏的修谱也是出于族中人的个人努力，以及个人的学识、兴趣和宗族责任。从淳熙末（1189年）到宝祐（1253—1258年），再到景定（1260—1264年），到元至大戊申（1308年），修谱的时间上相距很久。[①]

（三）明代修谱

明代修谱延续了宋元的风范，以个人的力量去完成，包括收集资料与写作。杨士奇在《杨氏家乘序》[②]叙述了其家人在明代初年的修谱。

杨氏宋盛时自吉水徙泰和，世以赀雄邑中，而业诗书服逢掖者相袭不绝。旧谱载贡士三人，考陈宗舜《吉州科举录》，在淳熙甲午、开禧丁卯、绍定戊子谱载兄弟三人皆授登仕郎，盖出漕贡，又有自上舍生为主簿，载于谱；而须溪刘氏《文集》称太学名士者，其他为宣教县尉司计等官，载于谱者非一；至元延祐初，先曾祖以科第入仕，其后复有继之。盖宋以来杨氏文献之传至是盛矣。元季之乱，杨氏衰落，逮于国朝，其子孙幸不失世业，擢科第，举明经，累累有焉。而其先之文章行事，可法于人，可传于后，其家之所纪者，历世变故，片简不存。洪武中，司仓、通判两府君罢官家居，方谋采录，未及而相继即世，于是从兄思贻先生与士奇遍访博求，虽片楮皆录之不敢遗，积十余年颇有所得，而高祖以上者浸远无存，曾祖以下文之仅存者多悯世悼乱，悲叹愤惋，率然之作，其平时融精极意，和平大雅之制，所以发明道德者，盖不能得什一于千百，呜呼！惜哉而诸父比岁之文，其子孙不知保爱而忘逸者亦多，

[①]（元）吴澄：《吴文正集》卷三十二《序》，此二序见《景印文渊阁四库全书》第1197册，第338、353页。

[②]（明）杨士奇：《东里集》卷五《序》，《景印文渊阁四库全书》第1238册，第62页。

其仅存者皆辑而录之，若名贤赠答哀挽之作，及其他诗文有及吾先世者，亦皆录之，冠以谱牒事实，总名曰《杨氏家乘》。

杨士奇讲述了明初他和其兄思贻两人是怎样遍访博求，收集资料，积十余年之力写成《杨氏家乘》的，即杨士奇和其兄修谱也是仅靠两人之力，属个人行为、个人意志力，非宗族集体行为，所以也就没有什么复杂的程序和过程。

在《蜀江欧阳氏族谱序》①一文中，杨士奇记述了明初泰和的欧阳氏族人如何修谱的。

吏部考功主事欧阳哲重修族谱一卷。哲世居泰和之蜀江里，其先出唐吉州刺史琮……（万安）常溪七世至德祖徙蜀江，迨哲八世。哲所修谱盖因监丞之旧也。哲又参较文忠、监丞二谱，有不同者，其大者，琮率州人捍黄巢事据史传盖文忠一时传闻之误。然余考《文忠集》，其石本所载如此，而集本无之，岂非集本后出已？审其误而去之欤！不然公于南丰曾氏谱尤详辨其世次而自作谱，乃容不审耶？惟欧阳氏自亭侯以来，世有闻人而莫盛于文忠，后五十年监丞继出，二公文学忠烈，炳然于天下，后世君子论其人，盖国家之元气也。而同出于一乡一族，岂非盛哉！尝见二公谱序，文忠言其祖考所传于家者，以忠事君，以孝事亲，以廉为吏，以学立身，盖以是愿其族之人；监丞亦云：吾祖宗迈种德而望其后之子孙以修人事，君子之仁于家同一心同一道也。盖君子施仁于国于天下，必自其家始，未有不能仁于家而能及国与天下者也。仁者之言人所共师，而况其族之子孙者乎。今蜀江之子孙从事诗书科第，仕宦彬彬有由。哲字广哲，永乐辛丑进士，尤负清操，方向用于时，续休前闻。吾于欧阳氏有望焉，故书为蜀江谱序。

文中所说的监丞，即北宋末年抗金名将欧阳珣（1081—1127年）。这段文字讲述了居于泰和县蜀江的欧阳氏之由来及在明代修谱之始，乃由族中贤士欧阳哲个人之努力，据宋代之旧谱而修，也是由个人的努力

---

① （明）杨士奇：《东里集》卷五《序》，《景印文渊阁四库全书》第1238册，第68页。

而为之。

在《康氏族谱序》[①]杨士奇记述了泰和康氏的由来及修谱起因。

女弟之子康荣，从余在京师数年，及冠，有志问学，而以父命将归，请叙其族谱。康氏居西昌（即泰和县）邑东南五里所澄江之阴，曰蒲田里，自泰然甫至于今十世，修忠厚，服善仁，累累有继也。盖吾所识者复，性质直而好义，磊落而阔达。当元季寇盗充斥，能倡勇保障其乡，复圭茹清饮洁，以诗书教授里中，躬率其族之人蹈履善行，愈老而愈不倦，复圭之子仲璧有雅度，不屑意生事，然独守儒业，业乡塾师，此荣之大父而皆康氏之有闻者也。其上世虽未有以禄位显者而其所与为婚媾交游，盖多显矣。金玉之为物，虽未登诸器用，世未尝不至宝蓄之，而古之君子其所以重当时，昭后世者，岂皆为其有高爵重禄哉！此谱作于复圭而相之者仲璧之子彦英，固本其尊祖敬宗之心之所发乎，其亦欲使后之人究知其先世，以图善继者乎！夫善继必自学始，究知礼义之博，致乎躬践之实，使德备于身施于家而为孝友惇睦之行，达之于用而为致君泽民之功，以益大其宗者，康氏之子孙其可不务乎。

从杨士奇的叙述中可知，泰和康氏修谱之始，乃族中有文化修为的祖孙两代的努力，非举宗族之力，个人为宗族着想，让族人及族之后人保有尊祖敬宗之心、仁德之性、孝友之性等而促使其修谱。

宋元明时代，绝大多数的修谱主要是文化人的个人努力、个人出于家族责任，但有个别宗族在修谱时会借助宗族集体的力量和智慧，南宋时人黄幹《勉斋集》卷二十二中《书新淦郭氏叙谱堂记》中谈到，新淦郭氏为修谱而特地建叙谱堂，以聚集族人。

人禀天地生物之心以为心，凡在覆载之内者皆所当爱也，况族系之所自出，虽枝分派别，推而上之，皆吾祖宗之一气耳，可不知所爱乎？不知所爱则上负于天地，下愧于祖宗矣。新淦郭氏之于族人也，既买田以给之，又为堂以聚之，盖知此义矣。即此义而充之，知此心之无不偏，

---

① （明）杨士奇：《东里集》卷六《序》，《景印文渊阁四库全书》第1238册，第90页。

知此理之无不同,则将合覆载而为一堂也。岂不大哉!予尝为邑于新淦,而圣与尝问学于予,闻其事而嘉其志,为是说以广之。嘉定丁丑长至定庵黄幹书。①

从此文还看不出新淦郭氏是怎样以堂来凝聚族人,即看不出具体的细节。但反映了新淦郭氏有宗族的集体意识、集体行为,这是不多见于记载的。

(四)清代修谱

清代的修谱和宋元明时代的修谱已大不一样了,修谱不再是族中个别人的事,即个别有文化的人出于宗族责任感而去修谱,修谱已成为族中大事,其经历的程序往往要经族中权威人士(如族长)倡议,到家族会议决定,到筹备经费(用族中公产收入或摊派),到设谱局,到请谱师,修成之后付印,最后领谱时还要举行隆重的庆祝活动,如演戏、游谱等。

清代的这套烦琐而隆重的修谱程序的形成,经历了一个过程。早在明代初年,朱元璋就开始用乡约来治理基层社会,从设立里甲、里老并结合社学、乡饮等制度展开宣传《大诰》《教民榜文》进行基层社会治理,使基层社会走向组织化。明代中期王阳明在赣南进行乡约实践,编写了《南赣乡约》,将社学、老人、乡约、保甲相结合,治理基层社会。明嘉靖至万历时期朝廷在包括江西在内的全国13个布政使司(山东、山西、河南、陕西、四川、江西、湖广、浙江、福建、广东、广西、云南、贵州)和两京(南北直隶)推行乡约,江西的一些地方官员如王宗沐等人积极响应朝廷要求在江西推行乡约,江西的一批王门学者也在家乡推行乡约,形成了明代及其以后治理基层社会的特色。②

乡约的推行使明代的宗族建设也走向乡约化,即宗族也引入乡约的

---

① 黄幹:《勉斋集》卷二十二《题跋》,《景印文渊阁四库全书》第1168册,第246页。
② 常建华:《明代宗族研究》,上海人民出版社2005年版,第185—257页。

理念和乡约的办法来管理宗族,这就如乡约治理地方社会一样,宗族设立管理人员来管理宗族及设立宗族规范约束族人。对于明代江西宗族的乡约化,常建华先生在《明代宗族研究》[①]及其论文《明代江浙赣地区的宗族乡约化》[②]一文,都曾引用万历《南昌府志》卷二五《艺文志》中的《南昌府为查举宗长以寓乡约以敦风教事》的记载,说明明后期在南昌曾以政府的力量在宗族中推行乡约,通过在宗族中设立宗长,通过宗长来推行乡约,以教化族人;其次,常建华先生以抚州府乐安董氏乡约化为典型代表,说明明代江西宗族的乡约化。

宗族的乡约化促使宗族走向组织化,走向有序管理,而族长、族规的出现以及族产的设置,表明包括江西在内的中国许多地方在明后期宗族已走向组织化建设。

清朝统治者则更明确、更正式重视利用宗族来治理地方社会,在引导宗族走向组织化的过程中以达到控制宗族的目的。从清初顺治皇帝将朱元璋的《圣谕六言》颁行八旗及各省,到康熙九年(1670年)将《上谕十六条》颁行全国,正式提出了"笃宗族以昭雍睦",即第一次从国家政策层面提出了要建设好宗族,使宗族内上下有序,即如朱元璋在《圣谕六言》中所说"孝顺父母,恭敬长上"。雍正帝即位第二年(1724年)将《上谕十六条》演绎成万言《圣谕广训》颁发各地,并通令各地官员阅读和宣讲。雍正皇帝在雍正四年(1726年)诏令"行保甲""选立族正之制",这是以国家命令将宗族组织化,以达到控制和治理地方社会的目的。雍正之后各朝也都坚持了乡约、保甲、族正制相结合的基层社会治理方略,即在坚持通过宗族组织化的同时控制宗族族长、族正等宗族首领来治理基层社会。

在宗族走向组织化的过程中,修族谱就已不再是宗族中个人的事了,而成了宗族集体的事,从个人出于对宗族的责任感,到成为宗族集体的责任,形成了每隔30年必须修谱的民间传统。如咸丰七年(1857)刊本

---

① 常建华:《明代宗族研究》,上海人民出版社2005年版。
② 常建华:《明代江浙赣地区的宗族乡约化》,《史林》2004年第5期。

《(新建)大塘程氏族谱》中《程氏谱说》中说:"东阿侯程延公曰:三世不修谱,谓之下流;三世不讲谱谓之不孝。石氏曰:谱之一书关系最重,祖宗之所自出,子孙之所由分于此焉。"①江西新建县大塘程氏的修谱历程正好说明这一点。

新建县大塘程氏其祖在晋永嘉之时由江东迁居新安(徽州)篁墩,唐末乾符中(874—879年)有焴公者,"官豫章,而家我竹园"②,即在新建县竹园这个地方定居下来,并繁衍分支,其中一支分迁新建县大塘村。大塘程氏修谱在明代修了两次:

> 我大塘在明万历癸未,清序一本,会集别支,则有迪功郎大府赞凤彩公较前尤彰明光显,功孰过焉。协力襄理则有国子生淑暨族之长鑫铜、铦湘各董厥事,凡此皆刻成卷帙,班班可考,殆不复赘然。自万历甲申(1584年)后计五十年族谱废坠,未获编录大学典籍,文炯公起而手辑之,以垂髦之老任夙夜之劳,坐小楼作小书者,数年稿始告成。嚴于丁酉,托祖庇,幸叨乡荐,戊戌己亥连赴公车,征逐途左,迄无暇日,故有未逮,惟我伯兄文懋深惜族谱之散,于辛丑孟春举后嗣生庚备为书之,汇成一稿,旋肃觞黍,祝柬奠告先灵,用雪后嗣怨复楷录四册,恭泰信敏各房封贮,共昭世守。③

明代的这两次修谱主要依靠的都是族中个人的力量去完成,虽然万历那一次是靠几个人的合力,但还是没有达到宗族的大事而集宗族的力量去完成。到了清代修谱则作为族中集体的大事,组谱局来修谱,如"乾隆癸巳复建局于江省程公书院四修也",清道光九年(1829),在外为大官的程裔采与程焕采、程懋采三兄弟捐廉修谱,"遂佥各支诸君子起局祖祠,自秋徂冬,四阅而功成"。④至此修谱成了宗族集体的事、集体的责

---

① (清)程逢露等纂修:《(新建)大塘程氏宗谱》,清咸丰七年木活字本,存十二册,江西图书馆藏。
② (清)程逢露等纂修:《(新建)大塘程氏族谱》卷首《竹园老谱序》,江西省图书馆藏,清咸丰七年木活字本,存十二册。
③ (清)程逢露等纂修:《(新建)大塘程氏族谱》卷首《大塘族谱序·顺治辛丑序》,江西省图书馆藏,清咸丰七年木活字本,存十二册。
④ (清)程逢露等纂修:《(新建)大塘程氏族谱》卷首《大塘族谱序·道光九年序》,江西省

任，于是就形成了清代以来的整套修谱仪式和程序。

仍以新建县大塘程氏咸丰七年（1857）的修谱为例，"先是堂上模山公、笏堂公同怀谊笃，日相晤语，念承先启后事。我兄弟幼承庭训，长在外，家书寄示亦然。适是岁兰州、凤翔两署以所得俸余寄养，遂全族中贤肖重修谱牒。初秋起局，孟冬告成，旧牒生新矣……岁在丁巳，时维七月，我兄弟同族中诸君子起局祖祠，新往牒，十月告成，一如己丑旧规。（皇清咸丰七年岁次丁巳冬月谷旦燩公三十一世孙亮采、乔采、焕采、懋采、玉采谨撰）"① 大塘程氏的这次修谱，经历了族中长老的提议，族中在外为官者捐款，集中全族商定修谱，族中所有精英在祖祠起谱局共同修谱。至于谱成之后是否还举行了庆祝活动，那就不得而知了。

万载袁氏在道光二十一年的修谱："宗甫、宗和、宗煌三公之裔由宁邑（兴宁）而迁徙于袁郡万邑，遍散诸方，何莫非白眉公一脉支派乎！自嘉庆己巳年合修宗谱，迄今已三十余年矣。恐历年久远，生殁遗失，伦常乖舛，以贻后人之咨。于是庚子冬期宴会诸父昆季，悉仰予为倡，共相商议，爰辛丑春初，散单传达诸方，各房叔侄闻之咸欣然喜曰：此乃盛举也，至秋获起局，族人随踊跃具稿，余等披阅之余，父子有亲，长幼有序，夫妇有别，嫡庶有伦，夫乃知向之所谓尊祖敬宗者，此谱之作不綦重哉！"②

这段话反映的是修谱过程：族中长者动议修谱之始，请族中各房长者聚宴会，共相商议，决定修谱，春节后，散修谱倡议之传单达各房，各房上下都赞成且欢喜，都认为这是盛举，秋季起谱局，族人们都踊跃写稿。这个修谱的过程和宋元明的单兵作战就不同了，靠的是集体的力量修谱。

又如萍乡古氏在 1946 年的联宗修谱："民国癸未春族先耆葆荪公念距修旧谱迄今三十余载，世代湮远，复以连年兵灾，各支旧遗散，生殁无稽，爰以春祭日召集各支族耆，妥为协商联修宗谱，奈稿本未

图书馆藏本，存十二册。

① （清）程逢露等纂修：《（新建）大塘程氏族谱》卷首《大塘族谱序·咸丰七年重修谱序》，江西省图书馆藏，存十二册。

② （清）袁芝秀等纂修：《万载袁氏族谱》卷首《序》，清道光二十一年汝南堂木活字本，江西图书馆藏本，存五册。

毕，倭寇肆虐，淮湘沦陷，葆荪公不幸逝世，修谱之举遂以停顿，兹当抗战胜利之后，建国复员之时，光藩等勉承先志，设局，将事其于前三十年之谱，有已详而犹未详者，则广为收辑而增补之，其于后三十年之谱有未详而欲求详者，则细为考核。"①其修谱之过程是由族中长者提议，并在春祭日祭祖时召集各分支宗族之长者，协商联修宗谱。谱未修完而日寇侵入本地。待抗战胜利后，设谱局再修而成。至于经费的来源、谱成后的出谱仪式则无记载，该谱没有请谱师，而是族中文化能人修之。

1949年新中国成立后，修谱作为封建糟粕已被禁止，旧谱还被大量烧毁、荡涤。1978年改革开放后的20年里，中国农村，特别是南方的农村，兴起了修谱热。其修谱的程序大体如下：

族中权威人士倡议，家族会议决定修谱；新时代的倡议者较复杂，有老者、村干部乃至海外捐助者；对于修谱，老中青态度不一样，参与的程度也不一样。

经费来源于公产或摊派及族人捐款；

设谱局，谱局往往有各房代表；

请谱师；

付印，开印前喝红丁酒；

出谱，出谱时要聚餐庆祝，还要游谱，抬着谱或装上汽车，敲锣打鼓周游一圈；

发谱，发谱时往往要请戏班乃至包电影庆祝。

梁洪生先生在《近观江西民间修谱活动》和《谁在修谱》②这两篇文章中，对于20世纪80年代和20世纪90年代江西广大农村的修谱活动做了深入的透视，分析了不同年龄段和不同类别的人对修谱的态度，其中也反映了这个阶段传承着清代以来的修谱程序。以其《近观江西民

---

① （民国）古光藩主修、古子植纂：《古氏宗谱》卷首《新序·中华民国三十五年岁次丙戌孟秋既望谷旦三十六世孙光藩沐手敬撰》，江西图书馆藏，存十一册。

② 这两篇文章分别见《东方》1995年第2、3期。

间修谱活动》一文所引1993年秋竣工的新建石埠乡《方氏族谱》后跋中的所载开支细目为例：

（方氏）三支八修资金收支账情况：

本届收入红丁一千九百九十一人，每人十五元，计款二万九千八百六十五元。

赞助款计三千九百八十五元整。

支出：

请谱师，包成品及柴，一万三千五百元。包括利息及开印红丁酒等。

招待来访族办事人员费，一千九百一十七元九角二分。

办公费，一百八十七元。

旅费，一千五百七十元一角。首事人员十人工资，一万五千二百五十元。

其他费用，包装电，一千二百八十九元二角二分。

总支出三万三千七百一十四元一角三分。其系出谱备用，待结账详细公布。

这张账单也反映出修谱的程序：修谱经费来源于按人丁摊派和个别人的赞助费；请了专门的谱师来修谱，谱开印之时要搞庆祝，喝红丁酒，负责修谱事务的10人有一定的报酬。

梁洪生先生在《近观江西民间修谱活动》一文中还写道，谱师往往是由一个班子组成，他们还随身带着几十箱木活字，有专职刻木活字的老师傅，有专门排版者，有小徒弟。这种技艺往往是祖传几代人，既刻图章又修谱。修谱时由修谱宗族专辟空间，供其工作和住宿，有的住祠堂或仓库等，由专人负责其生活。

四、赣鄱地域族谱的构成特点

(一)宋以欧、苏谱法为范例

关于宋代族谱的内容和格式特点,除了记载在文集中的欧阳修《欧阳氏谱图序》和苏洵的《苏氏族谱》外,没有现存族谱样本可供分析,只能从宋代的族谱序中得知,宋元明时期的人修谱,总是以欧、苏谱为样本。欧、苏谱例的特点是五世则迁的小宗谱法,通过图表,每图谱五世,五世以后,格尽另起。

在书写形式上,欧体是横行的,每图五栏(见图1)。

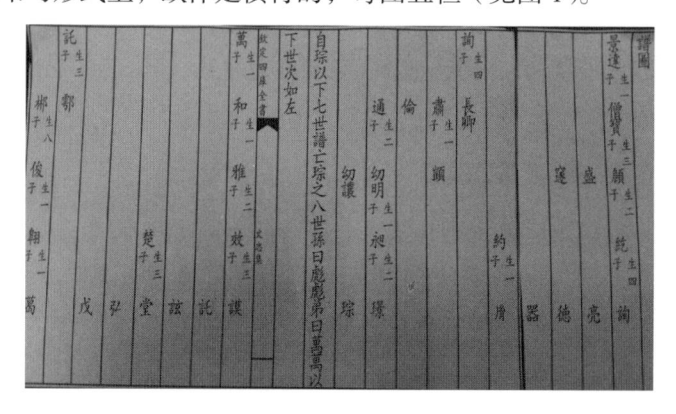

图1 欧体书写形式

苏体是上下直行的,每图只列五世(见图2)。

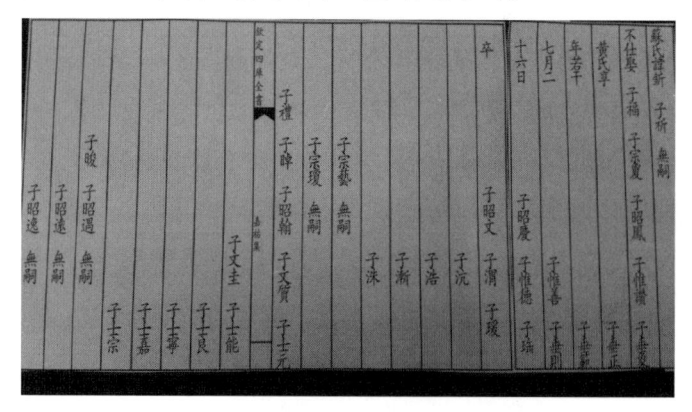

图2 苏体书写形式

从上可知,欧体五世一图,自上而下为五代世系次第,即依次为高祖之父、高祖、曾祖、祖、祢（父），自右而左为同辈兄弟长幼，即由大到小排列，五世排满一图后，则另起一图，但第五世必须同见于第一图的末一栏和第二图的第一栏，两图共列九世。第三图由第九世到十三世构成，以此类推。

苏谱原则上同欧谱，但"顾其方法中有不易履行亦不甚可通之二端。一曰人自为谱，世须重作，迁者一世，而易称谓者四世，其手续之繁复，非常人所能堪。二曰非嫡长不能作谱；大凡贤子孙始作谱，而嫡长未必贤，贤者不必为嫡长。"①由此，人们更多地采用欧法。

另外，苏洵还创立了大宗谱法。苏洵在《大宗谱法》中说："大宗之法冠以别子，由别子而列之，至于百世而无穷，皆世自为处，别其父子而合其兄弟父子者无穷者也，兄弟者有穷者也，无穷者相与处则害于无穷，其势不得不别然；而某之子某，某之子某则是犹不别也，是为大宗之法云尔，故为大宗之法三世，自三世而推之无不及也。人设二子而广之，无不载也。盖立法以为谱学者之事也。由谱而知其先，以及其旁子弟，以传于后世，是古君子之所重而士大夫之所当知也。以学者之事不立而古君子之所重与士大夫之所当知者，随废是学者之罪也，于是存之苏氏族谱之末，以俟后世君子有采焉。"②

苏洵的大宗谱法比之小宗谱法更难操作，其《苏氏族谱》也未采用此法，其目的不过是想让后人去应用，所谓"俟后世君子有采焉"。

欧阳氏谱法较为简单，先是谱序，再是谱图、世系图，然后是先世事迹考。

苏氏谱法更为复杂一些，包括谱例、谱序、谱图、世系录、先世考辨。

欧阳氏之谱图只记男，不记妻与女。苏氏之世系录书男与嫡妻，不书生女与继娶及妾。

欧阳修与苏洵创立了庶民宗族的族谱模板。从南宋起，中国的许多

---

① 潘光旦：《家谱与宗法》，《东方杂志》第二十七卷，第二十一号，71页。
② （宋）苏洵：《嘉祐集》卷十四，《景印文渊阁四库全书》第1104册，第960页。

宗族往往仿欧苏创族谱，诚如元初江西崇仁县大儒吴澄在《龙云李氏族谱序》所说："嬴秦以前国国有本系。李唐以前家家有谱牒。宋以后微矣，贤士大夫往往自谱其族，如欧阳氏、如老苏氏，其章章可称者也。予所见诸族之谱不一，或志在追远，或志在合异，不免涉于传疑，今观永丰龙云李氏之谱，谱其所可知而已，远不必追也，异不必合也，确乎其为传信之书，可以为修家谱者之法矣。"①

宋人修谱尽管努力仿欧苏谱法，但也有不完全如欧苏，如元初江西人刘埙《水云村稿》卷七《题跋·读曾丹潭梦吉家谱》谈到北宋曾肇撰《曾氏世谱》就有收录文献之法。

余家宅西里，与哲曾南丰先生子固南轩相距数武。自江楼居士以来，与诸曾世讲有婚媾之好焉。一日梦吉、元吉昆季步余水云深处，叙寒暄，道今故已出世谱，视余曰：此我祖文昭子开先生元丰所手编，而从祖文肃所参订者也。追惟遭罹衰乱，分崩荡析，园庐荒废旧业萧条，独是编出入必俱岿然灵光。某等绍承无状，藉此少逭不孝之罪，公其为我序而存之，俾我子孙世有考焉。予三薰沐读之，则见编辑犁然整比有纪，至存献一录悉当代名公巨卿之作，披对不觉起敬。顾谓曾君曰：斯谱之存人事乎！天道邪！夫以有宋仁厚之泽垂三百年，大经细目绸缪曲尽，非有浚削也。

此谱已超出欧苏谱法，有收录文献之谱法了。

（二）元代对欧、苏谱法的继承与拓展

元人修谱，仍以欧、苏谱法为范例，但是，从欧阳修、苏洵时代至元代，已历经两百多年，族谱的编撰将会有较多拓展，这也是情理中的事了。欧苏谱由谱序、谱例、世系图、世系录、先世考辨等五项内容组成。元代的族谱虽已不存在，但从元人文集中的族谱序跋，仍然可以梳理出元人族谱在体例上对欧苏谱法的拓展。常建华先生从元代福建人吴海《闻过斋集》卷一的《吴氏世谱序》中发现了一份修谱"凡例"，对于

---

① （元）吴澄：《吴文正集》卷三十二《序》，《景印文渊阁四库全书》第1197册，第350页。

清楚了解元人族谱体例弥足珍贵，从中可知，元人族谱有图谱、家训、先世著述、墓志、子孙名次和行次等。[①]结合其他一些族谱序的分析可知，元人谱的体例，"已有欧苏谱的五项内容增加为十一项，即在原来五项的基础上增加了告身、家训、字辈谱、科举、传记、墓图、著述六项"。[②]

从有关元代江西文人文集中的族谱序跋，我们可确知的是：元代江西人修谱，以欧苏谱为范例，这是毫无疑问的，有所拓展也是毫无疑问的。

吴澄在《巴塘黄氏族谱序》中写道："黄于宋大中祥符七年（1014年）甲寅始自华容侨寓于此（乐安县巴塘）……淳熙末（1174—1189年）名筠者谱其族系。绍定庚寅冠毁谱亡。宝祐中名栝者重修，名崇实者将锓木不果。景定中名楷者因栝所修而增续之，名三杰者作序。皇元至大戊申，名绍复者润色旧谱锓之以传，并刻初三代所葬地图九，栝之孙复亨又备其所未备请予序之。"[③]这段话表明，元代江西人修谱，已有刻先辈墓图于谱的修法。

元末庐陵人王礼[④]在《麟原前集》卷十中的《跋栋头王氏谱后》中写道："往余先君子梅洲翁尝修族谱图，系以名贤所为诸祖墓志铭等作，具载先世自唐仲舒观察江西，子孙因家焉；亦以为自金地长者曾伯祖南安教授府君有序，谓往在章贡尝与居七里镇长者通谱，而茅堂栋头亦皆族也。"[⑤]这段话表明，元代江西人修谱已有收入名贤所撰先辈墓志铭和请名人作序的修法。

另外，在谱法上，元人修谱已不局限于欧苏之小宗谱法了，已出现了由亲而疏、由近而远之一体共载之谱法。在谱图上已突破了五世一图

[①] 常建华：《元人族谱研究》，载《谱牒学研究》第三辑，书目文献出版社1992年版，第87页。
[②] 欧阳宗书：《中国家谱》，新华出版社1993年版，第100页。
[③] （元）吴澄：《吴文正集》卷三十二《序》，《景印文渊阁四库全书》第1197册，第353页。
[④] 关于王礼，清代纪昀《四库全书总目提要》："礼字子尚，后更字子让，庐陵人，元末为广东元帅府照磨，明兴不仕，聘为考官亦不就，《江西通志》载吉安人物有王子让，而无王礼，盖误以子让为名也。"
[⑤] （元）王礼：《麟原前集》卷十，《景印文渊阁四库全书》第1220册，第446页。

之法，已出现了以大宗谱法的大谱图。就江西而言，虽没有明确的实例，但从元代江西德兴县人徐明善①《芳谷集》中对大宗法的称赞，表明江西人修谱已用大宗法。在《姜起翁访十五世祖墓及谱》中，徐明善写道：

> 大宗法盖古卿大夫之家有采地者也。封建坏而大宗法不可复行，东坡尝恨有小宗法而世莫行，然非有大宗法以承祀始祖，百世不迁，族人五世外皆合之宗子之家，序以昭穆，而但行小宗法则与今之五服何异？尽于高祖而忘之矣！愚窃谓与其讲求废亡不可复之法，不若揪明赋畀不可易之理。昔有生燕长楚，老还故国，厥或诳曰"此汝先人之庐塚"而哭泣不自禁者，天理之呈露也！所谓揪明者，稽圣法、察人伦而已矣！诗曰：行有死人尚或墐之，疏者犹如此也。又曰：岂无他人不如我同姓而亲疏别矣。夫无情不如有情，有情不如同形，此以大君为宗子，同天地之体性者也。同形不如同姓，同姓不如大小宗，此以宗子为宗子，同一人之身者也。由分殊以推理，一而所厚者不敢薄也。真知爱其亲而不厚其亲之所出者无之，此宗法之本也。②

在《项氏族谱》中写道：

> 今人皆知诵苏老泉《族谱引》，而少有诵其《谱例》《序》者，不详其《谱例》《序》之意，而但诵其"无服则亲尽，亲尽则情尽，情尽则视如途人"；则斯言也，岂推而远之也，是薄为道也，古之大宗族人，宗之五世以外皆为齐衰三月，袒免以外皆序昭穆，而合食焉，数十百世犹然；后世宗法虽废，然一姓所居必有始祖，其长房则大宗也，其次房则小宗也，视其谱粲然矣，岂有服尽而可以途人视者乎？盱江李先生曰：祖以世断元则忘之，族以服治疏则薄之，骨肉或如行路，吾病焉！此语比老苏为笃矣！愿与旧乡尊雅味其语而勉焉。③

---

① 关于徐明善，清代纪昀《四库全书总目提要》："明善字志友，德兴人，芳谷其别号也。至元中官隆兴教授，又为江西儒学提举，尝奉使安南，历聘江浙湖广三省考试，拔黄溍于落卷中，盖亦一时以文学知名之士。"
② （元）徐明善：《芳谷集》卷下，《景印文渊阁四库全书》第1202册，第653页。
③ （元）徐明善：《芳谷集》卷下，《景印文渊阁四库全书》第1202册，第624页。

从徐明善的这两段话可知，元人对欧苏谱法已提出批评，并对大宗谱法表示肯定，元人已在理论上突破了欧苏谱法。所以，在修谱实践中已不局限于五世则迁的小宗谱法。至于徐明善所说的《姜起翁访十五世祖墓及谱》及《项氏族谱》是否用大宗谱法，已无法看到了，从其序可推测，可能用的是大宗谱法。

（三）明代族谱进一步拓展欧苏谱法

据学者的研究，明代族谱总的原则仍然是参照欧苏谱例，但有许多发展的成分：

一是进一步突破了欧苏谱例之局限，不仅书五世之近亲，还书五世以外之远亲，由亲及疏，由近及远，一体共载，谱便成为百世之纲纪。不仅书生女，而且书生女出嫁之夫名与官爵。不仅书继娶，还妻妾并书等。

二是统谱、大宗谱流行，所谓"会千万人于一家，统千百世于一人"。

三是记事范围进一步扩大，特别是记载祖先之"恩荣"业绩、"忠臣孝子"、"义夫节夫"之类，贯彻朝廷提倡的"三纲五常"。[①]

就江西而言，已没有现存的明代族谱可供分析，仍然只能从明代江西文人文集中的族谱序跋中所透露的信息来分析族谱谱法。

首先，明世系、明源流，这是族谱基本而必需的工作。杨士奇在《安成李氏族谱序》中说："宗族盛者必有谱，所以明源本，别疏戚，盖有裨于人心世道者也；使知尊其所尊，亲其所亲，斯孝友睦姻之道行焉。然谱非仁人不能作，仁道之行本于身，始于家，故谱者，仁人之首务也。李氏故有谱，今学士君重修之，凡先世出处、行义之概皆具，使其后世明夫源本之同，而作其爱敬之心，观夫积累之厚而奋其继述之志，岂非李氏贤子孙而足以仰副作谱者之仁乎！"[②]

杨士奇在这段话中阐明了明世系、明本源之重要。实际上，这是传

[①] 欧阳宗书：《中国家谱》，新华出版社1993年版，第101页。
[②] （明）杨士奇：《东里集》续集卷十二《序》，《景印文渊阁四库全书》第1238册，第509页。

承欧苏谱法，并且传承了欧苏之"著其所知而阙其所不可知"的写法。

其次，明代江西人修谱时，特别重视收集与先辈相关的文献，如名贤为先辈所写各种纪念文章，先辈与名贤互赠之作，及先辈所著之文章，其目的是为了让后人明了先辈的道德功业和清白操行，以激励后人。

杨士奇在其所修的《杨氏家乘》"序"中说："诸父比岁之文，其子孙不知保爱而忘逸者亦多，其仅存者皆辑而录之，若名贤赠答哀挽之作，及其他诗文有及吾先世者亦皆录之，冠以谱牒事实，总名曰《杨氏家乘》。其首，族谱尊本始也，次家谱重所亲也，次事实行之纪也。善行在人，既没不忘，则形诸咏叹，故哀挽继事实焉。次遗文志之寓也。同志相求则因文以达意，故赠答，继遗文焉。名贤之文非以为杨氏作而有及焉者，亦可以旁考行事，与其交游，故列诸附录终焉，凡二十卷，不填卷尾者俟续得而录之。得有先后，故录不能以序也。呜呼！是编所载文行始于先曾祖，盖杨氏自兹以降百有余年，内而朝署外而民社，钱谷之任皆有之，而清白之操皆皦然不滓，其隐居而家食者皆清修笃行，贵义而贱利，义利君子小人之判也！君子行义未尝不以望其后人，庸众人之后犹有力学奋义以光其先者，而况清德之世乎！杨氏之后其必笃念而敬承之哉！谨书以为家乘序。"①杨士奇在这篇序文中讲述了他之所以重视收集先辈遗文，就是要让先辈的事迹和操行激励后人。

杨士奇在《王氏家乘序》中同样以赞扬的笔调，感叹了王氏修谱时重视收集与先辈有关的文献："《王氏家乘》首谱牒，其次当时名公所作碑记、哀祭之文及往复赠寄之诗，而其先世所著文章终焉。盖历世变故，能掇拾一二于千百亦难矣。谱断自某至某若干世，著其所知而阙其所不可知，其所书皆慎而不苟，凡出于当时名公所作者，皆足昭远信后，而其先世之作亦皆有以追配古人可宝也……呜呼！人生富贵如烟云之过目，飞鸟之遗音，岂可恃以不泯？君子所恃者道德功业文章，世盖不能以泯之，故有一国之书，有一家之书，皆所以不泯之器也，而家之所书与国异者独备夫言行之善。盖尊所自出且示法其后，俾图不辱仁人孝子之用

---

① （明）杨士奇《东里集》卷五《序》，《景印文渊阁四库全书》第1238册，第63页。

心也。《诗》曰：维桑与梓，必恭敬止；矧言行之，善之所存。乎孟坚间求余序家乘，故书以告其后之人。"①这段话深刻地阐明了修谱时重视先辈"道德功业文章"的原因。

梁潜在《杨氏家乘序》对杨士奇修谱时努力收集先辈文献的行为，深表赞许："杨氏家乘者，今翰林学士杨君士奇之所录也。自其所修家谱以及其曾大父翰林待制而下，累世之遗文怀凡当时名公大贤之所撰次，史氏所书碑刻，所纪通家文献之所可征，以至于咏歌往复简牍之间，有不可弃怀不忍弃者，皆录之于此，以遗其后人，又以其皆有关于杨氏世德也，以属予序之，总之凡二十卷。"②

再次，传承了元代以来的写法，除作谱图、谱系外，还重视对高曾祖以下的生卒葬娶、女适某人进行记载。杨士奇在《杨氏清溪家谱序》中谈到他自己修《杨氏家乘》时，"凡高曾以下，生卒葬娶，吾当志而犹或阙焉者，盖不能知也，至于娶某氏而详其所生，女适某人而并志其子若孙，又以明庆泽之源，且不忘世好也！"③即这样修谱的目的就在于让子孙记住这些亲戚关系。

再其次，重视追本溯源于一人。杨士奇在《太原徐氏宗谱序》中说："按谱自太原初祖以迄应琳之子若孙，盖八九世，族属虽疏远而皆得考证世次，以知孰之为尊，孰之为卑，而同出于一人则油然孝弟之感，必不至相目为途人者矣。即字若名不可知则阙之，其肯蒙冒他人之华显闻达以徒炫曜乎哉！"④在《书院罗氏族谱序》中写道："近世士大夫家著谱牒，其有所考据者，自源徂流百数十世若指诸掌，其无所于考则断自所可知者而著之，而不敢妄有援焉，其于义皆当也。"⑤这正是明代大宗谱和统谱大量修撰的原因。

复次，重记载先辈的官爵。明人修谱，对先辈官爵的记载重于对生

---

① （明）杨士奇《东里集》卷七《序》，《景印文渊阁四库全书》第1238册，第105页。
② （明）梁潜：《泊庵集》卷五《序》，《景印文渊阁四库全书》第1237册，第253页。
③ （明）杨士奇《东里集》续集卷十二《序》，《景印文渊阁四库全书》第1238册，第514页。
④ （明）杨士奇《东里集》续集卷十二《序》，《景印文渊阁四库全书》第1238册，第514页。
⑤ （明）杨士奇《东里集》续集卷十二《序》，《景印文渊阁四库全书》第1238册，第518页。

卒葬娶之记载。杨士奇在《廖氏族谱序》谈到廖氏谱："惟书本派之亲而官号生卒葬娶，几子女适某人皆详而有条也。"①杨士奇在《陈氏族谱序》谈到陈氏族谱："其谱则十七世孙伯康之所纂辑，本其所从出而凡支派、尊卑、疏戚之辨，名讳、官爵、生卒、葬娶之详，粲然毕具而不紊，而别为例目，推引古义兼示训戒，蔼然仁人君子之心也，古之人其谱之善者。"②先辈的官爵是后辈子孙的荣耀，修谱时后辈子孙重先辈官爵的追叙，也就在情理之中了。

最后，存在谬冒之习。杨士奇在《书院罗氏族谱序》谈到当时士大夫家修谱："其无所于考则断自所可知者而著之，而不敢妄有援焉，其于义皆当也！而流俗之人挟其私见，往往互为诋訾，其世系有所从来则曰谬冒耳；无所来者曰贱出也，岂至当之论哉！世固有谬冒者矣，岂可以一二废千百？且谬冒者必援夫圣人以重其所出，夫舜禹大圣人至重矣！谓瞽鲧非其所出乎？其亦不思之甚矣。故君子之心惟曰：此吾之所从出也，吾有所考证也，吾从而谱之，其为人吾不敢议焉，曰：此非吾所从出也，吾无所考证也，虽大圣人吾不敢谱也，盖为子孙孰不欲溯流求源，探其本始而谱之？以系其后世无穷之思，惟不幸而无所于考，乃断自所可知者。"这段话表明，当时人修谱时，在关于始祖方面存在谬冒之习。

（四）清代与现当代形成了完备的族谱体例

清代，中国的族谱体例已发展到尤其完备的时期，成了宗族的百科全书，几乎将宗族的所有事都记录下来了。学者们综合全国各地的族谱，将清代族谱的内容进行归纳，"包括谱序、恩荣录、世系图、世系谱、凡例、家法族规、字辈、谱论、科举、祠堂、祠产、墓图、五服图、家礼、仕宦记、传记、行状、志录、寿文、贺序、祭文、名绩录、契约、艺文、遗像、赞词、年表、余庆录、领谱序号等三十余项"③。

---

① （明）杨士奇《东里集》续集卷十二《序》，《景印文渊阁四库全书》第1238册，第523页。
② （明）杨士奇《东里集》续集卷十二《序》，《景印文渊阁四库全书》第1238册，第526页。
③ 欧阳宗书:《中国家谱》，新华出版社1993年版，第101页。

然而，每部族谱的书法有所不同，如《（万载东隅）袁氏族谱》的书法是："首世系，次讳字，次婚姻，次子嗣，凡祖宗之德行、品望、功业、文章悉载于谱，故族递衍而不乱，祖德常传而不朽。"①

且以现存清代江西族谱为实例，来看清代江西族谱的概貌。

1. 谱名

关于谱名，就全国而言，有家谱、宗谱、族谱、家乘、世谱、会谱、统谱、大成谱、房谱、支谱等，还有称故谱、族谱图、谱传、族系、族讲、世家、谱牒、家谱图、石谱、渊原录等。②就江西而言，谱名有总谱（如万载县《武口王氏总谱》、景德镇《清华东园胡氏勋谱》）、宗谱（如景德镇《曲江余氏宗谱》）、族谱、家乘（如丰城县《西江陆氏七修家乘》）、支谱（如《安福花溪刘氏支谱》）、世谱、家谱、谱、房谱、义门录、合谱（如江西省图书馆藏《唐氏欧苏合谱》）、主谱（如吉水县《值（夏）市汇宗堂主谱》、吉安市《吉郡萧氏总祠朝宗堂主谱》）、家牒（如庐山《胡氏家牒》）、谱牒（如修水县《黄氏金字谱牒》）、联谱（如《宜春胡氏联谱》）、主会谱、家传（如萍乡《邓氏家传》）、草谱（如吉安《邓氏草谱》）、小谱（如吉安《河东塘上刘氏小谱》）、通谱（如吉安《续修安福令欧阳公通谱》）、联谱（如于都县《丘氏初修联谱》）、联修总谱（如兴国县《颍川堂钟氏联修总谱》）。

在谱名前，有的只注姓氏，如《王氏宗谱》《邓氏家传》等；大多数会注明里籍、姓氏，如《武口王氏总谱》、《银树王氏族谱》（武口和银树皆为万载县地名）、《万载南田王氏族谱》、《昭萍王氏族谱》、《萍派王氏族谱》等；有的还会注明里籍、郡望、姓氏，如《太原双彬王氏宗谱》，其中的太原为郡望，表明其宗族来自太原，双彬乃江西万载县的一个地名，再如奉新县《城南邓氏远斋公支谱》等；有的还会写上修谱时间、修谱次数，如《同治九年进贤刘氏重修族谱》《新吴王氏四修宗谱》《新

---

① （清）袁奠周等纂修《（万载东隅）袁氏族谱》，清咸丰十年汝南堂木活字本，江西省图书馆藏，存三册。

② 欧阳宗书：《中国家谱》，新华出版社1993年版，第102页。

吴王氏五修宗谱》（新吴即奉新县）、《奉新甘氏五修家谱》、丰城《徐氏合修族谱》、临川县《灵山何氏九修族谱》等；大多数写法是里籍、姓氏加谱名，如《宜春北关杨氏五甲支谱》（见图3、图4）。

图3 清光绪二十三年木活字本《清江杨氏五修族谱》

图4 清咸丰三年陇西堂《萍乡古学前彭氏族谱》

2. 谱序

谱序是每部族谱开篇都必备的。如前所述，从宋代欧阳修和苏洵创立庶民族谱范例开始，开篇就有序言，讲述修谱的缘由，追述先祖的事迹，讲述宗族的迁徙等。此后庶民宗族修谱，不但自序，还往往会请名贤作序，如现存宋元明清文人文集中的那些族谱序跋，据学者统计：《全宋文》和《文渊阁四库全书》中共存宋人族谱序跋104篇（包括欧苏）[1]，《文渊阁四库全书》中的族谱序跋存元人作品233篇[2]，六部四库系列丛书中的1803种明人文集存1595篇族谱序跋[3]，便是如此而来。从现存清代和民国的族谱来看，清代和民国的族谱开篇都会有一些谱序，有修谱者之自序及本族人和外族人的序跋，有的还存有名人序跋；如清光绪三十三年（1907）《清江杨氏五修族谱》（清江即江西清江县）开篇录有从一修至五修的序言，这些谱序都是请当时在位的有一定地位的官员朋友或亲戚和族人撰写的，如《清江永泰杨氏初修谱序》为"景泰癸酉岁孟冬月谷旦赐进士文林郎年家眷弟天台赵士昂顿首拜撰"，《重修族谱序》

---

[1] 黄超、王善军：《宋代族谱序跋所涉家族的地域分布》，载《大连大学学报》2012年第1期。
[2] 常建华：《元人文集族谱序跋数量及反映的谱名与地区分布》，载《史学集刊》2008年第6期。
[3] 宗韵：《明人谱牒序的地域分布及其成因》，载《图书与情报》2010年第3期。

为"康熙丙戌季冬月十六世孙久懋沐手题",《杨氏重修族谱序》为"赐进士出身文林郎特简顺天府宛平县尹、前知北直永清县、广西马平崇善县事、庚午壬午两闱同考试官、年家姻教弟淦水王言顿首拜撰",《清江杨氏族谱序》为"康熙丙戌仲冬月中浣谷旦,赐进士出身文林郎知临江府清江县事涞水年家世弟宁尧采顿首拜撰",《清江杨氏族谱序》为"康熙丙戌孟冬月吉旦恩袭出身、特简中顺大夫同知临江府事加二级、年家世待生施廷元顿首拜撰",《清江永泰杨氏重修族谱序》为"康熙壬午岁十月之望日钦命朝议大夫、山西道监察御史、壬午科典试江西正主考、年通家生刘子章顿首拜撰",《清江永泰杨氏重修族谱序》为"康熙丙戌年冬月谷旦赐进士出身、光禄大夫、左右柱国、奉敕巡抚江西全省等处地方兼理军务、都察院右副都御史、前丙宏文翰林院庶吉士、通家年世生李基和顿首拜撰",《清江永泰杨氏三修族谱序》为"皇清乾隆壬午岁夏月吉旦赐进士出身、诰授奉直大夫掌广西道监察御史、前贵州山东道监察御史、礼部仪制清吏司员外郎、祠祭清吏司主事、辛未科会试副提调壬申恩科会试内场监试官加三级、淦水年家姻晚生王云焕顿首拜撰",《清江永滨杨氏三修族谱序》为"赐进士出身、朝义大夫、鸿胪寺少卿、前浙江道监察御史、壬申癸酉乡会两闱监试官、甲子科钦命山东典试副主考翰林院编修、年家眷世弟曹秀先顿首拜撰。皇清乾隆壬午岁仲冬月吉旦",《清江杨氏四修族谱序》为"乾隆乙酉科乡进士拣选知县、奉郡截取呈改正谕遇缺即补、年家姻世教弟皮光裕顿首拜撰。时维皇清嘉庆七年壬戌季冬月吉旦",《清江杨氏五修族谱序》为"赐进士出身钦点翰林院庶吉士、姻世教弟杜作航顿首拜撰"。从这些署名可知,为族谱作序者往往会写上身份(如进士、赐进士出身等)及一生所任过的官衔、作序时间,不但表明了身份,而且表明了其社会地位(见图5、图6)。

图5 清咸丰三年陇西堂《萍乡古学前彭氏族谱·序》　　图6 清光绪二十三年木活字本《清江杨氏五修族谱·序》

3. 凡例

凡例即修谱之原则和谱之体例，所以又称谱例。族谱中的凡例，就现存资料所知，起于元代，常建华先生从元代福建人吴海《闻过斋集》卷一的《吴氏世谱序》中发现了一份修谱"凡例"①，由此可知，元人修谱已有先确定修谱原则之习惯。清代的族谱在"谱序"之后都会有凡例，少者数条，多者几十条。仍以清光绪三十三年《清江杨氏五修族谱》为例，在《序》之后是《条例十六则》：

一　吾族由闽徙赣，由赣徙清，历传廿三世，明季兵灾后，旧谱残缺，闽赣之里居未详，不敢妄载。

一　兹谱忠孝节义与夫实德可纪者，人立一传，即其子孙单寒亦以公费付梓，八字、小传亦然，但立传时必须族房从公考核，与谱局斟酌，始可登入；苟非其人，决不得滥载。

一　兹谱于初迁五世用条记载，明世次外，其余每房以条记世次，分清界段，顶上横列某处支祖，次横列某房，某人派又次，横列某人第几子，然后大书某某字某号，某或居何官，在何庠有可纪者，以八字核其实，然后载生年月日时，殁年月日时，葬某处，娶某氏，生年月日时，年月日时葬某处，生子几，后列子名，开阅之下可观九世也。

一　谱边上用孟仲季三字分列三房，并载第几世某祖某公派，所以

---

① 常建华：《元人族谱研究》，载《谱牒学研究》第三辑，书目文献出版社1992年版，第87页。

尊祖敬宗也。其传赞志述诗词变各载某公某孺人以便查阅。

一　谱因从前兵灾记载不无散失，虽详加考订尚有遗亡，其有名字、生时、葬地未时，商寓未确者，概从阙疑。

一　族由赣徙清，历四朝，其间科名仕宦与忠孝节义尚多失纪，盖家声式微，故未载入郡县书，后此志宜照家谱呈请补入以彰盛事。

一　于乏嗣者有承继则注明惟某房某人之几子为嗣，本生父名，注明以第几子出继，某房为嗣，其无承继者前修直注无传，兹既从其缺以广后续，夭折者则注早世抚子赘婿，决不滥载。至出抚他姓者即于本名下注明某处某姓，其子孙必俟归宗方准撰入，人无二本故也。

一　所有讳字，上全列祖者，悉行改易，恐先年父母立有墓碑，或己身立有墓碑，仍注原讳以符旧迹。

一　谱于干犯各义者削名不书，小过姑存名以俟其身新所以示劝也，怙终不悛仍削名不书，若妇人改嫁者，只书姓不书氏，书生不殁，以别去留，亦以严家风也。

一　族徙居他处，在外成家者，无论已未添丁，俱于本名下载明其住所，以便查考。

一　兹谱止载《传》《赞》《志》《述》《挽诗》以著实也，《寿文》《寿诗》不过一时称祝之词，不得登入。

一　各支茔域悉于本名下纪注，不必重刊，其因修谱寻出之阁山、眠犬形归诸公共，欲葬者每一穴出银五两入祠，以为公费，嗣后有寻出者，无论何房之业均照此办理。

一　兹族谱宜勤修，五修时因中遭兵灾，人多散住远方，惰至光绪丙申始行集议续修，年已九十有五矣。草谱遗失过半，生殁殊难查考，余等或搜寻古碑，或访问故老，数月方得成稿，次年丁酉仲夏，捡梓告竣，后人幸勿效尤，务以三十年期，一世一修，则用力少而成功易，亦不得负不孝之名矣。

一　兹谱其计六部，每部六本，访三修，编博厚，高明悠久，字号仍注某字某房某人收领，每年腊祭送祠查对，以杜遗失。

这《条例十六则》对谱的结构和修谱的种种原则、写法及谱的保管都作了规定，从而使得修谱时有章可循。

图 7 道光二十九年留侯堂
《（万载）张氏族谱·凡例》

图 8 清咸丰三年陇西堂
《萍乡古学前彭氏族谱·谱例》

4. 谱论

谱论，即论述修谱的意义、作用和修谱的历史等，又称谱学论略、谱说、援古等。在清代江西的族谱中，有少数族谱中收录有一些前贤论述修谱重大意义的文章，如欧阳宗书先生在《中国家谱》一书"谱论"中谈到的江西《云峰张氏族谱》中的"援古"载有《礼大传》，并收录河南程氏、紫阳朱氏、眉山老泉、庐陵欧阳氏、南丰曾氏等谱论二十条，并在这些谱论前写有按语："古之名公巨卿，熟悉谱牒关系之重……博采其言，辑录于后，俾后之阅者，触目兴思，知为子孙者，谱牒至三世不可不修，而孝弟之心油然生矣。"[1]江西图书馆藏江西袁郡《古氏族谱》在卷首篇中也设有《古氏族谱说·援古》，引述先贤河南程氏、紫阳朱子、默斋游氏、老泉苏氏、庐陵欧阳氏论族谱之重要性：

河南程氏曰：管摄天下人心，收宗族、厚风俗，使人不忘本，须是明谱系，立宗子法也。又曰：宗子法废，后世谱牒尚有遗，谱帙废，人多不知来，处世无百年之家，骨肉无统，虽至亲恩亦薄矣。

紫阳朱子曰：三代盛时宗法详明，自王辙既东，世臣沦丧……宗法始荡然也。所赖以维持之者，独周官定世系、辨昭穆之制存尔，此谱牒

---

[1] 欧阳宗书：《中国家谱》，新华出版社 1993 年版，第 106 页。

之所从出也，谱存而宗法可考是故君子重之。

默斋游氏曰：人之生始于父母，推而大之，世教虽遐，皆同一气也，谁无恻隐之心、霜露之感，讵不兴怀，特未之思耳。宗法既士君子无地以致其亲睦之意，独有谱牒一事犹能稍合宗族而收其流散，是以前辈多留心焉。

老泉苏氏曰：大上立德，其次立言，其次立功，谱牒者亦立言之一端也，又曰：人家三世不修谱则同小人矣。

庐陵欧阳氏曰：族之为言族也，尚夫聚而有别，姓之为言，生也，本其也。自生氏之为言，示也。未其所自分自姓，统氏分之制，变而支派日已紊矣。大宗、小宗之法废而族属日已疏矣。于是一姓不变者累数千百年而子孙动以万计，赐者别者更者冒者纷纭交错于其间，愈有难明而后谱牒之辨殷焉（见图9）。

图9 清光绪三十三年新安堂刊本《（袁郡）古氏族谱》，江西省图书馆藏本

然而，在清代江西的族谱中，如《云峰张氏族谱》和《古氏族谱》者少，大多数族谱只在序文中会阐述修谱的重要意义及修谱之历史与本族修谱的历史等，不专门收录前贤的谱论；以清光绪元年（1875）《（宜春赤溪塘）易氏宗谱》①为例，在嘉庆十四年（1809）"郡廪生年家眷教弟万载郭大绥"撰《重桂堂易氏族谱序》中写道："魏晋以降，宗法坏而官谱兴，有司职之，讫五季官谱亦复无有存者。盖残缺流亡，职诸官不若藏诸家者，或得自获，此后世所以诏天下家自为谱也。"嘉庆十四年"十二世裔孙邑庠生秀卿"撰《重桂堂易氏宗谱序》中说："谱之为义大矣哉！将以叙彝伦、立礼义也。不信则不善，不善则传良可惜耳？故君子之为谱也，别庶姓以示信，尊祖考以示善。盖祖考尊则礼义可以立，庶性别则彝

---

① 清光绪元年重桂堂木活字本，江西省图书馆藏本，存一册。

伦可以叙也。"在嘉庆十四年"十四世裔孙之筎"撰《重桂堂易氏宗谱序》中说："先儒戴氏曰：万物本乎天，人本乎祖，子孙之与祖宗一气也。自族别为姓，性别为望，望别为房，一气之所生，渐推渐远。此眉山苏氏所以有一本之亲，视为途人之语也。夫不忍以一本之亲视为途人，将舍谱牒何以哉？然而谱牒之难也，自隋唐特重谱局，学有专门，至欧苏而图牒之法乃始称善，后世宗之，要皆不失乎实录者。"这三篇谱序中都有一段话分别专门论述了修谱的历史、谱牒的重要、为什么要修谱。清代江西族谱大多类此《易氏宗谱》，在序文中有谱论之段。

5. 遗像、像赞

清代大多数族谱都会收录先祖的画像，并有本族子孙，或亲戚，或有一定地位的友人写的"像赞"。后辈之所以写"像赞"，主要是称颂先辈的品德和才华等，激励后人以先辈的事迹和品行为榜样，如清代江西刘氏《刘氏重修宗谱》中的"谱例像赞"条所说："记曰：思其居处思其笑语，此正子孙承先之德。谁谓设像非古乎？先人历官达重乡评正，足启后人水源木本之思，历百世高山景行之仰者，故必特写小像，胪列名章，令后世子孙起敬起孝且可借为感奋之一端。"[①]

以民国九年（1920）佚名纂《万载南田王氏族谱》[②]为例，在卷之一中收录有朝阳房亮公图、朝阳房业公图、朝佐房宣公图、朝佐房宜公图、朝佐房宾公图、朝觐房尧公图、朝觐房曰嵊公图、朝觐房曰余公图、朝魁房曰敬公图、朝信房曰贞公图、国忠继嗣曰叟公图，即收录的先辈遗像还是比较多的。在卷之十三《列祖实传》中收录有先祖的传、碑铭、墓志、赞、像赞、寿序、像引，如《外祖海翁公像赞》："钦惟我公，想是香山之叟、白莲之翁，珪璧其质，江海其胸，不逐纷华，不趋艳浓，青白不形眼底，雌黄不出口中，孝若老莱，悌似温公，色愉气和，怡怡融融，无诈无骄，愈盛愈恭，成人之美，济人之

[①] 欧阳宗书：《中国家谱》，新华出版社1993年版，第107页。
[②] （民国）佚名：《万载南田王氏族谱》，民国九年三槐堂木活字本，江西省图书馆藏本，存三册。

穷，石亭是创，桥梁是通，箕裘宏远，堂构崇隆。昔植三槐，今树五柏，清标直傲，三冬宜乎！两凤齐飞，森阒竞秀，面享箕福之骈襛，篱边晚菊，石畔孤松，荼铛竹杖，乐哉！斯谁与同？选拔任宜黄县教谕愚外孙辛汝勷拜撰。"

再如《外祖母宋大孺人像赞》："和凡心训子，其韩氏之侣乎！锉荐以款宾，其陶母之俦乎！忆昔之裙布、荆钗、鹿车共挽，其鲍宣之良匹乎！今日之朱楼、书阁、白发齐眉，其梁鸿之好逑乎！睢鸠之诗、鳞趾之什，吾当为孺人咏之。选拔任宜黄县教谕愚外孙辛汝勷拜撰。"

从这两则像赞可知，像赞主要是赞美性的语言，赞美其品德、才华和成就（见图10）。

（a）　　　　　　（b）

图10 清光绪三十三年新安堂《（袁郡）古氏族谱》卷一《像赞》，江西省图书馆藏本

6. 恩荣录

恩荣录即族谱中收录的朝廷对宗族先辈的敕书、诰命、赐匾等。只要宗族先辈中有人曾得到过这项荣誉，族谱都会收录，因为这也是宗族的荣誉。然而，对大多数宗族而言，都缺这一项，所以许多族谱中没有这项内容。

7. 先世考

先世考即考证得姓之源、始祖、先辈迁徙、分支等的一些情况。有的族谱设有专门的章节撰写这部分内容，如设有《姓源》等，但清代大多数族谱只是在《谱序》中谈及这些内容，正如欧阳修的《欧阳氏谱图序》中追述了姓氏之来历，远祖的迁徙、分支情况，及近祖欧阳琮、欧阳通如何来到庐陵等。苏洵在《苏氏族谱》开篇也是如此，追述了得姓之始及远祖之情况，近祖苏味道如何到了眉州等。清代江西大多数的族谱亦如欧、苏，在《谱序》中阐述这些内容，如前述江西宜春《重桂堂易宗谱》的几篇"序"，只追溯到易氏定居宜春（袁州）之始祖及定居之原因，没有追述更远的情况；在嘉庆十四年（1809）十二世裔孙易秀卿写的《序》写道："易之籍于袁也，自汉征南将军洸始，洸以领兵至宜，子孙居之，日以繁盛，迄唐会昌时，重公及进士第，而家益大哉，然则宜阳易氏凡今所流衍固一本无二宗，且夫自唐武宗历五代宋元距我祖来迁之期仅五百岁耳，中间世有续谱即经兵灾稍稍散佚，然文献不无可考者顾不祖焉；而断自荣甫者，亲小宗以别于大宗，所惟尊祖考也，尊大宗莫敢衰焉。"嘉庆十四年（1809）郭大绥写的《序》中道："宜邑之有易氏自汉征南将军洸始，武帝命洸领兵宜春，卒，遂葬焉，子孙因之，邑有将坟山在。越数十传至重，唐会昌中及进士第，官大理评事，是皆不为无据。顾宜邑之易众矣，洸与重世系抑有远矣……今塘下易氏不谓然也，其迁自南昌者为荣甫、华甫昆季，请即以此为之断而其上敬则隆矣。"这两篇序文都没有追溯易氏得姓之始及远祖的情况，仅追溯到定位江西宜春之始祖易洸，及定居之因。

许多族谱的"序"中往往会从得姓之始说起，或追溯到得姓之始，如清道光二十一年（1841）刊本《万载袁氏族谱》开篇即《源流新序》，从得姓之始到苗裔迁徙至"袁郡之万邑，宜春之分宜"[①]，星罗棋布。其关于得姓之始："袁氏盖自大宋之后。武王克商有天下，下车发即封舜后胡公于陈；追胡公七世孙庄伯辕仕陈大夫，孙涛涂以祖字为氏，后世去车为袁，盖我庄公伯为我受姓之始祖也。后因官任汝南，此汝南郡之所由名也。自周而秦，自秦而汉，至我益公以后，绵绵支派旧牒可稽，

[①]（清）袁芝秀等纂修：《万载袁氏族谱》，道光二十一年汝南堂木活字本，江西省图书馆藏本，存五册。

故又以为一世祖也。"再如《(萍乡小库村)古氏族谱》卷首《序》中有专追溯源流的《源流族谱序》,也是从得姓之始,直写到如何分迁至萍乡小库村(见图11)。

图11　清光绪三十三年新安堂《(袁郡)古氏族谱》,江西省图书馆藏本

8. 族规、家法

族规、家法是各地各宗族、家族自身制定的约束、规范和教化族人的宗族规约。从常建华先生首次发现的元代福建人吴海《闻过斋集》卷一中的《吴氏世谱序》,其中的"凡例"可知,元人的族谱已有家训、家规。[①]明代族规普遍兴起,据常建华先生研究,存世的明代族规以安徽特别是徽州为最多,江苏、江西、浙江等地区也有一些。清代的族谱或家谱都有族规,这是族谱或家谱的重要内容,其名称众多,如家约、家戒、家法、诫谕、家规、家议、家典、家范、家训、宗禁、祖训、族规、族约等。关于族规、家法等待后述(见图12、图13)。

[①] 常建华:《元代族谱序》,载《谱牒学研究》第三辑,书目文献出版社1992年版,第86—87页。

图12　光绪三十三年新安堂《（袁郡）古氏族谱》

图13　光绪三十二年道南堂《宜春北关五甲杨氏族谱》

9. 祠堂、祠规

清代各宗族都建有祠堂，有些联宗祠堂规模宏大，所以清代的族谱或家谱里都会有关于宗族建祠的历史，并记载有宗族祠堂之建筑规模、地理位置，还会收录有祠堂图、捐建人名单及捐款数额，会画有神位世次图等，还有祠联、祠匾等。关于祠堂的由来和变迁待后述。

祠堂是全族人聚会和议事之处，所以，许多宗族都制定有祠规、祠约等，对祠堂的议事规则和管理等做出规定，待后述（见图14）。

（a）　　　　　　　　　（b）

图14　清光绪三十二年道南堂木活字本《宜春北关五甲杨氏族谱·祠堂图》

10. 五服图

五服，即五种颜色的服装，这是中国古代特有的丧服制度，有斩衰、齐衰、大功、小功、缌麻五种服色；穿不同的服色，表明穿者与死者亲疏关系的不同，按中国古代的礼制，在丧礼期间穿着，丧礼结束后的一些悼念活动仍需穿着，直到礼制规定结束的时间为止。在清代的族谱中一般都会载五服图，目的是为了表示尊祖敬宗。以清代江西的一些族谱中所载为例（见图15、图16、图17）。

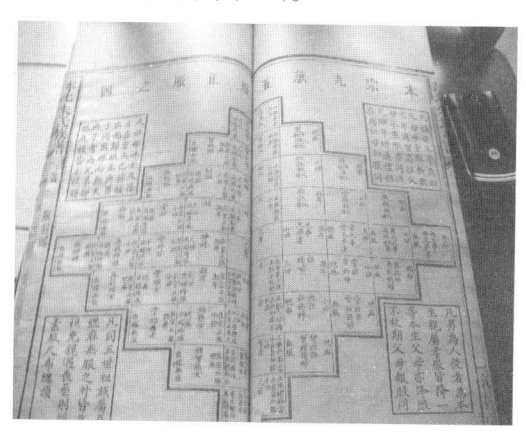

图15　清光绪二十年沛国堂木活字本《萍北朱氏族谱》所载《服制图》，江西省图书馆藏本

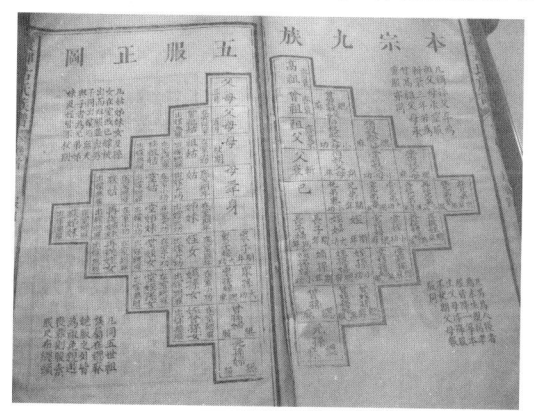

图16　清光绪三十三年新安堂木活字本《（袁郡）古氏族谱》卷首载《服制图》，江西省图书馆藏本

图17　清光绪二年三槐堂木活字本《（萍乡小库村）王氏族谱》卷一《五服图》，江西省图书馆藏本

11. 世系

世系，即人口一代代的繁衍情况的记录，这是族谱中最重要的部分，族谱的产生之始就是记录世系，中国早期的族谱就只记录世系。到北宋欧、苏创立庶民族谱范例，世系图是其中的重要内容，但增加了几方面的内容。到清代，族谱虽是家族百科全书式的，记录宗族的方方面面，但世系图是其中最主要的部分，没有世系图就无法尊祖敬宗，只有明世系，才能明血缘亲疏、辨昭穆。

清代的族谱中世系的记载,一般是从一世祖到修谱时止,"家族所有成员的姓名字号、生卒年月日、寿数、科第、职官、葬地、妻室、正妻及续娶的姓氏、父名、行次、有子女妾姓氏、受封侧室姓氏。子,人数,有无出嗣。女,人数,出嫁何人。这些一律依辈分高低、年龄长幼、嫡庶亲疏排列,一族人的源流关系、血缘亲疏、繁衍情况、婚嫁情况皆可一目了然"[①]。(见图18、图19)

（a）　　　　　　　　　（b）

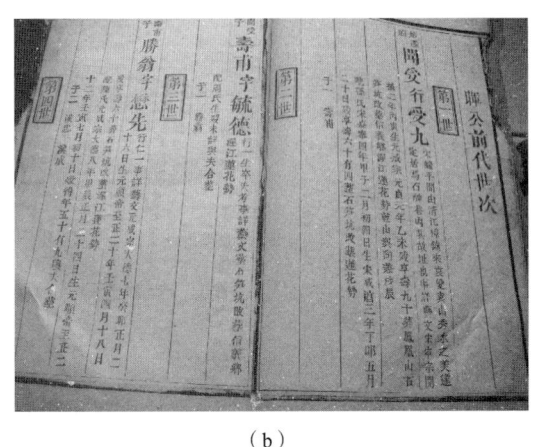

图18　清光绪三十二年道南堂《宜春北关五甲杨氏族谱》中的《世系图》

图19　嘉庆四年三槐堂《(奉新)王氏宗谱》的"世系"

12. 传记

传记是关于人物事迹的文章,中国古代常用的人物传记的文体有墓

---

① 欧阳宗书:《中国家谱》,新华出版社1993年版,第114页。

志铭、行状、传、小传、志略、行实等。传记是族谱中的重要部分，从欧、苏谱始，在先辈事迹考中，就有一个个人物简略传记。从元代福建人吴海《吴氏世谱序》中的"凡例"可知，元人族谱中有"墓志"记载先辈事迹。清代谱中的人物传记对人物事迹记载都较详细，有些族谱还有专门的"列女传"记载家族中的女性事迹。先辈事迹的记载，主要为激励后辈，为后辈的为人处世树立样本。以清乾隆四十四年（1779）《（丰城骊塘）甘氏族谱》卷一中的几则传记为例：

闲园公传

公名镌，字永石，闲园其号，仲奇公之次子也……先公客广，公数千里奔视；先公卒，丧阻，不得归，公多方调剂，迎榇归葬。抚幼侄，至于成立，其孝友性然也。在学六十余年，培植于学校者甚力，遇事敢言，不为势利屈，贫者周之，弱者扶之，学议修则捐资以倡之，力破时俗悭吝之习。岁癸巳，永安垱几至圮，赖公笃修之力，人庆安堵。王公履仁莅丰，雅重之。值洪水泛涨，观音阁二王庙之垱几至不保，悉以委公；公复引为己任，修砌之法一如修永安垱，同计工而食伙，提净石，取坚银，钱绝不假手，亦不假手胥吏，工资物价止给小票，一纸令照，数赴宅门以领，故切归实用，无克无侵，事竣复闭门自好，专意课读，侯益贤之，有澹台遗范之曰，亲送匾以旌其庐。学宪沈访公行复，以优咨部，额曰：端品，此公之动人有由然也。至于修祠修谱以敦一本之亲，解忿息争以全乡族之好，惟及蠲租释欠，助棺助葬之类，有不胜其屈指，第觉其美在难忘也，时己未六月十日，端坐而逝，享年八十六，葬望城岗，仲奇公右。

曾孙时识

从这则传记可知，后辈为前辈写传，主要是记述先辈值得称颂的事迹和优良的品德，为后辈树立良好的人格典范和为人处世的榜样。

烈母蒋氏传

烈母姓蒋氏，系出长安楼下坊，少端庄，姆训及笄，归我族叔祖，为志公称贤内助，事翁姑，务得其欢心。夫故儒家子，母纺绩以佐砚田，及产三男一女，食指渐繁，家益窘，夫便于佣书计，自邑之皇华门僦居治前。顺治戊子秋，高兵掠丰邑，高兵者故帅杰之游骑也。时母有身已八九月，闻寇警即涕泣，不欲生，其夫曰盍避诸，乃趣装先行，母负幼子偕邻妇仓卒逃难。甫出门遇寇掠之行，母求死不得，间会寇入人舍，母乘间语邻妇曰："与污而生，宁洁而死。"言讫把幼子跃入井，邻妇从之，水涸不得死。寇拘翁，以危言劫妇上，寇犹不舍，母百计绐之，母曰："吾惟求一死，安肯为贼子污辱耶？"寇怒推进上石栏压之，母子立成荠粉，寇乃去。死进年三十七，里人义之。迁葬于折桂门外，议欲夷井，或曰：勿夷，留以志母烈。其夫亦行，不数武为寇所杀，进七月十五日也。余所居密迩，治前从诸父老游，言母事甚悉，且谋祠祀，母其裔孙子轮欲表彰前烈，余甚题之，因为之传其略。

论曰：戊子之秋，死于乱兵者多矣！兹胡以传曰：以其巾帼传之也，以其可以苟生而必死传之也。呜呼！可以苟生而必死，其烈与投崖窦女等，使紫阳复生，亦当编入善行类矣！父老之欲祀也，宜哉！

族侄孙绂撰

这则"烈母传"称颂的是一个女子为保全节操而不惜死的优秀品格。族谱中关于妇女的传记，都是称赞作为中国妇女勤劳、贤惠、守节等的优良品格（见图20）。

（a） （b）

图20 清光绪二年《（萍乡小库村）王氏族谱·传》，江西省图书馆藏本

13. 族产

族产即宗族或家族中共有的财产，有田土、房屋、店面、坟地、山林、义塾、书院等，在修谱时会清晰地记录在族谱中，即族产是清代族谱的重要内容。有的宗族由于族产多，甚至有专门的《祠产册》，如江西省图书馆藏有民国李振铎等纂修的《（万载安仁坊）李大祠章程田册》，不仅详细登录了万载安仁坊李氏宗族所拥有的田产，还登录了购买这些田产时的契据。同样，清光绪三十二年（1906）道南堂《宜春北关五甲杨氏族谱》中的"祠产"也是如此，登录了当时购买田产、房屋的一些契据。

清代江西大多数宗族都拥有一定量的族产，宗族中人常用公产收入争讼，致使清代江西讼案多，这是州县政权往往很无可奈何的事（见图21）。

（a） （b）

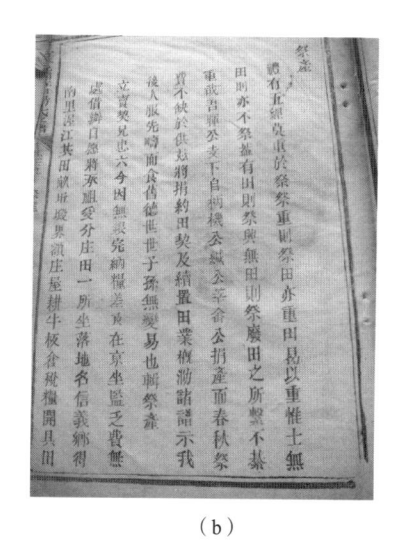

图21 清光绪三十二年道南堂《宜春北关五甲杨氏族谱》中的《祭产》

14. 契据文约

契据文约，即在族谱中登录的宗族买山林、土地、房屋等族的契据及宗族内部承嗣、婚姻、分家的协议等。清代的族谱中常登录有这类文字。

15. 坟茔

清代族谱中都会刻录宗族坟山的位置、祖坟图及各支派墓地的分布情况等，即"坟茔"是清代族谱中的重要组成部分。在族谱中刻录"墓图"，在元代的族谱序中已有记述，如吴澄在《巴塘黄氏族谱序》中说："皇元至大戊申，名绍复者润色旧谱锓之以传，并刻初三代所葬地图九，栝之孙复亨又备其所未备请予序之。"[①] 从明人的族谱序中可知，明人修谱已传承了元代刻录并说明宗族墓地修谱法，如杨士奇在《杨氏家乘序》中就谈到这一点。（见图22）

（a） （b）

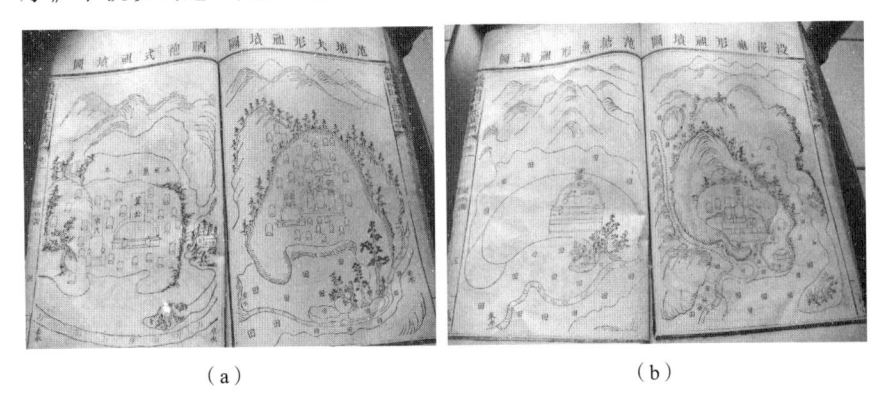

图22 （民国）佚名纂修《万载南田王氏族谱》中的"祖坟图书"

在清代的族谱中，一些族谱除刻录有坟山、坟图之外，还记录了购买坟山的"文契"，宗族保护坟山的"禁约"和为保护坟山而与他人争讼的案例。如清光绪三十二年（1906）道南堂《宜春北关五甲杨氏族谱》卷五《茔墓》中载有《渥江祖地文契》《买五坡岭固风龙契》《续买五加背化船岭契》，分别记载了宣德三年（1428）、乾隆四年（1739）和乾隆三十三年（1968）购买山岭做坟山的契约；还有杨氏先辈升晖二公分家的文约《升晖二公合约》和禁止他人挖其坟山土的《奉县主谕立禁碑》《黄龙冈蛇形禁约》，以及乾隆二十四年（1759）案例《误认明季古冢为祖坟发掘焚死一案》等。在清代族谱中的"坟茔"部分，内容是很丰富的。

16. 年谱

在清代的族谱中，有的族谱有专门记载族中某位或几位名人生平事迹的篇章，即"年谱"，如宜春《塘霞欧阳氏族谱》中有专门记载

---

① （元）吴澄：《吴文正集》卷三十二《序》，《景印文渊阁四库全书》第1197册，第353页。

欧阳修生平的《永叔公年谱》[①]。但就江西而言，大多数清代族谱没有此项内容。

17. 家礼

中国是个礼仪之邦，从上古以来，中国人就非常讲究礼仪，冠婚丧忌等都有严密的礼仪。从汉代以来，中国就有礼仪专著，如《仪礼》《礼记》等。到南宋时，朱熹撰写了《家礼》。明清时期，朝廷非常注重礼仪教化，特别是明太祖朱元璋，再三诏令要用礼仪教化国民，并集合文人编纂了《大明集礼》。清代的皇帝亦然，都是非常重视用礼仪教化国民。因而清代的族谱中有一项重要的内容，就是详细记载宗族必须举行的各种礼仪，如宗族的冠礼、婚礼、丧礼、忌礼、祭祖礼等。如光绪三十二（1906）年道南堂刊本《宜春北关五甲杨氏族谱》有《吉凶礼附》：

一　冠礼乃成人之始，三加重典不可简率，是日当设五果三、茶三、酒、香烛、牲供用，礼生二人，引冠者父子诣祠寝前，先四拜府伏读告文曰：维某年月日，嗣孙某敢昭告于道南堂上祖先位前曰某之子，某仰明先德，幸获成人礼，重加冠，詹此良辰，谨备酒果，用伸虔告，再四拜礼毕。

一　婚礼乃人道之始，虽杂异处，未有不告祖者，若生不见祖堂，死安得入庙？此庙见之礼不可废也。本日娶于私第，三朝后翁姑率子及子妇同诣祠堂见祖，备酒果香烛先四拜府伏，读告文曰：维某年月日，嗣孙某敢昭告于道南堂上祖先位前，曰以某仰叨先德，垂裕后昆，有某男前聘某处某姓室女为姻，已于某月某日亲迎完配，谨涓。今特申庙见，伏愿宜室宜家，以似以续，克昌后裔，无忝前人，谨告，再四拜礼毕，归私第参长伯叔辈，不回礼，兄长辈回两礼，弟侄辈平拜，以明长幼有序之义也。

一　丧礼宜以文公家礼为准，衣衾棺椁各如其分设，吊延宾贫富为之，不宜苟简，至于道场追荐，切不可为是以无益而害有益，此当时弊俗宜变革之。孝子宜杜门守制三年，内设主于私第，俟服阕之日，必择

[①] 欧阳宗书：《中国家谱》，新华出版社1993年版，第120页。

良期，孝子捧主入祠，用礼生二人，先四拜府伏读祝文，曰维某年月日，嗣孙某敢昭告于道南堂上祖先位前，不幸先考或妣奄忽弃世，遗孤某三年服痊，谨涓。吉辰奉主入祠升祔昭穆之班，永受馨香之荐，兹备庶馐用申，虔告，再四拜，礼毕。

一 生忌日，生日宜奠于私室，忌日宜奠于祠堂，盖存重生日，死重忌日，故宜设酒果，先行四拜，读祝文曰：维某年生，仙逝之日追思承欢，或音容不可复得，曷胜悲感恭伸奠献，再四拜，礼毕。

（a）　　　　　　　　（b）

图23　清光绪三十二年道南堂《宜春北关五甲杨氏族谱》卷五《祭礼·吉凶礼附》

然而，大多数族谱都没有"吉凶礼"的内容，但清代的族谱必定会在祠堂祭祖礼仪中有详细规定和祭祖的程序、动作、语词及祠堂的摆设等，以及对所有族人的要求等，族谱中的规定往往复杂而详细，待后述。

18. 艺文

艺文，即文章、诗词等作品。族谱中收录的艺文，都是族中先辈的著述，包括奏疏、殿试文、诗词、对联等各种作品，以及族中先辈友人为族中先辈所写墓志铭、传记，特别是名公巨卿对族中先辈的哀婉贺祝文赞等。族谱中收录族中先辈的作品是为了"垂不朽"，激励后人；族谱中收录先辈友人对先辈的哀婉贺祝等作品，是为了"昭德望"，即显示宗族的文化、政治底蕴和声望。如宜春《塘霞欧阳氏族谱》卷末收录有欧阳修诗文集，靖安《龙岗况氏宗谱》"艺文类"中收录有其宗族名人苏州府知府况钟的诗文数十篇（首）。①从现存的清代族谱来看，族谱中的"艺文"大多为族中人所写或先辈友人所写有关先辈的"墓志铭""墓表""传""小传"等（见图24）。

图24　清光绪三十二年道南堂《宜春北关五甲杨氏族谱》卷七《艺文·墓志》、卷八《艺文·记》

19. 名绩录

清代有些族谱会记载本族或族人所修建的桥梁、亭台、堂舍、庵寺、书院等公益意义的建筑，可算是宗族或族人的善举记载，对后人是一种激励，鼓励后人行善积德。但许多族谱没有这方面的内容，这就取决于修谱者是否有心收集与记录这方面的内容了。

20. 仕宦记

从宋代欧阳修、苏洵修谱时就很注重叙述先辈的宦迹，这是家族的荣耀。欧苏之后，宋元明时人修谱都保持了这一修谱的传统。发展至清代，清代的一些族谱中有专门记述族中先辈名人科举、官名、政绩等的"仕宦记"或"簪缨录""荐辟录""科第录"等。如前述清代江西《清江杨氏五修族谱》中有"簪缨录"，记录了从曾任宋代赣州太守而始迁清江的杨天锡，直到清后期族人中，所有有科举功名者共157人，其记录较

---

① 欧阳宗书：《中国家谱》，新华出版社1993年版，第124页。

为简单，仅字、号、曾任官名、科举功名，或者无官名（见图25）。

（a）　　　　　　　　（b）

图25　清光绪二十三年《清江杨氏五修族谱》中的"簪缨录"

21. 字辈谱

字辈谱即记载世系的排行语，一个世系取一字，如毛泽东为"泽"辈，其兄弟有毛泽民、毛泽覃，堂妹毛泽建；其父毛贻昌为"贻"字辈，其祖父毛恩谱为"恩"字辈。湖南《韶山毛氏族谱》字辈谱为：

立显荣朝士，文方运济祥；

祖恩贻泽远，世代永承昌。

孝友传家本，忠良振国光；

超元敦圣学，风雅列明章。

字辈谱又称为排行、派行诗、派语、行第等。清代的族谱大都有字辈谱，其目的在于"联宗支而著亲疏之别""次世系而定长幼之规""尊卑秩然，昭穆不紊，观雁行而画一可稽者，此谱派所以信今而传后也"。[①]

[①] （清）古诚意修、古学杰纂：《（袁郡）古氏族谱》卷一《谱派说》，清光绪三十三年刊本，江西图书馆藏本，存七册。

（a） （b）

（c）

图 26 清光绪三十三年《（袁郡）古氏族谱》卷一《谱派说》

22. 领谱字号

族谱是宗族的重要文档，是宗族之所以为宗族的重要标志，是引领宗族行动的旗帜。族谱修好后必须严格保管，一般不公开，不能外借他族人，不许私售，每年必须在规定的时间将谱带到祠堂由族长等检查，所以在谱修好后，每部谱都编有号码，发给各房领取，每位领谱人都有一字号，便是领谱字号，并记录在族谱中，以嘉庆四年（1799）奉新《王氏族谱》为例（见图27）。

图27　清嘉庆四年三槐堂《(奉新)王氏族谱》卷一《领谱字号》

23. 续后篇

续后篇即谱后留的空白纸数页，留待后世子孙续填，表示绵延不绝，所以续后篇又称余庆录。清代的族谱大多有此格式。

（五）江西族谱与周边省族谱的比较

江西的族谱与周边省份的族谱相比较，是否有些地域特点？所谓千里不同风，百里不同俗，江西特定的地域背景下，江西的族谱是否有其特点？由于现存的元明江西族谱已不存在，我们只能就清代的江西族谱与周边省的清代族谱做些比较。

就编纂体例而言，清代南方各省的族谱没有大的不同，大都包括前述这些内容，如谱序、凡例、谱论、遗像、像赞、世系图、先世考、恩荣录、族规（家训）、祠堂、五服图、传记、族产、契据文约、坟茔、吉凶礼、艺文、名绩录、字辈谱、余庆录、领谱字号等。但与徽州族谱相比，清代江西族谱有些条目就很少有，如古迹（记载牌坊、园亭等建筑物）、家庙、宗亲会、公文（对政府公文的辑录）等。清代江西有些族谱往往在开篇载有"圣谕"，特别是康熙皇帝的《上谕十六条》，这常是周边省份清代族谱不常有的，主要是因为明后期至清前期闽粤移民江西家族发展的时间短，没有形成大族和望族，为增加族谱厚重分量而常载入《上谕十六条》。

清代江西族谱与周边省份族谱的最大不同，是在具体内容方面，如福建族谱表现出对宗族身份的确认感和归属感需求强烈，对风水和信仰更为重视，现实功利性强[①]。福建族谱还反映了福建人口移民台湾及闽台历史关系。徽州族谱则更多地反映了徽商的特征，如修谱与商业的发展关系、徽商与徽州文化教育发展的关系、徽商"贾而好游"的特征等[②]。广东族谱则记载了有关粤人移民港澳台及移民海外的历史、原因、侨居地的分布和华侨对家乡的贡献。[③]江西的族谱在内容上的突出特点是反映了北人南迁入赣的历史过程、明清时期闽粤人口迁赣的过程，以及耕读传家为核心的社会发展历程。

五、赣鄱族谱的社会历史功能、价值与社会文化意义

族谱对历史研究有着重要意义，这已是学术界的共识，学者们常引用20世纪初梁启超的那句话来说明族谱的社会历史研究价值："尽集天下之家谱，俾学者分科研究，实不朽之盛业。"[④]20世纪80年代以来，随着中国学术研究的繁荣，众多史学界的学者们在研究中国族谱的同时，阐述了族谱的史学价值，如常建华的《试论中国族谱的社会史资料价值》（载中国谱牒学研究会编《谱牒学研究》第一辑）、武新立的《中国的家谱及其学术价值》（载《历史研究》1988年第6期）、柳立言的《族谱与社会科学研究》（载《汉学研究》1988年12月第6卷第2期）、欧阳宗书的《试论中国家谱的民俗史料价值》（载《谱牒学研究》第四辑）、葛剑雄的《家谱：作为历史文献的价值和局限》（载《历史教学问题》1997年第6期）、王利亚的《海内外对中国族谱的开发和研究》（载《晋阳学

---

① 仲兆宏：《明清苏闽族谱内容比较研究》，载《苏州大学学报》2013年第4期。
② 姚硕：《徽州家谱编修特点及徽商特征研究——以〈西关章氏族谱〉为例》，载《沈阳大学学报》2014年第4期。
③ 蒋志华：《试论民国时期广东家谱的编修特点》，载《文献季刊》2004年第4期。
④ 梁启超：《中国近三百年学术史》十五《清代学者整理旧学之总成绩》，商务印书馆2011年版。

刊》2003年第2期）等。学者们论述了中国的族谱对谱牒学、人口史、移民史、家族史、民族史、民俗史、社会经济史、政治史、文化史、思想史、中西交通史、华侨史等多方面研究的史料价值。

就清代江西族谱而言，对江西地方史研究的方方面面都有价值，但笔者认为对下述问题的研究尤其有重要价值。

（一）研究江西的人口来源和人口迁移的重要史料

江西的人口是如何来的，江西历史上的人口是如何迁徙与变迁的？我们可以从正史的相关记载、从地方志中的相关记载、从宋代至清代的文人文集中的"行状""墓志铭""族谱及跋"等进行爬梳，但是族谱是重要的资料,任何一个研究移民史的学者都少不了要从族谱中寻找资料，因为每一部族谱中的"序"或"世系源流考"都会追溯开基祖开基本地的缘由，开基祖之前的一些迁徙情况，许多族谱"世系源流考"还会追溯得姓之始及得姓之后人口迁移情况，但族谱中关于远祖往往会攀附或牵强地与名人挂钩，所以，可以确定的往往是从开基祖开始。若将现存公藏和民间藏族谱中关于开基祖的开基由来汇集起来，就是一部江西人口迁徙史和发展史。以前述的一些宗族为例。

宜春的易氏是宜春的大姓，在赣西一带广泛分布，据江西省图书馆藏清光绪元年（1875）刊本《（宜春赤溪塘）易氏宗谱》和民国九年（1920）刊本《（宜春霖田）易氏宗谱》中的"序"可知："宜邑之有易氏，自汉征南将军洸始，武帝命洸领兵宜春，卒，遂葬焉，子孙因之。邑有将坟山。在越数十传至重，唐会昌中及进士第，官大理评事，是皆不为无据，顾宜邑之易众矣！洸与重世系抑有远矣。"[①]这段话表明了宜春易氏在赣的由来，然而，清代易氏子孙在编修族谱时，各自会将一世祖断自其居住地的开基祖，如宜春赤溪塘易氏在嘉庆十四年（1809）修谱时，"郡廪

[①] （清）佚名修纂：《（宜春）赤溪塘易氏宗谱》，光绪元年重桂堂木活字本，江西图书馆藏，存一册。

生年家眷教弟万载郭大绥"在序中说："其迁自南昌者为荣甫、华甫公昆季，请即以此为之断，而其上概从略焉。"即赤溪塘的易氏在清代嘉庆十四年（1809）修谱时，谱的一世祖断自从南昌迁来的荣甫和华甫兄弟俩，而非远祖易洸或易重，"十二世裔孙邑庠生秀卿"在序中则更清晰地说："文献不无可考者顾不祖焉，而断自荣甫者，亲小宗以别于大宗，所以尊祖考也。尊之以大宗莫敢裹焉，庶几敬以隆，而孝以广，礼义或于是而立乎。自（易）重而下，族属四出，无虑数十村落，易氏所在多有，顾不暇著其分派。"民国九年（1920）《（宜春霖田）易氏宗谱》序中则记载了易氏在宜春分迁的一些情况："自唐重公大魁后，代有闻人，子福公其苗裔也，公当宋末从九廉（坊）徙北关，北关有易自子福公始。传四世至勤公再徙塘头，塘头有易自勤公始。又三世至德让公暨其子钦爵公转徙北关，钦爵公裔曰之章及其弟之选之裔，以兵灾不得安堵，遂辟地于化南乡霖田，霖田有易自章、选二公始，自章、选二公迁霖田以来继继绳绳于今勿替。"这段话记载了易氏在宜春传衍的一些情况。

再以万载县辛氏为例，江西省图书馆藏有万载辛氏 9 部族谱[①]。这些族谱的序都记载了辛氏定居万载并在万载传衍的历史。

1995 年辛庚发主修《万载辛氏族谱》中的《长房序》和《次房序》基本将万载等县辛氏的由来及分迁情况作了清晰的叙述。

《长房序》：

辛姓人，乃是轩辕黄帝和夏禹之后代，祖宗源头甘肃陇西郡。追思仕万远祖开宣公，由山西宦游万载。继之，家万始祖竭公，专为一世之祖。竭公者，主敬公之幼子，弃疾公嫡孙，因奠祖居万，距今有七八六年。（顺房二十六世嗣孙绍尧）

[①] 1995 年辛发庚主修的《万载辛氏族谱》（铅印本），乾隆四十五年（1780）辛金寿等主修的《万载辛氏族谱》（木活字本），咸丰十年（1860）辛廷杰主修的《万载辛氏觐房谱》（木活字本），咸丰十一年（1861）辛树仁和辛子敬主修的《万载辛氏顺房谱》（木活字本），嘉庆二十年（1851）辛其章主修的《辛幼房祭先事件册》（木活字本），道光十六年（1836）辛汝莹主修的《万载辛氏幼房谱》（木活字本），光绪元年（1875）辛守质主修的《万载辛氏幼房谱》（木活字本），民国三年（1914）辛怀之与辛际唐等十二人主修的《万载辛氏幼房谱》（木活字本），光绪三十年（1904）辛景舒与辛庆光主修的《万载辛氏六房谱》（木活字本）。

《资房序》：

今集中居住在江西万载、宁都两地的辛姓均系竭公之裔。竭公世代为官，世居万载而卒于万。其长子英、幼子冠留万载世传，次子勇迁至乐安县，其裔又有到丰城等地定居繁衍。

据考证，勇公第八世孙，进士立义公被遣至宁都为官（何官不详）。此前宁都三届谱中均载立义四世孙贵发、贵洪首迁宁都。但据谱中所载立义公及其子成德、成誉之葬"仁义乡归仁里"推测，应是立义公首迁宁都，时间大约是明朝弘治年间。因当时的"仁义乡归仁里"即现称的宁都县刘坑乡和固厚乡两乡接壤地区老溪、凤凰、南坑、上坎等村。

另据谱载，立义公第七世孙文奎勤俭持家，吃穿有余，于是在当时的仁义乡旭仁里洋田段、狐狸坑等处买下了砂田地坟山。文奎公生有五子，除次子君琭外的其他四子，则均留居现在折老溪狮石下。

如上述易氏、辛氏，现存族谱中都可看到对其族入赣开基及分迁的情况，所以，现存的公藏与私藏的族谱都是研究人口史的重要资料。

（二）研究江西农村社会发展历程的重要史料

江西的农村社会走过了怎样的发展历程，我们可以从正史、政书、文集、笔记、小说、地方志等各种相关记载展开研究，但族谱是重要的资料，最为集中地反映了明清时代，特别是清代农村社会的发展历程，因为一个宗族就是农村社会的基本结构单位，特别是明清时代的南方农村社会，聚族而居，一个个宗族的发展史就组成了农村社会的发展史。同样，一个宗族的发展史也就浓缩了农村社会的发展史。我们可以从族谱中看到宗族的社会结构、宗族的族长和乡绅们是怎样控制宗族与维持农村社会的稳定传续，宗族和乡绅是怎样开展农村社会建设、清代的农村社会矛盾等。

以清代万载辛氏为例，从上述江西省藏辛氏族谱，我们可以作为个案了解到，清代以宗族为基本单位的农村社会的稳定与发展，靠的是宗族与乡绅的维系。

第一，宗族自我设定的权力与管理机制。

宗族选有族长和房长，这是宗族的主要管理者。清代雍、乾之际，省级政权在江西全省推行乡约、保甲与族正制时[1]，宗族还设有族正，即宗族的管理者，从辛氏宗族的材料来看，族正是次于族长的主要权力者。辛氏宗族的材料反映其宗族还设有"禁首"，是次于族长、族正、房长的第四权力者，从辛氏宗族的材料可知，禁首主要是监督与检查族规与祠规的执行情况。此外，每户还设有户长。族长会同族正、房长、禁首、户长及族中绅士、斯文在祠堂议事和处理宗族事务，使宗族有序运行。咸丰十一年（1861）的《万载辛氏顺房谱》[2]卷首《案略》中有一段话反映了辛氏宗族的权力构成："乾隆三十八年合族公禀族长职监辛金寿、族正生员金紫、房长贡生汝岐等七人，绅士举人廷芝等九人，抱告受华、禁首长冬等六人"，这些族中权力者们代表宗族前去县衙"恳恩示禁以固龙脉"。在上述《顺房谱》卷首《祭仪·宗祠颁胙条规》中的规定也反映了辛氏宗族的权力结构："族长八斤、族正六斤、房长首士各五斤，如系绅士另照本色递加"，"禁首各二斤"。

清代的江西宗族就是在这种自我设定的权力机制下，宗族的权力者们自我管理着宗族有序运行。

第二，清代的农村宗族设定了族人行为的规范与约束机制。

农村宗族社会对人的行为的约束，主要是来自于族规和祠规。族规明确规定了族人的行为准则，如若违规要按规定惩罚。而祠规则规定了族人在祠堂的行为规则及宗族的运行规则，如若违规同样按规定受惩罚。

乾隆四十五年（1780）的《万载辛氏族谱》中的族规对族人所立的行为准则有：

①敦孝弟人伦，万事根本。孝友人生大节，门内乖张则根本已坏；大节先亏，任尔富贵显荣终是不可以为人。所以昔人垂训开端便说孝弟。有一等人田产看得极重，父母兄弟看得极轻，不思罔极之恩，碎身莫报手足之亲，千金难得买（父母之恩）。今与众约，各宜猛省，力尽爱敬友

---

[1] 常建华：《乡约·保甲·族正与清代乡村社会治理》，载《华中师范大学学报》2006年第1期。
[2] 江西省图书馆藏本。

恭之实，倘有不孝不悌者送祠从重惩责。

②端心术为平生受用之本……毋怀嫉妒，毋肆离奸，毋行诡诈，毋弄刀笔，一切损人利己刻薄寡恩之事宜戒之。

③积德向善。

④重读音书显耀宗祖。延师课子弟，贫穷之家也必当竭力培植。

⑤勤职业、尚节俭。

⑥完国课……有不依期任意拖延，不但官法难逃，族众先为惩治。

⑦严赌博，游惰之民不务生业往往呼朋引类斗牌掷骰……今无知子弟多被此辈引诱博戏驰逐，而衣冠中亦有不检点者，该值年禁首查实送祠责罚。谨交游，人家子弟好者半由朋友做成，不好者亦由朋友带坏。今有一等不肖之人引诱人家子弟，吹弹歌唱，花酒赌钱，少年之人厌苦老成拘谨，喜欢浮华放荡，朝薰夕染，性情因而淫靡，识见因而卑污，辱身丧家由此起。嗣后有此等之人，禁止子弟往来，不遵族训，众共惩之。

⑧慎婚嫁。娶媳者当择妇家之贤，不可贪其妆奁；嫁女者当择男家贤，不可贪其豪富；若果为忠厚之家，家教既好，人品必端，女必德性淳良，男必安分守礼，日后发达定知……玷辱家族者众共惩之。

⑨周族谊……今与吾族约，凡遇孤寡饥寒，须竭力周恤，无父者教之，无子者继之，虽不计夫施报，而天道不爽，未有恤人孤寡而自罹孤寡之患者，愿共念之。

⑩息争讼……愿吾族之人各忍小忿，毋积怨端，怏何如之。

由上可知，族规约束了族人的不良行为，这是明清时期农村小社会保持稳定的重要因素。

同样，祠规不仅规定如何祭祖，还规定了宗族事务在祠堂如何处理。乾隆四十五年（1780）《万载辛氏族谱》卷三《事宜·祠中事宜十二则》的规定：

①崇宗祠。宗祠之设，上妥先灵，下联族众；礼教从此起，孝弟从此而兴，最为要务。吾家子姓殷，散处，除岁时祭享外，每年雇守祠一人，令值年朝夕奉香灯，兼洒扫洁净，，免致宗室污坏，一切贸易止许于

头门外栖止，不得拥挤门面内，若有不肖潜入赌博，勾引安歇，罪在承年。

②隆祭祀。春月祭扫龙山祖茔及清河渡、何家山等处，承年预备猪羊，先期通知，合族遵期登山致祭，午刻会宴，共沾祖惠；中元日，族长暨各房长入絜不得苟简从事，先十通知合族至期齐集，恪共行礼，其与祭之族长、乡绅、斯文人等宜随承祭孙于二门外序次行礼，违者有罚；至新捐贡监及加职者俱于冬至前三日报名，以便书名与祭。

③贺新岁。……通限正月初四日辰时，老幼齐赴祠堂，先行谒祖，然后依次序行礼毕，承年备果茶以为常例。

④修坟墓。……必要竖立碑石，年年挂扫，方无遗失，且万载旧俗，祖山接葬鳞次，嗣后凡有接葬，须当通闻公同见眼，不得私行锄挖，违者有罚。尤有不肖子孙只图兜金，不顾祖父骸骨，擅行出卖，系祖宗罪人，立即送官重究不贷。

⑤宏作养。传家以读书为贵，子侄有志上进，祠中四时月课不惜，优赏童子县试，祠内备卷送考游泮，花红每名五钱，补廪、两科举程仪每名捌钱，如领程仪不去应试者，查出倍追加罚，恩副、岁贡每名拾两，选拔每名贰拾肆两，登科每名三拾陆两，登甲每名陆拾零两，会试程仪每名拾两，出仕临时酌议。凡致身仕路，不问职之崇卑，当请共厥职，以图报，勿事贪墨，有玷家声。

⑥投祠。族长与房长择正直绅士数人，先一日着禁首具请到祠公论，余人不得滥与，二比亦不得任意相请，违者重罚，倘有禁首滥请，斥退。

⑦各房承年，从前阄定顺昌达延孚觐七房轮流承管祠中帮钱若干，至己亥二月初二日造册结清用须。今合祠酌议，凡祠中祭祀、收纳租谷、店资、喜庆酒席、完粮等一切事件共择殷实廉正首事与族房长公同管理，承年不得仍前滥与。

⑧报新丁。旧规每年后子于冬至祭日每丁出银三分赴祠报名，其月日，以便序列行派、付载丁册。若本年不报，挨至一二年报者，除罚银外照利加算。

⑨彰公道。本姓子侄投祠讲理，族房长、斯文等按理剖判，只彰公

道。若外姓亲友经投勿受、谢禁，不得以子侄规论。如族人理短，按事大小家法治之。若亲友理短，亦当婉言辞谢。且族长等每逢初二、十六，齐赴崇堂，凡众事必须众议，族房长名分虽尊，亦宜公道，方服众心，不得恃尊凌压。倘徇情偏私，仍许卑幼婉言规正，切勿执拘害事。

⑩童子考试。合议本族禀保，照科分轮流一名认保族中童生者，祠发盘费钱，岁科俱三千二百文，倘贪滥，保客冒，除追盘费外，公罚。

⑪立祠规。宗族之中以长幼尊卑为序立，各有分位。凡遇祠事，房长、斯文依次列坐处理、详论，余人不得喧哗，及有投祠事件，二比站立堂中静听诘问，从容对答，欠理则跪，无理应责，毋得狡辞强辩；至于禁首，坐立两旁静听，毋庸插嘴，倘不遵，酌定行重罚。

⑫息争讼。……子侄果有互争事故，投状到祠，族长等务须揆情度理分剖，使大事化小，小事化为无事，和好如初。如执拗不依，到官成讼，其家长名字两造不许互异真情，禀覆，听官处分；若私钻家长及私充家长，俱家法重处，至祠内每年须择举公正数人办理，凡遇是非事，悉要同族房长等处断，不得任意相请，违者有罚。

由上述族规和祠规可知，作为明清时期的地方大族，其本身形成了一套自治的机制及自我运行与发展的机制，这套约束与规范族人行为和处理族中事务的机制，是宗族运行有序、稳定延续与发展的重要机制，这是明清中国社会稳定传续六百多年的重要机制。

第三，典范引导机制。

仅仅有约束机制还是不够的，实际上，明清时期宗族的自治机制是有多种机制交织而成的，其中的典范引导机制是其重要的组成部分之一。

所谓典范引导，就是族中的权力人士如族长、房长、禁首（清代的宗族设有这样一个族内的职位，主要是检查与监督是否遵守族规与祠规），以及族中的乡绅、斯文（读过书或在读书的人）等，通过其自身行为、品德、善举、文化修养、名望等启迪与引导族中后辈，一代引导一代，传续不断，这是宗族稳定传续的重要机制。

仍以乾隆四十五年（1780年）《万载辛氏族谱》的《卷末传》所列大量辛氏族人行为、品行、事迹、志趣等资料，选取数例列表说明典范人物是如何引导后辈的（见表7）。

表7 明清时期万载辛氏族人典范人物表

人物	生活年代	功名	如何典范引导	资料来源
辛钟间	万历崇祯间		性恬，博学通诗文，泉石自娱，著有《适意草》。	族谱
辛受选	康熙雍正间		为人正直谦和，有古人风。岁庚申，延顺创建支祠，大半得公力。雍正间合邑举公为耆硕，每读法，雅为当事所重，邑侯洪公赠其匾曰"德邵年高"。	族谱
辛膺爵	康熙雍正间		生平乐善好施，言正行方，与人矜然诺，或有屈抑相投，代为伸理。遇公事，身任不惧。康熙三十年，呈请旱灾，忤当事，致公罪，卒无怨言，曰"吾为通邑累，虽屈何害？"远近闻者皆推服之。雍正七年，南浦桥毁，公继祖志，率诸弟捐金重修。……邑侯汪严二公，廉其耆德，上公名于朝，恩受冠带荣身。	族谱
辛应炀	明天顺年间		世守忠厚……公自少以孝友闻，内外无间，言洽比乡邻，敦笃故旧，亦情文备至，且赋性恬雅，乐善好施，人有贷借不计其息，至难偿者，辄焚其券，无纤毫德色。丁亥奇荒，公作粥赈恤，全活甚众。	族谱
辛贵德	明末		负性慈和，立己端庄，幼孤子，事寡母服养唯谨……晚年为本户长，正直不阿；抚摩孙枝，期望尤笃，他如建桥梁，修广济庵，善行喷叱；常戒后曰："为人要忍耐，随力量行方便。"子受瑄正直如公。孙俱业儒。	族谱
辛映斗	顺治康熙间		冠带典吏，奉公守法，委管全省钱粮……顺治六年随方伯壮公入觐，力陈题减袁瑞二郡积困浮粮，本邑应费三百两，公代为捐，迄今袁瑞食德不衰……年老不欲仕，家居乐隐，赋性耿介，立身端方，表扬母节，启后诗书。	族谱
辛敏植	明末清初		人谨厚宽和，雍容有度。康熙丁卯为七户长，起竖祠门实为倡首，族有纷争，婉辞解释，谦恭之德播闻邦族。	族谱
辛金诚	明末清初		幼习举业屡试不售，寄迹泉石。康熙庚申，邑侯常公维桢，以万俗波靡，思得耆硕，申明教化，廉知公素行，擢是任月吉读法。凡关通邑利害，直陈无隐，侯敬重之。	族谱
辛维华	明末清初		禀性忠厚，宅心和平非礼弗为，居家以孝友闻。康熙癸酉年，绅士公举为申明亭耆老。为人乐善好施，将西源庵庄田及杉竹山场喜助僧明空建庵，又尝拾途金，守候付还，义不苟取。	族谱
辛汝遬	明末清初		为人恬澹，不慕纷华，严气正性，远迈侪俗，且课子诗书，礼师隆赘，彬彬质有其文。	族谱

资料来源：乾隆四十五年（1780）《万载辛氏族谱》的《卷末传》

上述人物仅仅是辛氏宗族典范人物（且是无科举功名的典范人物）的一小部分，在县志如同治十一年（1872）刊本《万载县志》卷二十一《人物》中记载着很多这样的辛氏典范人物（明代9人，清代42人，大多有科举功名）。这样的典范人物，一是引导了后辈的人格追求，即正直、行善，以儒家思想所要求的人格为追求；二是引导了后辈的价值追求：以光宗耀祖及齐家治国平天下为追求；三是引导与传续了一种业儒、努力科举的兴趣爱好；四是引导与传承了一种忠厚传家的家风。这种典范引导机制是宗族稳定传衍的重要机制。

第四，教育塑造机制。

对族人思想观念、言谈举止的规范，来自于宗族的教育塑造；族人文化素养的获得，来自于宗族教育。因而教育塑造机制是明清时期宗族自治机制中的重要机制，因为宗族的教育塑造机制塑造了中国基层的国民性，对维持农村社会的稳定传续与稳定发展起着重要作用。

宗族对族人的教育塑造是多方面的。前述的典范引导是一种潜移默化的教育塑造，长辈的品格追求、人生价值追求、言谈举止、道德观念等，都在默默地教育、引导、塑造着后辈的思想、品德、行为、追求等。就万载辛氏宗族而言，代代间传续着忠厚、行善等儒家的做人要求以及业儒、科举与光宗耀祖等兴趣与价值追求，族谱与县志中的人物传所记载的辛氏典范人物事迹都可以说明这一点。前述的族规、祠规同样是一种教育塑造，族规与祠规是按儒家思想的要求而立的，儒家的思想观念、品德要求、价值追求、行为要求等，通过族规与祠规强压族人遵守、执行。同时，通过集中族人学习族规与祠规而使这些要求深入族人思想观念深处。族规与祠规设立后，族房长往往会在朔望即初一与十五集中族人学习。辛氏族谱尽管没有用明确的文字定下族人集中学习族规与祠规的时间，但从县志的有关人物事迹的记载还是可见一斑，如同治十一年（1872）刊本的《万载县志》卷二十一《人物》记载："辛金鉴，字又章，岁贡，勤学问，敦本实，尝自作家规，朔望集子侄听讲。任石城教谕，捐俸建义学，士子以文谒者，批阅不倦，士甚服之。"由此可知，还是有朔望日学族规或家规的习惯。

这种学习是一种重要而又通俗易懂的教育塑造。

然而，宗族对族人最重要的教育塑造还在于系统的文化教育。初级的文化教育是请老师在家中教子弟，即所谓的"延师课子"；或者是在家族创办的"私塾"或"义塾"中集中请老师教学，所谓"古者家有塾，党有庠，州有序，国有学。自公卿大夫与凡民子弟皆得入学其中，教之以圣贤之书，申之以孝弟之义，开之以功名之门，广教化，美风俗，育真才，端必由此"①。明清时期的辛氏宗族代代相传着重教育的家风，从辛氏宗族正德年间的四修谱《序》中可知，那时的辛氏宗族就已树立了一种家族的共同追求："敦诗书，尚礼义，善相劝，过相规，贫相周，患相恤，雍雍睦睦，无忝于旧家，所以崇德端本，副先人望者也。"②因而只要有一定经济条件的家庭都会"延师课子"，从乾隆四十五年（1780）的《万载辛氏族谱》的《卷末传》中可知，"延师课子"还是评价人的德行如何的一个因素，如其所记载的一些人物事迹中有：

明末的辛承芳（建溪公），"邑庠生，好经读书……博涉经史，欲发奋以承志，累试不售，遂业歧黄之术以济人利物为念，创造精舍于九仙宫，于左贮书满架，延邑名士以训课其儿曹孜于善，以培心地而溉书田，见有善则令子孙仿效之，见有不善则令子孙警戒之……子孙争相砥砺十余年"。

康熙年间的辛联璟（秀发公），"公为七房长……承家克勤克俭、爱朴厌华，晚岁隐居茅源村，督率子任力于农事……孙枝楚楚，延师训诲，则后裔之昌炽正未有艾也"。

除了延师家教外，辛氏家族还办有私塾，早在明嘉靖年间，辛氏宗族就创办了万载颇为有名的私塾——绿筠书屋，雍正十一年（1733）刊本的《万载县志》卷之五《书院》记载："绿筠书屋，小北关外，邑人辛滔建，训课子姓及里中子弟，迄今卓有成立者。四树围植竹千竿，前鉴

---

① 雍正十一年刊本《万载县志》卷之五《义学》，台湾成文出版有限公司版（下同）《中国方志丛书·华中地方·第780号》，第301页。

② 见1995年辛发庚主修的《万载辛氏族谱》卷首《原序》，江西省图书馆藏本。

池沼，拱对宛若图画成趣。"在清乾隆五十二年（1787），辛氏宗族在族长辛聚等倡议下，又创立了一所万载县颇为有名的私塾——南坡义塾。道光年间的县令杨献弼的《南坡义塾记》是这样记述的：

乾隆五十二年，其族长聚等倡议所创立也。嘉庆初，廷芝、炳昭等复输册酾金置膏火田若干亩，名曰南坡，以宋时南坡由隆兴来万为一族鼻祖，示不忘也。塾距南郭里许，枕山面江，形势宏敞，平畴千顷，翠浪交输，仙岭、鹅峰、天马诸山蜿蜒秀峙，可以远眺，可以舒啸歌，会讲有堂，藏修有舍，退食有厅，庖湢有所，后有圃杂莳名花数十种，乔干高枝，鸟韵悠扬。前有月台方广数十步，有曲池袤延数十弓绕以曲垣，闼以重扃，俾出入有稽而游冶者无自而入，其所以为造就计者至深远矣。①

经过家塾或私塾、义塾的启蒙学习之后，便是考入官办的府州县学校学习，因官办学校的名额很有限（县20、府40），大量学子还得进入民办的书院学习，然后是参加科举的初级考试即乡试。

无论是初级的私塾（或家塾或义塾），还是可算得上是中级教育的府州县学校或书院的学习，所学习的都是正统的儒家经典，也即上述所说的"圣贤之书"，如万载县官办学校所学习的书籍有：《御纂周易折中》《御定书经传说汇纂》《钦定诗经传说》《钦定春秋传说汇纂》《御纂周易述义》《御纂春秋直解》《钦定三礼义疏》《御批资治通鉴纲目前编》《御批资治通鉴纲目三编》《钦定评鉴阐要》《钦定明史》《圣谕广训》《御纂日讲四书解义》《御制诗初集二集》《御制四书文》《钦定学政全书》《钦定授时通考》《钦定清汉对音字式》。②

通过这些"圣贤之书"的学习，学子们经历了儒家的价值观念、品格观念、德行观念、伦理观念等思想观念的教育塑造，形成了中国基层的国民性，即以儒家思想文化为核心的国民性，这种国民性代代传承，

---

① 同治十一年刊本《万载县志》卷二十九《艺文·记下》，《中国方志丛书·华中地方·第871号》，第1855页。

② 同治十一年刊本《万载县志》卷七《学校·学制》，《中国方志丛书·华中地方·第871号》，第294—296页。

成为维持中国传统社会稳定传续的重要基础。

第五，修谱、建祠、祭祖、族产等形成的凝聚机制。

除了上述的约束与规范机制、典范引导机制、教育塑造机制外，宗族自治机制中还有一个重要的组成部分，这就是凝聚机制。宗族之所以成为一个有共同情感的群体，首先是因为同祖而同血缘关系的原因才形成互相认同的亲情感，但这种亲情感会随着分支越来越远而疏远，这就需要不断地凝聚、加固、认同，其手段则是通过修谱、建祠、祭祖、共享族产等。

修谱是从文字上确认宗族的血缘关系，是产生向心力的重要手段。辛氏宗族的族谱首修于洪武丁丑年（1397年），曾任浙江按察史的万载贡生龙镡在谱序中对修谱的目的和重要性做了明确的阐述："姓氏之学不讲，则谱系不明，昭穆罔辨，鲜不视其亲为路人，而孝悌之道因以衰也……辛氏之子孙阅是谱即可知某与某亲之亲者也，某与某亲之疏者也，然亲疏虽有远近之不同，一本吾祖之身无异也。吾知春秋祭祀昭穆以之分，岁时庆会长幼以之叙，贫穷相恤，婚姻相助，不督而集，不戒而孚，皆本吾祖宗之心以为衍其忠厚之风于无穷。"[1]

辛氏宗谱始修于洪武丁丑年之后，又续修了八次：宣德乙卯、天顺戊寅、正德戊辰、嘉靖戊午、康熙丙戌、乾隆甲子、乾隆己亥、嘉庆乙丑，即辛氏大宗祠主持修了九届，从嘉庆甲子起，长房和幼房各自走向分修，延、顺、觐、达、昌、孚都各自修有房谱。

修谱，是宗族认同的一个过程，因为愿意按丁出钱上谱，就是认同这个作为共有血缘关系的群体，认同作为这个群体的共同祖宗及族谱所列的世系，以及在这个世系中的排位，因而也就奠定了作为一个群体的情感基础，所以，通过修谱，辛氏族人达到了如辛御良在《嘉靖戊午五修谱序》中所说："族谱之修，所以明世系，笃亲亲也。"[2]族人间用世系的线与血缘亲情的线凝聚起来了。

---

[1] 转见1995年辛发庚主修的《万载辛氏族谱》卷首《原序》，江西省图书馆藏本。
[2] 转见1995年辛发庚主修的《万载辛氏族谱》卷首《原序》，江西省图书馆藏本。

建祠，是在通过修谱奠定宗族共同情感之后，为强化与加固这种情感和经常的情感联络以及建立宗族的活动场所而采取的重要凝聚手段之一。建祠过程本身就是一个重要的凝聚过程，因为建祠首先需要族长聚集房长和族中长辈及其他有地位的族人共同商议,然后是族人们都认可，按丁出钱及族人捐钱，宗族的情感在这个过程中得以强化。

以万载辛氏为例，在明天启四年（1624年）首建宗祠的时候，"（族长）孝廉敏道等倡率七户各出银三拾两，孚户银捌两，共捐资正价壹佰伍拾两。"后康熙戊寅与乾隆甲子维修与扩建宗祠时都是通过族房长等的商议，然后是按丁派银与族人捐资，建起了在万载县颇为宏大的宗祠。特别是康熙年间那次扩建，"辛族有同心，开报丁册，约一千二百有零，而房分七户，每户派银十两六分，共得银一百四十余两，又每户乐助银得银二十六两"。落成之日，"备牲酒奠祀我祠祖位，与祭绅士七十余，衣冠济楚，其庆幸焉"。此后，在乾隆辛酉年，延顺两房又建房祠，"用银一千二百两有奇，其规制与仁坊辛氏总祠相称，诚足以妥先灵而肃观瞻"①。

通过建祠，族人的情感得到了凝聚，诚如《万载辛氏顺房谱》卷首《康熙戊寅修祠纪事》中说："大抵尊祖敬宗人有同心。本族自戊寅立祠以来，人思报本，继起者不一，族也足见至性所感。"又《延顺两房祠记》中说"人道莫大于亲亲，亲亲故尊祖，尊祖故敬宗，人能尊祖敬宗则一本之恩已笃……自今始，尚其喜相庆，忧相恤，善相劝，过相规，礼相接，庶几交相爱好以无忘先世之德，则岂独家门盛事哉！"②可见，修祠对凝聚族人是多么重要！

祭祖是凝聚族人的重要手段，有墓祭和祠祭（祠堂有寝室供有祖先牌位）。前者在清明日，后者在中元日（七月十五）。从上述辛氏祠规可知，辛氏宗族已对重要而隆重的祭祀做了明确规定。不仅如此，作为一个大族，他们在族谱或房谱中的《祭祀事件》与《祭仪》中对清明与中

---

① 咸丰十一年辛树仁和辛子敬主修的《万载辛氏顺房谱》卷首《修祠纪事》，江西省图书馆藏本。
② 咸丰十一年辛树仁和辛子敬主修的《万载辛氏顺房谱》卷首《修祠纪事》，江西省图书馆藏本。

元日如何进行祭祀做了非常细致、严密的规定，如进行祭祀的人及其工作、整个祭祀的程序、祠堂如何布置、祭祀时的诗词等都有明确细致的规定，甚至辛幼房（在万载传衍的辛氏族人有长幼两大房）还有专门的《祭先事件册》，对祭祀做了详细的安排与规定。在《祭先事件册》的开篇，作者辛其章（嘉庆时人）对之所以要准备这么一本册子的说明是：

> 凡礼之大祭为重，而祭之本礼为先，祭而违礼非孝也……此祭先事件之所以有册也。宗庙之礼首序昭穆，然世系不明，昭穆必混，故列世系图于前而神主讳字之录次之，昭其序也。将祭，虑事必豫，故榜文、通饬文次之。比时具物必备，故陈设图之。室事、堂事文甚繁，故赞唱仪节不可略。告孝、告慈言贵信，故祝嘏等祠所必详。至撤馔归胙，礼仪既备，孝思亦因之遂也。

由上可知，祭祖是为表对已故祖先的孝心。而实际上祭祖既是宗族认同的重要过程，也是强化宗族情感的过程，族人们带着对祖先崇敬的心情，按严格的程序行礼、致辞，然后分胙、宴会，族人们的宗族情感由此得到增进。

实际上，祭祖的过程还是教育与塑造族人的过程。首先是祭祖的气氛是一次熏陶族人的过程，族人们在祭祖的环境气氛与过程的气氛中受到了尊祖敬宗的熏陶；其次是在聆听诫词、箴词、初献诗、亚献诗、终献诗、嘏词、妥词、撤馔诗的过程，不仅受到尊祖敬宗的教育，而且受到了儒家的家庭观念、伦理观念、处世原则、品格追求等的告诫，这是一次受教育的过程、一次思想受强化的过程、一次思想与人格被塑造的过程。且看辛幼房祭祀时作为已逝祖宗的神灵告诫子孙的《箴词》：

> 祖宗家训箴汝子孙：小心翼翼、训诲谆谆，思汝先世成立不易，勤力自强，克光门第，男孝父母，妇敬翁姑，和邻族范，彼前谟如其听，受神其眷，佑尔子孙，有福有寿。间有宜顽，出乎大闲，内生嫉妒，外肆离奸，弗供祭祀，违禁越度，戕害宗支，毁伤坟墓，神不汝赉，天不汝将，若能迁善，转咎为祥。

这样的箴词毫无疑问对族人有教育塑造作用。

族产也是凝聚族人的重要手段，只要有能力的宗族都会设置族产。因为每年宗祠祭祀时的开支、贫穷族人的赈济、族中教育的创办、对族人参加科举的支持等都需动用族产。

辛氏宗族作为地方大族有比较丰厚的族产，据万载县图书馆藏《辛氏大祠产业册》记载，清代的辛氏大宗祠的产业见表8。

表8 清代辛氏大宗祠的产业表

产业名	店	屋	田	土	宅基地	山	助约
数量	9栋	25栋 共100间	828.28亩	4块	2片	八夹	田78.8亩庄屋 6栋竹山65亩 钱24千文
买价	银163两 565千文	银1699两 4397千文	银3289两 16162千文 银元2520元	银42两 4千文	银89千文	银10两104千文	

资料来源：万载县图书馆藏《辛氏大祠产业册》

此外，长房（觐房）、达房、幼房都有相当数量的店、田、屋、山等族产。[①]通过用族产赈济族人、支持族人参加科举考试以及维持每个年的祭祀，对凝聚宗族起了重要作用。

从辛氏宗族的自治机制可知，明清时期宗族是怎样维持农村社会的稳定传续与发展的。

第六，宗族对农村社会的建设。

一是农村公益事业。

农村的公益事业主要有兴修水利、修筑路桥、建仓储粮、济困赈灾等，在明清时期的农村，这些公益事业的完成主要靠宗族和乡绅的力量。

明清时期，万载的水利建设并不多，因为万载的地势特点是"室庐田亩半在山涧中"[②]，农田的水利灌溉主要依赖天然的陂塘，加以改造导引即可，因而大型农田水利灌溉设施不多。辛氏宗族作为地方大族，族

---

① 转见1995年辛发庚主修的《万载辛氏族谱》总卷十三《祖产》。
② 康熙二十二年刊本《万载县志》卷之三《风俗》，《中国方志丛书·华中地方·第869号》，第163页。

中乡绅在水利建设方面是积极作为的,"牟村堰"便是辛氏族中的乡绅捐资倡建的大型水利灌溉设施。乾隆时人辛廷之《牟村堰记》[①]记载:

> 距邑西四十里曰牟村,地势宽衍,溪水经大桥盘行而下,不能上荫田亩,天旱十不得一二收,前明有堰,圮久,居民业农者苦之,天与公(辛金佑)居是村,得岸田仅两亩,悯乡人艰于力作,议倡修堰,众咸踊跃焉。公乃亲董其劳,极寒暑不避。堰初立,溪水骤冲,沙脚浮起,尽坏;襄事者不敢议复立,公慨然再捐金若干,倩工凿江底石成六孔为堰作根柢,遂成;后经春流暴发不坏也,荫田可千余亩,乡人德公,免桔槔之力而岁又倍收焉,号其堰曰"与公堰"……今公为群情所素服而毅任之,且捐金一再焉,以克底于固而又不以为能,乡人即以公名。

由此可知,辛氏宗族之所以成为地方有影响力的望族,不仅是人多、为官者多、有功名者多,还在于辛氏族中的乡绅热衷于地方公益事业。

修桥是万载广大乡村中需要较大量做的工作,因为万载乡间河流与溪流较多,桥梁对于乡间的交通至关重要。明清时期,万载的宗族与乡绅们积极、主动地参与修桥,或乡绅独力修建,或乡绅携族人合力修建,或几个宗族的乡绅合力捐建,同治十一年(1872)刊本的《万载县志》卷六《桥》中记载的175座大小桥梁都是以这种方式修建的,很多桥梁修好后由于每年的山洪暴发又常被冲毁,因而很多桥梁往往是各宗族前仆后继地重修。辛氏宗族作为地方大族在这几百年的修桥活动中起了一定的模范作用,县志中记录辛氏族人的名字有38人次(有很多没有记名字只注明辛氏后裔参与)参与了修桥工作,或乡绅独力修建,或辛氏族人合力修建,或辛氏族人出资为主募资修建,甚至几代人前后续修一座桥梁,其中辛氏族人较有影响力的修桥活动有龙江桥和南浦桥的修建,这都是辛氏几代人前后相继修建的并且是万载县域内较重要的桥梁。

建仓储粮,这是明清时期基层建设中的一项重要工作,天灾之后义

---

① 转见1995年辛发庚主修的《万载辛氏族谱》总卷十四《祖绩》,江西图书馆藏本。

仓、社仓可起一定的减灾作用。明清时期的辛氏族人在这项公益事业中起了一些积极作用，如袁州府学教授吴朝凤在《安泰义仓记》①中写道：

> 万邑山多田少，民食多仰给邻县，一遇歉岁即难支。自道光辛卯，叠遭水旱，邑绅或运商米平籴，民困稍苏，然非久计也；戊戌各宪劝建义仓，监生辛基琇闻锡荣首出赀应命，并具输册，邀邑绅汤誉光等劝捐，遂有曹世植捐钱千一二百缗，厥后输谷者或数百石，输钱者或一二千缗，事以大集，立仓于城内九仙宫，名安泰。

可见，此仓的建立，辛氏族人有首倡之功。同样，道光年间建于十五都三图的恒丰仓，尽管是龙氏族人首倡，但辛氏族乡绅起了重要作用，"龙光复邀同志辛炳楷、张作培于本图劝捐，计得钱贰千八百缗有奇"②。

济困赈灾，这是明清时期乡绅经常乐于做的一项工作，也是乡绅建立地方名望的一种重要方式。辛氏宗族作为地方大族，其族中乡绅常显示出大族乡绅的风范，乾隆四十五年（1780）的《万载辛氏族谱》中的《卷末传》和《墓铭》记载的系列辛氏人物，都有着乐善好施的特点，他们践行与传承着儒家的思想观念，每当灾荒发生，或煮粥或散财，尽力施救，而对于贫困族人或乡人也时有接济。

二是县城内的建设。

明清时期，江西大多数县城建设还算不上繁华，常见的建筑一般有县署、学宫、书院、城隍庙、文昌阁等。然而，即使这并不多的建设，也往往要借助地方大族中乡绅的力量，借助他们的财力、人力，往往县令是让捐钱多的大族乡绅组成董事会负责钱财管理与组织人力去完成。辛氏宗族作为万载有影响力的宗族，其乡绅在县城建设中也是县令常借助的力量。

以万载城隍庙的修建为例，首修乃辛氏族乡绅辛润独力捐资修建，

---

① 同治十一年刊本《万载县志》卷二十九《艺文·记下》，《中国方志丛书·华中地方·第871号》，第1914页。
② 同治十一年刊本《万载县志》卷二十九《艺文·恒丰仓记》，《中国方志丛书·华中地方·第871号》，第1919页。

辛廷芝在《重修万载城隍庙记》[1]中写道：

> 城隍之神于民为近，合一邑水旱、疾疫、盗贼悉资保障，是以民奉祀惟虔。万邑城隍庙于明正德九年邑人义宰辛润独力捐建。越崇祯十一年，合邑重建，我朝康熙二十五年庙遭回禄，邑侯刘公体元倡士庶更新之。

又如道光年间的县令陈文衡曾组织了一次较大规模疏浚护城河并建闸调节水位的工程，这项工程也得到了辛氏族乡绅的大力支持，陈文衡在《疏河建闸记》中写道：

> 兴利去害有司之责也。顾欲举一事计费需数千缗，非旦夕可就。有司者薄书鞅掌，廉俸无几，势不能独肩其任，而事又处于必不可已，则赖于缙绅先生及都人士之力为多。丙戌季夏，余莅兹土，博咨地方利病，我以城内河道淤塞亟宜疏浚。诘其故，缘居民铺户历以所烧煤渣沿河倾倒，致河身日就浅狭，每逢大雨横溢街衢，市民均以为患，水退则深不盈尺，艰于灌溉……疏浚之宜亟也。功大费繁，县令力不能给，时郭君大经、辛君朝俊俱致仕家居，方董建文昌宫及宾兴堂事，余往询之……

后来正是在郭氏宗族和辛氏宗族乡绅的支持下，县令陈文衡才下定决心疏河建闸，"士民踊跃捐输"。完工之后，陈文衡感叹说：

> 呜呼！以数十年忧水忧旱之区，余不揣量力与二三君子黾勉共图，俾城市居民无水溢旱干之患，幸何如也。……从前堰圯水涸，万之科第不竞者二十余载，迨重建后，士之隽春秋之闱踵相接也。

此外，县城的其他一些建设如书院（待后述）、文昌阁、乐泮堂等的建设，辛氏宗族的乡绅们都发挥了作为大族乡绅的支持力和影响力。

三是调节地方事务。

明清时期的江西基层社会之所以能稳定传续，一个重要方面就在于

---

[1] 同治十一年刊本《万载县志》卷二十九《艺文·记下》，《中国方志丛书·华中地方·第871号》，第1795页。

有族绅、乡绅们调节地方事务、解决地方纠纷。前述的族规与祠规中的"息争讼"条和"彰公道"条不仅规定了如何在族内祠堂解决族内纠纷,还规定了在祠堂内如何解决宗族间的纠纷,因而基层社会的许多纷争就由宗族的乡绅们平息了。民国二十九年(1940)刊本的《万载县志》卷首《序》记述了这种情况:

> 县境数千人之族不少也。向时有族长、房长举族之人而董率教导之,纠纷则排解之。今易名为族董,公推族望素孚之数人董其事,而以一人为之长,一族之众凡有口角忿争、田土之故,得由族董处理之,可省传呼之劳,守候之苦,与夫关说之情甚至贿嘱之弊,曲直分而嫌怨少,固胜于法庭解决而上诉之纷纷抑,宗亲之联洽有以激发其笃厚之忱也。

辛氏宗族作为地方大族,其族中乡绅在排解乡村纠纷方面往往有着较大的影响力,对地方社会的稳定起着一定的作用。还是以乾隆四十五(1780)年《万载辛氏族谱》的《卷末传》和《墓铭》记载的人物为例:辛金作(乔生公),雍正时人,"邻里乡党有衅,辄力为排解,尤乐善好施";辛联凤(冲霄公),康熙时人,"其处世也,正直公平,排难解纷,慷慨侠烈,重义轻财"。如这样的有关辛氏族人的记述,在清代的《万载县志·人物传》中也有不少。

不仅乡村的纠纷依靠乡绅排解,县域内一些大的争端也是靠大族的乡绅来调解。最具代表性的是发生在清代中晚期的万载土籍与客籍的学额纷争案,纷争焦点是清初迁入万载的闽粤客家人要求让其学童与原住居民学童同等待遇分享府县学额,但原住居民不同意,由此引起从县到府到省直到由国家最高权力来裁决的土客学额纷争。[①]这场纷争以原住民取胜结束。需要特别指出的是,在这场纷争中,辛氏族的乡绅作为原住民代表发挥了重要作用,辛廷芝、辛炳晟、辛梅臣作为土著的代表参

[①] 有关纷争的具体情况可参见吕小鲜编的档案汇辑:《嘉庆朝江西万载县土棚学额纷争案》,载《历史档案》1994 年第 1 期;谢宏维:《清中晚期至民国时期江西万载的土客冲突与国家应对》,载《江西社会科学》2004 年第 2 期;《棚民、土著与国家——以清中期江西省万载县土棚学额纷争为例》,载《中国史研究》2004 年第 2 期。

与了调解这场纷争，特别是辛梅臣在嘉庆九年（1804）"赴（礼）部呈请得旨交两江总督陈大文"[①]，为结束这场纷争起了重要作用。这场纷争充分反映了大族乡绅在县域社会中的影响力。

四是发展地方文化。

明清时期地方文化的发展与宗族、乡绅有着极大关系，地方教育设施的建设、文化人才的培养等主要依赖宗族及其乡绅。万载县在清代曾兴起一场大办书院、私塾的运动，据同治十一年（1872）刊本的《万载县志》卷七《书院》统计，清代民办教育设施有书院35所，类似书院的书屋、讲堂、义塾等共有13所，在一个小小的万载县有如此多的教育设施，反映了万载的宗族与乡绅是非常重视教育的，个中的原因有二。

一是万载是一个宗族观念非常强的小县，在这个小县中，宗族是其基本结构单位，民国二十九年（1940）的《万载县志》卷首《序》中这样写道：

族姓观念县人最深，何知之？修谱、建祠知之。合数百千万人之众汇其生平年月日以及其他而辑之为谱，又萃其散处于数十百千里内分别出赀而建为祠堂，时平则享祀宴饮欢洽，急难则呼号奔走相应援，几于守望友助扶持之遗意也。苟充其团结之力，足资捍御而卫乡闾、而动其本原之思，且兴教养而厚风俗，县境数千人之族不少矣。

各宗族为了培育子弟参加科举，乡绅们都争相参与合力办书院，少数为独力创办。

二是原住民与清前期迁入的闽粤移民互相竞争，兴教育，培育科举人才，以强化宗族的势力，因为由科举可入仕，从而建立权势，因而作为原住民的乡绅们和客籍的乡绅们合力办教育。

在这场大办教育的竞赛中，辛氏宗族作为地方大族，充分显示了其培养人才的决心和实力。辛氏宗族乡绅先后有23人次参与创办书院等，辛氏宗族乡绅参与合建的书院有15所，另辛氏族众创办的书屋和义塾各一所。

在培养科举人才方面，辛氏宗族同样充分显示了其大族的实力。据

[①] 龙庚言纂修民国二十九年刊本《万载县志》卷尾《案牍·考额》，《中国方志丛书·华中地方·第276号》，第2202页。

清同治十一年（1872）刊本《万载县志》卷十八《选举》中的记载（止于同治九年的数字）例表如表9所示。

表9 清代万载辛氏科举人才表

时代与名称	万载全县人数	辛氏族人	辛氏族人占全县百分比
明代进士	8	0	0
清代进士	11	5	45.4%
明代举人	50	5	10%
清代举人	101	21	20.8%
清代恩举	13	1	7.6%
清代副贡	22	8	36.3%
清代恩赐副榜	25	2	8%
明代贡生	191	10	5.2%
清代贡生	221	44	19.9%
明代文出仕	259	12	4.6%
清代文出仕	153	29	19%
明代武出仕	7	1	14%
清代武出仕	40	1	2.5%
明代封赠	8	0	0
清代封赠	86	16	18.6%
明代监生	31	0	0
清代监生	80	12	15%

从表9可知，在清代辛氏宗族的科举人才和出仕人数都占了全县较大的比重。这是辛氏族人重教育与塑造人才的结果。

宗族及其乡绅在发展地方文化方面主要在于发展教育、培养科举人才和传承与践行儒家文化。

从上述辛氏宗族个案可知，族谱对研究清代农村社会史有重要价值。

（三）研究清代江西乡绅与基层社会的重要史料

乡绅从19世纪40年代以来就是国内外所重视的学术问题，因为明清中国社会的发展与乡绅紧密相关，解剖明清时期的中国社会，特别是基层社会，不能不研究乡绅。研究乡绅，少不了正史、杂史、笔记小说、文集、地方志等的相关记载，而族谱中大量的人物传记，是研究乡绅的很好资料，也许其中有溢美之词，但是筛掉其中的溢美，仍然是研究乡绅产生、特质、对基层社会的作用等问题的好材料。

明清时期的万载辛氏宗族致力于培养子弟科举入仕，除在族谱中规定要重视培养子弟读书之外，还付诸实践致力于办教育，除办有初级启蒙教育的私塾外，还办有中级教育的书院，培养子弟科举入仕。

由于辛氏科举人才多，产生的乡绅也就相应多。实际上还有许多无科举功名的人成为地方有一定名望的人物，据乾隆四十五年（1780年）《万载辛氏族谱》的《卷末传》及《墓铭》所记的人物事迹列表，略举几例，见表10。

表10 明清万载辛氏乡绅实例表

人物	生活年代	成为乡绅的主要原因	成为乡绅的标志
辛晓凤	明万历间	有善举、好品行："生平好义，万历戊子灾荒，米价腾贵，人茹草根树皮……助谷二百五十石赈济。"	"院道给扁奖，异后举乡饮。"
辛膺	清乾隆间	有文化："国学生，治易经……谙熟官爵、地舆、人物诸志。"有善举、好品行："家室饶裕，敦崇节俭……乐善好施，借贷并未尝计子母，邑建南浦、竹潭、康乐诸桥俱慷慨捐助。"	"两庠廉公状，举为乡饮。"
辛金班	清康雍年间	好品行："为人孝友、克敦、乐善、循理。弱冠时甲寅寇难，全家赖其保护，流氓已靖，留心方书，济人为念，砥德励行，不求人知。"	"雍正间邑侯汪敦请乡饮。"
辛汝梅	清康雍年间	有功名与官位：邑庠生、德兴县训导。有善举、好品行："其人品之卓越又不屑以穷而在下，独善其身，毫无建白，于当世即余泽于棚民：甲寅兵变，贼之猖獗者毒焉，公挈家避兵，舟次，贼德之，勿忍加害，诸舟男女佯引为眷属亦过而全之，是盛德之所感，无意立功而功自现。家有余财不以自丰而以救人之急：康熙乙卯，南后塘被焚者多流离困苦，莫能终日，公蠲谷赈恤，俾使粒食安居人如其初……间有义举必慷慨以为之……故亲戚交游赖其维持者多。"	县令亲写诗赞之并举乡饮。
辛汝忠	康熙年间	有功名：郡禀生。好品行、常有善举："生平厌浮靡、敦朴素……性慈好施，若告贷者无不得所欲，以去不计其偿，邻里雀角之构辄具杯醪为解释，不少吝俭……时佃人杨窥公阔，遂以公之田还而售之，公未觉，坠其计而买之，乡人后以其闻公，宛讶而已，终不与诘曲，人竞服其量。"	举乡饮。
辛汝楫	康熙年间	有善举：康熙之十有七年大饥时，家本无甚厚产，而闻见所及饘粥可减，必随分致辞之，某室家数口，莫能兴，赖以全焉……或遇颠沛于途，必拯而济之。	乾隆丙辰，士民金以其高谊，荐于当道，举介宾。

资料来源：江西省图书馆藏乾隆四十五年（1780）《万载辛氏族谱》的《卷末传》及《墓铭》

在辛氏家谱和清代万载县志中的人物传中记载明清时期（特别是清代）辛氏宗族的人物中，这样主要靠好品行和善举成为乡绅的人是很多的，不一定非要有功名或曾入仕，只要有经济实力且品行好、愿善举，在乡与县就可建立名望，就会受到县令的重视或旌表，普通乡民也可成为乡绅。若有功名或曾入仕，再加之品行好，而且常行善，或热衷县乡公益事业，则更可成为乡绅。

从上述辛氏宗族个案可知，族谱中的资料对明清时期乡绅问题的研究有重要意义。

（四）研究基层国民性与江西地方特质的重要史料

中国国民性问题是 19 世纪三四十年代以来国内学术界一直所关注的学术话题。以往的研究多侧重于理论等的研究，往往不会涉及族谱资料。实际上，族谱中的资料是研究中国国民性的特点及其形成的非常有价值的资料，从中可以看到族规、祠规是怎样塑造中国国民性的，族中乡绅是怎样通过个人典范引导和发展教育来塑造中国国民性以及塑造出怎样的国民性。

从族谱中我们可以看到，宗族是怎样通过族规、祠规、祭祖、办家塾等塑造出了中国国民的孝悌、仁义、友善、和睦、勤劳、守法、端正、敦厚等的国民性。

【第四章】赣鄱祭祖与祠堂文化

祭祖，这是中国由来已久的习俗，每年人们都要通过一定的仪式来表达对祖先和已逝亲人的怀念。据学者研究，早在远古时期人们就有祭祀鬼神的习俗。人们认为，人死灵魂不灭，通过祭祀鬼神，以期求祖宗保佑平安和带来好运。到了周代，形成了宗庙祭祖，祭祖不仅是为了祈求祖宗保佑，还是一种权力的宣示，因为只有代表国家的天子及分封各地的诸侯们才有权力祭祀祖先。

中国的祭祖习俗，经历了周代的宗庙祭祖，汉代的墓祠和家庙祭祖，唐代的家庙祭祖、宋代的墓祠和家庙祭祖，元明清时期的祠堂和墓地祭祖。

关于中国的祭祖与建祠习俗的由来及各朝代的情况，已有许多研究成果，许多学者对此已有深入的研究。如对于唐代及其以前的宗庙和家庙祭祖的研究，较重要的著作有台湾学者甘怀真的专著《唐代家庙礼制研究》，此著作不仅对唐代家庙祭祖的制度、礼仪、建筑等有详细的研究，对唐代以前历代宗庙及家庙祭祖特点也做了论述。[1]对于宋代的墓祠和家庙祭祖，较重要的著作有王善军的专著《宋代宗族和宗族制度研究》及其论文《宋代的宗族祭祀和祖先崇拜》，对宋代的祖先崇拜、祠堂与祠祭、族葬与墓祭和宗族祭祀的社会作用等做了深入研究。[2]对于元代墓祠与祠堂祭祖，较重要的论述有常建华在《宗族制》中的论述。[3]对于明代的墓祠和宗庙祭祖较重要的研究有常建华的论文《明代墓祠祭祖述论》《明代宗族祭祖及演变》《明代宗族祠庙祭祖的发展——以明代地方志资料和

---

[1] 甘怀真：《唐代家庙礼制研究》，台湾商务印书馆1991年版。
[2] 王善军：《宋代宗族和宗族制度研究》，河北教育出版社2000年版；王善军：《宋代的宗族祭祀和祖先崇拜》，载《世界宗教研究》1999年第3期。
[3] 常建华的《宗族制》即《中华文化通志》第31册，上海人民出版社1998年版。

徽州地区为中心》[1]，及其专著《明代宗族研究》[2]中的论述。通论性的论述较重要的有左云鹏的《祠堂族长族权的形成及作用试说》[3]，冯尔康的《中国古代的宗族和祠堂》[4]论述等。

关于江西古代的祭祖与建祠情况，常建华先生曾对元明时期的江西状况做过论述，本书根据有限的考古发现与文献记载做些疏理。

一、宋代以前江西地域的祭祀

上古时期，江西地域属百越之地，百越民族信鬼神、好"淫祀"，这是先秦文献的记载。所谓"淫祀"，即非国家规定的祭祀，《礼记·曲礼下》中说："非其所祭而祭之，名曰淫祀。淫祀无福。"[5]实际上"淫祀"就是民间的种种祭祀。这种种祭祀包括祭祀鬼神和其他各种神，肯定也包括祭祀祖先。从江西各地上古的墓葬考古发现可知，上古时代江西地域民众的宗族观念是很强的，集中表现在聚族而葬。对于上古时人如何祭祖已无法考证。不绝于史的是，从上古以来，包括江西地域在内的广大南方地域，信鬼巫、重淫祀，特别是江西地域，巫风最盛，是全国的"淫祀"重区之一。

东汉时有以禁鬼神、剪奸巫著名的豫章郡守栾巴。《后汉书·栾巴传》反映出当时的江西地域重巫、信鬼之风严重："（豫章）郡土多山川鬼怪，小人常破赀产以祈祷，巴素有道术，能役鬼神，乃悉毁坏房祀，剪理奸巫，于是妖异自消。百姓始颇为惧，终皆安之。"[6]清代金谿人王谟所著

---

[1] 此三篇论文分别见《天津师范大学学报》2003年第4期；《南开大学学报》2001年第3期；《中国社会历史评论》第二卷，天津古籍出版社2000年版。
[2] 常建华：《明代宗族研究》，上海人民出版社2005年版。
[3] 左云鹏：《祠堂族长族权的形成及作用试说》，《历史研究》1964年第5—6期。
[4] 冯尔康：《中国古代的宗族和祠堂》，商务印书馆2013年版。
[5] （汉）郑玄注、（唐）孔颖达疏《礼记注疏》卷五《曲礼下》，《景印文渊阁四库全书》第102册，第146页。
[6] （汉）范晔：《后汉书》卷八十七《栾巴传》，《景印文渊阁四库全书》第253册，第203页。

《豫章十代文献略》对上古江西地域的"淫祀"有过一番描述："豫章，故南楚也。其俗信机鬼而重淫祀，常鸣呜鼓角，鸡骨祈年，以至于灵衣桃苅，禳灾去病，利害悉听于巫。小民破赀产奔走祷祠者，不可胜数。经良两千石栾巴、顾邵、袁君正化谕法禁，犹不能革，盖其风气然也。而其他阴阳占候，医方卜筮，以及相人占梦诸术，虽间有精其业者而流传不广，亦难征焉。"①

上文中谈到顾邵、袁君正，都是魏晋南北朝时期的豫章太守，都曾为禁鬼神、禁淫祀做过努力。但从上文可知，整个魏晋南北朝时期江西地域内儒学之风已大开，但淫祀之风仍然不绝。

隋唐时期，江西地域的"信鬼巫、重淫祀"之风，并没有随着儒学教育在基层社会的推广而减弱，而是伴随着佛道的盛行更加浓厚。唐代江西的地方官员，如耿仁杰、韩愈等，曾多次禁毁淫祠巫鬼，虽起过一些作用，但这种信鬼崇巫之风依然根深蒂固。

中唐进士、南昌人熊孺登在一首诗《董监庙》中写道："仁杰淫祠废欲无，枯枫老栎两三株，神乌惯得商人食，飞趁征帆过蠡湖。"②似感叹又似调侃：淫祠难废也！

唐代"大历十大才子"之一的诗人耿湋在《奉和第五相公登鄱阳郡城西楼》一诗写道："童牛耕废亩，壕木绕新村；野步渔声溢，荒祠鼓舞喧；高斋成五字，远岫发孤猨。"③描绘了鄱阳湖区荒野中祠庙祭祀的情景与氛围。

唐末诗人李建勋在《迎神》中对当时的祭祀有更形象的描述："擂蛮鼍，吟塞笛，女巫结束分行立，空中再拜神且来，满奠椒浆齐献揖，阴风窣窣吹纸钱，妖巫瞑目传神言，与君降福为丰年，莫教赛祀亏常筵。"④

除崇信鬼巫外，唐代还出现了种种生祠祭祀，如对韦丹的建祠祭祠，是人们出于对他治理南昌的功绩的肯定，即唐代时，人们对于政绩突出

---

① （清）王谟：《豫章十代文献略》：清乾隆三十九年（1774）刻本，江西省图书馆藏本。
② 《全唐诗》卷四百七十六，三秦出版社 2008 年版，第 1929 页。
③ 《全唐诗》卷二百六十九，三秦出版社 2008 年版，第 1070 页。
④ 《全唐诗》卷七百三十九，三秦出版社 2008 年版，第 1070 页。

的地方官或对地方做出过重要贡献的人物，尽管其仍在世，但人们往往建祠祭敬。

崇鬼信巫之风从宋以后随着儒学教育在基层社会的铺开，虽逐渐减弱，但这种风尚一直存在。而生祠祭祀的习尚从唐代直至清末也一直存在。

二、宋元明江西地域祭祖与建祠的历史记载

（一）从汉代墓祭到宋代的庙祭、祠祭和祠庵合一

汉代的官员及富贵之家所盛行的是厚葬和墓祠祭祖，即在墓前进行洒扫、祭酹、植树、筑祠、立碑等活动，或在墓祠内祭祀。魏晋时代，从曹操始，倡导薄葬与禁止谒陵墓祭，官僚贵族们便将墓前祭祀改为家庙祭祀，普通百姓也将墓前祭拜改在寝堂祭拜。晋代规定官员按品秩设立家庙，其标准、祭祀时间与次数等均无严格规定，无官无品的百姓不得立家庙，只能家祭，即在家中厅堂设祖先牌位祭拜。隋代在北周的基础上规定：一品至五品官员可建家庙祭祖。唐代的规定："大唐制，凡文武官二品以上，祠四庙；三品以上须兼爵。四品外有始封者，通祠五庙。五品以上，祠三庙……六品以下，达于庶人，祭祖祢于正寝。"[①]

虽然从魏晋以来庙祭与家祭取代了墓祀，但墓前追思祖先与祭扫墓地一直存在，特别是对于无权设置家庙的低品官员和普通百姓，墓前祭奠先祖比家祭更能表达孝心和凝聚族人，在陈、隋之际已形成了固定在寒食节扫墓祭祖习俗。[②]因而，唐代在规定五品官员可以建家庙祭祖的同时，也在风俗制度上肯定了寒食扫墓祭祖的习俗。《唐会要》卷二三《寒食拜扫》载：

---

① （唐）杜佑：《通典》卷四八《礼八·沿革八》，《景印文渊阁四库全书》第603册，第594页。
② 马新，齐涛：《魏晋隋唐时期民间祭祖略论》，载《民俗研究》2015年第5期。

开元二十年四月二十四日敕：寒食上墓，礼经无文，近世相传，浸以成俗。士庶既不合庙享，何以用展孝思？宜许上墓，用拜扫礼，于茔南门外奠祭，撤馔讫，泣辞，食馀于他所，不得作乐，仍编入礼典，永为常式。①

到宋代，祭祀祖先由人性自觉进入到理论自觉和理论创造的时期。北宋理学家李觏、张载、程颐对宗族祭祖的重要性和如何祭祖都做过理论上的探讨，如李觏说："族人五世外皆合宗子之家，序以昭穆，则是始祖常祀而族人常亲。"②程颐的主张是："冬至祭始祖，立春祭先祖，季秋祭祢……先祖者，自始祖而下，高祖而上，非一人也，故设二位，常祭止于高祖而下。"③到南宋，理学大儒朱熹则进行了祭祖理论的创设，其所著的《家礼》对祠堂之制进行了设计。

宋代对品官祭祖进行了规范，即对前代的家庙制重新做了规定，宋仁宗庆历元年（1041）郊祀，为推恩百官颁敕："听文武百官依旧式立家庙"④。但对于"旧式"为何？官员们不知，到皇祐二年（1050）才定下详细规定："官正一品平章事以上立四庙，枢密使、知枢密院事、参知政事、枢密副使、同知枢密院事、签书院院事、见任前任同宣徽使、尚书节度使、东宫少保以上皆立三庙，余官祭于寝。"⑤

在宋代朝廷规定品官可以建家庙之前，民间由魏晋唐代的祭于寝，已开始出现建祠堂祭先祖的习尚。北宋后期，祠堂祭祖已在中国较多地出现。到南宋时，朱熹对祠堂之制和祭祖仪式进行了创设，中国的祠堂祭祖进一步在全国铺开。

朱熹在《家礼》卷一《通礼》中有对"祠堂"的设计：

君子将营宫室，先立祠堂于正寝之东，为四龛，以奉先世神主。旁

---

① 《景印文渊阁四库全书》第606册，第327页。
② （宋）李觏：《旴江集》卷一三《教导第四》，《景印文渊阁四库全书》第1095册，第102页。
③ （宋）朱熹：《二程遗书》卷十八，《景印文渊阁四库全书》第698册，第243页。
④ （元）脱脱：《宋史》卷一百九《礼十二》，《景印文渊阁四库全书》第282册，第164页
⑤ 同上注。

亲之无后者，以其班祔。置祭田，具祭器。主人晨谒于大门之内，出入必告，正至朔望则参，俗节则献以时食，有事则告。或有水火盗贼，则先救祠堂，迁神主遗书，次及祭器，然后及家财，易世则改题主，而递迁之。

朱熹在《家礼》卷五《祭礼》中对"祭祀"仪式的设计：

四时祭：时祭用仲月前旬卜日，前期三日斋戒，前一日设位陈器，省牲涤器具馔，厥明夙兴设蔬果酒饭馔，质明奉主就位，参神，降神，进馔，初献，亚献，终献，侑食，阖门，启门，受胙，辞神，纳主，撤，餕。凡祭，主于尽爱敬之诚而已。贫则称家之有无，疾则量筋力而行之，财力可及者自当如仪。

初祖，冬至祭始祖：前期三日斋戒，前期一日设位陈器，具馔，厥明夙兴设蔬果酒馔，质明盛服就位，降神，参神，进馔，初献，亚献，终献，侑食，阖门、启门，受胙，辞神，撤，餕。

立春祭先祖：前三日斋戒，前一日设位，陈器，具馔，厥明夙兴，设蔬果酒馔，质明盛服就位降神参神，进馔，初献，亚献，终献，侑食，阖门，启门，受胙，辞神，纳主，撤。

季秋祭祢：前一月下旬卜日，前三日斋戒，前一日设位陈器，具馔，厥明夙兴设蔬果酒馔，质明盛服诣祠堂神主出就正寝，参神，降神，进馔，初献，亚献，终献，侑食，阖门，启门，受胙，辞神，纳主，撤，餕。

忌日：前一日斋戒，设位，陈器，具馔，厥明夙兴设蔬果酒馔，质明主人以下变服，诣祠堂奉神主出就正寝，参神，降神，进馔，初献，亚献，终献，侑食，阖门，启门，受胙，辞神，纳主，撤。是日不饮酒，不食肉，不听乐，黪布素服素带，以居夕寝于外。

墓祭：三日上旬择日，前一日斋戒，具馔，厥明洒扫，布席，陈馔，参神，降神，初献，亚献，终献，辞神，乃撤，遂祭后土，布席，陈馔，降神，参神，三献，辞神，乃撤而退。

自朱熹之后，中国的祠堂祭祖就有了一套完备的仪式。

宋代在祠堂祭祖的同时，墓祭之俗仍然存在，因宋代的人重视族葬，一些大的家族往往在墓地旁建寺、庵，使僧人为之守墓，并将祠堂设于寺庵内，即祠庵合一，岁时全族人祭祖于寺庵内之祠堂。这是由魏晋隋唐墓祭发展而来，是宋人的一大习俗。①

元代的祭祖同宋代，以墓祭与祠祭为特色。

（二）宋元时代江西人的庙祭、祠祭和墓祠

宋代的江西人如何祭祖，史料的记载并不多，只能透过少量的记载来进行分析。

一是家庙祭祖。

如上所述，朝廷规定只有某些有官阶的官员即所谓"品官"才能建家庙祭祖，其他人"祭于寝"。从现存宋代江西人文集来看，江西人建家庙祭祖者少，只有南宋姚勉在《丰城王氏家庙记》中记载其家族建有家庙，但此家庙并非摆有祖先牌位祭祖的家庙，只是一栋藏族谱之庙，将族谱刻于石碑，将石碑立于庙中，"乃于其里白马山之阴立一庙，而取其族谱图刻于中，俾公之子孙至斯庙者皆得因流而寻其源焉！"②文中并没有谈及丰城王氏在此家庙中如何祭祖，立石谱的目的只是让后人了解祖宗的来历，从而达到聚族的目的。因而此家庙虽有敬宗聚族的作用，但非祭祀祖先的家庙。

二是祠堂祭祖。

宋代已出现较多的祠堂。祠堂有两类，一是祭祀先贤或时贤的祠堂，二是宗族祭祖的祠堂。

从现存宋代江西文人文集中的文章可知，宋代人对于对本地有贡献的先贤和时贤有着深切的敬意，喜建祠祭之、敬之。如南宋吉州人欧阳

---

① 关于宋代的祖先崇拜与祭祖，可参见王善军《宋代的宗族祭祀与祖先崇拜》，载《世界宗教研究》1999 年第 3 期；王善军专著《宋代宗族和宗族制度研究》，河北教育出版社 2000 年版。

② （宋）姚勉：《雪坡集》卷，《景印文渊阁四库全书》第 1184 册，第 254 页。

守道的《巽斋文集》①中有《州学三贤祠堂记》《欧阳监丞祠堂记》《重建临江太守彭公祠堂记》等，姚勉《雪坡集》中有《再建曹侯生祠记》《高安洪侯生祠》《新昌陈知县生祠记》《都运尚书高昌侯祠堂记》等，表明宋代人喜爱建祠堂祭祀先贤和时贤。但是宋人文集中没有记载家族建祭祖的祠堂，表明直到南宋后期江西地域建祠堂祭祖的习俗还未形成，姚勉和欧阳守道均为南宋后期时人，他们写了一些祠堂记，但都不是家族祭祖祠堂，若朱熹所创设的祠堂之制在江西已推开，可以肯定的是在宋代江西的这些文人文集中肯定会有文章，说明宋代江西民间祭祖仍然是家祭，即"祭于寝"，也就是在厅堂摆牌位祭祖。至于墓祠祭祖，即在宗族墓地旁建祠堂祭祖的情况及清明扫墓祭祖的情况，由于史料所限，亦难考证。

到了元代，建祠祭先贤和时贤及乡贤的习尚仍然在江西各地保持与传承着，元代江西文人文集中保存着一些"祠记"，如元代大儒吴澄的《吴文正集》中有《建昌路庙学记》《都运尚书高昌侯祠堂记》《廉吏前金溪县尹李侯生祠记》《湖口县靖节先生祠堂记》《濂南王先生祠堂记》《宁都州学孙氏五贤祠堂记》，刘将孙《养吾斋集》中有《松坡赵公祠堂记》《觉是堂记》，揭傒斯《文安集》中有《杨氏忠节祠记》等，从这些"祠记"或"祠堂记"可知，民众对于为国尽忠的"忠孝节义"之士，或有功德于当地的已逝或调离的地方官是不会忘记的，建祠堂祭拜他们，为民众树立做人做事的典范。

家族建祠堂祭祀祖先的习俗在元代始铺开，元代文人文集中开始出现一些家族所建祭祖的"祠堂记"。

元代大儒吴澄在《吴文正集》中有《豫章甘氏祠堂后记》，在这篇文章中，吴澄回顾了元代以前的家庙制和朱熹《家礼》创设中的"祠堂"制，对于豫章（即今南昌地区）甘氏子孙的祭祖表示赞赏。

爵之为公侯伯子男，官之为卿大夫士，皆有庙以奉其先，古制然也。自封建罢郡县，置人臣之有国者，鲜矣。驯至叔末，虽处卿大夫之位或

---

① （宋）欧阳守道：《巽斋文集》，《景印文渊阁四库全书》第1183册。

以官为家，而终身客寄于外，岂复有国有家而有庙以惬其报本追远之心乎？秦汉而下惟宋儒知道，河南程子始修礼，略谓家必有庙，庙必有主，而新安朱子损益司马氏书仪，撰家祭礼，以家庙非有赐不得立，乃名之曰祠堂。古者庶人荐而不祭，士无田亦然，盖度其力之有不足故尔。遵朱子《家礼》而行，亦惟荐礼而已，视古祭礼则为简然；古之卿大夫士祭不设主，庶士之庙一适，士之庙二，卿大夫亦止一昭一穆，与太祖而三，今也下达于庶人，通享四代，又有神主，斯二者与古诸侯无异，其礼不为不隆，既简且便，而流俗犹莫之行也。豫章甘君景文独拳拳于报本追远，推其族之统系以记其家之祠堂，建昌州学正曾仁复述其意，俾予一言，予谓奉先之礼，孝子慈孙之所当自尽者，奚以人之言为哉！虽然礼久废之余，而君之好礼甚非其质之得于天者厚而然，与非其识之超于人者远而然，与君豫章奉新人先世自丹阳徙其族蕃而久，以儒吏出仕，持身谨恪，惧辱先也，初从事宪府，继为郡牧之属云。①

从这篇文章可知，甘氏已按朱熹《家礼》中的祠堂之制进行祭祖，并且吴澄认为，这样既隆重又简单，这是"孝子慈孙"所应当做的。

元末明初抚州人危素《说学斋稿》卷二中的《南丰曾氏祠堂记》记载了作为望族的南丰曾氏在元代建祠祭祖：

> 宋之盛时曾氏显于南丰，有浮图之宫，曰归信者，祠堂在焉。其后多宦游他郡，因定居焉。至于国朝，祠亦圮坏不治，沂国公讳仁旺九世孙知南安军，冲子家于金溪，有荐于世祖皇帝，授以金福建闽海道提刑按察司事，到官未久而归闲，则命族弟三德至南丰，载沂国以下绘像，更为祠堂于金溪之南，原祀焉，至元三十一年也；后五十有八年为至正十一年，三德之孙熙修坏补敝，栋宇彩章，焕然更新，因里中士黄君骞来游京师，嘱素为之记；素世居临川，熟闻曾氏故事，况南安公尝受业先曾大父仁和府君，其伯氏参政渊子则素族祖姑归焉。素尝数过南原之祠，瞻拜遗像，退而读中书舍人文定公、翰林学士文昭公之书，至于庐

---

① （元）吴澄：《吴文正集》卷四十六《记》，《景印文渊阁四库全书》第1197册，第485页。

陵欧阳文忠公。[1]

危素此文反映了南丰曾氏在宋代时也墓祠祭祖，到元代建独立的祠堂，而且祠堂颇具规模，悬挂有先祖遗像。至于具体以怎样的仪式祭祖，则无从可知，也许是按朱熹所设计的仪式祭祖。

明代泰和人杨士奇的《杨氏祠堂复建记》中也谈到其族在元代建有祠堂祭祖：

> 士奇一岁而孤，上赖祖考之佑，母夫人之保育教训，用克成立，然素窭。既壮而仕，积其禄入，始稍理田庐。盖先庐悉毁于元季之兵，而故址在邑之学宫之北者，诸父兄以窭而售之人矣。仁宗皇帝临御，进士奇官秩，禄赐加厚，始克以五十余年寝食不忘之心，五倍元售之直而复故址，乃命稷（杨士奇之子）治居焉。詹之右故有祠堂，亦毁于兵，遗弊室数楹，则族父之窭者，假息其中，历三世矣。族父之先有故址在邑西，为横民所据已久，力不能复，至是代厚赀内据者，为复之，而使其孙归治居焉。遂命稷循故，复作祠堂。古知礼君子，营宫室必先祠堂，士奇之不能，盖复之于人者，有先后也。吾高祖以前居邑东清溪之上，暨曾祖始徙学宫之北，居与祠并作焉。作四十年而毁于兵，又二十年而沦于异姓，又五十有余年，而余始克复之，既失而得，既毁而完，虽辛勤积累而非祖宗仁厚之泽，何以能致哉！祠成祀四代岁时行事，悉遵朱氏《礼》。[2]

泰和杨士奇家族在杨士奇之前的60年已建有祠堂，即在元代中期已建有家族祠堂，只不过那时的祠堂是如何祭祖的，就不得而知了。只谈到明代新建祠堂时，按朱子《家礼》祭祀四代，且"岁时行事"。

三是墓祠祭祖。

元代江西地域之民，在接受朱熹《家礼》建祠堂祭祖的同时，还保留着宋代的墓祠祭祖的习俗。

吴澄在《临川饶氏先祠记》一文，记载了临川饶氏是如何在寺院立

---

[1]（元）危素：《说学斋稿》卷二《记》，《景印文渊阁四库全书》第1226册，第711页。
[2]（明）杨士奇：《东里集》卷二《记》，《景印文渊阁四库全书》第1238册，第38页。

祠，并施田予寺：

  饶氏先祠者，临川唐坑之饶，施田于武林寺，将以久存其展墓之礼也。古之士大夫家有庙而墓无祭，近代非有赐不得立庙；先儒定家祭礼，遂易家庙之名为祠堂，而墓祭之礼亦从俗，然既祭于墓而又立祠于僧舍，不知于礼为何？如礼未之闻而孝子慈孙之心不能不然者，其意可悲也！何也？古者居不离其乡，各姓皆族葬，墓之地域有墓，大夫之官时巡其茔，限而无相侵，且设官寺，于中以守其墓，护宅兆，禁樵牧，不专诿其家之子孙也。时世非古人家守坟墓之子孙，或游宦或迁徙不能不去其乡矣。纵使不去而家业或不如前，则岁时展墓之礼岂无废坠之时哉！深思远虑者谓人家之盛，终不敌僧寺之久，于是托之僧寺，以冀其永存，其意不亦可悲矣乎？予昔在金陵同一达官游钟山寺，见荆国王丞相父子三世画像，香灯之供甚侈，达官怃然兴叹焉。盖以二百余年之久，荆国子孙衰微散处，而僧寺之祠，独不泯绝，此孝子慈孙爱亲之意，所以不能不然者欤！临川唐坑之饶为著姓也，旧矣，居士君元衍讳从木、从区，卒葬里之叶方；叔阳讳坠者，其子也，中神童科，又中嘉熙庚子乡贡第一，晚以特恩授迪功郎，主石城县学，卒葬里之武林，武林寺距墓不远，施田入寺以祠居士君、石城君二世；其孙文甫，讳成功，祔葬居士君之兆，其曾孙睿翁，讳璇祔葬石城君之兆，其玄孙熙又增施田，并祠高曾祖考四世。饶自石城君以来，种学绩文、笃行好义，至于熙益进益修，有隆无替，表表在乡间间，可谓世济其美之家已！初施田者熙之大母黄氏，增施田者熙与也。寺僧曰慧颜，曰妙碧，熙请作先祠记，殆又欲托之文，以永其祠，予嘉其爱亲之笃也！深思而远虑，故不以古礼所未尝有而没其美云。[①]

  从吴澄的记述可知，吴澄是非常赞成这种立祠于寺，并且寺与墓地不远，施田于寺，使寺永久，祠也可久，这样比家祠还永久！由此可知，汉代以来的墓寺祭祀一直在传承，即使到了元代，虽然朱熹的祠堂家祭之礼已得到越来越多的人认可，但墓祠祭祖的习俗在元代仍延续着。

[①]（元）吴澄：《吴文正集》卷四十六《记》，《景印文渊阁四库全书》第1197册，第488页。

明代大儒宋濂在《题金溪刘氏族谱序》中也谈到元代的立祠于道观：

> 金溪刘贯以云林先生危公所制《宗谱序》示余，且闻世裔之详，卓为其邑之巨族，衣冠文物炫曜江右，若其造谱之次第，则自十四世祖宗元由南丰迁来，之后其八世从祖虚妙大师道正，遂建修真观，而于观树祠，以祀刘氏群主，其六世祖国子博士尧夫，乃刻本支之详于石，植诸祠下，号永善族图；其祖介福又仿大小宗法为图镂版，悬于家祠，其世父杰复集二图著为书六卷，是则先生（此处先生指危素）所为序之者也。遭世不靖，碑裂而版毁，贯抱其书避入大山中，幸而获存，珍袭宝爱，惟恐逸坠，今思有以永其传也，复来征予言以厕先生雄文之后。[①]

宋濂从元代危素的序文讲述了作为江右大族的金溪刘氏是怎样建祠祭祖的，反映了元代有实力的大族的立祠于观的习俗。

元代吴澄《吴文正集》中还有一篇《灵杰祠堂记》，同样反映了元代江西人墓祠祭祖的习俗：

> 抚金溪之世族视他邑为盛，与宋祚相为始终奚啻数十！至于国朝而邑有王氏代兴焉，望于乡党，礼于官府，资甲一邑，而名齐二三百年之旧，家非地之灵而能若是哉！葬于绕城者，君杰也；其子谦亨、谦道构堂墓侧，为岁时展墓奉祠之所，扁曰"灵杰"，而谒记于予，予谓地之灵已往而已，然人之杰方来而未艾，盖人之特立如木之特起者，曰：杰王氏子孙骎骎向文学，充其所到如苏如孙如甫如申，分内事尔！衍于后所以增光于前，修于人以增重于地，兹杰之方来而未艾者乎！余将有俟。

上述几篇文章反映了元代时，江西地域的祠堂祭祖正在越来越多为人所接受，同时那些有经济实力的大族仍在传续着墓祠祭祖，特别是立祠于寺或观的习惯。这就是吴澄在《答吴宗师书》一文所说："近世俗人之家，祠堂之外，墓所庵堂及寺观又立祠。"[②]

---

① （明）宋濂：《文宪集》卷十二《序》，《景印文渊阁四库全书》第1223册，第651页。
② （元）吴澄：《吴文正集》卷十一，《景印文渊阁四库全书》第1197册，第146页。

除上述文章的记载外，常建华先生在《明代宗族研究》一书中，曾专列"元代吉安宗族设祠祭祖的兴起"，依据元代浏阳人欧阳玄《圭斋文集》中的《保靓祠堂记》《秀川罗氏祠堂记》《元故隐士庐陵刘桂隐先生墓志铭》的记载，列举了安福刘氏、秀川罗氏、吉水刘氏的祠堂祭祖，又据庐陵人王礼《麟原文集》中的《曾氏祠堂记》《欧阳氏永思堂记》，还据元代吉水人刘岳申《申斋集》中的《广福寺舍田记》，得出结论："元代吉安宗族建祠祭祖已经比较成熟"。①

（三）明代江西人的庙祭、祠祭和墓祭

对于祭祀，历代统治者都很重视，因为这不仅是表达对祖先的孝心和怀念，还是一种权力的宣示，所以历代统治者对不同品官的建庙祭祖都有相应的规定。到了明代，对于如何祭祖，统治者做出了非常详细的规定，因为明代统治者从朱元璋始，特别重视用儒家思想和儒家礼制教化百姓，所以，在明朝建立之初，朱元璋就搜罗了一批颇有声名的儒学之士，制礼作乐，编撰礼书，在洪武三年（1370）编纂了《大明集礼》一书，其卷六《吉礼六·宗庙》有"品官家庙""家庙图""祠堂制度""神主式""椟韬藉式""椟式""品官享家庙仪"，这是明代以前历代所没有过的官方对祭祖礼仪的详细规定。

先儒朱子约前代之礼，创祠堂之制，为四龛以奉四世之祖，并以四仲月祭之，其冬至、立春、季秋、忌日之祭，则又不与乎四仲月之内，至今士大夫之家遵以为常。凡品官之家立祠堂于正寝之东，为屋三间，外为中门，中门为两阶，皆三级，东曰阼阶，西曰西阶，阶下随地广狭以屋覆之，令可容家众叙立。又为遗书衣物祭器库及神厨于东，缭以外垣，别为外门，常加扃闭。祠堂之内，以近北一架为四龛，每龛内置桌。高祖居西第一龛，高祖妣次之；曾祖居第二龛，曾祖妣次之；祖居第三龛，祖妣次之；考居第四龛，妣次之。神主皆藏于椟，置于桌上，南向。

---

① 常建华：《明代宗族研究》，上海人民出版社2005年版，第150—154页。

龛外各垂小廉，廉外设香桌。于堂中置香炉，香合于其上。旁亲之无后者，以其班设主椟，皆西向。

庶人无祠堂，惟以二代神主置于居室之中间，或以他室奉之，其主式与品官同而椟。

国朝品官庙制未定，权仿朱子祠堂之制，奉高曾祖祢四世之主，亦以四仲之月祭之，又加腊日、忌日之祭，与夫岁时节日荐享。至若庶人得奉其祖父母、父母之祀，已有著令，而其时享以寝之大概略同于品官焉。[1]

从上述规定中可以看出，"明初士大夫普遍接受朱熹《家礼》中祠堂之制的影响，明朝政府鉴于家庙制度未定以及民间祭祖的实际情形，于是'权仿朱子祠堂之制'，规定品官祭祀高、曾、祖、祢四代祖先"[2]。

洪武六年（1373）明统治者对品官家庙做出规定：

诏定公侯以下家庙礼仪。礼部官议：凡公侯品官立为祠堂三间于所居之东，以祀高曾祖考，并位，如祠堂未备，奉主于中堂享祭。二品以上羊一豕一，五品以上羊一，以下豕一，皆分四体熟而荐之。……凡祭于四仲之月择吉日，或春秋分、冬夏至亦可。[3]

这实际上仍然是按朱熹《家礼》中的"祠堂"之制所设计的。常建华先生认为，《大明集礼》修成之后，秘藏宫廷，直到嘉靖八年（1529）才刻版公布，对民间的影响很小。明前期对民间影响较大的还是《教民榜文》，从而明前期官民常通行祭祀四代祖先。[4]直到嘉靖十五年（1536），在嘉靖朝"大礼仪"的过程中，嘉靖皇帝接受了礼部尚书夏言《请定功臣配享及令臣民得祭始祖立家庙疏》[5]的建议，允许臣民祭祀始祖、先祖，常建华先生认为："事实上当时社会上本来就大量存在着祠堂违制祭始祖

---

[1] （明）徐一夔：《明集礼》卷六《吉礼六·宗庙》，《景印文渊阁四库全书》第649册，第179页。
[2] 常建华：《明代宗族祠庙祭祖礼制及其演变》，载《南开大学学报》2001年第3期。
[3] 《明太祖实录》卷八二，洪武六年五月癸卯，台湾"中研院史语所"1968年校勘本。
[4] 常建华：《明代宗族祠庙祭祖礼制及其演变》，载《南开大学学报》2001年第3期。
[5] （明）夏言：《夏桂州先生文集》卷一一，《四库存目丛书》集部74册，第526页。

的情况。崇拜祖先作为民间信仰风俗，合乎人情，嘉靖十五年的规定只能导致其进一步的合法化，另外在外人不进入的家庙中设置远祖牌位，政府也没必要核查，所以祭祀始祖、先祖必定成为普遍现象，家庙向联宗祭祖的大宗祠方向发展，地方政府听之任之，于是嘉靖、万历年间形成大建宗祠祭祀始祖的普遍现象。"①

即嘉靖十五年（1536）嘉靖皇帝开启了中国官民普遍建宗祠祭祖的序幕。

对于明代江西人祭祖与建祠的状况，由于明代江西族谱已存世极少，无法从族谱的记载来了解明代江西人的祭祖与建祠，所能依据的资料只有明代的地方志和明代文人文集中的记载了。

对于明代地方志和明代文人文集中有关江西建祠与祭祖的记载，常建华先生在论文《明代宗族祠庙祭祖的发展——以明代地方志资料和徽州地区为中心》②及专著《明代宗族研究》③第四章"明代吉安府的宗族祠庙祭祖"，曾做过梳理。本书仍据有关记载做一些描述。

一是明代江西各地已普遍按朱子《家礼》的"祠堂之制"建祠祭祖。

赣北的南昌府属下的宁州（今修水县）在嘉靖时期所修《宁州志》卷一三《风俗》载："分宁吴楚之交，俗多类楚，近世士大夫家冠婚丧祭，悉行文公《家礼》。"所谓"文公《家礼》"即建祠堂，并按朱子所设定的《祭礼》程序进行祭祖。

赣中的吉安府在万历年间所修《吉安府志》卷十一《风土志》载："秦汉而上，吴、楚、越国都邈远，阖闾、勾践、楚熊商之风不及渐靡，地非要害，战争少，人生手不持戈刃，惟勤稼穑樵渔，乐其父母妻子，以故冠带衣履未逮中都，而山川淳灵之气含而未泄。人民敦庞质厚，鲜所凋残，犹有初古之遗焉。自唐颜真卿从事吉州，铿訇大节诵慕无穷，

---

① 常建华：《明代宗族祠庙祭祖礼制及其演变》，载《南开大学学报》2001年第3期。
② 常建华：《明代宗族祠庙祭祖的发展——以明代地方志资料和徽州地区为中心》，载《中国社会历史评论》第二卷，第13页，天津人民出版社2000年版。
③ 常建华《明代宗族研究》，上海人民出版社2005年版。

至欧阳修一代大儒开宋三百年文章之盛，士相继起者必以通经学古为高，以救时行道为贤，以犯颜敢谏为忠，家诵诗书，人怀慷慨，文章节义遂甲天下。故家世胄族有谱，家有祠，岁时祭祀必以礼，长幼之节疏不间亲……子孙数十世名义相续属不绝，家犯肃于刑律。"这段话不但告知了人们在明代万历年间吉安地域的宗族机制完备：修有族谱、建有祠堂、祭礼完备、订有族规，还告知了人们吉安地域宗族的形成是由于此地文风盛、科举入仕者多。赣中临江府的清江县在明末崇祯年间所修《清江县志》卷一载："邑多巨族，乡村聚族而处……宗祠及公众赡差之田，得古之遗。"此资料说明，不仅赣中地域的宗族多建有祠堂，还设有族田作为公产。

赣南的南安府在嘉靖年间所修《南安府志》卷十《礼乐志》载："凡祭，古有大夫五祀，庶人先祖之礼，其仪俱在，知礼者以时行之（大小宗祠堂，惟南康为讲，上犹一二姓为然）。"而嘉靖《南康县志》卷四《礼制》记载南康："祭礼：士庶家多立祠堂（无者祭于寝），一依朱子《家礼》行之。清明、中元、冬至合族人于祠致祭，惟冬至祭始祖，立春祭先祖，季秋祭祢，尚未有定论。其仪文简略，合祭太数，当议而正之。"由此可知，赣南在明代中期已普遍接受了朱子《家礼》的祭祖设计，尽管还保留着一些古礼和当地的一些祭祖礼仪。

二是庙祭。

所谓庙祭，就是品官根据朝廷的规定，建家庙祭祀祖先。如前所述，明朝廷在洪武六年（1373年）公布了品官建家庙的相关规定，从全国各地的方志记载来看，尽管到明代时官民已普遍接受朱子的《家礼》，建祠堂祭祖，但一些士大夫之家仍然保持着建家庙祭祖的习惯，如前述嘉靖《宁州志》卷一三《风俗》还记载："腊月二十四日名小除，晦日名大除，皆设祭于家庙。"是否品官之家的家庙也无法理清，但一般而言，只有品官才有权建家庙。正德《建昌府志》卷三《风俗·四时土俗大略》载："（冬至）人初不为重，近时士夫家行祀先礼，人渐效之。"这种士大夫家的祀先礼，是在家庙举行，还是在祠堂中举行，也无法确知，但其特别注明是"士夫家",那可能就是在家庙中行祀先礼。

三是墓祭。

这是自汉代以来就有的习俗,唐代时形成了清明扫墓的习俗,明代的江西和全国许多地方一样,清明扫墓是一年中岁时祭祀祖先的重要活动,嘉靖《南康县志》卷一《风俗·岁时所尚》载:"清明日祭先于祠,复以醴馔拜于墓,标以纸钱曰醮墓……中元以楮为衣冠,拜献于先祖焚之,仍合族祭于祠,亦有用浮屠作为追荐者……冬至礼先于祠,醮墓如清明。"清明和冬至日既祠祭又墓祭,这是不多见的,或许是由于祠祭兴起不久,南康人特别爱祠祭。

上述表明,无论庙祭、祠祭、墓祭,明代江西(不仅仅是江西)形成清明、中元、冬至日祭祖的固定习俗,此外还有上述引文中提到立春、季秋、大除(除夕)、小除(小年)祭祖等。但清明、中元、冬至祭祖已成为各地普遍而固定的祭祖习俗。明代天一阁所存江西方志中除上述的一些记载外,还有这样一些记载:

嘉靖《铅山县志》卷二《风俗》载:"中元祭先肴馔荤斋相半,或荤斋分夜两祭。"[①]

正德《新城县志》卷之一《地理·风俗》载:"清明,邑人皆以是日具牲醴祭墓,大家插柳枝于门之两旁,男女亦各簪一枝于首,谓之辟邪……中元,俗以七月十五日为中元节,至期以锡箔纸糊为金银器,以彩色纸糊为衣服,至期侑以酒肴,荐祖先……冬至,是日陈牲醴荐祖先。"[②]

这些记载表明,清明、中元、冬至三节祭祖,是各地都通行的,但是各地所采取的形式多有不同,如上述铅山县与新城县中元祭祖即有所不同。

常建华先生在《明代宗族研究》"江西吉安宗族的祠庙祭祖"中对于

---

① 嘉靖《铅山县志》卷二《风俗》,《天一阁藏明代方志选刊续编四六》,上海书店1963年版,第47页。

② 正德《新城县志》卷一《地理·风俗》,《天一阁藏明代方志选刊续编四六》,上海书店1963年版,第311页。

文风强盛、出仕者多和世家大族多的明代吉安地区的建祠与祭祖，做了细致的研究。从《文渊阁四库全书》《四库存目丛书》《续修四库全书》等书中收集了64篇"祠堂记"，从中分析了建祠祭祖的地域特点，又从传记中收集了17例建祠祭祖的实例，还从三部元人文集收集了6例元代吉安人建祠祭祖的个案。常建华先生通过分析认为："明代吉安宗族制度发展更加成熟，主要表现在宗族在建祠祭祖的同时，还伴随着修族谱、行墓祭、置祭田、设义塾等举措，有意识地采取制度'创新'来合族，维持乡族社会秩序。""吉安宗族设祠祭祖在明代中后期的一个特点是总祠的出现。明代中后期吉安大姓在宗族兴建总祠合族，实际上吉安在元代已经出现个别总祠，至明代中后期则普遍化，吉安的大族以总祠为重要手段使宗族组织化。"[①]

常建华先生还从明代吉安文人的祠堂记文中梳理出文人士大夫们对建祠祭祖的理论探讨，如出自明代吉安的著名文人王直、周叙、刘球、尹襄、尹台、罗钦顺、罗伦、刘元卿、尹昌隆、刘节、毛伯温等，都对建祠祭祖有各自的理论阐述，其主要观点是肯定朱子《家礼》的祠堂之制，并多主张以此为指导建祠祭祖。明代中后期，在朝廷允许民间祭祀始祖之后，民间的始祖祠日渐增多，这些文人士大夫们有的主张按朱子《家礼》改造始祖祠，兼顾四亲之祭与始祖之祭；有的主张折中程朱，同时祭祀远祖和始祖。[②]

三、清代江西的祠祭和墓祭

经明代中后期宗族的大发展，至清代南方的宗族已成为基本的社会结构单位，而江西自元明以来就是中国宗族发达之区，至清代已形成了全面宗族化，基本标志是宗族体制完备，宗族都修有族谱、建有祠堂、订有族规（很多大族还订有祠规）、设有族田公产、立有族长和宗族活动

---

① 常建华：《明代宗族研究》，上海人民出版社2005年版，第180页。
② 常建华：《明代宗族研究》，上海人民出版社2005年版，第180—181页。

等。本书第一章还曾谈到清代江西社会的全面宗族化表现：聚居形式的宗族化、基层活动的宗族化、基层治理的宗族化。

随着社会的全面宗族化及宗族体制的完备且宗族势力不断走向强盛，祠堂作为宗族的标志之一及宗族聚会的场所，清代的江西基本上已是凡族必有祠，而且许多大族的祠堂还颇为壮丽。其中最为著名的描述莫过于乾隆二十八年（1763年）十一月至乾隆三十年二月，满族人辅德在江西巡抚任上的奏疏中所说：

> 惟查各属讼案繁多之故，缘江西民人有合族建祠之习，本籍城乡暨其郡郭并省会地方，但系同府同省之同姓，即纠敛金钱，修建祠堂，率皆栋宇辉煌，规模宏敞，其用余银两置产收租，因而不肖之徒，从中觊觎，每以风影之事，妄启讼端，藉称合族公事，开销祠费。县讼不胜，即赴府翻；府审批结，又赴省控。何处控诉，即往何处祠堂，即用何处祠费。用竣复按户派出，私财任其侵用。是祠堂有费，实为健讼之资；同姓立祠，竟为聚讼之地，欲弥讼端，不得不清其源而塞其流也……况查所建省祠堂，大率皆推原远年君王将相一人，共为始祖，如周姓则祖后稷，吴姓则祖泰伯，姜姓则祖太公望，袁姓则祖袁绍。有祠必有谱，其纂辑宗谱，荒唐悖谬，亦复如之。凡属同府同姓者，皆得出费与祠，送其支祖牌位于总龛之内，列名于宗谱之册，每祠牌位动以千百计。源流支派无所择，出钱者联秦越为一家，不出钱者置亲支于局外。[①]

从辅德这段话可知，清代的江西建祠之风很盛，而且动辄同姓联宗建祠，推其姓源之远祖而统宗，建祠必修谱，建祠修谱必派费。

实际清朝廷，对于品官如何建祠和祭祖是有规定的，《钦定大清会典》是这样记载的：

> 凡品官家祭之礼，于居室之东立家庙，一品至三品官，庙五间，中三间为堂，左右各一间隔以墙，北为夹室，南为房堂，南檐三门，房南檐各一门，阶五级，庭东西庑各三间，东藏遗衣物，西藏祭器，庭绕以

---

① （清）辅德：《请禁祠宇流弊疏》，载（清）贺长龄辑《皇朝经世文编》卷五十八《宗法上》，《中国近代史料丛刊》一编0731号，台湾文海出版社1966年版，第2156—2158页。

垣，南为中门，又南为外门，左右各设侧门，四品至七品官庙三间，中为堂，左右为夹室，为房阶三级，东西庑各一间，余制与三品以上同（世爵公侯伯子视一品男以下，按品为差等）。八九品，庙三间，中广，左右狭，阶一级，堂及垣皆一门，庭无庑，以箧分藏遗衣物，祭器陈于东西序，余与七品以上（在籍进士举人视七品，恩拔岁副贡生视八品），同堂后楣北设四室，奉高曾祖祢四世，皆昭左穆右，妣以适配，南向高祖以上，亲尽则祧，由昭祧者，藏主于东夹室；由穆祧者，藏主于西夹室，迁室祔庙悉依昭穆之次，东序西序为祔位，伯叔祖之成人无后者，伯叔父之成人无后及其长殇者，凡弟成人无后及其长殇中殇（十二岁至十五）者，妻先殁者，子姓成人无后及其长殇（十六岁至十九）、中殇、下殇（九岁至十一）者，皆以版按行辈墨书男统于东，女统于西，东西向，岁以春夏秋冬仲月择吉致祭，戒子弟读祝，一人赞礼，一人执爵，每案二人分荐祔位，东西各一人，凡在庙所出子孙，年及冠以上者，皆会行礼，先祭三日，主人及在事者咸致斋，前一日主人率子弟盛服入庙，视洁除拂拭毕，执事者于各室前设几，几前供案堂，南总香案一炉，藁具祔位，东西各统设一案，设祝案于香案之西，设尊爵案于东，序设盥盘于东阶上……①

然而朝廷对建祠和祭祖的规定只对皇室和高层官员有约束力，民间已经形成了一套各带有地域特色的祭祖体系。

（一）方志中记载的清代江西祭祖习俗

关于清代的祭祖及一些地域祠堂建设的情况，在清代所修江西各府县方志的"风俗"篇中都会有或详或简的记载。从这些记载可知，清明、中元（农历七月十五）、冬至是固定祭祖的日子，并且祭祖的方式大体相同，即清明墓祭、中元户祭（住地室外祭）、冬至祠祭，但各地域祭祀的仪式有所差别，此外在许多地方还有除夕和元旦（正月初一）祭祖的习俗。

---

① 《钦定大清会典》卷五十《礼部·家祭》，《景印文渊阁四库全书》第619册，第440页。

1. 墓祭

墓祭，即在埋葬祖先的墓地祭祀祖先，这是由汉代的墓祠祭祖发展而来的，在唐代已形成了固定的寒食日（清明节前一二日）到墓地祭祖的习俗，到明清时期则形成了清明日到墓地祭祖的习俗。

赣北九江府清明祭祖的习俗是："清明：先期挂楮纸，是日具酒肴祭扫坟墓，民间插柳，瑞昌复迎境内神张彩设乐，既月不绝。"[1]

清明挂纸，即在坟墓四周及其坟上摆或挂纸钱，这是从清代延续至今江西各地清明扫墓的习俗。如康熙二十三年（1684）《乐安县志》载："寒食节扫墓插竹于冢，挂以纸钱，拜扫，自清明至谷雨乃止。"[2]乾隆《石城县志》载："清明墓祭自始祖以下皆遍，墓有宿草芟薙、扫除，挂纸、添土，祭毕聚饮而归。"[3]同治十年（1871）《兴安县志》载："清明祭扫祖墓，以前后七日为期，加土于冢，挂纸于墓树，妇女不上坟。"[4]同治十年（1871）刊本《安义县志》载："清明各子姓载酒祭其先茔，挂纸钱于墓，是日酿酒曰清明酒，色红而味甘。"[5]同治九年（1870）刊本《清江县志》："除夕祀先灵，礼龟贴五彩线……清明上先垄，培土挂楮钱，具酒肴席地饮。"[6]同治六年（1876）刊本《广昌县志》载："清明具牲醴展墓祭复土除草挂纸钱插柳。"[7]同治十年（1871）刊本《湖口县志》载："祭礼：大祥后，灵座易木主附祖龛，朔望生忌之辰上香，春以清明扫墓

---

[1] 同治十三年《九江府志》卷八《地理·风俗》，《中国方志丛书·华中地方·第267号》，第114页。

[2] 康熙二十三年《乐安县志》卷四《风俗志》，《中国方志丛书·华中地方·第931号》，第148页。

[3] 乾隆四十六年刊本《石城县志》卷二《舆地志下·风俗志》，《中国方志丛书·华中地方·第788号》，第150页。

[4] 同治十年《兴安县志》卷四《地理志·风俗》，《中国方志丛书·华中地方·第109号》，第64页。

[5] 同治十年《安义县志》卷一《地理志·风俗》，《中国方志丛书·华中地方·第261号》，第357页。

[6] 同治九年《清江县志》卷二《舆地志下·风俗》，《中国方志丛书·华中地方·第262号》，第415页。

[7] 同治六年《广昌县志》卷一《风俗志》，《中国方志丛书·华中地方·第917号》，第193页。

具肴酹标挂纸钱，间一会族大醮羊豕必备。"①同治十一年（1872）刊本《玉山县志》载："清明合族墓祭以前后七日为期，士夫刲羊豕庶民亦治肴蔬，惟妇女不上冢。"②同治十一年（1872）刊本《余干县志》载："清明日携双鸡斗酒上坟祭扫挂纸于树。"③

由此可知，清明墓祭有如下特点：

上述记载显示的清明挂纸特点如下：

一是挂纸与祭扫的祖墓包括始迁祖以下的所有祖先坟墓。尽管大多数府县志在记述清明祭祖时仅仅说到祭祀先祖，先祖包括始迁祖以下的所有去世祖先，这在清代人的观念中似乎是不言而喻的，道光四年（1824）《宁都直隶州志》曾给予特别说明："士庶之得祭其高曾祖祢，礼也。始祖之祭程子疑其近僭。然州俗所谓始祖乃始迁之祖，即古所谓始来此国者，非得姓受氏之祖也。"④此外还有个别府县志对先祖的概念给予了明确的说明，如上述民国《石城县志》所述，同治八年（1869）刊本《东乡县志》也给予了明确记述："寒食节扫墓冢，上挂纸钱，自远祖及祖祢亲属皆遍。及归而饮福，每有醉饱争斗之事。"⑤道光五年（1825）《宜黄县志》对清明祭祖对象也有明确说明："清明自始迁祖以下次序举祭。"⑥

二是清明祭祖的时间，不是指清明这一天，而是清明前后日子都可上坟祭扫。如同治十一年（1872）刊本《广丰县志》："清明扫墓以前三

---

① 同治十年《湖口县志》卷一《地理志·风俗》，《中国方志丛书·华中地方·第867号》，第158页。
② 同治十一年《玉山县志》卷一《地理志·风俗》，《中国方志丛书·华中地方·第274号》，第325页。
③ 同治十一年《余干县志》卷二《舆地志二·风俗》，《中国方志丛书·华中地方·第267号》，第157页。
④ 道光四年《宁都直隶州志》卷十一《风俗志》，《中国方志丛书·华中地方·第882号》，第737页。
⑤ 同治八年《东乡县志》卷六《风俗》，《中国方志丛书·华中地方·第793号》，第318页。
⑥ 道光五年《宜黄县志》卷十一《风俗志》，《中国方志丛书·华中地方·第101号》，第121页。

后七为期。大家刲羊豕。编户亦治肴蔬。"①道光三年刊本《安远县志》："清明日各家插柳，前后十余日皆用猪羊牲酒，子孙老幼妇女至祖坟拜扫。"②同治十二年（1873）刊本《广信府志》载："清明祭扫祖墓，以前后七日为期，士夫刲羊豕，民家亦治肴蔬为具，惟妇女不上冢，粉米作果，谓茧果，仍寒食之风。"③这几则记述说明清明扫墓祭祖是以清明日为中心的前后日子，或"前三后七"或"前后十余日"或"前后十余日"或"前后七日"，各地的习俗有略微差别，而府县志中的记载大多数只写"清明日"或"清明"，实际上都是清明日前后的日子。

三是清明扫墓祭祖的方式包括到墓地清除杂草、培土、在墓地周围的树上或插竹子后将纸钱挂树上或竹子上，或将纸钱摆于墓上。士大夫家或富裕之家往往会"刲羊豕"或"用猪羊"及酒，平常百姓家也会"具肴蔬"到坟上祭拜。祭毕后"席地饮"或"祭毕聚饮而归"。同治十一年（1872）刊本《德化县志》载："祭：春具酒肴，祭扫于坟谓之墓祭……清明，民间插柳，携楮钱，具酒肴祭扫坟墓。"④同治十二年（1873）刊本《遂川县志》："清明前一日具鸡黍，诣祖先墓叩奠，以纸钱遍挂墓四周草树间，谓之挂纸，至日黎明合祭大宗祠，肃礼仪陈牲醴，祭毕分胙，谓之春祭。"⑤同治十二年（1872）《彭泽县志》载："清明：先期各于祖冢沿山挂白，具酒肴、培土、扫墓。"⑥

上述引文中谈到具酒肴在墓地祭毕聚饮，这是一种清明墓祭祖先的方式。然而，不同的是有些地方在墓地祭"具猪羊""刲羊豕"毕后，回

---

① 同治十一年《广丰县志》，《地理志下·风俗》，《中国方志丛书·华中地方·第265号》，第306页。
② 道光三年《安远县志》卷八《风俗》，《中国方志丛书·华中地方·第775号》，第349页。
③ 同治十二年《广信府志》卷一之二《地理·风俗》，《中国方志丛书·华中地方·第106号》，第109页。
④ 同治十一年《德化县志》卷八《风俗》，《中国方志丛书·华中地方·第107号》，第154页。
⑤ 同治十二年《遂川县志》卷五《政事志·风俗》，《中国方志丛书·华中地方·第907号》，第375页。
⑥ 同治十二年《彭泽县志》卷一之二《地理·风俗》，《中国方志丛书·华中地方·第863号》，第197页。

到祠堂聚饮及分胙，如道光元年（1821）《崇仁县志》记载："清明备香楮牲醴祭于墓，以纸钱压墓上，谓之挂纸，归则会饮，是月祠庙悉行祀礼，燕饮颁胙，城市乡里中皆尚演戏。"①

清明到墓地拜扫，除上述一些仪式外，还有一些地方的富裕之家在墓地配用"鼓吹"祭祖，是请乐队奏乐表达哀思之情。同治九年（1870）刊本《靖安县志》载："清明展墓，丰腆者用牲醴鼓吹，贫家亦双鸡斗酒以祭焉。"②乾隆二十六年刊本《建昌府志》："族力稍充必立宗祠，力尤充者，冬至立春四仲季秋诸祭咸不废，墓祭之田盖众家有之，清明祭扫之盛他方莫及……立春祭先祖或先春或后春择日为之，礼与冬至同，而举者差少。清明前后半月内具牲醴扫墓，有力之家兼用鼓吹。"③同治十一年（1872）刊本《都昌县志》："春扫墓：以清明前数日至祖先墓所除草、培土、具肴、酹酒、标挂寓钱，谓之挂纸。间一会族备羊豕、鼓乐、读祝文致祭，谓之醮坟，盖古春祀之意。"④

此外，有些地方在还盛行清明整月"张彩设乐"、演戏、迎神。如前述道光元年（1821）《崇仁县志》的记载和同治十三年（1874）《九江府志》载："清明先期挂楮纸，是日具酒肴祭扫坟墓，民间插柳，瑞昌复迎境内神张彩设乐，既月不绝。春社祭祀毕，谕以乡约聚饮而退。"⑤同治十一年（1872）《德安县志》则说明了迎神、演戏的原因，乃为"还愿"而已："俗尚鬼，遇事辄以牲醴台戏赛神还愿。今奉宪禁旧俗渐息。"⑥

---

① 道光元年《崇仁县志》卷二《疆域部·风俗》，《中国方志丛书·华中地方·第849号》，第301页。

② 同治九年《靖安县志》卷一《地理志·风俗》，《中国方志丛书·华中地方·第912号》，第188页。

③ 乾隆二十六年《建昌府志》卷八《风俗志》，《中国方志丛书·华中地方·第830号》，第315—328页。

④ 同治十一年《都昌县志》卷一《地理·风俗》《中国方志丛书·华中地方·第879号》，第135页。

⑤ 同治十三年《九江府志》卷八《地理·风俗》，《中国方志丛书·华中地方·第267号》，第114页。

⑥ 同治十一年《德安县志》卷二《地理·风俗》，《中国方志丛书·华中地方·第922号》，第233页。

清明墓祭还有一习俗各地有所不同，就是妇女是否参与的问题。有的地方是全家老小都参与扫墓祭祖，如道光三年（1823）《安远县志》所记，有的地方有"惟妇女不上冢"的习俗，如前述同治十年（1871）《广信府志》、同治十一年（1872）《玉山县志》、同治十年（1871）《靖安县志》所述。再如同治十二年（1873）《瑞州府志》载："清明日备牲醴肴核携男妇长幼往墓所祭扫。"[①]

到坟墓地祭祖除清明外，个别地方在冬至日也到坟地祭祖。同治十二年《遂川县志》载："冬至邑人祭坟祀祖与清明同，谓之冬祭。"[②]

2. 祠祭

祠祭，即在祠堂祭祀祖先。如前所述，清代的江西建祠之风盛行，动辄联宗建祠，宗祠规模宏大。除了前述乾隆年间江西巡抚辅德在奏疏中的叙述外，清代所修江西方志中也有许多记载。如道光五年（1825）《宜黄县志》载："宗族必有祖祠，族繁者各有房，大族多至数十，规模必宏整过于第宅，各有祠产。"[③]民国二十年（1931）《南昌县志》载："族大小皆有祠，大事必于祠议之。"[④]同治九年（1870）《新城县志》载："世家巨族率有家庙，祀始祖以下数百主，有祀无祧皆有祭田，以供祀事，即散处者必集，鬻田废祭，鸣官惩之。"[⑤]同治十一年（1872）《萍乡县志》载："祭礼：族繁者皆有祠，有祭田，祭日族人毕至，以族长主祭，有故则署名推次长，行礼、受胙、分胙如仪。"[⑥]道光三年（1823）《安远县志》载"祭礼：聚族而居，族有祠，巨姓数千人，少或数百人。祠有谱牒，远溯分传之祖，即

[①] 同治十二年《瑞州府志》卷二《地理·风俗》，《中国方志丛书·华中地方·第99号》，第54页。

[②] 同治十二年《遂川县志》卷五《政事志·风俗》，《中国方志丛书·华中地方·第907号》，第357页。

[③] 道光五年《宜黄县志》卷十一《风俗志》，《中国方志丛书·华中地方·第101号》，第121页。

[④] 民国二十年《南昌县志》卷五十六《风土志》，《中国方志丛书·华中地方·第103号》，第1650页。

[⑤] 同治九年《新城县志》卷一《地理志·风土》，《中国方志丛书·华中地方·第256号》，第168—169页。

[⑥] 同治十一年《萍乡县志》卷一《地理志·风俗》，《中国方志丛书·华中地方·第270号》，第207页。

唐宋以来源源本本。宗派邱墓昭然可稽。"[1]同治九年（1870）《靖安县志》载："祭祀庙制多不用祧法，然家各有祠，祠必有谱，远近祖祢具有祀田，清明祭于墓，冬至祭享于祠，无或缺焉。"[2]道光四年（1824）《宁都直隶州志》载"州城祠宇视他县为多，盖东南近闽广，西北与抚建吉安交界，当明季时山贼窃发，不能村置土堡，建祠于城，为避寇计也。然昔之建城者必种树，恐无薪也，必掘井，虑乏水也，几必造仓，可预积谷也。太平既久，但置空祠于城中，城中无隙地则于城外置之，盖相沿成俗，大宗祠外复建小宗祠，一族不止一小宗，于是城之内外为祠宇者十之三四，为民居者十之六七，稽之礼经不尽合也。"[3]乾隆二十五年（1760）《袁州府志》载："祭祀：诸大姓皆有祠，祠有祭田，祭期率以清明、冬至日，族人咸聚，尊卑长幼秩然。"[4]同治十一年（1872）《德兴县志》载："故家巨族祠宇遍城乡间，几于书不胜书，然而秋霜春露，于焉妥先灵，合族属观于此者，孝弟之心可以油然生矣。"[5]由这些记述可知，清代江西城乡遍布祠堂。

祠堂重要的功能有宗族议事、宗族集会、宗族的各种活动，其中祭祀祖先作为凝聚族人的手段，是宗族的重要活动，也是祠堂的重要功能。

从方志的记载可知，在祠堂祭祖的最重要时间是冬至日，冬至祭祖的重要性如同清明。此外，有的地方除清明除墓祭外，正月初一还到祠堂祭祖。

冬至祭祀的对象是始祖，这是朱熹在《家礼》卷五《祭礼》中的设定，明清时期中国的宗族多接受这种设定。从清代江西府县志的记载可知，冬至日江西各地主要祭祀始祖，即始迁祖。同治十三年（1874）《永新县志》引万历志载："冬至巨族合祭始祖于祠。""祭礼：凡故家有五世祠，四时

---

[1] 道光三年《安远县志》卷八《风俗》，《中国方志丛书·华中地方·第775号》，第347页。
[2] 同治九年《靖安县志》卷一《地理志·风俗》，《中国方志丛书·华中地方·第912号》，第186页。
[3] 道光四年《宁都直隶州志》卷十一《风俗志》，《中国方志丛书·华中地方·第882号》，第738页。
[4] 乾隆二十五年《袁州府志》卷十二《风俗》，《中国方志丛书·华中地方·第844号》，第569页。
[5] 同治十一年《德兴县志》卷之二《建置志·祠庙》，《中国方志丛书·华中地方·第259号》，第270页。

祀高曾祖考，合族有大祠，冬至祀始祖，始祖而下，高祖而上，间为先祖祀用，立春日不知有祫僭也。其祖父生诞死忌之祭则无贵贱通行焉。"①同治九年（1870）《新城县志》载："冬至祀始祖最重，亦有合在庙之主而祀之者。"②同治十一（1872）年《德兴县志》载："古者庶人无庙祭于寝。宋时庶人祭三代而不及高祖。程子言高祖有服不可不祭。明制庶人得祭四亲。今民间宗祠所祭不止四亲，自四亲以上不拘世数皆合祭之，盖不失为追远厚道，第祠堂则合祭，清明墓祭，寝祭止四亲可也。"③同治六年（1867）《广昌县志》卷一《风俗志》："祖宗祠庙：礼尊祖敬宗，又曰祖有功、宗有德，自士而上皆得立庙，庶人祭于寝，邑遵朱文公《家礼》，家有大宗祠堂、小宗祠堂，俱建于中央最胜处之地，而子姓环处焉，示重也。春秋各祭于小宗，冬至则合祭于大宗，宗皆有祭田，羊豕粢盛、馂余颁胙胥给于此，即散处者必集，不则众攻之，鬻田废祭则鸣之公，以故仁孝敦睦虽野夫田妇亦知筐筥苹藻之义，又有谱系以明阀阅，义田义塾收族党，此习之至美守而勿失可也。……冬至邑俗各祠备祭，席楮帛，行拜礼，祀始祖。"④康熙二十一年（1682）《浮梁县志》载："冬至祭始祖。"⑤

这些记述反映了冬至日最重视祭始祖，有的县志记载冬至日仅仅祭始祖，而有的县则将在宗祠摆了牌位的祖先一并祭之，有的县是祭祀始祖及四代（祢祖曾高）以上的远祖，有的大宗族建有大宗祠和小宗祠，冬至日全族在大宗祠集合祭祀始祖。

冬至祭祖的形式是必定全族聚集祠堂，且还要"盛服"隆重参加。

---

① 同治十三年《永新县志》卷一《地理志·风俗》，《中国方志丛书·华中地方·第254号》，第356、365页。

② 同治九年《新城县志》卷一《地理志·风土》，《中国方志丛书·华中地方·第256号》，第170页。乾隆二十六年《建昌府志》卷八《风俗志》有相同的记载，《中国方志丛书·华中地方·第830号》，第327—328页。

③ 同治十一年《德兴县志》卷之一《地理志·风俗》，《中国方志丛书·华中地方·第259号》，第232页。

④ 同治六年《广昌县志》卷一《风俗志》，《中国方志丛书·华中地方·第917号》，第190、194页。

⑤ 康熙二十一年《浮梁县志》卷一《地理·风俗》，《中国方志丛书·华中地方·第835号》，第220页。

如同治十二年（1873）《赣州府志》载："诸邑大姓聚族而居，族有祠，祠有祭，祭或以二分，或以清明，或以冬至，长幼毕集，亲疏秩然，返本追远之意油然而生。"[1]同治九年（1870）《靖安县志》载："冬至俱盛服合祭远祖于家庙，分胙归荐于寝。"[2]

冬至祭祖的礼品是"羊豕"等，祭祀完毕后"分胙"，即将用于祭祀的"羊豕"等分给族人，依照辈分和身份数量不等划分。如同治十一年（1872）《都昌县志》载："冬至惟有集族姓，备牲牷，合祭家庙者。"[3]道光元年（1821）《崇仁县志》载："冬至祀祖于庙，燕饮颁胙与清明同。祭产不丰者则缺此举。"[4]康熙二十三年（1684）《乐安县志》载："冬至合族备礼祭先，略如元旦，至日后村童皆鸣鼓击金，谓之腊鼓"[5]

冬至祭祖的目的，除表达对祖先的怀念之外，还为了获得祖先的护佑。所以，冬至祭祖有所禁忌，如民国二十年（1931）《南昌县志》载："冬至祀祖于祠，有以蜡作腊曰团年，治具皆恪遵祖俗，谓少背即获不祥，坐无姻戚，女嫁者来归亦禁不入席，谚曰嫁了女卖了田，不能过年。"[6]此外，冬至祭祖还有迎接来年阳气的复苏之意，同治十一年（1872）《萍乡县志》记述："冬至士民多以是日割牲祭祖，取一阳来复之义。"[7]

冬至日祭祖是为凝聚族人，同时也是族人相会、相交流、叙情谊、增进感情的活动。同治十二年（1873）《瑞州府志》载："冬至家户祭献祖先，亲友交相庆贺，谓之拜冬。"[8]同治十二年（1873）《彭泽县志》载："冬至

---

[1] 同治十二年《赣州府志》卷二十《舆地·风俗》，《中国方志丛书·华中地方·第100号》，第417页。

[2] 同治九年《靖安县志》卷一《地理志·风俗》，《中国方志丛书·华中地方·第912号》，第189页。

[3] 同治十一年《都昌县志》卷一《地理·风俗》，《中国方志丛书·华中地方·第879号》，第138页。

[4] 道光元年《崇仁县志》卷二《疆域部·风俗》，《中国方志丛书·华中地方·第849号》，第302页。

[5] 康熙二十三年《乐安县志》卷四《风俗志》，《中国方志丛书·华中地方·第931号》，第149页。

[6] 民国二十年《南昌县志》卷五十六《风土志》，《中国方志丛书·华中地方·第103号》，第1659页。

[7] 同治十一年《萍乡县志》卷一《地理志·风俗》，《中国方志丛书·华中地方·第270号》，第210页。

[8] 同治十二年《瑞州府志》卷之二《地理·风俗》，《中国方志丛书·华中地方·第99号》，第

民间设羹饭，祀祖先，士大夫往来称庆。"①同治十年（1871）《湖口县志》载："冬至晨早设羹饭以祀祖先，曰冬饮，旧传绅士往来拜贺如元旦礼。"②

除冬至日在祠堂隆重祭祖外，大年初一（即正月元旦）也会在祠堂祭祖，但祭祖仪式不一样。正月元旦在祠堂祭祖的同时晚辈还给长辈拜年，祭祖完后是热闹的迎春活动，如吹吹打打等。如康熙二十三年（1684）《乐安县志》载："正月元旦至祠堂祀祖，鼓吹莅事，卑幼次第拜尊长毕，计丁给饼谓之新年酒。元宵悬灯，祠堂先后各一日，好事者或扮人物故事，杂以纸灯，遍行乡曲间，至月尽方罢社目，村民酿酒金祀神以祈谷，村翁各饮社酒以归。"③同治八年（1869）《东乡县志》载："正月元旦至祠堂祀祖，鼓吹莅事，祭毕计丁给饼，谓之胙饼，有犯族规者不给，故各族恒重其事。"④道光五年（1825）《宜黄县志》载："元旦子姓必至祠拜祖，孩提均至，按末给敖饼。"⑤

有的地方清明除墓祭外，还到祠堂祭祖，同治《遂川县志》卷五《政事·岁时习俗》中载："清明前一日具鸡黍诣祖先墓叩奠，以纸钱遍挂墓四周草树间，谓之挂纸。至日黎明合祭大宗祠，肃礼仪，陈牲醴祭毕分胙，谓之春祭。"⑥

除了在祠堂祭祀祖先外，一年四季逢年过节，人们还会在家中厅堂祭祖，所谓"祭于寝"。

3. 家祭

从清代至今，中国南方一年中有三大祭祖的日子，这就是清明、中元（农历七月十五）、冬至。清明为墓祭，冬至为祠祭，中元为家祭。

之所以在农历七月十五家祭，道光三年（1823）《安远县志》记载："中元节，俗传祖先归家，自十二夜起，焚香洁茗，朝夕上食，至十五夜，

---

54 页。

① 同治十二年《彭泽县志》卷一之二《地理·风俗》，《中国方志丛书·华中地方·第 863 号》，第 198 页。
② 同治十年《湖口县志》卷一《地理志·风俗》，《中国方志丛书·华中地方·第 867 号》，第 158 页。
③ 康熙二十三年《乐安县志》卷四《风俗志》，《中国方志丛书·华中地方·第 931 号》，第 148 页。
④ 同治八年《东乡县志》卷六《风俗》，《中国方志丛书·华中地方·第 793 号》，第 318 页。
⑤ 道光五年《宜黄县志》卷十一《风俗志》，《中国方志丛书·华中地方·第 101 号》，第 121 页。
⑥ 同治《遂川县志》卷五《政事·岁时习俗》，《中国方志丛书·华中地方·第 907 号》，第 375 页。

其楮衣冠、钱镪祭送。"①既然是已逝祖先的灵魂,那就要隆重迎接,还将纸做的衣服和钱烧成灰,让祖先带走,使他们在阴间有钱用、有衣服穿,表达了在世的子孙们对祖先的怀念之情。同治十三年(1874)《九江府志》载:"中元自朔日始,焚香以迎祖,至期具酒肴楮钱追祀之,月望乃止。"②道光四年(1824)《宁都直隶州志》载:"(七月)十五日为中元节,陈瓜果羹饭以迎祖先,封纸钱冥衣拜送于庭,焚纸衣于野外,曰送冬衣。"③民国二十年(1931)《南昌县志》载:"中元家祭用纸袱囊纸锭焚之,曰衣祭,谓与先人备寒衣也。"④同治十一年(1872)刊本《德化县志》载:"中元:自朔日始以焚香迎祖,具酒肴楮钱追祀之,月望乃止。"⑤同治九年(1870)《清江县志》载:"七月望,制竹笼实以金银纸祼,夜焚之,以资先人冥福。"⑥同治十二年(1873)《遂川县志》载:"中元焚纸衣钞,祀祖先。有新丧者,戚友装绘纸衣,送丧家焚烧,谓之烧新衣。"⑦同治十二年(1873)刊本《广信府志》载:"中元尝祭先祖,无贵贱皆行祭品,率蔬素,间有用牲者。"⑧同治九年(1870)《武宁县志》载:"七月中元,俗谓地官赦罪。朔日即整衣冠,迎先灵于门外,若肃客然;自是日上食比及望日,洁治肴馔,一更后陈献劝侑,乃出门烧楮钱,跪拜送神以归。"⑨

---

① 道光三年《安远县志》卷八《风俗》,《中国方志丛书·华中地方·第775号》,第349页。
② 同治十三年《九江府志》卷八《地理·风俗》,《中国方志丛书·华中地方·第267号》,第114页。
③ 道光四年《宁都直隶州志》卷十一《风俗志》,《中国方志丛书·华中地方·第882号》,第764页。
④ 民国二十年《南昌县志》卷五十六《风土志》,《中国方志丛书·华中地方·第103号》,第1657页。
⑤ 同治十一年《德化县志》卷八《风俗》,《中国方志丛书·华中地方·第107号》,第154页。
⑥ 同治九年《清江县志》卷二《舆地志下·风俗》,《中国方志丛书·华中地方·第267号》,第415页。
⑦ 同治十二年《遂川县志》卷五《政事志·风俗》,《中国方志丛书·华中地方·第907号》,第357页。
⑧ 同治十二年《广信府志》卷一之二《地理·风俗》,《中国方志丛书·华中地方·第106号》,第109页。
⑨ 同治九年《武宁县志》卷八《风俗》,《中国方志丛书·华中地方·第297号》,第333页。

这些记述表明，中元祭祖各地大同小异，农历七月（初一至十五期间都可）在家中厅堂备好具肴迎祖先归来，在户外焚烧纸衣、纸钱送给祖先，但各地具体做法有差异，如清江县是"制竹笼实以金银纸馃"，而江西大多数的地方是用纸袋装好并封好纸衣、纸钱，有的还会在纸袋上写上接收者的名字，入夜后户外焚之。

在农历七月十五前后，有的地方除了祭祀祖先外，还会延僧道超度那些无处可归的孤魂野鬼，佛家将七月十五称为盂兰节，诵经做佛事超度亡灵，在清代的府县志中这类记载很多。如乾隆二十六年（1761）《建昌府志》载："中元俗谓鬼节，人家多祀其先，新丧则是日哀哭彻中夜，或延僧侣诵经，忓七昼夜，为盂兰会，一会费至数百金，云为无祀之鬼作超度。"[1]同治八年（1869）《东乡县志》载："七月中元俗称鬼节，设食度孤，亦延僧道作盂兰会，但各焚纸锭冥衣于门巷外，谓之烧衣纸。"[2]同治九年（1870）《靖安县志》载："中元前一夕市米粉荐新，是日焚冥锭以祀先人，薄暮通衢委巷遍插神香，僧寺亦有开盂兰道场者。"[3]同治十二年（1873）《彭泽县志》载："中元俗称鬼节，各家设祭荐先，夜则赈济孤幽。"[4]同治十一年（1872）《萍乡县志》卷一《地理志·风俗》载："中元先数日，中庭设席迎祖，先朝夕具馔谓之下公婆饭，至期剪纸为衣裹纸钱烧谓之送公婆衣，新亡者戚属多备肉果楮衣荐之谓之送新衣，二十日有盂兰会，亦裹纸钱烧之，谓之送无名衣。"[5]同治十年（1871）《安义县志》载："中元设馔祭先于庭，焚楮帛锡馃谓之烧包或延僧道荐拔作盂兰会。"[6]

---

[1] 乾隆二十六年《建昌府志》卷八《风俗志》，《中国方志丛书·华中地方·第830号》，第329页。
[2] 同治八年《东乡县志》卷六《风俗》，《中国方志丛书·华中地方·第793号》，第319页。
[3] 同治九年《靖安县志》卷一《地理志·风俗》，《中国方志丛书·华中地方·第912号》，第188页。
[4] 同治十二年《彭泽县志》卷一之二《地理·风俗》，《中国方志丛书·华中地方·第863号》，第197页。
[5] 同治十一年《萍乡县志》卷一《地理志·风俗》，《中国方志丛书·华中地方·第270号》，第209页。
[6] 同治十年《安义县志》卷一《地理志·风俗》，《中国方志丛书·华中地方·第261号》，第358页。

（二）族谱所见清代江西的祠堂

尽管清代的地方志中记载了江西大多数府县的宗族都建有祠堂，并且许多祠堂建筑规模宏大壮观。但是，地方志对祠堂建筑的具体状况、祠堂的管理、祠堂的功能等没有详细描述。而清代的族谱中对建祠堂的缘起、经费来源都有详细的记载，且载有祠堂图和祭祖站位图及祭祖仪式、祭祖时的词与文等。在族规中对祠堂的管理会列专项条款，或在族谱中载有专门"祠规"，对祠堂的管理和功用等做出详细规定。

1. 建祠的缘起

建祠祭祖或建祠纪念某人，这种文化习尚在中国由来已久，前文已述中国建祠的历史变迁，本节着重从族谱的记载来分析清人建祠的心态。清代族谱中都会有"祠堂记"，记述建祠的缘起、经费的来历、建祠的经过以及建祠过程中某些人的贡献等。关于建祠的缘起，下面分别叙述：

（1）遂平民敬祖之心。

自远古以来，我们的国人就有灵魂不灭的信念，所以要祭祀祖先，让祖先的灵魂保佑后人，所以上古时有"国之大事在祀与戎"的观念。然而，在上古人们的观念中，祭祀祖先只是统治者的事，与平民百姓似乎关系不大，直到中古时期的唐代，也只规定除皇室外，只有上层官僚才有权建庙祭祖。直到北宋张载、程颐等理学名家在理论上阐述了平民尊祖敬宗对社会建设的重要性，南宋朱熹创制《家礼》，平民百姓建祠堂祭祀祖先由此开始。从清代的族谱中可知，清人对朱熹创制的"祭礼"很赞赏，平民百姓也可以体面地表达敬祖之心。如《（丰城骊塘）甘氏族谱》[①]卷一《记·丰城甘氏祠堂记》中述：

> 古者卿大夫士家有庙以奉其先，后世既废，至宋河南程夫子修礼，略谓家必有庙，而紫阳朱子谓家庙非有赐不得立，乃名之曰祠堂，遂定家之祭礼，斟酌损益为礼，简便不遗于古，而宜于后世者也。孝子慈孙

[①]《（丰城骊塘）甘氏族谱》，清乾隆四十四年（1779年）木活字本，江西省图书馆藏本。

敬祖之心可以少遂矣。然礼虽简便而能行之者亦鲜，夫岂知此礼之为重哉！

此段话表达了平民对建祠堂祭祖礼仪的真诚赞赏。

（2）因分支而建祠祭先祖，让祖先保佑族人人才辈出。

在某地域开基分支族姓人口达到家族或宗族规模时，都会建祠堂祭祀自始迁祖以下的各世祖先，即分支而建祠堂，建立本支祖先的祭祀体系，各支又联合建立祭祀总祠，这是中国南方各地祠堂遍布的原因。仍以丰城甘氏为例，其最早的开基祖甘从矩在宋代开基丰城县骊塘，其后世子孙在丰城境内不断分支开基，也就不断建祠堂，《（丰城骊塘）甘氏族谱·润塘祠堂记》中说：

家之有祠以崇先也，以敬祖也，以昭祀事而垂不朽也，祠之为典不慕重哉！……创祠祀先是即孝子慈孙之为也。吾族自骊塘十令公分支，余长房令琛公廿三世孙也，令谦公分曹墓，又支分润塘，历来旧祠为祝融所毁，百年矣！基址尚存，无有过而问焉者，其亦蹈世人之愚乎？去年冬，闻润塘祠宇落成，余惊询之，佥曰道行、道兰……士仁、添华、添助等十人之力也，族共襄之，余深为润塘之祖宗喜，以灵魂有所式凭焉，而且重嘉夫此十人者不袭时见，知其本而能祖其祖耳！孝子慈孙其十人之谓乎？（令琛公二十三世孙大街日懋题）

即润塘宗祠的建成，乃由于甘氏分支开基润塘，润塘的甘氏族人为让其开基祖以来的祖先灵魂有所冯依而建祠，因为不建祠堂祭祖、不让祖先灵魂有所冯依乃不肖子孙。

建祠堂祭祀祖先，其目的是为了让祖先灵魂有所冯依，同时也是为现实的需要，祈盼祖先的在天之灵保佑后人平安、人丁兴旺、人才辈出。仍以丰城甘氏为例，《（丰城骊塘）甘氏族谱·官庄祠堂记》中说：

吾祖自从矩公传大小银青公，其间有功则祀，姑不待言，而各支亦造有祠宇以祀其先祖，惟我支祖令谦公由骊塘迁于曹墓，曹墓者即今官庄是也。幸余泽之未湮，家声之克振，其继起而绍渊源者有任推官公、知州公、通判公，皆可谓有光前烈不愧后昆，而追崇不可忽者也。然当是时，族虽繁而家祠未建，怀水木者徒睹春露而叹宗祀之无依，履秋霜而恸馨香之莫荐冕，因是忧之深而虑之远也。爰于乾隆庚辰纠众创祠于村基之阳，不敢峻宇雕墙以夸润屋，惟一瓦一椽神栖是赖，犹喜其卜吉而形胜可观也。前有绿水溶漾与祠隐映，罗溪列左鹄山踞右，耸翠呈奇，俨然图画，登斯祠者靡不谓植基孔固而神依得所也。将来钟英毓秀，人文鹊起，科甲蝉联，于吾祖之灵启之，亦于斯祠之吉兆之也。是一时之卜筑，安知非千秋堂构之所基乎？（三十世孙曰冕谨记）

再以万载南田王氏为例，民国《万载南田王氏》[1]中的《南田王氏祠堂记》记载为例：

兰溪公讳华，南田之始祖也。由江南大仓游荆楚来万载，卜龙山而家焉。谢氏芝兰、窦家桂树，枝叶相继遂庆衍六房，或分在于高城、南田、李家园，或错处于后街、万家、陇西、南门，子孙繁衍，源远流长，指不胜屈。而宗祠自前明朽蠹之后，蔓草荒烟，鲜有过而问焉。盖因前世远，族繁支分派别，用是各祖其祖，已历有年成矣！雍正癸丑南田一支暨高城李家园二房，饮水思源，议立祭会。于乾隆十有一年，余同年友讳都亳者毅然起而创新之，殚精竭力，将所积会银购买基地于笔架山侧，鸠工庀材，鼎新创祠三楹，尊祖敬宗以奉祭祀，春露秋霜遂不忘焉。嗟嗟！子燕孙贻，绍箕裘而勿替，水源木本，绵瓜瓞于无穷，所建之祠前抱鹅峰，后拱龙山，于左则笔架回澜，于右则文峰挺峙，山川钟灵之秀，自有人文蔚起，骧首皇途，有登斯祠而享斯祖者，当思开先不易，继后为难，祀典其罔废，祀事其克修，则王氏俎豆馨香不几与笔架、文峰并垂悠悠远乎。

上述两段话表明，分支建祠祭祖是让本支祖先得到祭祀，同时，通过选择风水吉祥之地建祠，祈盼让祖先灵魂启发族人智慧，使族人"人文鹊起、科甲蝉联"，所以建祠堂乃千秋大事。

（3）尊祖敬宗之必需。

---

[1]（民国）佚名纂：《万载南田王氏族谱》，民国九年三槐堂木活字本，江西省图书馆藏，存六册。

到清代时，中国人早已形成了必须尊祖敬宗的思想，而要尊祖敬宗就必须修族谱和建祠堂，且为使香火不断，还必须置办祠产，此三者乃宗族建设之大事。《清江杨氏五修族谱·设位报功说》有精辟论说：

辑谱以贻后世，建祠以妥祖灵，助田以供粢盛，三者皆尊祖敬宗之大端也。我族纂谱志文公始之，玉玑公继之，镳公成之。祠堂未知起自何代，毁于兵，小宗祠亦倾圮，祭典久缺。雍正年间天儒公捐田，如泗公助金，相与权子母盈千累百，遂于乾隆丁卯就小宗祠基址，及如演公等捐入相连之空地，扩大而建今祠，复祭典，初置有田数亩，办席而外将积赢为给胙……嘉庆己未冬，上昶公乐助田亩议举冬至祭，均为承先启后、尊祖敬宗之至意也。①

《宜春北关杨氏支谱》②中的《上水关创建祠堂记》也强调说："祠堂之设所以聚祖宗之精神，展子孙之孝思而为人生报本之地也，豺獭有知，矧为人类事无大于此者。"

族谱中的族规等往往会强调祭祀祖先的重要性和严肃性，光绪二十三年（1897）《萍北朱氏族谱》卷三《家诫十四条》中规定："重祭祀，妥先灵也。祖宗神灵惟祠堂是依，临之在上，质之在旁，圣人亦致其如在之诚，况我辈乎！故凡春秋祭祀无得离次、自便、笑语自若与夫欠伸、跛倚、懈怠不恭，庶几神之格思，不吐其祀。"祭祀祖先是重要的，必须严肃。

《泉塘下因公祠记》："设祠宇心服妥先灵，孝子仁人之用心也。"

《沧溪祠堂记》："祠之建也，先灵所由妥，昭穆所由序也。"

（4）凝聚族人和族人公共活动所必需。

宗族建设就是要凝聚族人，使宗族做强做大。凝聚族人的方式，首要的是修谱，让族人明了血缘关系，才有同宗之感、之情；其次是建祠堂，通过在祠堂祭祖等宗族活动，让族人有宗族归属感。以《宜春北关

---

① （清）杨式坫、杨能济等纂修：《清江杨氏五修族谱》，清光绪二十三年木活字本，江西省图书馆藏，存六册。

② （清）杨淑田修、杨树声纂：《宜春北关五甲杨氏支谱》，光绪三十二年道南堂木活字，江西省图书馆藏，存六册。

杨氏支谱》的记载为例,《置买上水关屋基创建新祠书后》谈到其建祠堂之目的是由于明代崇祯年间，旧祠毁于战火之后，族人就无法凝聚，于是两个分支——五甲东晖公、六甲东升公名下族人，共同出资建祠，前者承担四分之三，后者承担四分之一：

> 且子姓半避乡村，不得聚而处，又家计萧条，势难为祠宇计也。思我族自宋闻受公还袁以来，传今十有五代，中间人文辈出，家声颇振，其时祀典必甚详明，虽遭兵灾，为之后者岂得晏然而已乎？爰是合族公议，询谋佥同，无如升分子姓与晖分不敌，艰于平敛乃作四股捐输，升分量出一股，晖分愿出三股，共得百十余金，始因旧所买杨克祥业而聿新焉……睦子孙亦所以慰先灵也。五甲东晖分下内买四股之三，六甲东升分下内买四股之一……恐日后无凭互相支吾，今立合约一纸，晖分合约，升分收据，世世传守，俱照合约管业，凡我子孙无失春秋时祭之典，永远为好，各收一纸存照。康熙三十八年十二月十四日立合约。

建祠祭祖，使祖先灵魂得到安慰，子孙和睦团结。

宗族活动所必需——祠堂。每年冬至的祭祖、每年春节前后宗族的聚会、宗族管理者处理族中事务等活动，都必须有宗族的公共活动场所。

2. 建祠的经费来源

建祠堂的经费从何而来？上述几则资料已涉及祠的经费来历，有的是族中部分人士的捐凑，有的是按族支分摊，有的是通过起祭会凑集资金等。再以一些族谱的记载为例来看建祠的费用是如何解决的。

（1）按丁派费。

这是宗族修谱、修祠常用的办法，按男丁派费集资，并将集资款通过经营增值。以清代宜春古学前彭氏为例，清咸丰三年（1853）《古学前彭氏族谱》[①]中的《古学前祠堂记》载：

> 古学前祖基也，祖基而建祠，曷为上分应腾公，下分应机公，子孙不与焉，非忘祖也，盖其地各有别也。然则泉塘下汝笃公、菱塘下汝恭

---

① 《古学前彭氏族谱》，清咸丰三年陇西堂木活字本，江西省图书馆藏本，存一册。

公、横公应榜、应标、应柱公子孙曷为共建之？盖其先人有约，在其约，奈何火字辈每丁出银五钱；土字辈每丁出银一钱，总计若干，择公慎者收存之，以为生息集腋成裘，因归成崧先人之为祖宗计，血祀者周而其贻，谋后叶者最长且久也。祠建于乾隆十九年，地不足买以益之，中祖堂，前后四楹，右植屋四间，厨灶庆榻备焉。合祀之。周几百步，落成后无留赀，约祠前井边一横并祠右屋园土赁于人，供祭费。

其派费的形式是不同字辈的男丁派钱不同。

（2）通过族人捐资凑集资金。

这是清代江西宗族修祠堂经费来源路径的常见之法。族中有经济实力的一些人共同捐资，以捐资款完成修祠，若捐款在修祠后有多，则将余款购置田或山等作为祠产（公产），以公产维持祭祀。以南城宁氏宗族为例，民国丁丑戊寅修《（盱江）宁氏总谱》①卷首《捐创宗祠启》：

尝闻祀天者祖北极，祀地者祖昆仑，祀先祖者不溯其祖之所自出，其弊与忘祖者等。今人知有己之祖父，皆曰予支寝庙巍峨矣，祀事孔明矣。忘祖之愆，吾知免矣。夫予之祖父，予祀之，予心安，祖父之祖不安而不求其所可安，则有宗而无祖其忘祖也益甚。我祖太四公开基建郡新南泸广聚族而居者不一其地，厥后梦延江浙而繁衍闽中者为尤盛，宁氏益称望族也。唐代建祠冈上，后遭兵灾祭典缺如，数百年来无所冯依。此前人抱憾之事即前人缺略之事，兹届会修宗谱，族众酌议捐资重创宗祠，诸老成咸喟然称快以为感。吾辈果能戮力同心犹祀天者祖北极，祀地者祖昆仑，补前人之略，祖父之心固为之一快，更得族中有力之家共襄斯举，则数百年无所冯依之始祖得所统宗。清嘉庆丁丑年正月廿一吉日。廿七世嗣孙杏亭金华敬撰。

族众共同捐资，特别是"有力之家"的捐资，创修了盱江宁氏祠堂。

（3）起会凑集基本金，进行经营增值。

这种方式与上述捐款方式的相同之处是需族人捐款，不同的是后者

---

① 作者阅读并收藏了由江西省南城县宁氏族人提供的此谱部分照片，未读全谱。

先起会，即创设一"会"，如"祭会"，然后以"会"为组织接受捐款，由"会"这个组织将收到的捐款进行经营，在金额达到一定数量后，进行修建祠堂，余者将用于添置祠产。清袁国奉等纂修《万载（东隅）袁氏族谱》[①]中的《卷首·东隅袁氏宗祠记》载：

> 宗祠乃祖宗之所冯依，子孙之所瞻仰者也，以故世家巨族靡不以修理祖堂为先务，我族宗祠……明朝弘治年间修建，祠宇上中下三进，并头二门两庑，非不巍焉焕焉，奈因明季干戈戎马蹂躏，县城房屋焚毁几尽……乾隆二十七年会集本中本旺本祢本熙本聪五房子孙，廷辅惟达敷济福宁盛德等凑敛银两，凑入起会，创置石版段田一百五十把，呼田三百三十把，仅计四百八十把，虽有兴修祠宇之意，苦于公财无几，族无富饶，尚有志未遂，徒切怀想，则惟望后之人竭力维持，渐积生息修祠宇，以妥先灵，兴祭祀以奉祖宗，续置公田承先启后，是即为克家之肖子也。予当拭目以俟之云尔。

（4）通过卖享位凑基金，购置田产，经营增值，以积累资金建祠。

这种凑集资金的办法也是很多宗族常用的办法。以上述清代万载县东隅袁氏为例，这是一个具有典型意义的个案。该族在嘉庆年间修谱时，即开始筹集修祠堂的经费，在族规中的《兴祭祀》规定：

> 尊祖敬宗修祠，固所必先追远报本。祭祀岂容或缓，但必预为绸缪，方能公事有济。今当修谱之日，公众酌议进主配享，每名八千，祔享每名八百起，立祭祖会，俟祠宇初就即刊刻木主送祠享祀，族众各宜踊跃，切勿观望。

这种卖享位的做法，是很多宗族用来募集资金的办法。

3. 祠堂的结构

清代江西的祠堂大多坐北朝南，以"进"为基本结构单位，多前后两进，也有三进、四进乃至五进不等。所谓"进"，就是以天井为中心，

---

① （清）袁国奉等纂修：《万载（东隅）袁氏族谱》，嘉庆十六年汝南堂木活字本，江西省图书馆藏本。

东西南北的房间和厅堂组成一个完整的院落,天井南北为厅堂,整个院落由南向北沿中轴线对称布局,天井是整个中轴线上的核心。厅堂的数量随"进"数递增。标准的一进院落是"门堂—天井—后堂",标准的二进院落是"门堂—天井—中堂—天井—后堂",标准的三进院落为"门堂—天井—前堂—天井—中堂—天井—后堂",整个建筑就是天厅堂与天井的交替(见图28、图29)。①

三进两院的祠堂依次为仪门(门厅)、拜殿(享堂或祀厅)、寝室,东西两侧为庑或厢房,形成封闭的院落。享堂为宗族祭祀和议事的场所,寝室用于供奉神主(祖宗牌位)。有的祠堂后部设有戏台、置有花园。有些支祠省去仪门(见祠堂图30—图35)。

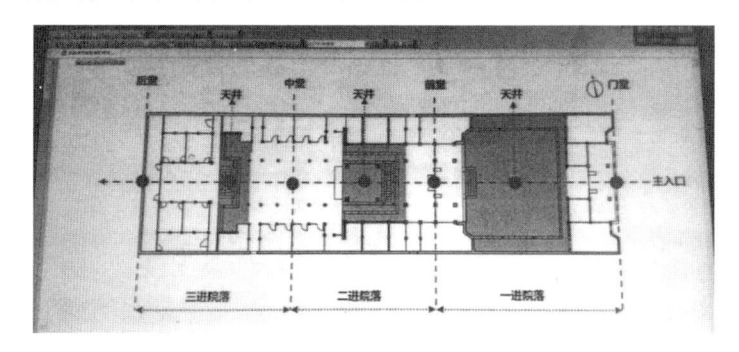

图28 三进院落分布图

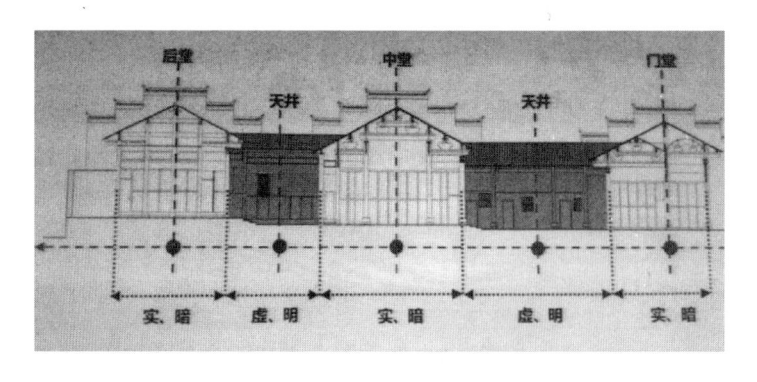

图29 二进院落纵剖面空间形制分析图

(图28、图29引自周文鹏《江西万载县祠堂研究》,系周文鹏绘制)

---

① 周文鹏:《江西万载县祠堂研究》,北方工业大学硕士论文,载中国知网。

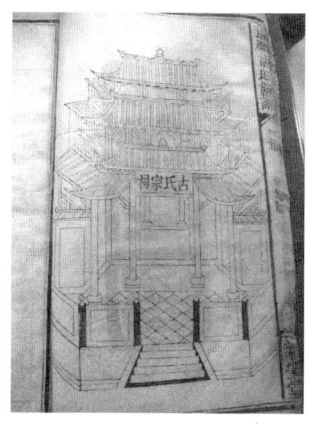

图 30　宜春古氏宗祠图　　　　图 31　宜春北关五甲杨氏宗祠图

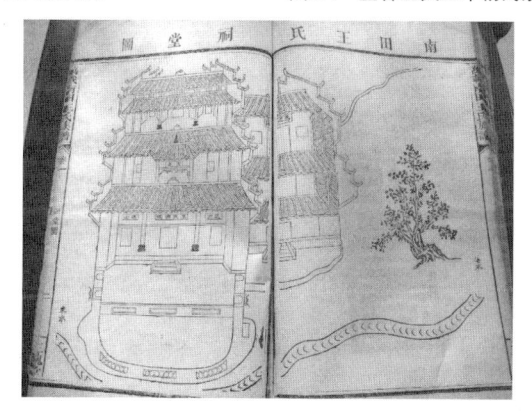

图 32　清代宜春万载南田王氏祠堂图

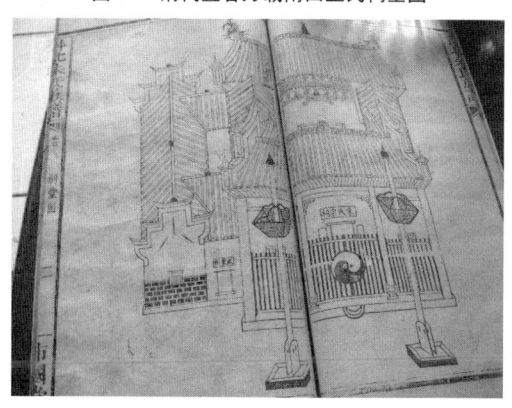

图 33　萍北朱氏祠堂图

萍北朱氏祠堂：适亭公私会颇有盈余，亭公子孙咸乐捐建，乃互相商议，于光绪乙亥年并捐大团坪肥珠坡地基，创规模，兴版筑，不数月而寝庙告成焉，每岁子月初一日族长率诸子弟先期斋戒，共荐蘋蘩，祭毕，食馂余。（清朱照萱、朱照瑛等纂修《萍北朱氏族谱》，清光绪二十年沛国堂木活字本）

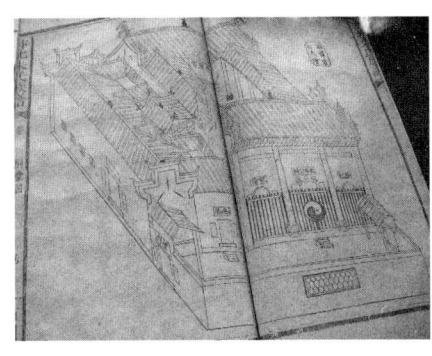

图34 萍北朱氏支祖亭公祠堂　　图35 萍北朱氏高祖锦公祠堂

清代的祠堂种类有总祠、宗祠和支祠，总祠和宗祠多宏大壮观，画梁雕栋，占地大片，以安义县千年古村的黄氏和刘氏宗祠为例。

安义县水南村开基于洪武七年（1374），所建祠堂（称"黄氏宗祠"）占地一亩多，进44.5米，整个祠堂为二重半进深，立贴穿枋式木架构件，有立柱90根，整个祠堂宏大、凝重、壮观，围绕宗祠主屋还有一大片陪屋，皆装修精致。水南黄氏宗族的管理者或宗族成员们在"宗祠"的中堂议事和族教及祭拜祖先。

安义县京台村刘氏，开基于唐五代时期，宗祠建于明朝晚期，也是一幢占地近一亩、二重半进深的古建筑，规模宏大，正屋和陪屋有木柱120余根，是整个京台村刘氏五大房祭拜祖先的共同场所，而且每逢新春佳节、清明节、七月半，各地分支部纷纷派代表来此参加祭拜祖先的活动。

关于祠堂的规制，在许多族谱中是有记载的，从中也反映了清代江西宗族祠堂的结构和规模。以清代江西万载的《辛氏族谱·祠堂》记载为例：

祠堂规制：中为享堂，深三丈二尺五寸，宽二丈八尺六寸，堂左右为序房，堂之下为庭，有亭焉以庇雨，祭时免沾服，庭之左右为廊庑，深一丈六尺，宽二丈五尺，其前有祠门，门外有宇，深一丈八尺，宽二丈九尺……堂后为神寝，深三丈六尺，宽三丈五尺四寸，寝之后有小厅，厅左右藏祭器房也。其左右为庖舍，寝之左侧有门，其内为仓舍，有小厅，神寝正中为龛一，高一丈二尺，宽九尺六寸，深四尺四寸，正中安奉远祖考妣，始祖考妣神位，左安奉右昭配享牌位，右安奉右穆配享牌位，昭穆左右壁外各为房以分奉左右，享牌位。

清代万载《田下郭氏十一修族谱·重建大祠记》的记载：

（田下郭氏宗祠）有寝有堂有重门，无以异乎各著姓之为祠也，惟门外有坊，坊外有池，池外有桥，桥外有墙，规模宽敞则大异乎各著姓之祠……族之人以时讲礼于堂，修祀于寝。

从上述二则引文可知，清代的大族或有经济实力的望族，其宗族祠堂往往规模宏大，彰显宗族的实力。宗祠下有支祠，属宗族的分祠，由宗族下的房支所建，又称小宗祠，规模往往较小些（见图36—图38）。

图36　安义千年古村黄氏宗祠 　　图37　安义千年古村水南黄氏宗祠

图38　安义千年古村京台刘氏宗祠

实际上，清代的祠堂结构颇为复杂，尽管都采用进式的院落结构，但各地的宗祠还是有差异的。

4. 祠堂文化

中国的祠堂文化是博大精深的，汇聚了中国的核心思想文化即儒家文化，将儒家文化通过祠堂在基层社会传承，还汇聚了中国建筑艺术、雕刻艺术、绘画艺术、书法艺术和科举文化等，所以，祠堂文化是中国基层社会中的重要文化。

堂号，是祠堂文化的一个重要组成部分。名门望族或大族，都会在正厅正上方挂一匾额，写有某某堂，如一些著名的大姓堂号：刘姓——彭城堂、赵姓——半部堂、周姓——爱莲堂、杨姓——四知堂、王姓——三槐堂、张姓——百忍堂、鲁姓——三异堂、丁姓——御书堂、郑姓——玉麟堂、陈姓——三益堂、黄姓——江夏堂、谢姓——宝树堂、冯姓——善德堂、高姓——聚庆堂、彭姓——述古堂、景姓——念祖堂、贾姓——积善堂等（见图39）。

图39　吉安市泰和县爵誉村圳口长春公祠敦礼堂

堂号，原本是厅堂的名称，同一宗族悬挂同一堂号，表示同一宗族或姓氏来源于同一祖先，这便是中国人特别重视血脉关系，推崇祖宗崇拜，同祖同宗便产生亲情，所以，堂号是一种宗族亲情的表达。

据学者们的研究，堂号的取法，有以血缘关系命名的，如闽粤一带洪、江、汪、龚、翁、方六个姓氏有一个共同的堂号——"六桂堂"，是由于闽粤这六姓都是翁氏后裔。有以地域郡望命名的，如李姓有陇西堂、赵郡堂、中山堂，王氏有太原堂、琅琊堂，王氏有京兆、清河堂，张氏有安定堂、河内堂等；有以先世的嘉言懿行为堂号的，如杨氏的"四知堂""清白堂"，来源于东汉杨震拒贿的美德；有以祖上功业勋绩为堂号的，如屈氏之"三闾堂"，乃以曾任三闾大夫的屈原之美德为荣；有以传统的伦理规范为堂号的，如"敦本堂""务本堂"等；以祖上情操风节为堂号的，如陶渊明后人建的"五柳堂"，乃因陶渊明号"五柳先生"，李氏族人建祠号"青莲堂"，乃因李白号"青莲居士"；以祥瑞吉兆为堂号，如王氏的"三槐堂"；以先世名人的厅堂别墅为堂号，如白居易后人以"香山堂"为堂号，源自于白居易晚年隐居洛阳香山，号香山居士；以堂号彰显家族科举辉煌成就的，如林氏的"九牧堂"和徐氏的"八龙堂"：唐代泉州人林披，有九子俱中进士，俱官居刺史（俗称州牧）；宋代临湘人徐伟，有八子，当时知名，时人称之为"徐氏八龙"；还有以封爵、谥号或旌表褒奖为堂号的，如"忠武堂""节孝堂""孝义堂"等。

从江西现存的祠堂和族谱来看，清代江西宗族的堂号取法大体如上述，以地域郡望为多，如宜春李氏取"陇西堂"，乃大多李氏祠堂堂号的取法，因陇西为李氏发祥地；萍北朱氏堂号取"沛国堂"，乃由于沛国（今安徽淮北市相山区）为朱氏发祥地，萍乡文氏宗族堂号取"正气堂"，乃源于宋末文天祥以《正气歌》名天下，文天祥成正气的代表，其后人以先人的名誉为堂号；宜春张氏以"留侯"为堂号，乃源于汉代张良为留侯。宜春杨氏宗族堂号取"道南堂"，也是许多杨氏的取法，源于宋代理学名家杨时留下"程门立雪"的佳话，杨时在程门立雪拜二程为师，南归时，其师目送其离去，曰"道南也"，杨时成了勤奋好学、刻苦上进的代表，杨氏后人以祖先之美名为堂号。

图40　吉安县曲濑卢家洲卢氏祠堂[①]

对联是祠堂文化的重要组成部分。在祠堂中会在很多地方都写有对联，如祠堂大门两边和祠堂的立柱等。对联的内容既有对祖先功德的赞美、对宗族荣誉的夸耀，也有对宗族子孙的训诫，其核心是儒家思想的表达和应用。以万载县王氏宗族祠堂的对联[②]为例，具体来看祠堂的对联文化：

寝堂联：

忆当年一庐烟景曾游息　　　　欣此日百世精灵想式冯

临上质旁昭陟降　　　　　　　忾闻僾见凛怀思

胜揽康城秀凝北廓　　　　　　庆余魏国族望南田

趋跄时凛齐明志　　　　　　　馨欬如闻叹息声

左右无方勤就养　　　　　　　昭明其德荐馨香

寝堂右廊：

右享不忘偕列祖　　　　　　　穆然有感对斯堂

寝堂对座：

当年笑语留奖训　　　　　　　畴昔衣冠忆典型

一庙新成灵在寝　　　　　　　五星还是端盈庭

寝堂是安放列祖牌位之堂，所以寝堂的对联反映了对于祖先灵魂有

---

① 转引自百度图片。
② 民国佚名纂：《宜春万载王氏族谱》，民国七年三槐堂木活字本，江西省图书馆藏本，存七册。

凭依之所的欣慰，表达了要不忘祖先功德、馨香不断，让宗族兴望的志向。同时赞美了祠堂所处位置可以一览全城，与南田王氏的族望相配。

中门联

崇祀宗先地　　　　　　　　修明礼法堂

中堂联

庆万寿合宗祊美槐荫长留重庚圣主贤臣颂

卜阳春崇祖寝趁梅花早放再续状元宰相诗

万载儒学董松题贺

胜迹著狮品永矣霞蔚云蒸五色洪文传巨笔

秀峰环鹤岭胜哉地灵人杰千秋好爵和鸣阴

万载儒学王绍铨题贺

爱亲敬兄迩日纲常先在此

事长慈众他年经济豫于斯

裕后有其基族立康乐宅卜南田堂构于兹昭旧业

承先勉乃力士备青云农功东作子孙从此焕新猷

堂开面祖居七姑芳园溯肇基于在昔正位辨方淑气由来钟北廓

支衍分宗派二公余庆建寝庙以维新继志述事休声自是振南田

圣贤无异术义自率祖仁自率亲首务惟先敦孝弟

愚懦有同羞学近乎知耻近乎勇闲居且亟读诗书

稼穑念艰难无逸乃逸听祖训宜加猛省

荡平戒偏党会极归极守王法何等安闲

造物匪微茫岳峙川渟成形布象昭自昔

至元征发育主居宾拱现瑞呈祥协于今

中堂乃宗族议事、聚会之堂，所以，中堂联表达了宗族的价值追求、伦理追求、生活原则，如要敦孝悌、要成圣贤、要听祖训、要读书、要守王法、要守纲常、要勉力子弟科举入青云等。

站亭联

雅集记兰亭觞咏足娱静契惠风朗日

奇文序滕阁湖山犹在旷怀秋水长天

两廊联

自是人文兴有象	因之地脉效其灵
山环水绕规模大	春禴秋尝享祀新
留藏胜境因人发	殷荐馨香幸祖灵
宗功祖德知常在	人杰地灵信不虚

站亭和两廊是休闲处，表达了对宗族、祠堂的赞美及美好的期待。

下厅联

奕叶人文千载盛	百年珍秘一朝开
到此序昭序穆	祝彼如式如几
家中规矩承先哲	画里江城慊众心
榛成新庙同瞻仰	敬把旧章共率由
一祠饱挹山川秀	百世绵乘俎豆馨
帐罗霞岭三峰秀	江入狮潭一带横
狮岩字挟风霜古	鹤岭峰开翠黛秾

下厅非主厅，所以，其对联亦仅表达对祠堂所处风景的赞美、对宗族的赞美及对宗族的美好期待。

为之归联：

餕而非似若敦鬼	至矣无警伯有魂
礼由义起非关创	本立道生自此推
本支虽未绵瓜瓞	血食永堪餕祖余
一堂聚处无由变	百世欢忻罔怨恫

送神归联，表达了宗族将按礼仪尊祖敬宗而百世不息。

上述仅是个案，各地祠堂对联涉及面都很广，主要表达尊祖敬宗、光宗耀祖的理念及儒家的价值追求和人生情怀。

匾额也是祠堂文化的重要组成部分。很多祠堂都会挂有匾额，这些匾额是族人获得的荣誉，如"中宪大夫""士大夫第"等，有的匾额是皇帝所赐封，更是族人的荣耀（见图41）。

（a）

（b）

图 41　清代的江西的匾额（转引自百度图片库）

旗杆石和旗杆是祠堂文化的组成部分。一些宗族的祠堂外置有旗杆石和旗杆，表示族人曾得到过科举功名，旗杆石和旗杆越多，表明这个宗族所得到的功名越多。所以，旗杆石和旗杆表明，中国古代的宗族特别重视科举功名。

雕刻艺术是祠堂文化的重要组成部分。清代祠堂的门窗往往有很精美的雕刻，有石雕，如大门上方的石雕；有木雕，如窗户和屋檐上的雕刻等。中国各地现存的清代祠堂，有大量的石雕和木雕，反映出我国清代高超的雕刻艺术。江西亦然，现存清代的祠堂建筑，有大量精美的雕刻品。

乐安县龚坊镇同富村保存宋代建的恩荣牌坊及明清古建筑20多处。村中至今保存有"宇瞻公祠""守元公祠""光程公祠"等大小宗祠十几栋，被称为祠堂之村。其中光程公祠门坊石雕图案最多，被誉为"清代石雕博物馆"。

光程公祠始建于清代道光十八年（1838年），至今已有177年历史，是该村为了纪念黄氏29世孙黄方徒而建。黄方徒名际二、字光程，诰封儒林郎。光程公祠坐东朝西，建地面积为360平方米，砖木石材料建造，混合式构架，硬山顶屋面，大门为四柱三间五楼式牌门楼，圣旨竖刻"恩荣"字牌，横刻"光程公祠"，额枋雕刻有"状元打马游京城""岳母刺字""郭子仪拜寿""八仙过海显神通""秦香莲""十八学士图""龙飞凤舞""瑞草吐芳"等50余幅石刻图案，线条流畅，形象生动。

同富村清代的建筑雕刻艺术，沿袭了古典艺术传统，形成了古代建筑艺术史上的最后一座高峰。光程公祠的石雕工艺是代表作之一，光程公祠门坊的各种纹样、图案配置得严谨无瑕。公祠门坊上的20多幅石雕作品，是记载中国古典故事最多的一个门坊，其中有"岳母刺字"这样极少看到的石刻故事。整个门坊石刻图案雕刻手法多种多样，分为浮雕、圆雕、沉雕、影雕、镂雕、透雕。这些雕刻造型逼真，手法圆润细腻，纹式流畅洒脱，深刻表现了江西古代工匠独特的艺术构思和精美的雕刻工艺（图42）。

安义县千年古村内的民居雕刻精美、别致，有石雕和木雕，窗雕有"百花图""百鸟图""百鼠图""百福图""诗对联"等，构思奇妙，被专家誉为"中国古木雕一绝"。

在江西现存宗族祠堂中有大量类似的雕刻，是江西重要的文化遗产。

书法也是祠堂文化的组成部分。祠堂的匾额、对联等往往是很精美的书法作品，艺术水平往往很高（见图43—图44）。

(a)

（b）

图42　精美的雕刻

图43　全南县大吉山李氏宗祠匾额书法　　图44　乐平市汪氏祠堂匾额书法

除上述这些祠堂文化外，祠堂的建筑艺术，亦是祠堂文化的重要组成部分。江西祠堂建筑除方形的院落结构外，还有颇具地方特色的客家围层建筑。

5. 祠堂的管理

祠堂是安放祖宗灵位和族人祭祀之所，是族中掌权者商议和处理族中事务及行家法之所，不可以随便谈笑、玩耍，是庄重、严肃之所，有的还是族中子弟上学之所。所以，有的宗族，特别是大族、望族，对于祠堂会制订很详细的管理规则，以清代万载县辛氏宗族为例，其乾隆年间纂修的《万载辛氏族谱》[①]卷三《事宜·祠中事宜十二则》，对祠堂的管理即有详细的规定。

崇宗祠。宗祠之设上妥先灵，下联族众；礼教从此起，孝弟从此兴，最为事务。吾家子姓散处，除岁时祭享外，每年雇宗一人，令值个朝夕

---

① 乾隆四十五年（1780年）辛金寿等主修的《万载辛氏族谱》（木活字本），江西省图书馆藏本。

祀奉香灯兼洒扫祭洁净，免致常室污坏，一切贸易止许于头门外栖止，不得拥挤门面内，若有不肖潜入赌博，勾引安歇，罪在承年。

隆祭祀。春月祭扫龙山祖茔及清河渡、何家山等处，承年预备猪羊，先期通知，合族遵期登山致祭，午刻会宴，共沾祖惠；中元日，族长暨各房长入絜不得苟简从事，先十通知合族至期齐集，恪共行礼，其与祭之族长、乡绅、斯文人等宜随承祭孙于二门外序次行礼，违者有罚；至新捐贡监及加职者俱于冬至前三日报名，以便书名与祭。

贺新岁。……通限正月初四日辰时，老幼齐赴祠堂，先行谒祖然后依次序行礼毕，承年备果茶以为常例。

修坟墓。……必要竖立碑石，年年挂扫，方无遗失，且万载旧俗，祖山接葬鳞次，嗣后凡有接葬，须当通闻公同见眼，不得私行锄挖，违者有罚。尤有不肖子孙只图兜金，不顾祖父骸骨，擅行出卖，系祖宗罪人，立即送官重究不贷。

宏作养。传家以读书为贵，子侄有志上进，祠中四时月课不惜，优赏童子县试，祠内备卷送考游泮，花红每名五钱，补廪、两科举程仪每名捌钱，如领程仪不去应试者，查出倍追加罚，恩副、岁贡每名拾两，选拔每名贰拾肆两，登科每名三拾陆两，登甲每名陆拾零两，两会试程仪每名拾两，出仕临时酌议。凡致身仕路，不问职之崇卑，当请共厥职，以图报，勿事贪墨，有玷家声。

投祠。族长与房长择真正绅士数人，先一日着禁首具请到祠公论，余人不得滥与，二比亦不得任意相请，违者重罚，倘有禁首滥请，斥退。

各房承年，从前阄定顺昌达延孚觐七房轮流承管祠中帮钱若干，至己亥二月初二日造册结楚用须。今合祠酌议，凡祠中祭祀、收纳租谷、店资、喜庆酒席、完粮等一切事件，共择殷实廉正首事与族房长公同管理，承年不得仍前滥与。

报新丁。旧规每年后子于冬至祭日每丁出银三分赴祠报名，其月日以便序列行派，付载丁册。若本年不报，挨至一二年报者，除罚银外照利加算。

彰公道。本姓子侄投祠讲理，族房长、斯文等按理剖判，只彰公道。

若外姓亲友经投勿受、谢禁，不得以子侄规论。如族人理短，按事大小家法治之。若亲友理短，亦当婉言辞谢，且族长等每逢初二十六，齐赴崇堂，凡众事必须众议，族房长名分虽尊，亦宜公道，方服众心，不得恃尊凌压。倘徇情偏私，仍许卑幼婉言规正，切勿执拘害事。

童子考试。合议本族禀保照科分轮流一名认保族中童生者，祠发盘费钱，岁科俱三千二百文，倘贪滥，保客冒，除追盘费外，公罚。

立祠规。宗族之中以长幼尊卑为序立，各有分位。凡遇祠事，房长、斯文依次列坐处理、详论，余人不得喧哗，及有投祠事件，二比站立堂中静听诘问，从容对答，欠理则跪；无理应责，毋得狡辞强辩；至于禁首，坐立两旁静听，毋庸插嘴，倘不遵，酌定行重罚。

息争讼。……子侄果有互争事故，投状到祠，族长等务须揆情度理分剖，使大事化小，小事化为无事，和好如初。如执拗不依，到官成讼，其家长名字两造不许互异真情，禀覆，听官处分；若私钻家长及私充家长，俱家法重处，至祠内每年须择举公正数人办理，凡遇是非事，悉要同族房长等处断，不得任意相请，违者有罚。

从上述规定可知，辛氏族人对如何在祠堂祭祀，如何在祠堂处理族中事务和族中纠纷等，都做了详细的规定，祠堂的运行有序，也就是宗族运行有序。所以，对祠堂的严格管理，也就是对宗族的严格管理，从而祠堂在宗族生活中起着重要作用。

有的宗族虽然没有制定详细的祠堂管理规则，即祠规，但在族规中总会有关于祠堂的兴修、管理方面的规定。如清袁国奉等纂修《万载（东隅）袁氏族谱》[①]《卷首·家规》有"重宗祠"："祖堂乃祖先冯依之所，又为至公立法之处，故当亟宜兴修，难容怠缓，我族祠宇荒废，公财匮乏，久未兴修，无以安妥祖灵，关固人心，深可怨恫，我等族人务必善为设法竭力重修，庶几上光祖宗，下裕子孙，急宜勉力，切勿迟延。"

---

① （清）袁国奉等纂修：《万载（东隅）袁氏族谱》，清嘉庆十六年汝南堂木活字本，江西省图书馆藏，存三册。

总之，祠堂和族谱一样重要，是宗族的标志，是凝聚族人的重要媒介。

（三）族谱所见清代江西的祠祭

祠祭是宗族隆重而盛大的活动，是宗族重要的聚会，也是凝聚宗族的重要手段。人们在祭祖过程中加深同族同宗的亲情与认同。

对如何准备开展祠祭在族谱中都会有详细规定，保证祠祭能按部就班地进行。

1. 祠祭的规定

有的宗族在族规中对祠祭只作原则性规定，如《萍乡小库村王氏族谱》《家范二十四则》第一条规定："族内子弟自年十五以上者，每岁新正必诣祖屋焚香，凡遇时祭及先人诞忌，当敬谨奉祀，违者公斥不贷。"再如清道光二十九年（1849）张家启等纂修的《张氏族谱》卷一《家规》第一条中规定：

谨祠祀。祭义曰致斋于内散斋于外，又曰致爱则存，致悫则著，盖言祭尽其诚，有其诚斯有其神也。苟春秋祠祀徒以牺牲笾豆毕享献之盛典而登降上下毫无俨然如在之忱，神必吐之矣。今见士夫之家日食三餐自奉不缺，一遇喜庆烹肥击鲜、酌斗饮醇，广费无算而祖宗祭祀置之度外，牵牲告庙视为具文，燎脂降神奉若故事，春霜秋露之念、僾然忾然之忱概乎未有。夫祖宗者吾身之所自出也，藉令今日不能祭祀祖宗，而身后克享子孙之血食，此必不然之数矣。是故合祭分祭须尽追远之诚，大宗小宗务伸报本之谊，凡一切不敬之事，如离席自便、附耳偶语、与夫欠伸跛倚、哆噫唾咦皆属不孝不诚，主祭与祭须谨戒之。

有的宗族则在族谱有很详细的规定，以《清江杨氏五修族谱》为例，除在《族诫十则》中有原则上的规定："崇祀事。堂室以妥祖灵，丘墓以安祖魄，祭奠拜扫宜深怵惕之思，若忽略蒸尝，弃坟垄即非仁人孝子之用心也。"在《腊祭条规十八则》对祭祀则做出详细规定：

（一）每年腊祭以有官职者主祭，若出仕则以贡监生员中科分年齿俱老者主之，盖将事祖先例应宗子第，恐宗子年幼或不娴礼仪，故为衣冠之祭，助祭择长辈六十以上者，无则次辈六十以上者仍论房，分长幼或俱未及六十则任缺无滥，定额河街一人，环洲四人，田陇一人，后街二人，余序昭穆，行礼不得挽越。

（一）祭不至午，绅士在家规避，或逾时不与祭，及入祠衣冠不整者除不给胙外，罚钱伍百文以警玩忽。

（一）值年首事公举河街一人、环洲四人、田陇一人、后街二人，管理祭筵胙肉及元宵养灯、修盖祠宇、喜庆事件，至族间有事亦冯此八人乎停，毋得推诿。

（一）分胙每丁半斤，主祭者加一斤，半助祭者加一斤之外，出仕四品以上及入翰苑者加六斤，七品以上加四斤半，八品加三斤半，九品加二斤半，在籍进士加三斤半，举人及乡饮宾加二斤半，捐职五品以上加三斤半，七品以上加二斤半，八品加二斤，九品加一斤半。恩拔副优岁及例贡加一斤半，若已就职即照职加给，生监加一斤，现在与考童生加半斤，值年、首事加半斤。

（一）分胙照现在祠内与祭者分给各房长幼，依次表给，不及与祭并年逾十五不拜祖者毋许给胙，贸易在外五年不归者亦毋许给胙，以罚其忘祖忘家。

（一）新丁出钱壹百文给胙半斤，即于祭日请绅士命名注谱，新娶者亦出钱壹百文添注某氏，仍各照谱格所载年庚誊入占籍，他省自愿添喜添丁者只准给新丁胙一年，余俱照式添注惟俟补刊。

（一）年届古稀出喜钱壹百文加胙半斤，逾八旬者虽不与祭，当给胙肉一斤以尊高年。

（一）年逾六十有痼疾不能入祠拜祖者亦许给本分胙肉以示矜全。

（一）寡居妇人自三十岁内守节，愈五十岁者特给胙肉一斤以励贞风。

（一）族内后于他姓者虽入祠拜祖不准给胙，人无二本故也。日后归宗仍照定规给予。

（一）燕私之饮：绅士、尊长而外添喜添丁添寿及值年首事皆在其列，周年盛举、福受祖惠，理宜亲自赴席高订一切事宜，若合人代饮，是大不敬也。立议立时叱出，另罚钱贰百文，主座次则以毛为办。

（一）助花红：入翰苑者银拾陆两，发甲者银拾贰两，发科者银捌两，出仕者当照品给捐助，捐职四品者银三拾两，五品者银二拾肆两，六品者银拾陆两，七品者银拾二两，八品者银八两，九品者银六两。恩拔副优岁及例贡银六两，入监者银四两，入泮者银二两，慷慨乐输者听其随力以申高谊。

（一）捐官职：贡监者腊祭日赍诏诣祠公仝验看以便加胙，祭毕绅士会书喜助，次年腊祭日交出，若届期推诿，虽与祭不准加胙，逾期三年者重修谱牒不得列入簪缨录。

（一）发科甲暨捐五品以上衔者，特出公项银二十两交首事，日间演戏四本，备席一夜，科甲竖杆祠前，另帮银十六两，此外功名或一二人或三五人，合共照前规办理一次，永禁不许演夜戏、闹酒、打采致亵祖灵，违者照用数倍罚，不遵罚者其阖家胙肉永远扣除。

（一）值年首事分收谱格四本，凡添喜添丁及有殁葬之家随时告知登记，若已告未载，罚首事钱一百文，未告不查，二比各罚钱一百文，腊祭之日将谱格交与绅士誊注草谱，以免重修时纷纷查问。

（一）值年首事规者避罚钱四百文。

（一）用数。以钱省为度，向来一岁常用及腊祭胙在内大约壹拾肆千上下为准，逾数则首事赔垫，所以示节省也。近年诸项昂贵，议以贰拾千为定，毋得浪费，即于元宵养灯清算登簿交代，稍有怠弛，新旧首事合共罚钱贰千文。

（一）管理祭田。公举河街一人，环洲二人，田陇一人，后街一人，每年收租完粮出入生息公同慎始终，清算登簿议于丁卯年举行，冬至祭典照腊祭条规散胙，并量给予考童生谷一担，贡监生员乡试谷二担，举人会试谷六担，不赴考者不给，俟费用充足，另行议加。

以上各条照旧酌加后，此修谱见有未尽或不合宜之处，任增易之，但不得亡逞臆见耳。

上述"腊祭条规十八则",不仅规定了冬祭的原则,还规定了祠产的管理和使用。

光绪二十三年(1897)《萍北朱氏族谱》卷三《家规二十三条》中有祭祀的规定也有关于祠堂管理的规定:

(一)每年祭祀以十月三十日下午,生祭礼生二人,十一月初一日熟祭礼生四人,值年首事先行入局办理祠内给用费钱食谷酒谷,事毕结清出入数目,点清各项物件,上交下接,以为永远章程。

(一)清明祭扫另有捐会,值年办祭者先行入局备酒肴烛往远近各处坟墓挂扫,照捐名设席有捐名者方准入座,不得恃强滥入。

(一)中元烧包亦另有捐会,值年办祭者先行入局办理,以十一夜接祖,十五夜烧包,照捐名设席,有捐名者方准入座,不得恃强滥入。

(一)主祭孙胙肉三斤,其余年长胙肉俟会盛时再行酌给。

(一)童生道试每人给钱壹挂正。

(一)文武入学每人给花红钱壹挂正。

(一)文武乡试每人给钱壹挂正,其余各项花红俟获品时再行酌给。

(一)祠内田业原祖宗血祀所关,不得变卖分拆,违者公同禀究,其子孙永不许入祠与祭饮酒。

(一)祠内子孙恐有终身不娶代养他姓之子为嗣者,不许入祠堂,以杜异姓乱宗之弊。

(一)祠内钱谷数目定以十一月初二日结算,如有私自扯借及装数朦抵者,除陪补外,永不许办理祠事。

(一)祠宇祖宗灵爽所冯,最宜絜净,不准堆积柴炭,关蓄猪牛及寄放物件,污秽屋宇,如违,当祖堂责惩。

(一)祠堂屋宇子孙均不许居住,违者公同逐出。

(一)祠宇重地,不可开场聚赌,玷辱祖先,带坏子弟,倘有不法之辈不遵家训,族长房长禀官究治。

(一)祠内祭祀务宜衣冠整肃,质明行礼,倘有不絜不诚,临祭不到者,不准赴席饮酒。轮流值年奉祀祖先祭品务宜絜净,祭食务宜丰腆,倘有办事不周者共同处罚。

（一）祠内遇有公事，各房签点一人，务宜干济诚恳，方准办理，无事者不得滥入。

《宜春东隅张氏族谱》卷一《祭规》专列"祭规四条"：

（一）祭祀典礼严肃。吾族旧以族长主之，昭穆考妣正献皆族长敬谨，将事祔祭二位，派名位最卑二人，分献、执事、通赞二人，一堂祀事，全系其身，必要闲习典故，声韵嘹亮，其余大引二人，分引二人，致告辞一人，陈誓词二人，读祝一人，嘏辞二人，宣家范二人，歌诗二人，司馔司爵司羹各二人，务必温恭，朝夕执事有恪，不许疾声厉色、气质粗暴，致渎祭典。

（一）祭祀必斋戒以絜其内，盛服以絜其外，沐浴以絜其体，而斋戒尤宜必诚必敬。按《礼经》，及时将祭，君子乃斋，散斋于外，所以防其物不饮酒之类是也；致斋于内，所以慎其心思其居处之类是也。谢上蔡云：三日斋七日戒，求诸阴阳上下，只是团聚自家精神，吾能致精竭诚，惟求之此心既纯一而无所杂，此理自昭著而不可掩，即是祖考之来格也，族人士当凛遵之。

（一）祭祀牺牲器物必备，按《礼经》，牺牲不成不敢以祭。诗曰：秋而载尝，夏而輻衡，凡以夙戒也。故为首者必于先数月豫先买办猪羊，畜养在家，不至临时仓惶苟且。至祭祀前一日午后设香案于两阶间，令执事者宰之，主人亲看割毛血为一盘，毛以示物，血以告杀。又按《家礼》，将祭，具物不可以不备。凡猪首心肝肺为一盘，脂杂以香蒿为一盘，皆取肠之右杂，不用左杂，并定果品、饼面、粉茶、酱醋、元酒（即井花水也）、醴酒、大羹（肉汁不和）、铏羹（肉汁有香菜和者）、檀香、纸钱、蜡烛、硝磺、红纸。

（一）祭祀陈设之器用，按《家礼》预备。合用之器于祠堂上面居中一席，两边各五席。中间用桌二张为香案，上置香炉香盘烛台一对，旁配享等各桌，又于香案之东阶上设元酒，次设酒架，别设桌于酒架东，上设酒盘，又于香案之西南阶下置火炉、香匙、火箸，又设桌于火炉西，上盛祝版，又于东阶上设盥洗帨巾二，又设陈馔大桌于其东，酒杯、茶钟、匙箸照位铺设，陈馔边豆、果碟各五。拜献行礼既毕，撤馔，子孙餕余，按礼废撤不迟，此祭终以疾为敬，亦不留神惠之意也。备言燕私以尽私恩，又亲爱骨肉之意也，且祭有餕余者，祭之末也，现已照礼酌行。

除了在族谱中列出对祭祀的规定和祠堂管理的规定外，有些宗族会制定专门的《祠册》《祠主谱》《祠谱》《祠牌位册》《丁册祠记》《祠牌册》《牌谱》《祠志》《祠主录》《牌主谱》《祠志录》《房祠主册》《祠联谱》《祠牌谱》《祠主谱》《先祠丁享谱》《牌位册》等，不仅对祭祀时牌位的摆放规定有要求，同时对祭祀的规则程序也有相应的规定。如《（万载）卢明公祠享册》《（万载）辛氏大祠公册》《（万载）宗公祠助祭会册》《萍乡谭氏家庙捐册》《吉安螺山宋文丞相祠志》《（龙南县）赖氏敦本堂祠谱》等。

2. 祠祭仪式

清代宗族的祠祭有一套很完备、很成熟、很复杂的机制和仪式。

首先是出通知，通知族人何时、何地举行祭祖，何人必须参加，执行仪式的有哪些人及这些人的职责，祭祀的原则和注意事项，祭祀完毕后如何分胙（祭祀用过的酒肉等祭品）等，将通知张贴在祠堂的两扇大门上。这种通知有固定格式，会记载在族谱中。以清代《万载（东隅）袁氏族谱》[1]的记载为例，其通知名为"致祭告谕"：

致祭告谕

汝南宗祠　为祭祀事　月　日　节届某　某理宜致祭

先祖通知合族房长斯文禁首暨各成子侄，不论乡市远近，俱于前三日斋戒，斯文务备鲜色衣顶，于前一午刻齐集赴祠献牲、习仪恭候，次日五鼓行礼，事关报本，均毋故违，特谕。

---

[1] （清）袁国奉等纂修：《万载（东隅）袁氏族谱》，清嘉庆十六年汝南堂木活字本，江西省图书馆藏，存三册。

年　月　日通知

上述通知的特点是以先祖的名誉，通知族中男子在规定的时间内斋戒、穿戴整齐，赴祠堂参加祭祀。另外，对于祭祀过程中的注意事项和各司仪人员名单也张贴出来，这就是"致祭条规"和"执事榜式"：

致祭条规

汝南宗祠　为严饬祭规以隆祀典事，报本追远务在孝敬，骏奔在庙非循袭具文、徒饰观美，必竭子孙一念之精诚，庶可通冥合漠。

祖宗之灵爽于焉，式凭也，如其行祭，执事仪节生疏，诚意懈怠，抑或举止失次，跛踦不端，嬉笑自若，俱非恪恭乃职，有贻神恫者，今特立条规，胪陈于左，先期谕饬，以便观省奉行，否则家规具在，照例示儆，凛之、慎之。

一 致祭：斋戒三日，前一日设位、陈器，午刻擂鼓三次，凡房长、斯文、禁首及主祭、分祭者俱宜踊跃赴祠，通赞引大尊长省牲、行礼，一名不到查罚。

一 习仪：未刻献牲毕，公择礼仪娴熟者遵依登、降、灌、献，节次如数，行礼，令主祭旁观，庶不至，临祭时陨越、贻差，有玷大典。是晚均要在祠安宿伺候，五鼓行礼，查照不到公罚。

一 通唱两名、大引二名、东西分引四名，一堂祀事宣示引礼是赖，务择礼节素习，步履安详者，庶几登降疾徐可免参差失仪之咎。

一 读祝以及箴告、致戒、致瑕、司过等词，俱于各所站立静听，通唱次第宣示，务须端正，跪读出声清朗，否则记过有罚。

一 与祭房长、禁首、未执事斯文暨各房子侄凡来与祭者，俱随主祭后于二门内外序班、行礼，不得闲游喧哗，杂拥中堂，违者照依家规查罚。

一 凡与祭执事、斯文俱要鲜色衣顶，余则吉服、吉冠，不得以便服混入行礼，违者有罚。

一 宗庙之中以有事为荣，既经公排执事，自应小心称职，切勿临时推诿、顶替、更换，有乖礼典。

一 祭仪丰俭称时，务取精絜，诸凡有关祭款、牲帛、器皿，紧要宜具者，倘有缺欠，不成礼制，咎在承年。

一 祭毕即于本日五刻与祭执事者齐赴宗堂序班燕（宴）饮，以沾神惠。

一 分胙，大尊长暨主祭、分祭、各房房长、执事、与祭斯文、效劳禁首，须分别颁赐，永为定例。

执事榜式

汝南宗祠　为祭祀事，今将致祭先祖执事各次开例于后：

一 主祭嗣孙

一 代祭嗣孙

一 东分献嗣孙

一 西分献嗣孙

一 通赞引赞

一 瘗毛血

一 读祝文

一 神主前

一 香案前

一 左昭配享前

一 右穆享前

一 宣诫词

一 致告词

一 陈誓词

一 诵嘏词

一 读箴词

一 司过

一 阖门

一 启门

一 歌诗

一 告利成

一 饮福受胙

一　焚祝文

一　诵妥词

一　提调

年　　月　　日　　通知实贴二门

上述两则通知已将祭祀过程作了严密的安排，清代江西的宗族大多按此通知族人祠祭。

其次是祠祭的过程和仪式，从族谱的记载看似很复杂，实际上清代的宗族祭祀仍是按朱熹《家礼》中的设定进行。南宋朱熹的《家礼》卷五《祭礼》设定了"四时祭""冬至祭始祖""立春祭先祖""墓祭"，对这些祭祀如何进行，朱熹有具体的礼仪设定。不同于朱熹的设定，清代的冬至在祠堂祭祖，所祭的不仅仅是始祖了，而是祭始祖以下的众多已逝先人。朱熹在《冬至祭始祖》所设定的程序是：前三日斋戒、前期一日设位、陈器、具馔，厥明夙兴设蔬果酒馔，质明盛服就位、降神参神、进馔、初献、亚献、终献、侑食、阖门、启门、受胙、辞神、撤、馂。

清代宗族的祭祀基本上是按照朱熹《冬至祭始祖》所设定的程序进行，首先是祭祀前三日斋戒，其次是祭祀前一日设位。关于设位，这是一门很重要的学问。朱熹在《冬至祭始祖》中因为只涉及始祖的牌位，所以就很好办，其设位法是：

主人众丈夫深衣帅执事者洒扫祠堂，涤濯器具，设神位于堂中间北壁下，设屏风于其后，食床于其前。

朱熹在《四时祭》中对高曾祖考牌位的设定是：

主人率众丈夫深衣及执事洒扫正寝，洗拭椅桌，务令蠲洁，设高祖考妣位于堂西北壁下南向，考西妣东各用一椅一桌而合之；曾祖考妣、祖考妣、考妣以次而东，皆如高祖之位，世各为位，不属祔位，皆于东序西向北上，或两序相向，其尊者居西，妻以下则于阶下设香案于堂，中置香炉、香合于其上，东茅聚沙于香案前及逐位前，地上设酒架，于东阶上别置桌子，于其东设酒注一醇、酒盏一盘、一受胙盘、一匕、一巾、一茶合、茶筅、茶盏托、盐碟、醋瓶于其上，火炉、汤瓶、香匙、火箸于西阶上，别置桌子于其西，设祝版于其上，设盥盆、帨巾各二于阼阶下之东西，其西者有台架，又设陈馔大床于其东。

从清代江西族谱记载来看，清代祠堂祭祖的设位，基本综合了朱熹《家礼》中的《四时祭》和《冬至祭始祖》的设位法，并进一步进行了细化，见图 45—图 48。

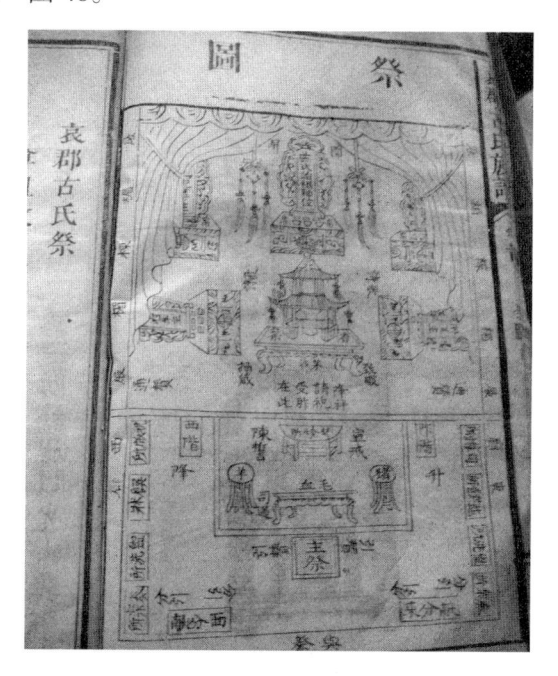

图 45 清光绪二十三年《（宜春）古氏族谱·祭图》

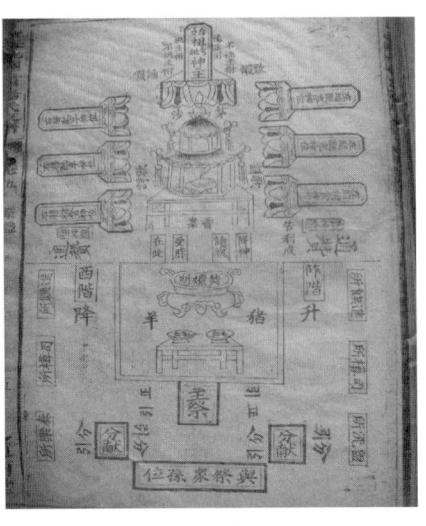

（a） （b）

图46　光绪三十二年道南堂木活字本《宜春北关五甲杨氏支谱》卷五《祭礼》

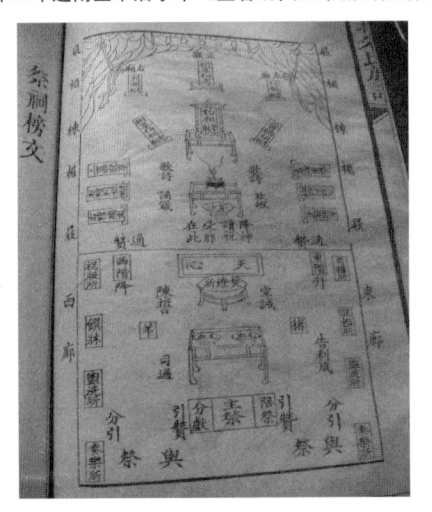

图47　（清）朱照萱、朱照璵等纂修《（萍北）朱氏族谱》（清光绪二十年沛国堂木活字本存四册）

图48　道光二十九年张家启等纂修《张氏族谱》中的"祭图"

上述祭图将牌位的摆放、祭品的摆放和与祭人员的站位都做了详细安排，清代宗族的祭祀设位和与祭人员站位各族大体相同，都是基于朱熹《家礼·祭礼》的设定，但更进一步综合和细化了。清代《万载（东隅）袁氏族谱》卷末《享位》中的原则是："按《家礼》始迁之祖及初有封爵者为始祖，配以后左右昭穆祔享，不论世次，凡各房祖考有高位高德及有功世道、有功宗族者均得在祔祭之列，余不与焉。"

祠祭的行礼过程，清代族谱往往都会有详细的记载，仍以清代《万载（东隅）袁氏族谱》的记载为例。

通唱："鸣祭鼓。"执事者各司其事。与祭孙序立。分献孙就位（东西分引各唱就位）。主祭孙就位（大引唱就位）。

通唱："宣戒词。"礼生正立南向高声朗宣曰："祭祀宗祖务在孝恭，伸报本之诚，恪尽追远之意，其或行礼不恭，离席自便，与夫欠伸跛踦哆噫唾咦，一切失容之事，俱系不孝不敬。《诗》曰：神之格思，不可度思，矧可射思，戒之慎之。否则，家规有罚，谕众咸知，谨诫。"

通唱："奏乐、请神。"大引、分引各引主祭，分献同上，诣神寝堂几前。

引唱："跪、俯、伏、致告祠。"礼生跪祝曰："维某年某月某朔，越祭日某某之良嗣孙某等谨以某某之期，有事于我显始祖考妣暨列历世配享、祔享高曾祖考妣之神位前，敢扳尊灵出赴祠堂，降居神位，恭伸奠献。"祝毕，引唱："起、平身。"各捧主出赴前厅。

通唱："奏乐、妥神。"执事者各安神主于各席。

通唱："复位。"各引主人复原位。

通唱："瘗毛血。"执事者自东阶入庙取毛血盘，由西阶下，置于地，一辑，唱曰："瘗毛血"。

通唱："奏乐、参神、鞠躬、跪、兴拜。"（凡四）"平身、主祭孙降神、上香、诣盥洗所。"引主人至盥洗所，唱："酌水进巾"。诣香案前，跪，引唱："一上香，再上香，三上香。"

通唱："酹酒。"执事者捧酒授主人，主人受之，倾于茅沙上，盖求神于阴也。

"燎脂膏。"执事者以羊膏火上燎之，盖求神于阳也。大引唱："俯、伏、兴、平身、复位。"

"分献孙降神、上香。"分引各引东西分献诣盥洗所，至东西祔享神位，跪、上香，同主祭孙。引唱："俯、伏、兴、平身、复位。"

通唱："陈誓词"。礼生跪香案前，朗读曰："先生制礼，严祀宗先修岁事，靡不恭虔，愧我冥顽，职专司过，栗栗兢兢，罔敢懈怠，凡诸不谨，举罚至公，阿私曲顺，罪在蒇躬，惟我祖之明明监誓，词之切切，谨誓。"

通唱："奏乐，主祭孙行祔献礼。"引唱："诣始祖考妣神位前、跪、献帛、祭酒。"司尊者捧酒随主人后，执事者接酒跪授，主人受之，倾少许于茅沙上，古者饮食必祭，此以代鬼神之祭也。

"奠酒"。执事者跪接主人酒于始祖考妣位前奠、安置，意非领奠于地也，进馔、进羹汤、进箸，府、伏、兴、平身。引唱："诣东配享前，跪。"献帛进爵馔等，同正席前俯、伏、兴、平身。"诣西配享前，跪。"献帛进爵馔等，同东配享，俯、伏、兴、平身。

通唱："诣读祝文。"引主人至香案前。"跪、主人以下皆跪、俯伏、读祝文"。礼生跪主人之侧读曰："维某年某朔越、祭日，某某之良嗣孙某等，敢昭告于显始祖考妣暨左昭右穆配享之神位前，而仰惟我祖，肇基万邑，德厚流馨，爰及苗裔，届兹仲冬，气言曰：序流易，追念本源，昊天罔极，某等谨以刚鬣柔毛、粢盛醴齐，用伸祇荐，伏冀祖垂裕后昆，嗣孙某等无任敬谨之致，尚飨。"

"兴、跪拜、兴（凡二）。""平身、复位。"

通唱："奏乐，分献孙行祔献礼。"分引各引东西分献者诣左右祔享席前跪，进帛爵各项，同正席。

通唱："读祝文。"礼生二人各跪于主人之侧，朗诵曰："某年某月某朔祭日，某某之良，分献孙某等敢昭告于左昭右穆祔享某祖考妣之神位前，而言曰：衣冠济美，启佑后人，届兹仲冬，恭伸奠献，尚飨。"兴，复位。

通唱："奏乐，主祭孙行亚献礼。"大引引主祭诣始祖正席前跪、进爵馔如前，复诣东西配享，各项同前，俯伏、兴、平身、复位。

通唱："奏乐，分献孙行亚献礼。"东西分引各引分献诣东西祔享前，跪，各项同前，复位。

通唱："歌诗。"诗曰："承惟宗祖，肯构肯堂，不宁惟是，教以义方，我心不忘，怵惕凄怆，歆此祭祀，来享来彰。"

通唱："奏乐，主祭孙行终献礼。"各礼数同前。

通唱："奏乐，分献孙行终献礼。"各礼数亦如前。

通唱："歌诗。"诗曰："神维宗祖，荫祚弥长，卜世卜年，永发其祥，神分洋分，我今怆怆，歆此祭祀，图报无疆。"

通唱："奏乐，主祭孙侑食。"司尊者执瓶随主人上至正席前，授主人酌酒，进箸，周复向东西配享前，如之，引诣香案前，跪、拜、兴（二），主人以下皆拜，平身，复位。

通唱："奏乐，分献孙侑食。"东西俱同正祭，就各位前拜兴二，复位。

通唱："闔门、奏乐、执事者各避位。"至门外无门则垂帘幕，少长依昭穆齐立，少依食项，祝噫歌，背门大作欬声者三。

通唱："启门，各复位，奏乐，主祭孙献茶。"大引引主祭诣始祖席前及东西配享各献茶毕，俯伏、兴、平身、复位。

通唱："奏乐，分献孙献茶。"分引引分祭东西祔享献茶，俯伏、兴、平身、复位。

通唱："行饮福受胙礼，奏乐。"大引引诣香案前跪，执事者诣始祖席取盏酌酒，授主人，主人受酒。

通唱："饮福酒、祭酒。"主人以酒倾少许于茅沙上。"啐酒。"主人各尝。

通唱："致嘏词、跪、俯伏、主人以下皆跪。"礼生立神主后诵嘏祠曰："祖考命工祝承致多福无疆于汝孝孙，贲汝孝孙受禄于天，宜稼于田，眉寿永年，勿替引之。"

"兴、跪拜、兴（凡二）、平身、复位。"

通唱："读箴词、跪、俯伏、主人以下皆跪。"礼生立神后朗诵曰："宗祖家训，箴汝子孙，小心翼翼，听谕谆谆，思汝先世创业不易，勤励自强，克光门第，男孝父母，妇敬翁姑，和邻睦族，范彼圣谟，汝其听受，神其眷佑，有子有孙，多福多寿，间有冥顽，出乎大闲，内生嫉妬，外事凶奸，俞禁越度，弗供祭祀，戕害宗枝，毁伤坟墓，神不汝贳，天不汝将，若能迁善，转咎为祥，谨箴。"

"兴、跪拜、兴（凡四），平身。"

通唱："司过者举过。"礼生立西阶，向上词曰："祖宗在上，祀事既成，黍稷匪馨，明德惟馨，登降进退，周愆于度，无过可举，敢告先灵。"

通唱："奏乐，告利成。"引主人立于东阶西向，祝立于西阶东向，曰："告利成"；祝云："利成"。对揖。

"复位。"

通唱："奏乐，辞神鞠躬，跪、拜、兴（凡四），平身。"

通唱："读祝者捧祝，献帛者捧帛，各诣燎所。"引主祭分献至燎所。

"焚祝文。"焚毕一揖。

"复位，奏乐送神。"各引主祭、分献诣神寝前，房长各捧主，先主人升。

引唱："跪，诵妥词。"礼生跪神寝前诵曰："祀事云周神还室堂，惟我祖宗垂佑无疆。"

"兴，平身，复位。"

通唱："歌诗。"诗曰："于以采蘋，南涧之滨；于以采藻，于彼行潦；于以盛之，维筐及筥，于以湘之，维錡及釜，于以奠之，宗室牖下，谁其尸之，有齐季女。"

"撤馔，礼毕，分班对揖，少长序班，行礼。"

从上述可知，清代宗族的祠祭还颇为复杂，但基本程序是按朱熹《家礼》的"祭始祖"和"四时祭"设定的程序，以"三献"为核心，只是更加细化了（见图49）。

（a）　　　　　　　　　　　　　（b）

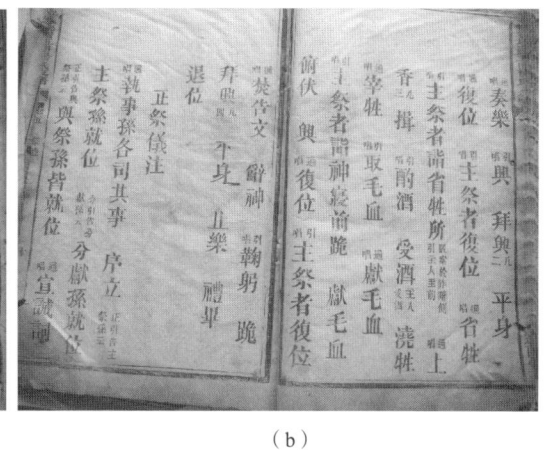

图 49　光绪三十二年道南堂木活字本《宜春北关五甲杨氏支谱》卷五《祭礼》

3. 祭田及祠产的来源与管理

祠祭要传承下去，族中的公事（捐助花红等）要维持下去，就需要有经费来源，靠每次的临时捐助是难以维持每年祭祠的开支，必须有稳定的经费来源。所以，清代的宗族都会设法置有公产，如田地、店面等，清代的族中公产田习惯称为祭田，因为每年的冬至祭祖是族中主要的公共开支，祭田也称祠田，因为祠堂是公产，祠田或祭田即族中公产田。族中公产往往会在族谱中记载，甚至以图来记载其位置（见图50）。

（a）　　　　　　　　　　　　　（b）

图 50　《清江杨氏族谱·祭田图》

关于祠产和族中公产的来源和管理，待下述。

（四）族谱所见清代江西的墓祭

对于墓祭该怎样进行，朱熹在《家礼》卷五《祭礼·墓祭》中的设定是：

三月上旬择日前一日斋戒：如家祭之仪。

具馔：墓上每分如时祭之品，更设鱼肉米麦食各一大盘，以祀后土。

厥明洒扫：主人深衣帅执事者诣墓所，再拜，奉行茔域内外环绕，哀省三周，其有草棘即用刀斧钮斩芟夷，洒扫；讫，复位再拜，又除地于墓左，以祭后土。

布席陈馔：用新洁席陈于墓，设馔如家祭之仪。

参神降神初献：如家祭之仪，但祝辞云某亲某官府君之墓，气序流易，雨露既濡，瞻扫封茔，不亚献终献，并以子弟亲宾为之。

辞神乃撤，遂祭后土，布席陈馔：四盘于席南端，设盘盏匙筯于其北，余并同上。

降神、参神、三献：同上，但祝辞云某官姓名，敢昭告于后土氏之神，某恭修岁事于某亲某官府君之墓，惟时保佑实赖神休，敢以酒馔敬伸，奠献尚飨。

辞神乃彻而退。

再看清代族谱对墓祭的记载，以清代《万载南田王氏族谱》卷之一《南田王氏祭仪》的记载为例：

尊祖敬宗首重祀典，本族每岁于清明、季冬凡二祭，每逢祭期前十日值年示知合族，并将原定条规、执事名次出榜晓谕，俾各知遵守，今附录于后，庶本支百世便览举行。

春祭榜文式：

三槐宗祠　为墓祭事，本月某日节届清明。

某山祖家例应祭扫，通知合族房长、斯文、禁首暨各房子侄，不论乡市远近，俱于前一日齐集赴祠查点，至期斯文各备衣顶，登山执事、行礼，如有不到，公罚特示。

某年某月某日通知（用红纸书）

祭墓祝文：

维某年某月某朔越祭日某之辰，嗣孙某等谨以牲帛庶馐之仪，致祭于某某府君之墓前，言曰于惟始祖硕彦鸿儒始居南田福祥有自，吉人吉地安厝于兹，猗我孙子濡瞻扫封茔，不胜感慕，谨以粢盛礼齐全祗荐岁事尚飨。

清代《宜春东隅张氏族谱》卷一《时节祀典附》的记载是："清明节凡近境祖茔，合族互为挂纸，祭用香烛茶酒米团，赴各墓祭扫，其余各分支祖等茔，历来各有祭扫之会，届期各分承办茶酒香楮之仪，行拜礼，读告文。"

从清代的族谱记载可知，清代时清明节前后的墓祭，没有按照朱熹《家礼》的设定，而是将仪式简化了。前述地方志的记载也说明了这一点。

四、当代祭祖的复兴

1949年新中国成立后，宗族活动曾一度被禁止。到20世纪80年代，即改革开放后，中国农村走向自治，农村宗族自发展开重建，其标志是修谱、修祠、修祖坟，其次是举行宗族的有关活动，如舞狮、舞灯等，祭祖其中是重要活动之一。

就20世纪八九十年代至21世纪初的江西而言，江西各地祭祖活动的恢复有下列特点：

（一）清明扫墓的普遍恢复

清明的墓祭：清理墓地的杂草、在墓地挂纸钱、摆祭品、烧纸钱、点放鞭炮、揖拜或跪拜等。就大多数地方而言，清明扫墓主要以家庭为单位进行。但各地情形不一，而且形式多样，有的是以集体的形式去，各房支人派代表集体祭先祖，也有以房支为活动单位共祭一个房的祖先。

（二）大年初一或春节前后集体祭祖

由于现代生活不同于古代的生活，平时族中之人多分布在村外、县外、省外等许多地方工作，只有春节期间大家才会回到家乡过年，才能相聚。所以，20世纪80年代以后，许多地方形成了大年初一或春节前后集体上坟祭祖、祠堂聚餐的习惯，且看一些学者的调查报告。

在肖唐镖等著《村治中的宗族——对九个村的调查与研究》中有肖倩、曾星《一强余弱宗族村的治理（一）——江西省藻苑村调查》[①]。泰和县螺溪乡藻苑村（行政村）有肖、李、陈、郭、刘姓，其拜祖坟祭祖可作为典型案例：

1996年五月初一上午10时至下午5时，刘氏宗族50多个村（包括永新县中村、遂川县五斗江、井冈山关溪以及泰和县各个刘姓村庄），共100多人前往泰和县碧溪乡淇塘村诣祖扫墓，淇塘51世孙肇吉率领纂修谱的工作人员以及各支系的代表，以香烛、牲畜醴之仪祭拜淇塘始祖光禄大夫信公字成高老大人祖妣周氏老孺之坟。仪式非常隆重，宣读了"诣祖告文"，主要内容为解释即将重修族谱的原因，现摘录如下："尝闻国无史，则无以知时代盛衰而有所兴革；县乡无志，则无以识山之形胜与人文之蔚起，以益其热爱乡土之志；族无谱，则无以省木本水源，更何由序昭穆，别长幼，兴孝兴慈，崇高前贤以策后生焉。我祖自三国吴黄龙九年由长沙徙安成之西昌，终乃定居于淇塘，历时千余年，绵延六十世，子孙繁衍，散居国内外各地，人口达数十万之众，因岁月迁移，风云变幻，遂使谱牒散失或残缺不全，加之疏于往来，虽同宗共祖，竟相见不相识，视之如路人，故乃重修族谱。"

这还是作为族中修谱大事确定之后，上坟告知祖宗的祭祖，该调查报告还谈到其集体祭祖的情况：

集体祭祀的对象都是自己的祖先。从1996年起至今，村中东冈肖

[①] 肖唐镖等：《村治中的宗族——对九个村的调查与研究》，上海书店出版社2001年版，第202—221页。

氏、照溪刘姓、山下肖氏等族共 12 房相继组织过集体祭祀活动。1998年春节前夕，山下村的肖某（系党员干部）与他从外地回乡过年的哥哥商量邀集本房人员共同拜祭祖宗。在农历 1997 年 12 月 24 日，该房的所有男丁都聚集在肖某家中，每户都带来鞭炮、红烛、草纸、香袋以及肉、糕、水果、米酒等祭祀用物。上午 9 点，在肖某的组织下，该房子孙来到本房祖坟所在地，由辈分最高的长者主持。众人按辈分排开，点包烧纸后，一一跪拜祖宗。随后主事者高声念着祭文，祭文说子孙后辈不忘祖上遗训，多得祖宗庇护，族人团结向上，多有出息。祭文列举了几个考上大学、研究生，谁又在外地发展、光宗耀祖之类的例子，最后再请祖宗保佑子孙平安顺利、本房兴旺发达等。众人在为祖坟培土挂纸（把准备好的小纸钱用香插满坟头）后，才告一段落。当天族人在肖某家大摆酒宴，分男宾席女宾席，吃了一顿团圆家宴。

有的地方在大年初一祭祖时只在祠堂进行，并不上坟，同上书有邱新有所撰《一强宗余弱宗族村的治理（三）——江西省仲村调查》[①]一文，谈到赣东北贵溪市境内的仲村邱氏宗族大年初一祭祖的情况，可作为一个典型案例。

邱家人的族祭叫"出行"。所谓"出行"就是在大年初一那天上午全体男性族民集体祭祀祖先。这实际上是邱家人的族内春节团拜活动，每年春节进行一次。笔者从小就参加过族人的"出行"祭祖活动。活动过程如下：每年大年初一，各家早晨起来，吃完早茶和年糕（代早餐）。大约在上午 9 点钟，全村男性公民全部聚集到大礼堂（原有村庄的祠堂内）。先敲锣打鼓，热闹一番。大家听到锣鼓声，纷纷起来集合。等全族的男丁差不多到齐后，就沿村庄内的主干道，走出村庄的南大门，在大门口大家面向东西南北四个方向跪拜，请求神灵保护平安，"跑四方""发大财"。然后又排着长长的队伍来到三圣殿进行跪拜，以求三圣公的保护。最后又再沿着村游行一圈。为了表示自己对三圣公的诚心和尊敬，有些

[①] 肖唐镖等：《村治中的宗族——对九个村的调查与研究》，上海书店出版社 2001 年版，第 309—382 页。

家庭会早早地在午前就将祭祀的东西送到三圣殿,供三圣公过年时享用。在不同时期,邱家人对族祭内容会赋予不同内容。例如,在人民公社时期,"出行"结束后,"出行"的队伍还要到各位军烈属家中去,带些慰问品和慰问信表示对军烈属的慰问。改革开放以后,慰问军烈属的事在年前就由村委会干部做了。所以,大年初一宗族敲锣打鼓慰问军烈属这项活动内容就取消了。这种祭祀并不上坟,而是在宗祠和三圣殿举行。现在没有祠堂,改在大礼堂。大礼堂没有香堂,就先在大礼堂集合,然后再到三圣殿敬香燃放鞭炮,主持这项活动的是村庄内有威望的老人和"村长班子"中的班长,由长老们具体运作,"村长班子"提供鞭炮的钱。自从龙船理事会成立后,近两年来这项活动现在是由龙船理事会主任和理事来主持,但鞭炮的钱仍然由"村长班子"或由各村民小组来提供。

大年初一祭祖的祭法,各地形式多样,各有祭法,以另两个调查为例:罗兴佐《转型中的宗族与农民——以江西龙村为个案》[①]一文调查了安远县龙村罗姓宗族:

(除扫墓外)还有一项重要的宗族活动是大年初一到罗氏宗祠去集体拜祖。该项活动自20世纪80年代初恢复以来一直未曾间断。每年大年初一吃过早饭后,罗姓宗族的两位负责人便去祠堂放鞭炮开门,并摆好两张桌子,备好红纸、墨汁和毛笔,并准备好贴对联的糨糊。族内男丁在村庄中拜完年后便陆续集中到祠堂里来,读书人便被要求写对联,这对读书人来说是一个不小的压力。一则对联的内容有一定的讲究,凡贴上厅的对联必须含有祠堂名,而贴到祠堂大门口两根石柱上的对联则不仅要含有祠堂名,而且要含有村名,那些不符合上述要求的对联只能贴到堂内另外的柱子上。二则所写对联有一定的书法要求。……扫墓与拜祖作为罗姓两大宗族活动,自恢复以来一直进行着,成为惯例。但除了活动表面的形式外,似乎对强化人们的宗族认同与沟通人们的血缘感情并未起到多大的作用。其一,对活动的参与并无明确的规定,是否参

---

① 肖唐镖、史天健主编:《当代中国农村宗族与乡村治理——跨学科的研究与对话》,西北大学出版社2002年,第141—142页。

与完全取决于个人的态度,既没有相关的激励,也无相应的惩罚,人们完全是自由的态度。其二,活动的参与者多为户主,并未扩展至全体族人。族人对活动带来的吃喝的功利性要求远远超过对宗族文化本身的认同,因为即使某一户主没有参与扫墓,吃饭时人们总会叫他,毕竟他家也是出了钱的。其三,在活动过程中还有可能激化宗族内部的各种矛盾,如前述写对联,常引起人们在春节后的议论。可见,其宗族仪式多有流于形式之嫌,即使我们撇开它可能导致的宗族的负面效应不谈,也不可高估它对于强化宗族认同、增进血缘情感的作用。

黄安君、何德锡的《青塘镇的寺庙和庙会》[①]一文谈到位于宁都县西南部的青塘镇何氏宗族:

何氏祠堂的春节祭祖活动于每年的正月初一和正月十五举行。大年初一举行的称"团拜会",仪式较简单。早上9时开始,长、二、三房的男丁统一到何氏家庙或各房宗祠参加团拜(俗称拜年)。去时,每家带一对大红烛和一串鞭炮,点燃所有的红烛放置在神台上,表示人丁兴旺,烛光普照。当第一串鞭炮响起,团拜开始,团拜的宗旨是:祭拜祖先神坛时年老的、辈分高的领先,辈分低年纪小的排后,同时要对着神坛三作揖。团拜会中忌说不吉利的话;诸如鬼、死、跌、灾、伤等,否则将会受到族人的呵斥。

(三)各种祭祖

大年初一或春节前后祭祖是20世纪80年代以后祭祖复兴之后较为普遍的一种行为,然而,除了清明和大年初一(或春节前后)祭祖外,还有端午、农历七月十五、农历八月十五、冬至及祠堂竣工、修谱前等的祭祖,形形色色,时间和形式多样,仍以一些学者的调查资料为例。

以前述肖倩、曾星的《一强宗余弱宗族村的治理(一)——江西省

---

① 刘劲峰主编:《宁都县的宗族、庙会与经济》,香港国际客家学会、海外华人资料研究中心、法国远东学院2002年版,第234页。

藻苑村调查》谈到藻苑村个人祭祀：

个人祭祀现象在村中极为普遍，几乎家家户户都会在大厅堂前设有香案，祭祀的对象非常之多，有祖先、有圣贤，也有各路神鬼。每年的春节、清明、端午、农历七月十五、农历八月十五均是祭祀祖宗的日子，当天的一大早，每家主妇要在香案上点烛插香，摆上饭、水果拜祭祖先。每家祭祀的神圣各不相同，除了拜财神、灶神、菩萨的人家较多外，还有些人家会祭拜太阳菩萨、佛祖、当地地方神等，在拜祭后者时，往往要在上席摆上"三果"（红枣、木耳、苹果）及"三菜"（粉丝、豆腐、海带），而该家拜祭者（主妇）在早晨呼素。每一个神都有特定的拜祭日，日期定在传说中这些神的生日那天。

唐晓腾《一强余弱宗村的治理（二）——江西省古竹村调查》[①]谈到江西省永新县古竹村唐氏在修祠完工后祭祖：

1992年3月，古竹唐氏开始重修大祠，至11月全面完工。同时，古竹唐氏又向古竹徙居出去的唐氏族人发去请帖，约请他们1994年正月初六到古竹聚会。1994年正月，来自莲花、安福、永新3县6个村落的唐氏宗族的代表聚会古竹，举行了隆重的拜祖活动，他们还向古竹唐氏宗族送来了屏、匾等纪念物；其后，这6个村落多次派人互访。至此，古竹唐氏的宗族活动达到了又一次高峰。1995年以后，这样的活动没再搞过，只是大年初一有的唐姓人会带鞭炮到宗祠去拜年。

前述邱新有《一强宗余弱宗族村的治理——江西省仲村调查》[②]一文除谈到集体祭祖外，还谈到该村墓祭和家祭：

祭祀是宗族组织的重要活动，是对逝去祖先的一种内心的尊敬，所谓慎终追远不忘本。祭祀与地方习俗有着密切联系，不同地区的祭祀时间、形式和礼仪不尽相同。一般来说，祭祀分家祭、墓祭和族祭。在仲村邱氏宗族，这三种祭祀都有。

---

① 肖唐镖等：《村治中的宗族——对九个村的调查与研究》，上海书店出版社2001年版，第256页。
② 肖唐镖等：《村治中的宗族——对九个村的调查与研究》，上海书店出版社2001年版，第337—339页。

墓祭，就是清明节的扫墓活动。这里没有冬至扫墓的习惯，每年只在清明当日祭扫。墓祭一般是以房支为单位，由肚（服）中长老主持。有的支房是请能力强或在本肚（服）内威望较高的人来主持。由于各肚（服）的人数不一，所以有些支房的男人全部出动，而有的支房就分成若干小支房或按服（肚）进行。楼梯房的人最多，据笔者了解，该房自新中国成立后从没有举行过全房的墓祭，支房也很少集体墓祭，加上共同的祖先安葬在很远的高山上，一般是每10年去一次，按户摊款，由一长者带路，来去要花一整天时间。所摊之款用于晚上清明饭的开支。有些房族人丁兴旺，祭扫的队伍庞大。目前，邱家的墓祭大部分是三四代以内同一祖先的子孙在一起举行祭祖活动。

家祭即家庭中的祭祀。家祭都在家中的厅堂正中设立神龛，供奉直系祖先的神主牌位。每逢朔望日和祖先的忌日，在香堂上放些食品，敬上香。家祭一般由家中的长者来主持，主持并不分男女。

郑一平的《城郊杂居村的宗族与治理（一）——江西省什村调查》[①]对江西省上饶县的什村祭祖宗的情况作了介绍。

祭祖宗。祭祖是宗族活动的重要内容，什村大大小小的宗族或者农户，除了少数几户信仰基督教外，都把祭祀祖宗看作重要事情。在祭祀时间上，有固定节日的祭祀，也有临时的祭祀；在祭祀的方式上，有上坟祭祀的，也有在家中设案祭祀的；按照时间顺序来排列，一年下来什村农民祭祖时节有：（1）正月初一上年坟，意指给祖宗拜年。这一祭祀活动现在有少数农户坚持，大部分农户没有开展。（2）元宵节祭祖。在元宵节傍晚，在家中设案，陈酒饭、鱼肉等菜肴供奉，这一习俗现在也只有少数人家沿袭，大部分农户已不在元宵节祭祖。（3）清明，又称寒食节，是祭祖的重大节日。清明节前三日和后七日，各宗族男性都要上坟祭祖，俗称"醮坟"。醮坟时，一般要给祖坟除草、培土，在四周和坟顶压上黄纸，坟顶还需盖上新挖的草皮土块，然后燃香膜拜，并请祖宗晚上回来过清明。许多人家还用醮坟这个机会，给祖宗烧很多钱，以给祖宗积财佑德，荫护子孙后代。

[①] 肖唐镖等：《村治中的宗族——对九个村的调查与研究》，上海书店出版社2001年版，第421页。

清明节傍晚，家家户户则在家中前厅摆设酒菜饭等供品，燃香请祖宗享用，这就是俗话说的"请祖公"。多年来清明醮坟被看作是特别重要的祭祖活动，是儿孙后代尽孝心的最重要的表现，一般人都要醮坟祭祀，许多外出的人都要回乡醮坟。一些较大的宗族都要在清明举行盛大的祭祖和醮坟活动。一些较小的宗族尽管族产不多，但也要置几亩"清明田"……改革开放后，许多宗族在清明节又恢复了共同祭祖、共同醮坟的活动，但大部分宗族没有族产，聚餐一般不太可能。只有少部分宗族，利用方便机会重新设置了族产，如上饶县桥下村是县城郊村，该村就利用县城建设征用土地的时机，留下了一笔钱，作为族产，清明时可以在共同祭祖和醮坟后聚餐。……改革开放后什村有几个小姓宗族，如下黄郭氏等恢复了共同醮坟的活动，其他大的宗族如什村张氏、许家许氏、樟树坞的刘氏等都没有恢复宗族共同醮坟和祭祖活动。其原因除了人们观念淡薄以外，经济和组织方面也是重要原因，现在各宗族都没有族产，也没有宗族组织，甚至祠堂也都颓废多年，尽管有少数几个年长的人有恢复共同祭祖的想法，但未得到人们的赞同。

此外，还有中元节祭祖、冬至节祖坟培土、年节祭祖。

刘劲峰的《单姓异族村的治理——江西省金村调查》[①]一文谈到安远县郊濂江乡金村的祭祖情况：

金村及其所在的树滋堂、星聚堂集中性的宗族活动比较少，最基本的活动只有一年两次的春、秋祭祀及每隔数十年一次的修造族谱。……新中国成立后，由于族产归公，所以祭祀活动由一年两次改为一年一次（时间在清明前后，先醮地，当天回到众厅祭祖），参加者以自愿为原则，祭祀中的香火费照丁摊派（一般每丁0.5元），宴席费由参加者自付，一般每人五六元（文辉房，房中略有补贴）。除此之外，历史上荣显、隆显两个大房及文辉、世达两个小房都曾有过内部规定，凡当年生了男丁者，清明醮祖时必须带一个大公鸡、一坛米酒前来报丁（无实物者可折交现金）。这个传统一直保持到现在。由于有了这笔额外收入（当地称之为"台

[①] 肖唐镖等：《村治中的宗族——对九个村的调查与研究》，上海书店出版社2001年版，第540页。

心"），所以有的房不必摊香火钱，宴席费也相应较轻。

2001年4月，笔者再次来到金村调查时，村民醮祭孟兴户金村开基始祖大经公夫人刘氏墓，这次醮地的组织者是"庙会管委会"，而"主祭""分祭"是大经公后裔中两个辈分最高的人。报名参加者68人（实际到墓地者26人），其中有青年21人，妇女2人（代替丈夫参加）。当天清早，先在墓地前杀猪血祭（猪肉除留下部分外，其余在村内出售，利润用于冲减醮祭费用），早饭后正式醮祭，并在墓前宣化了一纸祭文。随后回众厅拜祖，并在"三公庙"宴饮一餐。席间还讨论并通过了当年拟集资修理刘氏墓等有关事宜。

现将赖观扬的《从桃川赖氏的发展看宗族与农民的关系》[1]一文对龙南县桃川赖氏的调查摘录如下：

改革开放后，农民有宽松的生活空间，以户承包代替集体生产，农民的集体活动减少了。出于形势的许可和联络感情的需要，农民又重返宗族活动。①1980年恢复停止多年的醮众地（老祖坟）活动，借此重温宗族情谊。②1982年恢复新丁酒会（即由新丁户筹办）。大年初一（或初二），齐集全房男丁在祠祀祖和团拜新年。他们逐年添置公用的桌凳、碗筷。议有公约，立有责任，定有顾问，逐年递传。1998年的新丁酒会带动族民捐款集资2000余元，修缮了祖厅、门坪、道路。这是村民小组多年想做而没有做好的事情。③春秋两祭，普遍恢复醮众地。他们举有经理人，负责聚缘筹办，逐年递传。如振湘公房，有族众5000余人，按三个"元"字辈，选三个经理人，全权筹办，参者自愿，赴宴者10元。每年均有二三百人参加。这是沟通感情、辨认亲疏、学习祖德的好机会。④该宗族1993年发起修族谱。

从上述调查资料可知，20世纪80年代以后，祭祖在江西各地普遍复兴，但各地祭祖情形不一，清代的冬至隆重祭祠的情形已不复存在，主要以春节前后的祭祖为主要存在形式，且意义也发生了变化，此时的

---

[1] 肖唐镖、史天健主编：《当代中国农村宗族与乡村治理——跨学科的研究与对话》，西安：西北大学出版社，2002年版，第176页。

祭祖更多地是作为族人团聚、认同的媒介，而远非怀念祖先一般简单祭祖形式，各地也是情形不一，清明节扫墓是常规。此外，还有农历七月十五的祭祖，在各家庭也较常见。尊祖敬宗的思想在国人的心中依然保持，但在形式上已随着现代生活方式的变化而发生了巨大的变化，且仍在不断变化之中。

【第五章】赣鄱族产文化

族产，即族中公有的财产，包括田地、店屋、生息银两，乃至宗族开设的墟集等。其中族中田地即族田，又称祭田、蒸尝田、社田、祠田、义田、香油田、书灯田以及公役田、轮班田、桥田、渡田、会田、福田等，名目极其繁多。

一、族产的源起与变迁

关于族产的源起，一些学者曾探究过，有的学者有将族产起源推至北宋范仲淹置义庄始，有的学者也疏理出了宋以前置族产的史料，认为晋唐时期宗族已置有族产，而宋代之后置族产的习俗传承着，但各朝各代有所差异。

（一）晋唐时期的墓田

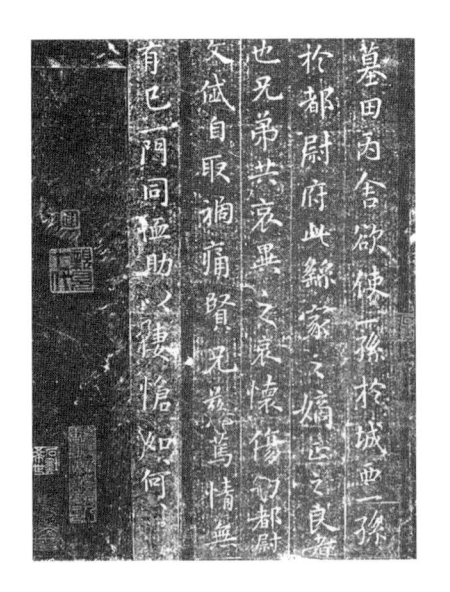

图51　王羲之临钟繇《墓田丙舍帖》

曹魏时期，著名书法家钟繇曾书有《墓田丙舍帖》，又称《墓田帖》。有东晋书法家王羲之摹的碑帖流传下来，成为后世书法珍宝。明代陶宗仪纂《说郛》卷九《闻见录》中说："《墓田帖》，王羲之临钟繇书，南唐墨宝堂石也。今在邵村家，但已损，不堪旃拓从事。"[①]碑上可见文字六十三字："墓田丙舍，欲使一孙於城西，一孙於都尉府，此繇家之嫡正之良者也，兄弟共哀异之。哀怀伤切，都尉文岱自取□痛，贤兄慈笃，情无有已，一门同恤，助以凄怆，如何！"要求子孙共哀同祭和互相恤助。此则记载，反映了三国时期曹魏所辖之地有的宗族已设有墓田以维持哀祭祖先。

唐代房玄龄等著的《晋书》记载有两晋时期皇帝为去世官员赐置墓田的实例，如卷三十九列传第九《王沈传》载："王沈，字处道，太原晋阳人也。……泰始二年薨。帝素服举哀，赐秘器朝服一具、衣一袭、钱三十万、布百匹、葬田一顷，谥曰元。"[②]卷四十列传第十《贾充传》载："贾充，字公闾，平阳襄陵人也。……葬礼依霍光及安平献王故事，给茔田一顷。与石苞等为王功配飨庙庭，谥曰武。"[③]卷八十九列传第五十九《忠义》载："嵇绍，字延祖，魏中散大夫康之子也。十岁而孤，事母孝谨。……帝乃遣使册赠侍中、光禄大夫，加金章紫绶，进爵为侯，赐墓田一顷，客十户，祠以少牢。元帝为左丞相承制，以绍死节事重，而赠礼未副勋德，更表赠太尉，祠以太牢。及帝即位，赐谥曰忠穆，复加太牢之祠。"[④]这种葬田及墓田和宋代及其以后的墓田是有所不同的，这三个实例中的葬田及墓田只是为祭祀某一个人及为之有守墓人而由朝廷设置，并不是为其宗族祭祖而设置，但亦属于族产是没有问题的。

唐代魏徵主编的《隋书》卷七十八《萧吉传》："萧吉，字文休，梁

---

① （明）陶宗仪：《说郛》，北京：中国书店，1986年版，第一一页。
② （唐）房玄龄等：《晋书》，卷三十九，列传第九，《王沈传》，《景印文渊阁四库全书》，第255册，第690页。
③ （唐）房玄龄等：《晋书》，卷四十，列传第十，《列传》，《景印文渊阁四库全书》，第255册，第704—707页。
④ （唐）房玄龄等：《晋书》，卷八十九，列传第五十九，《忠义》，《景印文渊阁四库全书》，第256册，第442页。

武帝兄长沙宣武王懿之孙也。……及献皇后崩，上令吉卜择葬所，吉历筮山原，至一处云：卜，年二千；卜，世二百；具图而奏之。上曰：吉凶由人，不在于地高纬，父葬岂不卜乎？国寻灭亡。正如我家墓田，若云不吉，朕不当为天子，若云不凶，我弟不当战没，然竟从吉言。"①这段话表明，隋代的皇室设有家族墓田，至于这墓田是怎样经营的，还需再做研究。

唐代墓田的设置已不仅仅是官员了，已成为普遍化，从唐代的法律规定可证明这一点，唐长孙无忌等《唐律疏议》卷十三《户婚》规定："诸盗耕人墓田，杖一百；伤坟者，徒一年。即盗葬他人田者，笞五十；墓田，加一等。仍令移葬。……疏议曰：墓田广袤，令有制限。盗耕不问多少，即杖一百。伤坟者，谓窀穸之所……盗葬他人中者，笞五十；若盗葬他人墓田中者，加一等，合杖六十。"②

唐代对墓田的范围已有规定，唐玄宗开元二十九年正月十五日，敕令："古之送终所尚乎俭，其明器墓田等令于旧数内递减……其墓田，一品茔地，先方九十步，今减至七十步；坟先高一丈八尺，减至一丈六尺；二品先方八十步，减至六十步；坟先高一丈六尺，减至一丈四尺；三品墓田，先方七十步，减至五十步；坟先高一丈四尺，减至一丈二尺；其四品墓田，先方六十步，减至四十步，坟高一丈二尺，减至一丈一尺；五品墓田，先方五十步，减至三十步；坟先高一丈，减至九尺；六品以下墓田，先方二十步，减至十五步；坟高八尺，减至七尺；其庶人先无步数，宜方七步，坟四尺，其送葬祭盘不得作假，花菓及楼阁数不得过一牙盘。"③此表明唐代中央政府对墓田已开始规范化管理，也表明墓田设置的普遍性。

唐代诗人张祐和白居易的诗也表明唐代墓田设置的普遍性。据元代

---

① （唐）魏征：《隋书》，卷七十八《萧吉传》，《景印文渊阁四库全书》第264册，第1097—1098页。
② （唐）长孙无忌等撰，刘俊文点校：《唐律疏议》，卷十三，《户婚》，中华书局1983年版，第246—247页。
③ （宋）王溥编：《唐会要》卷38《服纪下》，玄宗开元二十九年，中华书局1955年版，第693页。

辛文房《唐才子传》卷四载，张祐在初过广陵时曾题诗："十里长街市井连，月明桥上看神仙；人生只合扬州死，禅智山光好墓田。"白居易的《白氏长庆集》卷九有《冀城北原作》："野色何莽苍，秋声亦萧疏；风吹黄埃起，落日驱征车；何代此开国，封疆百里余；古今不相待，朝市无常居；昔人城邑中，今变为丘墟；昔人墓田中，今化为里闾；废兴相催迫，日月互居诸；世变无遗风，焉能知其初；行人千载后，怀古空踌躇。"

对于中国族产的源起，清水盛光先生在其《中国族产制度考》开篇中有一段精辟的论述：

中国之家自古即被称为同居、同财或同爨。同居的意思是共同居住、同财的意思是财产的共同、同爨的意思是饮食的共同，此种言词之所以广泛地用于家族的意义上者，乃因中国人承认于同居、同财与同爨之中，具有家族之最重要属性。但另外还有一种必要，即中国之家族在规定上是要同财的。所谓同财自然就是共产的意思。从这一点看起来我们可以说，中国之家族无非一共产体而已。所谓家产即为属于共产体家族之共有的财产。[①]

（二）宋元明江西的族产

宗族发展至宋代，族产已不仅仅是墓田，兴起了义庄（义田）和祠田（祠堂田）。

宋代墓田的设置的更加普遍和义庄、祠田的兴起，首先是基于几个背景：

一是北宋理学家张载、程颐、程颢在理论上呼吁"敬宗收族"，即建议统治者要扶持宗族的发展；到南宋时朱熹在《家礼》中设计了一套具体的"敬宗收族"方法，其中的"祭礼"为后世庶民祭祖提供了方法，而其中的创设祠堂并设祠祭田对后世影响大，"初立祠堂，则计见田，每龛取二十分之一，以为祭田，亲近则为墓田。"

[①]（日）清水盛光著、宋念慈译：《中国族产制度考》，"中华文化出版事业委员会"1954年版。

二是宋代的官僚士大夫俸禄颇丰，使得宋代官员们有置办族产的经济基础，清代赵翼在《廿二史劄记》卷25《宋俸禄之厚》中说："惟其给赐优越，故入仕者不复以身家为虑……恩逮于百官者，惟恐其不足。"官员利用俸禄置办族田反馈族人，如范仲淹、刘辉、吴奎、向子諲等人。

三是宋代朝廷对墓田、义田等族产从法律上给予保护。宋仁宗天圣九年（1031年）"诏河南府，民墓田七亩以下，除其税。"①宋哲宗元祐三年（1088）规定太中大夫、观察使"每员许占永业田十五顷，余官及庶民，愿以田宅充俸祖宗缣祀之费亦听，……止供祭祀。"②元祐六年（1091），刑部上奏而定的法律："墓田及田内林木，土石不许典卖及非理毁伐，违者杖一百，不以荫论，仍改正。"③宋哲宗绍圣元年（1094），大臣们谈论到元祐年间典卖田宅的敕令："乞用熙宁元丰法，不问邻止问本宗有服亲，及墓田相去百户内与所断田宅接者。"④即典卖墓田时不仅要考虑本宗，还要考虑"亲邻之法"。

南宋承北宋，对族产进行保护，如绍兴十二年（1142）律令规定，"庶人墓田，依法置方一十八步，若有他人已盖房舍，开成田园种植桑果竹木之类，如不愿卖自从其便，止是不得禁地内再安坟墓……系东西南北共七十二步，户部依太常寺体例，四面去心各九步即是东西十八步，南北十八步。"⑤

此外，宋朝廷对宗族的支持还表现在旌表同财共居的宗族并赏赐田地及不许其分家析产："诸祖父母、父母在，而子孙别籍、异财者，徒三年。"⑥

---

① （宋）李焘：《续资治通鉴长编》卷110，天圣九年十一月己卯，中华书局2004年版，第2570页。
② （宋）李焘：《续资治通鉴长编》卷414，元祐三年九月乙丑，中华书局2004年版，第10064页。
③ （清）徐松：《宋会要辑稿》食货卷61之61，中华书局1957年版，第151册，第5904页。
④ （元）马端临：《文献通考》卷5《田赋考五·历代田赋之制》，中华书局1986年版，第61页。
⑤ （宋）谢深甫：《庆元条法事类纂》卷77《服制门·丧葬》，燕京大学图书馆藏版，1948年，第11册，第32页。
⑥ （宋）窦仪等撰，薛梅点校：《宋刑统》卷12《户婚律》，法律出版社1999年版，第216页。

据学者们的研究①，宋代族田来源：祖辈留祭、户绝归公、官户恩赐、买田开荒、族人捐置。

宋元文献中关于江西宗族置族产的记载不多，但还是有些记载：

元代虞集《道园学古录》卷35《南丰曾氏新建文定公祠堂记》载：北宋神宗时，曾巩为后人的"冠婚丧祭"着想，以自己的俸禄"悉其资力置义田于临川郡城之后湖，与属邑之南原，立为规约，以惠利其族"。族人受其益三百余年。

后曾巩弟又"增置田，乃得食之"②。

宋仁宗嘉祐年间（1056—1063），铅山刘辉"哀族人之不能为生者，买田数百亩以养之"。"辉于初仕，家无余资，能力为之。"③

北宋嘉祐二年（1057年），江西吉安秀川罗氏"府君之子若孙，始割乌石陂瘦田若干亩为祀田，……其后乃贡于舍贡于乡"。"复买田为洒扫、修治、熏燎之费，自是合祭于斯，聚拜于斯，与祠田相为永久，以卒前人之志。"④

宋洪迈《夷坚志》三志己卷第十《界田义学》载宋代浮梁李椿年家族置义学田："自立义学""招延师儒，召聚宗党，凡预受业者逾三十人，捐良田二百亩以赡其用"⑤。

南宋朱熹在《玉山刘氏义庄记》中谈到玉山刘氏设义田教育族中子

---

① 可参见清水盛光著、宋念慈译：《中国族产制度考》，中华文化出版事业委员会1954年版；王善军：《宋代宗族和宗族制度研究》，河北教育出版社2000年版；王日根：《宋以来义田生成机制论》，载《厦门大学学报》1996年第2期；游彪：《宋代的宗族祠堂、祭祀及其它》，载《安徽师范大学学报》2006年第3期；宋三平：《宋代封建家族的物质基础是墓祭田》，载《江西大学学报》1991年第1期；李学如：《宋代宗族义庄述论》，载《淮北师范大学学报》2014年第6期等。

② （元）虞集撰：《道园学古录》，卷三十五，《南丰曾氏新建文定公祠堂记》，《四部丛刊初编》集部，第1441册，商务印书馆，1919年版。

③ （宋）王辟之撰，吕友仁点校：《渑水燕谈录》，卷四，《忠孝》，中华书局1981年版，第34、35页。

④ （宋）欧阳玄撰：《圭斋文集》，卷五，《秀川罗氏祠堂记》，《四部丛刊初编》集部，第1470册，商务印书馆1919年版。

⑤ （宋）洪迈撰，何卓点校：《夷坚志》，三志己卷第十，《界田义学》，中华书局1981年版，第1382页。

弟：始予守南康邻境德安……后数岁，予以事过玉山，则刘侯以待次家居，复得相见如平生欢，一日慨然语予曰："吾家本单贫，而入仕又甚晚，顾无以仁其三族者，间尝割田立屋，聘知名之士以教族子弟，而乡人之愿学者亦许造焉。"①

《宋史》卷三百七十七，列传第一百三十六《向子諲传》载江西临江人向子諲："子諲相家子，能修饬，自见于时，友爱诸弟，置义庄，赡宗族贫者。"②

宋以后祠堂兴起，专门供祠堂祭祀的田称祠堂田或祠田。

元明时期是江西庶民宗族大发展时期，其标志之一是许多宗族建祠堂祭祖，这是凝聚族人、使宗族组织化的重要手段。要维持每年祠堂祭祖的正常进行，就必须有族产收入。唐宋的墓田，至元明时由于祠堂的兴起已多称为祭田、祀田、祠田等，就是专为祠堂祭祖和墓祭祖先等所设，往往是设置于祠堂建成之时。

元代吉安人欧阳玄，在其《圭斋文集》卷五《保靓祠堂记》记载安福刘氏建祠堂同时设置祭田："至元后庚辰春祠成，置龛奉保靓主，列碑其前，议割上腴田若干，以给常祀，择日率族属子姓祭以告成，竣事而已。"在《秀川罗氏祠堂记》记载安福罗氏在宋代置祭田进行墓祭，维持至元代，元至正年间依《家礼》修祠堂，同时置祠田："第一图孙瑛、第十图孙兰复买田为洒扫修治薰燎之费，自是合祭于斯，聚拜于斯，与祠田相为永久，以卒前人之志。"③

元末庐陵人王礼（元末为官，明兴不仕）在《麟原文集》前集卷六之《曾氏祠堂记》记载其家乡曾氏，在道观建祠堂祭父并捐田于祠："曾氏世居邑之膏泽本中，幼失怙，遇忌日悲不自胜。迨长，归父骨，烟涛

---

① （宋）朱熹：《晦庵先生朱文公文集》，卷八十，《玉山刘氏义庄记》，《四部丛刊初编》集部，商务印书馆 1919 年版。

② （元）脱脱等：《宋史》，卷三百七十七，列传一百三十六，《向子諲传》，《景印文渊阁四库全书》，第 287 册， 1919 年版，第 164 页。

③ （元）欧阳玄撰：《圭斋文集》，卷五，《保靓祠堂记》《秀川罗氏祠堂记》，《景印文渊阁四库全书》，第 1210 册，第 38、40 页。

千里之外，世难而家丧，时平而身老，于是建祠于观，以祀其先，捐田于祠，以永其祀，而谒记于予。嗟乎！孝思终慕者几何人哉！"①

元末吉水刘岳申在《申斋集》卷五之《广福寺舍田记》记载其家乡旷氏之子"于寺西偏经阁后作堂，以祠其父，又为屋以居所渡僧供洒扫，又买田以给晨夕香灯，忌日饭僧等费"②。

元代建祠堂祭祖还不算普遍，到明代建祠堂祭祖和置祭田维持每年祭祖的进行，则更加普遍化，并且族产之收入，还不仅用于祭祖，也用于助学。

明代前期泰和文人士大夫萧镃（1393—1464）在《尚约文钞》卷九之《秀水教谕周君墓表》，记载其家乡周氏"创祠堂以祀其先，买田二十亩以供祀事"③。

《杨文恪公文集》卷五十三之《都察院右副都御史畏斋周先生墓表》记载明前期庐陵文人士大夫周畏斋（1437—1498）在成化、弘治间"俸禄所入，举以建先祠，置祭田，周宗戚"④。同样，江苏丹徒人靳贵在其《戒庵文集》卷十四之《明故嘉议大夫都察院左副都御史致仕周公神道碑》也记载周畏斋："建祠堂，增祭田，修谱牒，惠族属，皆汲汲为之。"⑤

李时勉（1374—1450）在其《古廉文集》卷三之《杨氏重修祠堂记》，讲到吉水杨氏在明前期重修族祠："增设始祖吉州公及屯田、清谨二龛，诸小宗，显宦叙昭穆从祀。废像设用木主，刻世系、祀田、祭器、牲

---

① （元）王礼撰：《麟原文集》，前集卷六，《曾氏祠堂记》，《景印文渊阁四库全书》，第1220册，第413、414页。
② （元）刘岳申撰，萧洵编：《申斋集》，卷五，《广福寺舍田记》，《景印文渊阁四库全书》，第1204册，第238页。
③ （明）萧镃撰：《尚约文钞》，卷九，《秀水教谕周君墓表》，《四库全书存目丛书》，集部第33册，齐鲁书社1997年版，第105页。
④ （明）杨廉撰：《杨文恪公文集》，卷五十三，《都察院右副都御史畏斋周先生墓表》，《续修四库全书》第1333册，第159页。
⑤ （明）靳贵撰：《戒庵文集》，卷十四，《明故嘉议大夫都察院左副都御史致仕周公神道碑》，《四库全书存目丛书》，集部第45册，齐鲁书社1997年版，第607页。

币、酒仪、设科条于碑阴，祭用冬至、立春，子孙缘岁专直祠祀，祠宇坏漏……"①

永新人尹襄（约1522年前后在世）在其《巽峰集》卷十一之《龙游知县萧公墓志铭》记载庐陵萧氏："晚作一族祠堂，扁曰著存，与族人行礼其间。又置义田以供祭费，作文会堂，月召子姓习文者就试而激劝之，作宗范二十八事，示与此轩。"②

泰和人欧阳铎（1481—1544）在其《欧阳恭简公文集》卷十八之《张处士得月墓志铭》记载泰和之沙里张氏："乡俗溺佛老师巫，至以施于婚葬，翁准《家礼》裁之。修族祠，续谱系，增益祭田，皆先众倡义。"③

以上这些实例都是在明嘉靖十五年（1536）前朝廷允许庶民建祠祭始祖之前的个案，表明在朝廷正式允许庶民建祠堂祭始祖之前，江西地域建祠祭祖及设祭田或祠田之风就已经盛行，在此之后江西地域建祠祭祖与设祭田或祠田之风更盛也就可想而知了，其中以吉安府最具代表性。

万历《新修吉安府志》卷十一《风土志》说："故家世胄族有谱，家有祠，岁时祭祀必以礼。"④吉安地域在明代是中国文风最盛的区域之一，表现在以下几个方面：

一是科举成绩突出。这是直至当代吉安人乃至江西人都引以为豪的：自唐至清代吉安地区共产生了2823位进士，⑤作为一地区（明清时为一个府）这居于全国之冠，学者们常常拿庐陵与科举文化名区苏州相比，自唐至清代苏州所产生的进士不过1771人。不仅如此，庐陵地区还前后产生了18位状元、16位榜眼、14位探花这样的科举奇迹，甚至产生了

---

① （明）李时勉编：《古廉文集》，卷三，《杨氏重修祠堂记》，《景印文渊阁四库全书》，第1240册，第699页。
② （明）尹襄撰：《巽峰集》，卷十一，《龙游知县萧公墓志铭》，《四库全书存目丛书》，集部第六七册，第249页。
③ （明）欧阳铎撰：《欧阳恭简公文集》，卷十八，《张处士得月墓志铭》，《四库全书存目丛书》第64册，第157页。
④ 万历《新修吉安府志》，卷十一，《风土志》，《日本藏罕见中国方志丛刊》，书目文献出版社1991年版，第171页。
⑤ 据光绪年刊本《江西通志》，卷二十七，《选举志》统计，江西省社科院图书馆藏石印本。

在明代建文二年（1400年）的庚辰科和永乐二年（1404年）的甲申科，鼎甲三人都是吉安人这样惊人的科举成果。

二是文化名人辈出。自唐至清代，庐陵地区曾产生了一大批彪炳史册的全国一流的文学家、史学家、思想家、农学家等，以及享誉古今的忠臣义士。自唐至清代，庐陵地区产生过 8 位宰相（全江西产生过 28 位）、9 位副宰相以及众多的尚书、巡抚等官员。再以文学家和哲学家为例，《全宋词》中的作者 1397 人，江西作者 174 人，占 12.5%，而庐陵的作者有 52 人，占全国的 3.7%，占江西的 29.9%；金炳华等主编的《哲学大辞典》[①]中收入宋明时期江西有名的哲学家有 50 人，其中庐陵就有 10 余人。庐陵在古代就被称为"人文荟萃之区"。

三是教育文化兴盛。造就科举文化、名人文化辉煌的必定是教育文化的兴盛。特别是在中国的古代，私塾、学校、书院所组成的教育网络是培养人才的主要途径。

吉安教育文化的兴盛首先表现在古代的庐陵地区形成了非常浓厚的读书风气，无论地方官员还是世家大族甚至平民百姓家都非常重学。前述光绪元年刊本的《吉安府志》卷一《地理·风土志》中对古代和近代庐陵的读书、重学之风有这样一些概述："吉安府由六一公之乡里，家有诗书，以数万户之井廛，人多儒雅，此州之君子皆颜鲁公之流风遗俗也。""家有诗书，塾序相望。""虽极贫苦者皆知教子孙读书。""俗喜诗书而尊儒雅，不独世业之家延师教子，虽间阎之陋，山谷之穷，序塾相望，弦诵之声相闻。"其次表现在教育机构发达。吉安有中国最早的私人创建书院——唐贞元年间（785—804年）创办的皇寮书院。庐陵还有江西省四大书院之一的白鹭洲书院，与江西境内的白鹿洞书院、鹅湖书院、豫章书院齐名，在宋淳祐元年（1241年）由知吉州军江万里创建，宋理宗曾亲赐以书写"白鹭洲书院"匾。这所著名的书院在吉安的历史上曾培养了众多文化人才和著名的士大夫，如宋代的"刘辰翁、文天祥、邓光荐

[①] 金炳华等主编：《哲学大辞典》，上海辞书出版社 2001 年版。

皆出其门"①。程大中、邵雍、周敦颐、张载、程颐、朱熹、王阳明等理学大儒都曾在此书院讲学，从者云集。这所书院创办之后，庐陵"制科飙举，名硕云蒸"，曾创造过一次性考取进士47名的奇迹。②这所书院的榜样示范，带动了庐陵区域大办书院的热潮。

因此地文人士大夫众多、文风盛，自然对于尊祖敬宗就特别重视，所以建祠祭祖、设祭田和祠田之风盛行。

从当时文人士大夫的文集中可见。明代中期泰和著名文人士大夫王直（？—1560年）在《抑庵文集》卷二十八《墓表》之《赖处士墓志铭》记载万安赖氏："族中初建祠堂以奉祭祀，既作而复废，处士相其有力者图兴复，独捐赀作前庑。高祖旅殡泰和灌溪，展省久旷，处士率群从兄弟往拜墓下，修祀事，岁以为常。初徙田西，名正堂曰终慕，东作庙，西辟塾馆，又建启进庄，议积谷，子孙有志于学者，资给之。其识度卓伟，规模宏远矣。"③

泰和人欧阳德（1496—1554年）在《欧阳南野先生文集》卷二十五之《郭培斋翁墓志铭》记载泰和郭氏："翁尝割其腴田赡小宗祠，为亩者四，先是大宗之祀未有所赡，翁哀之族人，得金如干，与众行萑，其息入岁久大赢，则议则置赡田，而众固主贷，与翁异议，卒荡其金。故翁每自悼其志，惩道舍之谋，不复藉众力，以身先之。"④

莲花县人刘元卿（1544—1609年）在《刘聘君全集》卷八之《伯父时斋公圹志》：其伯父"于奉先合族则不遗余力，始新族祠，既乃辑谱牒，动费金以两计者数百，率措置有方……先是谱牒毁，诸远祖兆域半入荆莽，靡不可推，按世父俱修复之。晚岁益积蓄，广增祭田，祠制祀仪，

---

① 同治十二年刊本《庐陵县志》卷十六《书院》，《中国方志丛书·华中地方·第954号》，第1086页。
② （清）刘绎：《白鹭洲书院志》，江西省图书馆藏清同治十年白鹭书院刊本。
③ （明）王直：《抑庵文集》卷二十八《墓表》，《景印文渊阁四库全书》第1232册，第120—121页。
④ （明）欧阳德：《欧阳南野先生文集》卷二十五《墓志铭》，《四库存目丛书》集部第80册，第750页。

焕然大修。下挽世自营而不念其先人者，所在而是。有如世父之殚竭其力以奉先合族者，盖亦甚少觏睹已。"①

泰和人罗钦顺（1465—1547年）《整庵存稿》卷一《上模曾氏续置祭田记》记载泰和曾氏："上模曾氏所居有上下村，下村故有祠堂，有祭田，岁以中元日行事，凡在陪位与燕列者颇有义，例为之损益，然常不下千数百指，可谓盛哉。成化间堂宇颓敝，租入或不登……"②正德初元，曾氏31人鉴于祭祖简略，商议各出己资购田，事成请罗氏赐记。

（三）清代江西的族产

清代江西是宗族非常兴盛时期，形成了以宗族为基本结构单位的宗族社会，即江西社会全面宗族化。宗族作为一个社会组织，要凝聚族人，一定要有公产，即族产。要建祠堂，还要维持每年的祭祖，就要有稳定的经费来源，祭田必不可少。要赈济族人、抚恤孤寡，义田、义仓也是不可缺少的经费来源。要支助、奖励族人科举仕进的专项经费，所以专为助学、奖学而设的学田又显得很重要。祠堂、祭日、义田、学田是清代族产中重要的四种形式。此外，族产还包括校舍、店铺、仓储、山林、坟地、会产及水塘、作坊、水车等生产资料，以及桥梁、渡口、庙宇、庵堂等公共设施。

祠堂作为基本公产在江西非常兴盛，清代江西方志中的"风俗志"常常有所谓"族必有祠""祠必有祭"等语。清乾隆七年（1742年）六月，江西巡抚陈宏谋曾统计江西全省的祠堂约有4200余座，遍布全省。③乾隆二十八年（1763年）十一月辅德（满族人）任江西巡抚，针对江西合族建祠之风盛行，且其谱牒牵引久远之君王将相，奏请乾隆帝批准采取了"毁祠追谱"的措施。据辅德统计，江西全省有祠堂9083座，其中6739座拥

---

① （明）刘元卿：《刘聘君全集》卷八《志》，《四库存目丛书》集部第154册，第204页。
② （明）罗钦顺：《整庵存稿》卷一《记》，《景印文渊阁四库全书》第1261册，第31页。
③ （清）陈宏谋《培远堂存稿》卷13之《谕议每族各设约正》，道光十七年（1837）培远堂刻本。

有一定的族产，但每年宗族祭祀后，能有遗产的只有760座，这说明当时江西宗族所拥有的族产（祠产）还是比较薄弱的，大多数宗族的族产仅够祭祀之用。现将辅德向乾隆皇帝汇报摘录如下：

> 臣汇总查核，计同姓共建者八十九祠，一族独建者八千九百九十四祠。祠有荒远不经之木主者一百七十祠，谱载荒远不经之祖者一千一十六姓。又公宇一百四十一处，业将同姓共建祠内所立木主概今各自撤毁。所置田产及祠屋均今自行觅售，将价各自分回。间有别无售主者，听其归于一族，或改民房铺面，或作考试寓所，及堆贮货物之用。总使根株悉绝，不致复萌故习。公宇亦照此办理……致各专祠之有祠产者，计六千七百三十九处，除仅敷祭享外，其有余者共计七百六十处，皆取，具遵依为教养子弟，倾助族中贫乏婚丧之用，不得以为讼费。除仍饬地方官随事留心，如有于族中藉祠敛费者，即加惩治，以杜讼风。①

辅德离开江西之后（1767年），江西宗族不断发展，祠堂数量从总祠到房祠不断增多。

随着祠堂的增多，族产也不断增多。有的学者研究认为："清代江西的族产主要类项是族田。清代江西族产主要来源于族众捐赠、族众摊派、族产生息，具有大众性和平民性的特点。由于族产来源的大众性、平民性，族产普遍贫弱。"②学者在比较南方数省清代的族产后，认为总的来看，清代江西族产不如闽粤江苏等省，但略高于湖南、湖北、安徽。③清末至民国时期，江西的族产有一定的发展。1952年，江西省土地改革委员会挑选了江西省内14个乡进行多方面的调查，④包括阶级、阶层人口

---

① （清）辅德《覆奏查办祠谱疏》，载《皇清奏议》卷55，《续修四库全书》第473册，上海古籍出版社2002年版。
② 许华安：《清代江西宗族族产初探》，载《中国社会经济史研究》1994年第1期。
③ 李文治、江太新在《中国宗法宗族制和族田义庄》（社会科学文献出版社，2000年版）一书中比较了清末南方一些省的族田之后，认为清末苏南地区族田占全部耕地的8%，江西不足6%，但略高于湖南、湖北和安徽。
④ 这14个乡是南昌县小蓝乡、丰城县小袁渡乡、宜春县永和乡、万载县新华乡、九江县石门乡、永修县十四乡、横峰县姚家乡、铅山县虹桥乡、鄱阳县留阳乡、临川县新华乡、赣县吉布乡、宁都县刘坑乡、遂川县梅溪乡、永新县汴田乡。

数量和占当地人口的比例，各阶级、阶层所占各类生产资料数量等。其结果是公田（族田）占全乡面积超过40%的有4个乡，其中有一个乡公田所占比例超过80%，有2个乡公田所占全乡土地面积比例低于10%，其余8个乡公田所占全乡土地面积比例在10%—15%，平均数为32.7%。同样是20世纪50年代，江西省委书记刘俊秀组织了一次对农村社会的调查，从土地革命时期的苏区选择了12个村庄，从游击区选择了9个村庄，从白区选择了7个村庄，合计28个村庄。调查的结果是三种地区合计公田约占总土地面积的12.8%，少数县远远超过这个水平，有的比例达20%—30%，个别县如遂川县公田面积达全县40%，山区公田数高于平原。[1]

综上所述，作为族产中主要类项——族田，占江西的田地面积还是不少的。实际上，族产在族际间和地区间的分布是不均衡的，有的家族拥有的族田多，有的族田少，地区间亦然。尚田在他的博士论文《清代至民国时期江西族产及其管理研究》一文曾谈到，清至民国时期江西许多宗族的族谱中经常可以看到"费用不敷""祀事不举"等记载，这是因为族产薄弱，以至于每年的祭祀都难以维持。但也有许多宗族尽管起点低，通过积少成多，至清后期或民国时期拥有了众多的族产，如万载县辛氏宗族经过清初的战乱之后，经过持续不断的努力在清康熙年间完成了总祠创建，到清光绪年间，完成了各房支祠的修建，在民国年间仅大祠和长房用于购置族产的费用有白银4553两、钱24139千文、银元3493元。[2]这说明通过两百多年的积少成多，辛氏宗族在民国年间已积累了较多的族产。

明清时期由于商品经济的发展，有的宗族或宗族中人通过经商贸易，积累了巨额财富，通过捐款或起会等使宗族拥有了巨额族产，这种情况在福建、广东、浙江等沿海省较多。但江西地域也有些宗族拥有较大额

---

[1] 尚田：《清代至民国时期江西族产及其管理研究》，江西财经大学2014年博士论文，第41—42页，载中国知网。

[2] 尚田：《清代至民国时期江西族产及其管理研究》，江西财经大学2014年博士论文，第43页，载中国知网。

的族产，最具代表性的是乐安县流坑村董氏宗族。此宗族在宋明时代曾科举兴盛，到明代万历年间就已经建有总祠和房祠共26所。清代时，董氏宗族在科举方面衰落了，但利用地处恩江（赣江的一条支流）上流的优势，垄断了恩江流域的竹木贸易，在清代中期，经全族整合，形成了独占当地竹木贸易的"木纲会"，凡董氏从事竹木贸易的人员，均需交纳会费，他们将木材远销南昌、南京、扬州等地，商人们赚钱之后捐款宗族，使董氏宗族拥有了巨额族产。①

尚田博士在《清代至民国时期江西族产及其管理研究》一文还曾谈到，清代俞樾在《右台仙馆笔记》中讲述了南安府一富商捐巨资给宗族作为族产：江西南安府人陈朝赞经商拥巨资三十多万，考虑到"多藏厚亡"之可能，"愿留奇零之数以赡妻孥，其二十万归始祖祠中，其十万归支祖祠中。岁入其息，仍以三分之一归吾子孙，恐子孙不能守业，仍可藉此为生也。"②陈氏宗族也由此而拥有了巨额族产。

大多数宗族会在纂修族谱时将族产记入族谱，但一些拥有较多族产的家族还会编写专门的"族产册"，以万载县安仁坊李氏为例，李氏族人编有《李大祠章程田册》③，记载了其宗族从乾隆年间至民国年间所购买的田产、房屋的地理位置、数量及契据、管理与经营规则、奖学规则、祭祖颁胙规则等。

清代的族产以祠堂和族田为主要项类，族田又以祭田（有称祠田、蒸尝田等）、义田和学田为主。

祭田，即为维持每年祭祖的各项开支而设置的田产，通过田产收入来置办各项祭祀开支。清代的祭祖，要备"羊豕粢盛"等物品，祭毕还要按丁发肉，还要聚餐宴饮，使全族人"共享馂余""均沾神惠"，甚至还要请"优人"演戏，即不仅仅是祭祖，也是宗族的聚会。在江西各地

---

① 关于流坑董氏宗族，可参见邵鸿：《竹木贸易与明清赣中山区宗族社会变迁——乐安县流坑村个案研究》，载周天游主编：《地域社会与传统中国》，天津教育出版社1995年版。
② 尚田：《清代至民国时期江西族产及其管理研究》，第44页，江西财经大学2014年博士论文，第44页，载中国知网。
③ （民国）李振铎等纂修：《李大祠章程田册》，民国十一年陇西堂木活字本，江西图书馆藏，存一册。

固定的祭祖日有清明墓祭、中元户祭、冬至祠祭，有的地方还有更多的祭祖习俗，如灶祭等。

祭田由晋唐宋的墓田演化而来，南宋朱熹设置了在宗族创制祠堂时即从现田中"每龛取二十分一"设置祭田，"亲尽则以为墓田"。清代江西的宗族大多数都置有不等的祭田。在清代江西的府县志"风俗志"篇中，常常有"族必有祭田，以供祀费"，且规定"不得私相买卖"的记载。①广昌县习俗甚至是"鬻田废祭则鸣诸官"。②因为在清代江西人的思想观念中认为清明、冬至祭祖是一种淳美的习俗。如同治《遂川县志》卷一《风俗》篇所说："泉邑（遂川县古名）土著旧家皆聚族而居，族必有士大夫，故遵文公礼，皆得立祠庙，有大宗祠堂，小宗子姓环处焉，示重也。岁以清明冬至合祭大宗，次及小宗，皆有祭田，羊豕粢盛，按余颁胙，即散处者必集。故仁孝敦睦，虽野夫田妇，亦知筐筥苹藻之义。又有谱系以明伐阅，收族党勿许紊越。此风习之至美，长守而勿失可也。"③

有的宗族拥有祭田较多，其收入用于祭祖有余，还用于宗族的其他开支，如修谱、修祠、助学、奖学、恤孤寡等。

义田、义仓，义田乃宗族专为恤贫恤孤而设立的田产，义仓乃宗族为恤贫恤孤而设的积谷仓储。此二者源于北宋范仲淹设宗族义庄，传续至清代，许多宗族仍然保持着这种传统。清代的江西许多宗族设有义田、义仓或义庄。

学田，乃宗族专为奖励、支助、鼓励本族学子科举仕进而设的田产。清代江西许多宗族都设有义学、义塾、族学、书院等，延师教族人子弟，并在族谱中规定有如何奖励科举仕进的条规，要维持这些开支，必定要有固定而专门的收入。有的宗族通过经营积累，学田累积的数量亦颇可观，如道光《宁都直隶州志》卷十一《风俗》记载："子孙必置祭田、学

---

① 同治十一年《定南厅志》卷六《风俗志》，《中国方志丛书·华中地方·第264号》，第584页。
② 同治六年《广昌县志》卷一《风俗》，《中国方志丛书·华中地方·第917号》，第193页。
③ 同治十二年刊本《遂州县志》卷一《风俗》，《中国方志丛书·华中地方·第907号》，第375页。

田。""有积累数世至十余世，（学田）盈五六百亩至于千亩者。"①这样的宗族在全省可能不多，更多的是拥有一定数量学田的宗族。

二、族产的来源

关于清代族产的来源，一些学者做过专门的研究，如张妍专著《清代族田与基层社会结构》②，许华安专著《清代宗族组织研究》③，都对清代族产的来源有过一些分析。此外，还有些学者对某些地域的族田来源作了详细分析，并指出了其地域特色，如王日根比较了福建与江南的义田来源，指出福建的义田具有商捐为主并全民参与的特点④。赵华富对徽州族田研究之后，指出其来源主要有四种：货币购买、子弟捐献、众存族产、进主祀田四种⑤；尚田博士论文《清代至民国江西的族产及其管理》则列专章详细分析江西族产的来源，认为清代江西族田的来源主要有下列几种方式。

祖先遗产。如山林无法分割转化为族产，且在江西一些地方公堂掌管的山林面积还比较大。20世纪30年代毛泽东在寻乌县做过的调查结论是：通常一姓的山（一姓住在一村），都掌握在公堂之手。

祭产转化为族产，即在分家时，父母会提留赡养产业，父母去世后即转化为族产，这种现象在清代的江西也是比较多的。

此外，较常见的族产来源方法还有族产自身增值、族众捐献、族人摊派、投资增值、强制收取（丁费、祠仪、罚款）、户绝充公、捐享入祠、会产等。

关于族众捐献，捐献的原因比较多。有的是经商致富了，有的是科

---

① 道光四年刊本《宁都直隶州志》卷十一《风俗》，《中国方志丛书·华中地方·第882号》，第737页。
② 张妍：《清代族田与基层社会结构》，中国人民大学出版社1991年版。
③ 许华安：《清代宗族组织研究》，中国人民公安大学出版社1999年版。
④ 王日根：《福建与江南义田的比较》，《学术月刊》1996年第1期。
⑤ 赵华富：《徽州宗族研究》，安徽大学出版社2004年版。

举仕进有官职，有的是族众心力齐，为维持祭祖或宗族某项事业（如修祠）而众捐，如万载安仁坊《李大祠章程田册》[①]记载：

> 陇西公观察江西，就养袁州，祥发一府四县至为繁衍，万载约有二十余处，而建祠于治北安仁坊，惟十有七房报本追远以展孝思，诚盛举也，爰是各房捐资银钱，创制田产以为修祠供祭，与夫育士养老之资，公费浩繁，不亟赖有维持增广者哉。

这是以房为单位捐款修祠和置田产以维持祭祀。实际上，清代许多宗族的祭田都来源于族人捐助，以清江杨氏为例，《清江杨氏五修族谱》中的《乐助田记》记载了其族的祭田来源：

> 闻之《礼》，惟士无田则亦不祭，祭之必资乎田也，所以供粢盛明孝享也，故大孝不匮，中孝用劳，小孝用力，力足以助田而承祀，亦报本追远之心所见端。我族祠内旧有祭田，因重修祠宇乏费，不得已鬻祭田数亩，以给工资，后因南山寺构讼，祭田尽废。乾隆五十二年昶买黄草坡之鬼山里田一片，捡旧券得我祠所售祭田，计之，已更三姓，而燕入旧巢，不禁悲喜交集云，彼时昶既欲以助诸祠，转念田少祭费难支，又续买异姓田亩阡陌相连，遂以捐助意谋诸妇徐氏，氏曰报本之心人生所重，愿夫子力行之，事未行而予妇逝，迄今四载矣，言犹在耳，诏子孙而语之，皆欣然乐从焉，计田三拾壹亩肆分，并泉坊一、水塘二、水圳二、牛车河石柱等项，爰复立继户名，科额粮贰石壹斗捌升陆合，助归祠内管业、收租、纳粮当差，且俟积谷数年聚金数百，权子母为国课资，嗣后每岁所收之租并息，奉祠冬至日祭，其余即充我族举监、童生考试，按名量给膏火费外，不得滥用，以成列祖诗书启后之隐！（嘉庆四年己未岁仲冬月吉旦十九世上昶立）

清江杨氏的族中祭田乃源自于族人的捐助，并以祭祖余资助学、奖学。实际上，这是清代江西大多数宗族祭田的来源路径及收入使用方式。

---

① （民国）李振铎等纂修：《李大祠章程田册》，民国十一年陇西堂木活字本，江西图书馆存一册。

祭田和其他族产若不专载于"祠产册",则肯定载于族谱,如《宜春北关五甲杨氏支谱·祭产》[①]所说:

礼有五经,莫重于祭,祭重则祭田亦重,田曷以重,惟士无田则亦不祭,盖有田则祭兴,无田则祭废,田之所系不綦重哉!吾晖公支下自柄机公、缄公、莘佘公捐产而春秋祭费不缺于供,兹将捐约田契及续置田业概泐诸谱,示我后人服先畴而食旧德,世世子孙无变易也,辑祭产。

这是房以下的支为单位捐款(见图52、图53)。

（a）　　　　　　　（b）

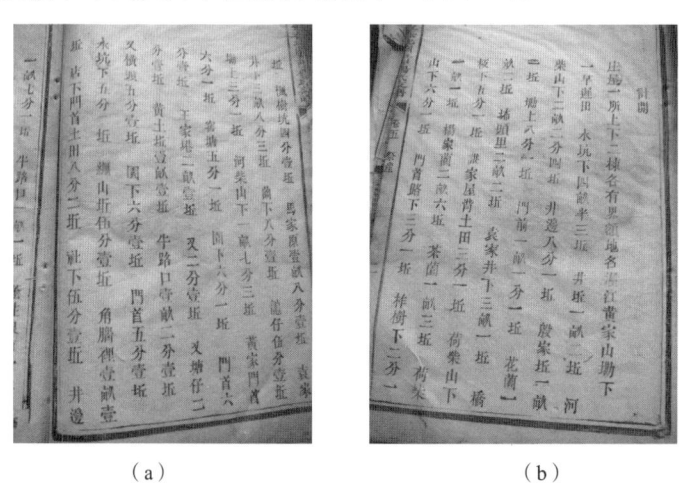

图52 《宜春北关五甲杨氏支谱》所载"祠产"

（a）　　　　　　　（b）

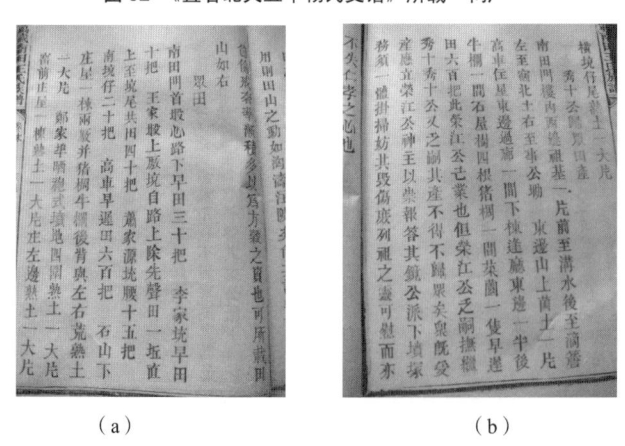

图53 《万载南田王氏族谱》载族中田产

---

① （清）杨淑田修、杨树声纂,清光绪三十三年道南堂木活字本,江西省图书馆藏本。

义仓的设立亦然,其基本谷子亦是主要靠族人捐献。以光绪二十年(1894)《萍北朱氏族谱》①所载善后仓为例:

> 吾族世居源溪,士食旧德,农服先畴,数百年来蹈咏尧天舜日之下,非诒谋之善,何以得此?但在昔颇答富有,而近今每多贫穷,窃恐家风之久而就替也。因与族中诸长辈共商,于公私各会派谷若干,储之祠内仓,择贤能者经理……
>
> 捐谷数目列后:
>
> 成公祠捐谷拾硕。
>
> 亭公祠捐谷三拾硕。
>
> 攀公会捐谷拾硕。
>
> 锦公祠捐谷拾硕。

这是通过强制族中各房和族会摊派捐献,以筹集基本的仓谷,即清代宗族之由捐献置族产,有自愿捐献,有强制摊捐的。

将会产转化为族产,这是清代江西族产来源的一大特色。

清代江西的宗族特别爱"起会",即族众或部分族众为解决某事、达到某个目的(如为维持每年的祭祖开支)而大家凑钱,设立基金,以此基金进行经营生息,以解决经费问题。这也是清代江西大多数宗族都不富裕的原因。

以清代万载县东隅袁氏为例,在清嘉庆十六年餕(1811)的《万载(东隅)袁氏族谱·族规》有:

(一)兴祭祀。尊祖敬宗,修祠固所必先,追远报本祭祀岂容或缓,但必预为绸缪,方能公事有济,今当修谱之日,公众酌议进主配享,每名八千,祔享每名八百,起立祭祖会,俟祠宇初就即刊刻木主送祠享祀,族众各宜踊跃切勿观望。

(一)严禁会。倡兴祖庙,崇奉祖先,必先起立禁会,每遇喜庆事宜,自有公财公用,不致抖敛维艰,故凡有借族内禁银者,务必照依限期本

---

① (清)朱照萱、朱照舆等纂修,清光绪二十年沛国堂木活字本。

利送交会内，毋得迟延时刻，如有故违，除追清本利外，从共公罚。

起立"祭祖会"目的就是筹集每年祭祖的经费，其办法不是捐献，而是通过卖享位（配享和祔享）来筹集经费，入会者交钱，并可送木主入祠享祀。而"禁会"的目的是使族人不借族产，以保持族产能用于公共事务。

再以清代萍北朱氏的育婴会为例，光绪二十年（1894）《萍北朱氏族谱·育婴序》叙述了该族起育婴会的原因在于阻止溺女婴的恶劣风气：

吾邑育婴堂之设尚已。嗣后乡间亦踵为之，不立堂而立会，如湘市、浏公市之会其最著者也。顾或以里为度而不得领会，或以贫为耻而不愿领会，其中等之户又自知其不当领会，遂甘置其女于死而不惜，则甚矣，拯溺之难也。夫人方以存心自励而先薄其骨肉之恩，士方以胞与为怀而莫造夫一家之福，嘻！亦可概已。我族忠厚传家当不为此忍心害理之事，然恐生齿日蕃，计日薄而习俗之易移人也。爰共立一会敛钱若干，公放生息，择子弟殷实诚恳者司其出入，凡生女之家无论贫富一体照给，既以泯其争端，亦使生女者毋藉口于不领会而甘心溺女也。是举也，静斋公会捐金倡首，族中好义之士亦无不慷慨乐输，信乎，恻隐之心人皆有之矣！会成，序其始末，勒石以垂久远矣……

捐输数目开后：

亭公祠捐钱陆拾挂正。颖鹏捐钱伍比正。五福堂捐钱壹挂正。羽仪捐钱贰拾挂正。

英官捐钱贰挂正。藩臣捐钱伍比正。正官捐钱壹挂正。熊占捐钱壹挂正。

德圖捐钱伍挂正。佑官捐钱壹挂正。南溟捐钱贰挂正。春欣捐钱伍挂正。

诚林捐钱壹挂正。铭人捐钱肆挂正。象林捐钱壹挂正。森松捐钱壹挂正。

九元捐钱拾挂正。

清代的江西宗族所起立的会，名目繁多，如清明会、丁会、祭扫会、花红会、文会等。①总体来看，清代江西宗族各种各样的"会"对解决宗族活动的经费问题起了重要作用。

三、族产的管理

清代江西各宗族对其族产都有一套严格的管理机制，表现在下列几个方面：

（一）登记清楚

清代江西各宗族对其所拥有的族产都会登记清楚，或在族谱中例"族产（或祠产）"条，或编制专门的族产登记本，如"祠产册"等，将族产购买年月日、位置、四至等记载非常详细，如前述的万载县安仁坊《李大祠章程田册》，将其宗族从乾隆年间至民国年间所购买的房产、店铺、田地登载得非常清晰；有的宗族将购买族产的契据原文抄录，因为契据中有族产的位置、四至等详细描述。

以光绪三十二年（1906）《宜春北关杨氏支谱》为例，该谱登载了其宗族购买族产所有契据，将族产的购买年代、位置、数量等记录得一清二楚，以其中的一则契据为例：

立绝卖田契人杨永龄同侄巳生，今因无银正用，自愿将承祖父手受分民田六亩五分，坐落地名渥江丘墢，界至开后。先尽亲房人等，无人承买，请中出卖与七分下杨柄机承买为业，当日三面言议得受时值银六十五两，正其银交入手应用，不欠分厘，其田未卖之先，并无重行典当货债、准拆逼勒谋买等情，自卖之后，任从买人管业，耕作无阻，所有税量现在本鄙本甲杨纯户内，卖后即便推除杨柄机户内输纳，所作交易是系二比情愿，卖后无得异说，今恐无凭，立此卖契存照。

---

① 尚田：《清代至民国江西的族产及其管理》，江西财经大学 2014 年博士论文，第 26、27 页，载中国知网。

当日契内价银一并收足。

中人杨景昆 惠宏 礼载 乘光俱押

乾隆十八年三月初四日立卖契人杨永龄笔押

计开

一处早田河边沙丘一亩。一处早田布头一亩伍分。一处早田水坑下五分。

一处迟田赵家源一亩七分。一处迟田石罗坑一亩。一处迟田吊公由二分。

一处迟田土窟下六分。

将买卖族产的契据登载在族谱中，这是清代修谱的普遍修法，可使族产传之久远而不乱（见图54）。

图54 《宜春东隅张氏族谱》卷一《祀产》

（二）制定条规和设定管理机制

宗族在有了族产之后都会制定管理条规、设定管理机制及使用原则，这些条规都会记载在族谱的"凡例""族规""祀产"条中或登录在"祠产册"中。如清光绪二十三年（1897）《清江杨氏五修族谱》中的《腊祭条规十八则》中有对祭田的管理规定："管理祭田，公举河街一人，环洲二人，田陇一人，后街一人，每年收租、完粮、出入生息，公同慎始终，清算登簿，议于丁卯年举行。冬至祭典照祭条规散胙，并量给予考童生谷一担，贡、监、生员、乡试谷二担，举人、会试谷六担，不赴考者不给，俟费用充足另行议加。"

清江杨氏的这条规定还是属于很笼统的规定，族产多的宗族往往会制订更详细的管理制度，如前述万载县安仁坊李氏，因其族产较多，在其族编制的《李大祠章程田册》中有详细的《管理规则》：

　　一　本祠管首，三大房须各举公明勤廉者二人，分两次轮流承管，每次管理三年，以本祠祭祀时期结账交御，六年轮满另举。

　　一　钱谷出入旧有总簿三本以外，又有细数流水簿一本（详载出入细数，不可囫囵），须再立记载物件簿一本，详载祠中祭器什物等件，此簿交住祠人执，以便随时稽查；倘有破坏，即行照数注明，如有遗失，应向住祠人赔补，其总簿三本交三大房管首收执；每届祭时出细数流水簿请各房斯文结明登总，管首不得秉笔自登，以昭核实。

　　一　本祠旧有簿册契据、祭器什物各件，向未立法保存，以致散佚无稽，不知凡几，诚为憾事。今将旧有各件竭力搜寻，得其什一，此后务须妥为保存，除祭器什物储藏祠中，另立记载物件簿，逐一详载，交住祠人收执，由首士随时稽查外，其余簿册契据等均交值年首士领存，仍将簿册契据、祭器什物各件一一详载于三大房总簿之上，现议首士每届三人，值年就中择一人领存，即于开载各件之总簿后注明，公择某房首士某某领存，每届递交注，三大房首士不得分领分存，首士交御时须将前载及增置各件当祠限同年看明，逐一清交下手如数复载，倘有遗失，公同酌罚，以为不善保存者戒，以上手续万不可厌其烦琐，必须每届实行，切勿再踏前辙，致滋流弊。

　　一　本祠现未置仓，各佃租谷每年大暑后往收早租一半，看禾议租，一概清收，或出囤祠中，或囤储稳实佃户处，均听值年首士调理，惟本年租谷务于次年三四月间按照时价出售，如祠有要需，公议先期出售者，不在此限，倘非经公议，未至期先行出售，以致价目受亏者，罚，令照价补足，庶免弊窦。

一　首士经理钱谷，每年七月及年终两期，值年三人会同汇算，除支用外，所有余存钱数在百串以上者，即须以本祠名义存放生息，或存典铺，或存稳实字号，或存本祠，行家勿贪重利，总祈妥当，值年、首士务宜谨慎调理，万不得留存己手，以照息扣算借口，致贻后患，尤不可于祠存钱数之号，擅自私行挪移，查有挪移情弊，除将款项即行如数追还外，仍将该首士斥革，以儆效尤。

一　首士任满交御，应将经手余存钱谷如数清交下手，不得带欠个文颗粒，如某房首士有带欠，不扫数清理者，即为该首士房分是问，该房不得再举管首，该首士不得入祠与祭，如能自悔前非，加息补还者，俟扫数清理，毫无带欠之后，轮管与祭一体无异。

以上各条逐一书写悬挂祠壁，俾众触目警心，永资遵守。

这份规定对管理过程作了很详细的设定，包括管理细节，有的宗族设定详细些，有的宗族设定粗疏些。

再看前述萍北朱氏对善后仓的管理设定，《萍北朱氏族谱·善后仓条规》：

一　是仓原为济贫救荒收族而设，倘族人有敢拿扯入私，使一族受伊一人之害，轻者公同屏出，重者公同禀究。

一　是谷公议于夏初约日开仓发借，夏末收成后即约日送还，务须燥净入仓，倘有顽梗违规……

（原书缺）

一　是谷发借时公同酌议利总，期公私两便。

一　各房人数贫富不齐，发借时每一人量给若干，不得照房分派，行借方亦不背济贫救荒收族之义。

一　族中有以残疾行乞者，公同量给，不必取还，方昭公普。

一　是谷须出陈换新，发借时量入给发外，或尚有余，即公同行利，以借外姓，即便换新，更可望其生息增长。

一　是谷当价高之年，族中不得诈称已借，经理人更不得诈称族人借尽，各阴自私变贪，以亏公利私，违者一经查出，除本利缴还外，随谷多少再行公同酌量责令罚谷归仓，不遵罚者，公同屏出。

一　是谷原为救荒济家族起见。当价高之年我族人不得阴代亲戚故旧借是谷，违者以亏公利一条议罚。

一　当价高之年我族人己名下饶有余谷者，不得先行高价粜尽，后却借口仓谷有份，强借是谷，以与贫人争……（缺）称和睦好义，向无此等亏公利私之人。一有此人，贫户何能齐给？经理人便经族长议处，毋得徇情干咎。

一　仓谷充盛之日，毋得照房分瓜分，须公议买置义田，如范文正公故事，才为子弟世世无穷之利。

一　遇岁荒坐食蜂起，我族人或敢随去坐食，即行并其家长幼屏出且公同禀究以免牵累。

一　是谷原系族中公私各费派谷捐成，俟各会盛大之日，或再捐谷以充此仓，或别倡义举，可随时酌议，总之，我家丁财秀三字渐忧式微，不有盛会，何能振起所愿，合族同心倡议，蒸蒸日上，不然恐无以慰先灵，即无以倡厥后。

一　是仓欲长保不败，舍"严"之一字，别无良法，故所公议罚款，以理以势，法在必行，决不徇情，凡此无非欲与族人共享无穷之利耳，愿各懔遵，毋甘愚顽自害，以贻后悔。

一　各项条规俱系公议，并非一人私见，自注簿之后毋得纷更，不然恐难善后。

萍北朱氏对其宗族义仓的管理原则和管理规定的设定是很详细的，代表了清代宗族对族产的管理水平。

在清代江西宗族对其族产的管理机制中，对管理人员的设定有下列一些特点：

族长是全族公举出统管全族事务的首领，不具体管理族产事务，但有监督、检查之责任。族正是根据政府要求而设，是官方认可并给牌照与族长一起管理宗族事务，也是不具体管理族产事务。族约是清代中期时根据政府要求而设，主要工作是配合族长、族正对宗族进行教化工作，不管理具体的宗族事务。对族产进行具体管理工作者乃值年、首士、禁首、斯文等人。值年、首士、禁首等人，一般由各房派人或公举担任，代表各房的利益。也有像清江杨氏由各房派人组成管理团队来管理族产，管理团队的人员几年（如三年）一任等。关于"值年"，有的宗族在族谱的"家规"中明确其产生与职责，如清光绪元年（1875）《（宜春赤溪塘）易氏宗谱》中的《家规·家训并引一十条》中有"立值年"条，规定：

> 事无专责，易生推诿，族中诸事公议派定各房禁首轮管一年，周而复始，如修理祭祀一切大典，以及生放茶会、喜庆花红酒席等项，俱系值年料理，其族中禁银入册登记详明，如遇公费，同房长折封支用，至季冬与尊长面算，免致漫鱼交盘下年。禁首但遇出差，必须协力分劳，不得以承年有人，概为谢责。

禁首，这是在清代族谱中常看到的一个人物，从族谱的记载来看，当是宗族中管理宗族事务的人物之一，其地位低于族长、值年、首士。

首士，也是清代族谱中常看到的一类人物，从族谱记载来看，当是低于族长、值年的管理宗族事务的重要人物。

在清代族谱中往往不载官方在宗族中所设定的族正、族约这两个人物，即宗族所认可的主要还是族人公同设定的管理人员，如族长、值年、首士、禁首、斯文（族中有文化的人）。

（三）禁止族产典卖的原则

从唐代以来，无论朝廷还是宗族，对族产都是保护的。清代的族谱会在"族规""祀产""凡例"条中明确清晰地规定族产是严禁典卖的。如道光二十九年（1849）张家启等纂修《（万载）张氏族谱·凡例》中规定：

> 守先泽所以隆祀典也。尝产先泽所留，贻为子孙者当思前人创买之难，公同维持，世守勿失，不可私行典卖，拔开分散，即尝内有应行事件，公财乏用之际，亦须通众商量调办，不得典卖众产，倘有私行典卖，强行分散者，情实可恶，除重罚外，仍送官究，盖众产皆祖宗之血食，

烝尝之所赖也。岂可私行典卖，拔开分散者乎？凡我族人务宜秉公维持世守念前人创买之难也。尝产开后。

又《张氏族谱原序》中劝诫族人："戒莫大于不忠，五刑之属莫大于不孝，为人臣所当鞠躬尽瘁，为人后所当慎终追远而不可一毫忽也。"

张氏宗族之规定是清代大多数宗族都会有的规定。

四、族产的功用

族产主要用于建祠修墓、纂谱联宗、办学考试（俗称"儒资"）、迎神赛会、门户应役、兴办公益事业（如修水利、修路桥、设渡、设茶亭等）以及与外族的民事纠纷、诉讼甚至械斗，其中以祭祠开支为最大。除上述开支外，族田收入还用于赈济贫困，这部分族田俗称"义田"。

清代族产用于最重要的开支，是保证宗族每年的祭祖活动能正常进行，在族谱中的"祭仪"条都会对如何"颁胙"有明确的规定。不确定的开支，不会在族谱中固定。

最重视的支助莫过于奖学、助学和鼓励族人科举仕进，在族谱中也会以族规形式确定如何对族人进行支助。即在清代大多数的族谱中在"族规"会写明族产如何助学、奖学、鼓励族人仕进，至于族产用于其他宗族事务开支的原则，有的载于族谱，有的不载于族谱。

清光绪《万载辛氏族谱》卷三《事宜·祠中事宜十二条》中有"宏作养"条：

传家以读书为贵，子侄有志上进，祠中四时月课不惜优赏。童子县试，祠内备卷送考，游泮花红每名五钱，补廪两科举程仪每名捌钱，如领程仪不去应试者查出倍追加罚，恩副岁贡，每名拾两，选拔每名贰拾肆两，登科每名三拾陆两，登甲每名陆拾两，会试程仪每名拾两，出仕临时酌议，凡致身仕路，不问职之崇卑，当清共厥职以图报，勿事贪墨，有玷家声。①

清光绪三十二年（1906）《宜春北关五甲杨氏支谱》中《家规·续议家规附》"宏作养"条，对奖励族人科举和仕进规定：

族中子弟有念切观光文武应试童生，每届帮钱六百文，县府案首帮钱十千文（院案首不帮），县府十名帮钱二千文，文武童生游泮帮钱二十千文，祠众置酒接进并准游泮者，请客二席，文武生员考一二等帮钱二千文，补增者帮钱二千文，补廪者帮钱二十二千文，考取恩拔副岁优贡帮钱三十千，文武乡费帮钱五千文，中乡榜帮钱六十千文，文武举人会试及恩拔副岁优应恩考、朝考者帮钱六十千文，成进士者帮钱三百千文，即用县部属馆选鼎甲时酌定。②

对于设有义田、义仓、族会的宗族，往往会在族谱对这类族产的使用原则做出规定，这类族产只用于专项开支，如前述萍北朱氏的义仓仓谷明确规定用于恤贫，育婴会的基金收益明确规定用于助生女婴者：

一 此会专为合族育女而设，生女之家即日报知会首，三朝给钱一挂，满月给钱贰挂，不得预支，富贵同。

一 族中有力难养女，周岁内与人抱养为媳者，除三朝满月如期给费外，加给钱贰挂，又有女既与人抱养而复自乳媳者，另助钱贰挂，二项非赤贫者不给。

一 族中育有养女不愿领费，富者固非要誉，贫者更属可嘉，即将应给钱数注明年分，刊作本人捐项，以示不没人善之意。

一 族中有不愿领会，私自溺女者，一经查出，本人夫妇及家长罚停祠内与祭饮酒三年，并罚钱三挂归会，以示惩戒。

……

从上可知，清代江西的宗族对专项经费的使用和管理是很严格的。

---

① 万载辛氏1995年编《万载辛氏族谱》引老谱，江西省图书馆藏本。
② （清）杨淑田修、杨树声纂：《宜春北关五甲杨氏支谱》，清光绪三十二道南堂木活字本，江西图书馆藏本，存六册。

【第六章】赣鄱族规文化

族规，即宗族制定及宗族成员认同并共同遵守的行为和道德等规范。

族规，是宗族文化的重要组成部分，是具有中国特色的重要传统文化遗产之一。

清代是中国历史上族规最普及、族规内容最完备的时期，表现在大多数的宗族都定有族规，并将族规刊载于族谱，族规是族谱的重要组成部分；族规内容的完备表现在不仅对族人的行为做出了规范，对族人的价值追求和道德要求等内在素质也做出了规范。

一、族规的由来

族规起于何时，已难确切考证。在成文族规之前，可能经历了很长时间的口头规定，即家庭或家族对成员的口头规定。最早的成文族规家法，目前所见乃江州（今九江）长史陈崇订立于唐大顺元年（890年）的《陈氏家法》，共32条；江州陈氏在唐大顺二年（891年）被告诏赐立"义门"，又被称为"义门陈"；该族在江州德安县的开基祖为陈朝末代皇帝陈后主之弟陈叔明之12世孙陈旺，徙居江西省德安县太平乡常乐里永清村，同居共炊19代，历世230年，阖家人口达3700余，至宋仁宗嘉祐七年奉旨析产。

当代学者大都认同中国的族规家法起于唐后期，以"义门陈"为唐代制定族规家法的典型个案。

宋代的族规或家规的特点是用家训来规范、约束族人的行为和劝诫族人。

家训的写作本始于汉朝，有的家庭用一些名言警句来教育子弟。到南北朝时期兴起了撰写家训的热潮，如颜之推（531—591年）所撰《颜氏家训》，为这一时期著名的家训。到宋代时，一些著名的文人士大夫如袁采、司马光、陆游等人都撰有"家训""世范"这一类教育族中子弟的规条，如司马光《居家杂仪》已不仅仅是只有正面教育的规条，且设定了惩罚规定，成了后世族规的源头。

宋代族规也不仅仅限于用"家训""世范"表达，并开始了庶民族谱的编撰，即以欧阳修和苏洵为代表族谱纂修，形成了具有代表性的欧、苏两种体例。而族谱必然要反映对族人进行规范的内容，虽然欧、苏两种谱都没有族规的内容，但在"谱例"上反映了对族人的规范，如"在处理哪些内容该入载，哪些不入记载的问题时，对于犯有某些过失的族人，必然会处以宗谱除名的惩罚。以此而言，'谱例'也就成为家法族规的一种"[①]。最为典型的是北宋著名诗人钱惟演于天圣五年（1027年）订立的《谱例》，不仅对如何撰修宗谱做出了规定，更多的规条在于规范族人行为，如孝悌、祭祀、婚姻、族产等，还设有惩罚性的规条，是典型的起着族规作用的"谱例"。

元代延续着宋代的态势。

明代不同于宋元。明代初期，统治阶级上层就很重视引导宗族规范化地发展，明太祖朱元璋不仅对早在宋代就订有《郑氏规范》的浦江郑氏大加赞美，还制定了"圣喻六言"，在基层社会通过里老制、申明亭与嘉善亭制对基层民众进行教化。而那些食俸禄的士大夫们则以《郑氏规范》为蓝本，订立家族规范。[②]

据常建华先生的研究，[③]明代族规的兴起与明代基层社会的乡约化有着密切关系。明前期朝廷在基层社会推行《教民榜文》为总体特征的教化，以宣讲《圣谕六言》、读《大诰》三编、行乡饮酒礼、里社祀神、兴办社学、奉养老人、祭祀祖先为主要教化措施，强化了朝廷对基层社会的控制。明中叶及明后期王阳明及其江右王门弟子在赣南及吉安等地，以王阳明所撰《南赣乡约》为蓝本进行乡约实践，对推动江西地域的乡

---

① 方小芬：《家法族规的发展历史和时代特征》，载《上海社会科学学术季刊》1998年第3期。
② 方小芬：《家法族规的发展历史和时代特征》，载《上海社会科学学术季刊》1998年第3期。
③ 常建华：《明代宗族研究》，上海人民出版社2005年版，第185—334页。

约化起了一定作用。嘉靖、隆庆、万历时期朝廷在全国推行乡约，江西地方政府在嘉靖二十几年在全省推行保甲乡约制，即将乡约和保甲结合起来作为治理地方社会的措施；后来，地方乡绅将乡约与宗族建设相结合，在宗族内部直接推行乡约或依据乡约的理念制定宗族规范，及设立宗族管理人员以控制族人。常建华先生认为"它可能是地方官推行乡约的结果，也可能由宗族自我实践产生，宗族的乡约化导致了宗族的组织化"①。前述第二章论"元明江西宗族大发展"时，曾谈到万历《新修南昌府志》记载——万历年间南昌地方政府在南昌地区曾进行过一次将宗族乡约化的过程。

宗族的乡约化，导致宗族的组织化，即宗族的管理人员用组织制度将宗族管理、控制起来了。这种组织制度便是族规，即在宗族乡约化的过程中，族规得以产生。明中后期族规产生之初，宗族往往会借助政府的力量来推行族规，宗族议决族规之后，往往会报基层政府批准，再在全族推行，常建华先生在《明代宗族研究》一书中曾以明崇祯十一年（1638年）赣州府龙南桃川赖氏制定《家约》为例，报龙南县主"给印信、下贴令"，在全族施行。②

二、清代的赣鄱族规

清代的宗族在修谱时都会制定族规，并把族规写于族谱中。清代族规的名称较多，有族规、家训、家范、家约等名称，有的宗族既制定了族规，还制定了祠规，既是祠堂管理的原则，也是族人在祠堂必须遵守的原则，是族规的一种，如清代万载辛氏，既制定有详细的族规，又制定有详细的祠规。

而族规是怎样的一个制定过程，在族谱中都不作说明，应当是修谱

---

① 常建华：《明代宗族研究》，上海人民出版社 2005 年版，第 258 页。
② 常建华：《明代宗族研究》，上海人民出版社 2005 年版，第 341 页；肖唐镖主编：《当代中国农村社会宗族与乡村治理——跨科学的研究与对话》，西北大学出版社 2002 年版。

时修谱者与族中的管理者们如族长、房长、禁首、斯文等共同商定。

清代族规有综合性族规,即对宗族各项事务的方方面面都作规定的族规。也有单一性族规,如祠堂的祭规、族学学规、祭祖颁胙饮胙章程,神主牌位放入祠堂的规定,还有前述的义仓管理规则、育婴会规则等。

清代的综合性族规与清代的"圣训"有着很大关系,族规制定依据便是清代顺康雍三帝的"圣训"。清代皇帝的"圣训"与朝廷治理乡村社会办法是紧紧相连的。

清初统治者吸取了历代统治者（特别是明代统治者）治理乡村社会的经验,大力推行乡约加保甲的办法来治理与控制乡村社会。

乾隆十二年（1747）《皇朝文献通考》卷二十一《职役考一》记载："先是顺治九年颁行《六谕碑文》曰：孝顺父母,恭敬长上,和睦乡里,教训子孙,各安生理,无作非为。"①就是说,清朝廷在顺治九年（1652年）将这六谕颁行给了八旗和各直省,并诏令镌刻于碑。顺治十六年（1659年）"令直省举行乡约之法,宣讲上谕"。即清朝廷吸取了明代行乡约教化乡民的办法,将顺治皇帝的"六谕"贯彻到乡村；其法是"令五城设立公所,讲解、开谕,以广教化,直省府州县亦皆举行乡约,各地方官责成乡约人等,每月朔望聚集公所宣讲"②。并明确规定："其乡约正副不应以仆隶、奸胥蠹设充数,应会合乡人,公举六十岁以上,业经告给衣领、行履无过、德业素著之生员统摄。若无生员,即以素有德望六七十岁以上之平民统摄。每遇朔望,申明诫谕,并旌别善恶实行,登记簿册,使之共相鼓舞。"③由此规定始,清朝廷开始了行乡约治理基层社会的历程。

康熙皇帝进一步推进和加深了乡约在基层社会的推行,在康熙九年（1670）庚戌十月癸巳诏令中说："朕惟至治之世不以法令为亟,而以教化为先,其时人心纯良,风俗朴厚,刑措不用,比户可封,长治久安,茂登上理,盖法令禁于一时而教化维于可久,若徒恃法令而教化不先,是舍本

---

① 乾隆《皇朝文献通考》卷二十一《职役考一》,《景印文渊阁四库全书》第 632 册,第 451 页。
② 同上,第 451—452 页。
③ 《钦定大清会典事例》卷 397《礼部·风教·讲约一》,《续修四库全书》第 804 册,第 314 页,上海古籍出版社 2002 年版。

而务末也。近见风俗日敝，人心不古，嚚凌成习，僭滥多端，狙诈之术日工，狱讼之兴靡已，或豪富凌轹孤寒，或劣绅武断乡曲，或恶衿出入衙署，或蠹棍诈害善良，萑苻之劫掠，时闻仇忿之杀伤……朕今欲法古帝王尚德缓刑，化民成俗，举凡敦孝弟以重人伦，笃宗族以昭雍睦，和乡党以息争讼，重农桑以足衣食，尚节俭以惜财用，隆学校以端士习，黜异端以崇正学，讲法律以儆愚顽，明礼让以厚风俗，务本业以定民志，训子弟以禁非为，息诬告以全良善，诫窝逃以免株连，完钱粮以省催科，联保甲以弭盗贼，解仇忿以重身命，以上诸条著通过晓谕八旗并直隶各省府州县乡村人等切实遵行。"① 这也就是康熙著名的《圣谕十六条》。

到雍正二年（1724年），雍正帝将康熙上谕十六条"寻绎其义，推衍其文"②，演绎成了洋洋万言的《圣谕广训》，并在雍正七年（1729年）下令："令各州县于大乡大村人口稠密之处，俱设乡约之所，于举贡生员内拣选老成有学行者一人，以为约正；再选朴实谨守者三四人，以为直月，每月朔望，齐集乡之耆老、里长及读书之人，宣读《圣谕广训》，阐明大义，详示开导，务使乡曲愚民咸生孝友敦睦之思。"③

从乾隆、嘉庆、道光、咸丰、同治直到光绪皇帝，都一直坚持推行乡约加保甲的教化与治理乡村社会的办法。如乾隆元年（1736年），乾隆帝刚即位就下诏令："应严饬各地方官于各乡里居民中，择其素行醇谨通晓文义者，举为约正，不拘名数，令各就所近村镇，恭将《圣谕广训》勤为宣讲，诚心开导，并摘所犯律条，刊布晓谕。"④ 咸丰和同治年间各地还根据朝廷要求建立了乡约局。直到光绪二年（1876年），当时的中国已面临严重的内忧外患，但光绪皇帝仍然要求各地行乡约之法："宣讲《圣谕广训》，巨典昭重，自应认真举办，乃近来各地方官往往视为具文，实属不成事体！著顺天府五城，实力奉行，并著各直省督抚学政，督饬

---

① 《圣祖仁皇帝圣训》卷6《圣治一》，《景印文渊阁四库全书》第411册，第215页。
② 《世宗宪皇帝圣训》卷9《法祖》，《景印文渊阁四库全书》第411册，第137页。
③ 《世宗宪皇帝硃批谕旨》卷126之20《硃批田文镜奏折》，《景印文渊阁四库全书》第424册，第619页。
④ 《钦定大清会典事例》卷398《礼部·风教·讲约二》，《续修四库全书》第804册，第331页。

地方暨教职各官，随时宣讲，毋得有名无实。"①

在统治者的导向之下，清代的宗族制定族规便是以《圣谕十六条》或《圣谕广训》为蓝本，来制定族规，一些宗族在修谱时还将康熙皇帝的《圣谕十六条》抄录于开篇。以乾隆四十五年（1780）的《万载辛氏族谱》②中的族规为例：

一　敦孝弟，人伦万事根本。孝友人生大节，门内乖张则根本已坏；大节先亏，任尔富贵显荣终是不可以为人所以。昔人垂训开端便说孝弟。有一等人田产看得极重，父母兄弟看得极轻，不思罔极之恩，碎身莫报手足之亲，千金难得买（父母之恩）。今与众约，各宜猛省，力尽爱敬友恭之实，倘有不孝不悌者送祠从重惩责。

一　端心术，为平生受用之本。心术正则行为自善，心术邪则行为皆恶。毋怀嫉妒，毋肆凶奸，毋行诡诈，毋弄刀笔，一切损人利己、刻薄寡恩之事宜戒之。

一　积阴德。积德非望报也，然存心向善，於人必有所济。所积既多，报自厚……

一　重读书。显耀宗祖，显扬父母，全在读书。若家有读书之人，则理义有义，讲究纲纪，有人扶持，忠孝节义，从此而生；公卿将相由此而出。读书二字关系如此，田地钱财有来有去，书中受用无穷无尽。

一　族之内有隽秀子弟专心向学者，无论富足之有，勿吝束修，延师课子弟，贫穷之家必当竭力培植。毋令可造者无成，凡我族众均宜以此为重务。

一　勤职业。士农工商各有职业，总以勤为本。语云：大富由天，小富由勤。尝见名门巨族莫不由祖宗勤力而成，莫不由尽，俯仰无靠，遂生非心，深可悯恻。嗣后当父诫兄诏，勿事游惰，以荒本业。

一　尚节俭。财为养命之源，得之甚难，失之甚易，节素丰之家，享用太过，亦为暴殄天物，终非俭以作福之道，当用不用，吝固非宜，

---

① 《钦定大清会典事例》卷398《礼部·风教》，《续修四库全书》第804册，第340页。
② 乾隆四十五年《万载辛氏族谱》，江西省图书馆藏本。

然孔子曰："舆甚奢也！"宁俭。老子三宝，俭居其一，食时用礼，俭也美德哉！

一 完国课。朝廷设立官长，管束百姓，除暴安良，我辈得以坐享太平，饱食暖衣，恩泽之大，同於天地，生成之德，逾於父母，就令有力尽效，有财尽输，尚且不能报答万一，况幸买有田地，立有钱粮，所取有制，如何不早为完纳，其有不依期，任意拖延，不但官法难逃，族众先为惩治。

一 严赌博。游惰之民不务生业，往往呼朋引类、斗牌掷骰，始则倾囊，继则荡产，以致放僻邪侈，无所不为，大可痛恨。今无知子弟多被此辈引诱博戏驰逐，而衣冠中亦有不检点者，该值年禁首查实送祠责罚。

一 谨交游。人家子弟好者，由朋友作成，不好者亦由朋友带坏。今有一等不肖之人引诱人家子弟，吹弹歌唱，花酒赌钱，少年之人厌苦老成拘谨，喜欢浮华放荡，朝薰夕染，性情因而淫靡，识见因而卑污，辱身丧家，由此起。嗣后有此等之人，禁止子弟往来，不遵族训，众共惩之。

一 慎婚嫁。娶媳者当择妇家之贤，不可贪其妆奁；嫁女者当择男家贤，不可贪其豪富；若果为忠厚之家，家教既好，人品必端，女必德性淳良，男必安分守礼，日后发达定知长远……玷辱家族者众共惩之。

一 周族谊。孤儿寡母情况最苦……今与吾族约，凡遇孤寡饥寒，须竭力周恤，无父者教之，无子者继之，虽不计夫施报，而天道不爽，未有恤人孤寡而自罹孤寡之患者，愿共念之。

一 息争讼。争讼之兴由于贪人之财，逞己之忿。贪则智昏，忿则欲纵，讼遂缠绵无已，不知贪财早自损其财，逞忿适自增其忿，试思好讼何一非败……愿吾族之人各忍小忿，毋积怨端，快何如之。

比较万载辛氏族规与康熙皇帝的《圣谕十六言》，可以发现，清代江西的族规是将康熙皇帝的《圣谕十六言》化作族人的行为规范，作了更通俗、更直接的解释；清代江西的族规大体如万载辛氏，也许各宗族文字表达不一，但核心思想是顺康雍三帝的"圣训"；一些族规在此基础上各有创意也是肯定的，如对山林、水资源、渔业资源等的保护等。

在清代，族规制定之后，一般都能得到切实执行，族长、族正、族约、房长、禁首、斯文等族中权威人士会共同维护族规的权威，其维护的方式是通过在宗族祠堂召开宗族会议进行。所以，很多宗族制定有祠堂议事规则，仍以万载辛氏为例。该族在乾隆年间即制定了祠堂议事规则，乾隆四十五年（1780）《万载辛氏族谱》①卷三《事宜·祠中事宜十二则》的规定中，与族规中的"敦孝悌"相呼应，制定了"崇宗祠"和"隆祭祀"；与"息争讼"相呼应，制定了"投祠""立祠规""彰公道""息争讼"：

崇宗祠。宗祠之设上妥先灵，下联族众；礼教从此起，孝弟从此而兴，最为事务。吾家子姓散处，除岁时祭享外，每年雇守祠一人，令值年朝夕祀奉香灯兼洒扫祭洁净，免致常室污坏，一切贸易止许於头门外棲止，不得拥挤门面内，若有不肖潜入赌博，勾引安歇，罪在承年。

隆祭祀。春月祭扫龙山祖莹及清河渡、何家山等处，承年预备猪羊，先期通知，合族遵期登山致祭，午刻会宴，共沾祖惠；中元日，族长暨各房长入絜，不得苟简从事，先十日通知合族至期齐集，恪共行礼，其与祭之族长、乡绅、斯文人等宜随承祭孙于二门外序次行礼，违者有罚；至新捐贡监及加职者俱于冬至前三日报名，以便书名与祭。

投祠。族长与房长择正真绅士数人，先一日着禁首具请到祠公论，余人不得滥与，二比亦不得任意相请，违者重罚，倘有禁首滥请，斥退。

彰公道。本姓子侄投祠讲理，族房长、斯文等按理剖判，只彰公道。若外姓亲友经投勿受、谢禁，不得以子侄规论。如族人理短，按事大小家法治之。若亲友理短，亦当婉言辞谢，且族长等每逢初二、十六，齐赴崇堂，凡众事必须众议，族房长名分虽尊，亦宜公道，方服众心，不得恃尊凌压。倘徇情偏私，仍许卑幼婉言规正，切勿执拗害事。

立祠规。宗族之中以长幼尊卑为序坐立，各有分位。凡遇祠事，房

---

①乾隆四十五年《万载辛氏族谱》，江西省图书馆藏本。

长、斯文依次列坐处理、详论,余人不得喧哗,及有投祠事件,二比站立堂中静听诘问,从容对答,欠理则跪;无理应责,毋得狡辞强辩;至于禁首,坐立两旁静听,毋庸插嘴,倘不遵,酌定行重罚。

息争讼。……子侄果有互争事故,投状到祠,族长等务须揆情度理分剖,使大事化小,小事化为无事,和好如初。如执拗不依,到官成讼,其家长名字两造不许互异,真情禀覆,听官处分;若私赞家长及私充家长,俱家法重处,至祠内每年须择举公正数人办理,凡遇是非事,悉要同族房长等处断,不得任意相请,违者有罚。

由此可知,清代的大宗族,对于维护族规家法是有一套严密的制度和程序的。

【第七章】赣鄱宗族文化的核心

修谱、建祠、祭祖、定族规，这是宗族文化主要的几个方面，而且其中的每一方面又包含了许多内容。无论修谱、建祠堂、祭祖还是订族规，都有一个核心，就是将儒家文化延伸到基层社会，塑造基层社会的国民性，使基层社会的人自觉践行儒家文化。

一、族谱将儒家的忠孝廉节落实到基层民众

修谱，如前所述，其目的在于明世系、辨昭穆、识亲疏、知尊其所尊、亲其所亲、敦本始、笃恩义等，使族人间相互认同而达到凝聚族人的效果。这正是儒家伦理思想的具体落实。儒家的基本原则是"仁"，"仁"的根本是孝悌，即父慈子孝、兄友弟恭，形成浓烈的家庭亲情。族谱是贯彻儒家"仁"的思想于宗族，以族谱为媒介，通过族谱来促使父慈子孝、兄友弟恭的宗族亲情形成。

族谱在凝聚亲情的同时，通过明世系，还表达了儒家的伦理思想最为核心的"孝"，即后辈对先辈的孝与敬，所谓"清其源、晰其流，使左昭右穆之伦烂若日星，祖考子孙宛然于一堂也，后之睹兹谱者其水源木本之思、尊亲敬祖之意，将自此油然生矣！"[1]即修谱既可凝聚亲情，又可表达对先辈的孝心。

修谱通过先辈的典型事例、先辈们的励志作品、励志故事、祭规家规等，还可激励和教育后人。如《（宜春东隅）张氏族谱》[2]在《序》中所说："乘中所纪皆有关于纲常伦纪、人心风俗，足以垂今而传后……今观乘中首祭图、祖茔图，次祭规、时节礼祀典、吉凶礼及家规、祀产，

---

[1]（清）袁孔绿等纂修：《（丰城）袁氏重修宗谱》卷一《序·重修宗谱序》，江西省图书馆藏，存一册。

[2]《（宜春东隅）张氏族谱》，清道光十八年百忍堂木活字本，江西省图书馆藏本，存一册。

次家传、墓志铭、寿序、杂文并妇女传、铭、寿文等，或自著，或得诸名流、亲友所题赠，莫不一一载之而不敢遗，非好劳也，欲使后世子孙流览斯乘即仰而思，俯而悟，久而奋具惧焉，而知为人后者，必修身力行以务乎忠孝廉节之大学问。"这段话比较深刻地阐明修谱的目的和族谱的核心，通过族谱中记载的诸多内容，达到教育族人忠孝廉节，这正是儒家的核心思想在中国最基层的社会贯彻。

二、祭祖让基层民众践行儒家的孝敬诚

祭祖的目的为了族人都不忘其所来，如民国《（南城）宁氏宗祠》[①]卷首《创念三公祠序》所说："从来木有本，水有源，人有祖，其事殊，其道同也。然人有祖而不思其祖，何以为人？思其祖而不立庙以祀之，又何以为人？此祖庙之急宜也，由来久矣！"即每个人都有祖宗，若心中没有祖宗、不思念祖宗，何以做人，即何以立身处世？思念祖宗但又不立庙祭祀祖先，就失去了做人之本，所以建祠祭祖是做人根基。

民国《（南城）宁氏宗祠》谱的《捐创宗祠启》又说："尝闻祀天者祖北极，祀地者祖昆仑，祀先祖者不溯其祖之所自出，其弊与忘祖者等，今人知有己之祖父而不知有祖父之祖父，皆曰予支寝庙巍峨矣！祀事孔明矣！忘祖之愆吾知矣：夫予之祖父予祀之，予心安；祖父之祖父予弗祀之，祖父之心安乎？祖父所不安，是即子孙所不安之至者也！至不安而不求其所可安，则有宗而无祖，其忘祖也！"即祭祖不但要祭近祖、远祖还必须祭始祖，这样才能心安。

《（宜春东隅）张氏族谱》卷一《家规八条》[②]则阐述了另一重要性：不仅仅是为追远报本，也是为了自身去世后子孙也能祭祀自己。

谨祠祀。……祖宗者，吾身之所自出也，藉令今日不能祭祀祖宗，

[①] 民国丁丑戊寅年修，作者阅读并收藏了由江西省南城县宁氏族人提供的此谱部分照片，未读全谱。

[②] 《（宜春东隅）张氏族谱》，江西省图书馆藏本。

而身后克享子孙之血食，此必不然之数矣。是故合祭分祭须尽追远之诚，大宗小宗务伸报本之宜；凡一切不敬之事，如离席自便，附耳偶语与夫欠伸跛倚、哕噫唾咦皆属不孝不诚，主祭与祭须谨戒之。

因为祭祀祖先是要表达对祖宗的孝敬，所以，几乎在所有清代族谱的族规中都会有"隆祭祀"条，在此条中都会规定祭祖时要"诚"，行礼要恭，绝不可以散漫懈怠："祭祀祖宗，务要孝敬，恭伸报本之诚，恪尽追远之意，其或行礼不恭，离席自便，与夫欠伸跛倚、哕噫唾涕，一切失容之事，俱系不孝不敬。《诗》曰：'神之格思，不可度思，矧可射思。'戒之慎之，家规有罚，论众咸知，谨诚。"①

从上述内容可知，祭祖就是要表达儒家的孝、敬、诚的核心伦理观。

三、祠堂落实儒家的孝悌、礼、尊卑有序的思想和科举仕进的价值追求

要祭祖就必须建祠堂。前面所述，清代的祭祖形成了清明墓祭、中元户祭、冬至祠祭的祭祖习俗，即祠堂是祭祖的必备场所。然而，祠堂还不仅仅只是祭祖的场所，宗族祠堂还是祖宗灵魂冯依、落脚之所，是族众相聚之所和宗族兴礼教之所，清代万载《辛氏族谱》之《事宜·祠中事宜十二则》中说："宗祠之设，上妥先灵，下联族众，礼教从此起，而孝悌从此而兴，最为事务。"民国《（萍乡）王氏支谱》②卷首《家规》中规定："崇宗祠之设，上妥先灵，下联族众，礼教从此而起，孝悌从此而兴，最为要务。吾家子侄散处，除岁时祭享外，每年雇守祠一人合值年朝夕祀奉香灯，兼洒扫絜净，勉致堂室污秽，若有不肖潜入博赌，勾引安歇，罪在承年。"《萍北朱氏族谱》卷三《家诫十四条》："重祭祀，

---

① 清李福祥纂修《李氏族谱》卷一之《诫词》，道光二十三年陇西堂木活字本，江西图书馆藏，存一册。

② 王兴炜等修、王善岚等纂：《（萍乡）王氏支谱》民国十三年庆源堂木活字本，江西省图书馆藏，存三册。

妥先灵也。祖宗神灵，惟祠是依，临之在上，质之在旁，圣人亦致其如在之诚，况我辈乎？故凡春秋祭祀，无得离次自便、笑语自若，与夫欠伸跛倚，懈怠不恭，庶几神之格思，不吐其祀。"

再如清代《（万载东隅）袁氏族谱》①卷首《家规》规定：

重宗祠。祖堂乃祖先冯依之所，又为至公立法之处，故当亟宜兴修，难容急缓。我族祠宇荒废，公财匮乏，久未兴修，无以安妥祖灵，并固人心，深可怨恫，我等族人务必善为设法，竭力重修，庶几上光祖宗，下裕子孙，急宜勉力，切勿迟延。

兴祭祀。尊祖敬宗修祠固所必先，追远报本祭祀岂容或缓？但必预为绸缪，方能公事有济。

祠堂对一个宗族而言非常重要，既是祭祖之所，又是祖宗灵魂皈依之所，是宗族聚会之所，还是立家法和最为公平执行家法之所；不仅有光耀祖宗之意，还有给子孙带来福祉之期。实际上，祠堂所落实的正是儒家的孝悌、礼和尊卑有序的思想，在祠堂中将这些思想落实到了具体的行动中。如道光二十一年（1841）《（万载）袁氏族谱》②之《家规十八则》的规定："宗庙，礼法所在，不论大小事宜，尊卑长幼咸集祠内，各宜序齿挨次坐定，整齐严肃静听族长、房长处分，不得嬉笑游谈、喧哗杂乱，有乖宪典，违者惩责。"即儒家的遵礼和长幼有序的等级思想，落实到了祠堂内的具体行为中。

清《（万载）李氏族谱》③卷一之《宗祠十则》对于祠堂所要达到的目的和所要形成的文化表达得很清晰。

孝。得亲可使亲心欢，顺亲可致亲心安。富贵故足以荣亲，寡过自不敢辱亲。

---

① 清袁国奉等纂修清嘉庆十六年汝南堂木活字本《（万载东隅）袁氏族谱》，江西省图书馆藏本，存三册。
② 《（万载）袁氏族谱》，道光二十一年木活字本，江西图书馆藏。
③ 清李福祥纂修：《（万载）李氏族谱》，道光二十三年陇西堂木活字本，江西图书馆藏本，存一册。

悌。既不敢以贤智先父，又岂可以富贵炫？随行后长，不敢乱容貌，辞气不敢暴。

慈。己之子弟爱中严，人之子弟责内宽，鳏寡孤独宜相济，邻里宗族宜相周。

清。心清可以寡欲，身清可以勉身忧。不恋声色品自高，不贪货利分不隳。

勤。耕者勤而衣食足，读者勤而功名成，治家勤而家兴旺，治国勤而国大乎。

俭。天道恶盈而好嫌，君子恶奢而喜俭，嫌之可常而富贵，俭之可耐而久长。

恭。恭而在上，上不陵恭而在下，下不侮，既不亢以至于骄，复不卑而至于谄。

敬。心存敬，邪心自消。身存敬，身不妄安，敬以待人，人敬我，敬以处事，事安详。

忍。由来忍字为最为高，百忍无忧，嘱尔曹临事之时忍耐，过后方知忍气高。

和。阴阳和而雨泽降，夫妇和而家道成，兄弟和而争论少，邻里和而是非平。

这十则，都是儒家思想的核心要求，可见，祠堂在基层社会中落实与贯彻儒家思想起着重要作用。

祠堂贯彻和落实儒家文化的另一大作用是塑造族人科举仕进的价值追求。

自唐代实行科举取士的政策后，要成为官员，就只有科举仕进了，而科举仕进才能光宗耀祖。祠堂的祭祖文化都在激励族人要光宗耀祖，即培养族人科举仕进的价值追求，这正是儒家"齐家治国平天下"的具体要求。

四、族规将儒家思想化作基层民众的行为规范

前面所述，清代族规的制定是以顺康雍三帝的"圣训"为依据，而这三帝的"圣训"实乃继承了明太祖朱元璋的"圣谕六言"。无论是明初还是清初的"圣训"，实际上不过是将儒家思想和伦理原则化作了基层民众行为规范。同样，清代的族规亦然，且看清代族规的主要规条，不过是隆祭祀（或崇宗祀）、重孝悌、完国课、息争讼、和乡党、睦宗族、禁赌博、慎婚配、彰公道、重教养等，这些都是康熙皇帝《圣谕十六言》和雍正皇帝《圣谕广训》的要求，均是儒家思想的核心。

【第八章】赣鄱宗族对书院文化的贡献

赣鄱地域在中国历史上创造过辉煌的地域文化。青铜文化改变了上古南方为蛮荒之地的历史观念；陶瓷文化让赣鄱名扬四海；禅宗文化让赣鄱成了一些宗派的祖庭；道教文化让赣鄱充满神秘的魅力；科举文化让赣鄱成为人文圣地；宗族文化使赣鄱成为中国封建社会延续久长的典范之区；书院文化使赣鄱成为中国古代书院文化名区。这些文化交相辉映，互相渗透融合，使赣鄱地域成为中国历史上的文化名区。

赣鄱地域的家族自唐代以来就热衷于兴学和助学，非常重视家族子弟的文化学习。特别是自唐代中后期以来，科举引领了读书人、家庭及家族的价值取向，培养子弟科举仕进、光宗耀祖，成为家庭、家族、宗族的追求，成了士子们的人生价值追求。为了使宗族子弟更好地学习，从唐代中后期以来，江西的家族和宗族就热衷于兴创书院或捐助书院，元明清时期虽然书院官学化，但赣鄱宗族仍热心于兴创书院与捐款修复或维修旧书院。

一、唐代赣鄱书院领先全国得益于宗族兴创

（一）宗族办学的前提和动力

在唐代中期安史之乱以前，曾有过晋末的北人较大规模地南迁，但进入江西地域的人口不多，仅有万把人进入到了长江沿岸的彭泽、湖口等地[①]，随着时间的推移，这部分人原住民化了，其人口传衍情况也就不清楚。唐代中期安史之乱后，中原人口较大规模地南迁，有相当一部分人口进入到了江西地域定居。唐代中期进入江西的人口到唐末五代时期已经过一百多年的传承，形成大的家族。唐末五代和北宋前期进入江西

---

① 葛剑雄：《中国移民史》第二册，福建人民出版社1997年版，第410页。

定居的人口，到北宋后期则在南宋时期形成大的家族，由家族再传衍成宗族。到南宋时期江西的庶民宗族普遍形成①。这是宗族办学的前提，只有大家族或宗族形成，才可能兴创较高规格的私学机构。

中国的选官制度，从夏商周的世卿世禄制到秦朝的按军功授爵制，两汉创立了察举制和征辟制，魏晋南北朝时期采用重门第的九品中正制。隋朝的隋文帝时期，废除了重门第的九品中正制，开始实行选官制，进士科便起于隋文帝的设置。唐太宗完善了隋的进士科考试选官制，还增设了明经科；武则天时增加了进士科取官的人数，并首创武举和殿试。李隆基开元时期始，科举考试（即进士科取官）成为定制，直到清末。

正因为科举制的实行，给了平民百姓进入仕途的机会，因此，始于隋朝的科举选官制引领了读书人、家庭、家族到宗族的社会价值取向，读书人要出人头地或实现个人为社会做贡献的抱负，只要中进士即可。家庭、家族、宗族要取得较高的声望和社会地位，只要多培养子弟入仕即可。另外，对个人而言，入仕为官，是中国古代一种较好的生存方式。

正是科举制的引领，大家族或宗族才有创办较高规格教学机构的动力，使得书院作为较高层次的私人办学机构在唐后期兴起，在宋代达到繁荣，元明清保持了兴盛，对地域正统文化的传承与发展起了重要作用。

（二）江西书院兴起前的官学与私学

中国古代的教育自古以来就存在着官学和私学两大系统。

官学，即政府直接办学或政府管辖教育机构。据有关文献和考古资料研究，中国的官办学校起源于夏、商，到西周时期形成了从中央到地方各有官办学校的教育体制。②

西周的官办中央学校即国学，建在王城，分为大学和小学。大学规

---

① 施由明：《论河洛移民与中国南方宗族——以江西为中心的历史考察》，载第八届河洛文化国际研讨会论文集《河洛文化与闽台文化》，河南人民出版社2011年版。
② 顾树森：《中国历代教育制度》，江苏人民出版社1981年版。

模较大，分东南西北中五学，中为辟雍，又称大学；东为东胶（又称东序），南为成均，西为西雍（又称瞽宗），北为上庠。辟雍为五学之首，所以，设在王城的大学又称辟雍。西周的地方官学，即各诸侯国设立的泮宫和乡学，泮宫都设在都城，乡学设在都城之外，形成所谓"家有塾，党有庠，述（遂）有序，国有学"①，即西周的地方官办学校有庠、序、塾之称。②

春秋战国时期中央官学衰落，秦一统天下后也没有设立官学。

汉朝恢复了中央和地方两级官学，前者为太学，后者为郡国学。

魏晋南北朝中央官学虽衰落，但还是保持着各割据政权都设立有中央太学或国子学和地方州郡学。

隋唐时期，无论中央还是地方，官学都较前历代发展大。中央官学有传统的太学和国子学，还设置了分科大学和短时间修业即可参加科举或授官的大学，有四门学、广文馆、算学、律学、医学、书学、崇玄学。另外，还设有国立小学。地方官学则在府州和县两级设立学校，唐代的官学制度已比较完整。

汉晋时期仅在郡城南昌有官学，唐代江西的地方官办学校较汉晋时期有较大发展，见表11。

表11 唐代江西地方官学表③

地方官学名称	设立时间	设立者
南昌府学	晋太康中设于郡城西，唐大历十三年（778年）徙于城北	晋豫章太守胡渊 唐御史中丞杜亚
丰城县学	永徽二年（651年）	
袁州府学	天宝五载（746年）	州守房琯
萍乡县学	武德年间（618—626年）	县令唐萼
新淦县学	贞观十四年（640年）	
新喻县学	大历八年（773年）	县令杜臻
抚州府学	天复二年（902年）	刺史危全讽

① （宋）王兴之：《周礼订义》卷十九，《景印文渊阁四库全书》第93册，第311页。
② 熊明安：《我国古代学校教育制度形成、发展及其历史作用》，载《西南师范大学学报》1985年10期。
③ 本表依据资料为光绪《江西通志·建置略·学校》。另参见陈金凤：《江西通史·隋唐五代卷》，江西人民出版社2008年版，第217页。

续表

饶州府学	始建于西晋末，唐时有复兴	
余干县学	始建年代不详，开元二年（714年）移县左	
永新学宫	首建唐咸亨年间（670—674年）	
都昌县学	咸通年间（860—874年）	县令陈杲

由表11可知，唐代一些地方建立了官学，但还有很多地方都未建立官办学校，赣北的九江和赣中、赣南几个区域都始终未建立官办学校，其原因主要与经济发达程度及地方官员的努力程度有很大关系。既要让子弟学文化参加科举，又无法依靠官办学校，于是作为比较高级的私学——书院在唐代兴起。

私学即私人办学，源自于春秋时期官学衰落。无论统治阶层还是庶民阶层都有让子弟学文化的要求。孔子便是著名的私人办学的鼻祖，墨子、荀子、孟子等亦都是私人办学的典范人物。此后，私人办学历代兴盛不衰。特别是唐代中后期及其以后，统治者以科举取士，更引导了私人办学的兴盛。

私学主要分两个层次：一是启蒙教育，二是比较高级的中等教育。启蒙教育一般是14岁以前的教育，在家庭（家塾、私塾）或乡村学校（村塾、乡塾等）完成。中等教育除官办的学校外，就是唐代以来私人兴办的书院。

（三）唐代江西的书院

书院原是政府藏书、修书之所，这就是学者常引用的清代袁枚在《随园随笔》卷十四中所说："书院之名起于唐玄宗，时丽正书院、集贤书院皆建于朝省，为修书之地，非士子肄业之所。"[1]后来，由藏书之所演变成了读书、教学、学习之所。据邓洪波先生在《唐代地方书院考》[2]一文中考证，中国最早的书院为陕西蓝田的瀛洲书院，存在的时间为唐高祖武德元年至九年（618—626年），邓洪波先生考证后认为，此前学界所认为的四川遂宁张九宗书院创于贞观年间，为中国最早的私家书院，实

---

[1] （清）袁枚《随园随笔》卷十四，广益书局1936年版。
[2] 邓洪波：《唐代地方书院考》，《教育评论》1990年第2期。

乃创于唐贞元年间（785—804年），非中国最早的私家办学书院。据邓洪波先生的研究，唐代私家书院有22所，其中属于江西地域的私家书院有4所：皇寮书院、桂岩书院、景星书院、东佳书堂（义门书院）。又据李才栋先生在《江西古代书院研究》[①]中所列，唐代江西书院有7所，其中李渤书堂、飞麟学塾、登东书院乃邓洪波先生未列。桂岩书院、景星书院、东佳书堂兴创于唐代，有明确的记载，为学界所共识。

对于皇寮书院，光绪《江西通志》卷81是这样记载的："皇寮书院（永丰县）二都渝州，唐吉州通判刘庆霖流寓永丰，建以讲学。其十二世孙炎修。"由于"通判"一职乃宋代的官职，那刘庆霖是唐人还是宋人？邓洪波和李才栋先生都认为只能存疑。但据陈元先生考证，刘庆霖乃唐人是没有疑问的，并考证认为皇寮书院应是建于唐末公元844—878年，故址在今江西省吉安市永丰县坑田乡境内。[②]笔者认为陈元先生的考证是有说服力的。

对于李渤书堂，邓洪波先生认为李渤任江州刺史时，曾为士人设立读书处，但李渤书堂乃后人所命名，所以作为书院列入。

对于飞麟学塾、登东书院，邓洪波先生未作考证，但据李才栋先生的考证，此二者属唐代书院是肯定的。

又据陈金凤先生著《江西通史·隋唐五代卷》所列，唐代江西的书院还有洪州西山的施肩吾书院，建于唐元和年间（806—820年）。

无论唐代江西是建有书院4所、7所或8所，唐代江西兴创书院都是处在全国领先地位的，从数量上说是最多的，从质量上说也是比较完备的具有教学功能的机构。

（四）宗族有兴创之功

唐代江西书院的兴创之功，离不开宗族的支持。

---

① 李才栋：《江西古代书院研究》，江西教育出版社1993年版，第26页。
② 陈元：《皇寮书院始建朝代及今属籍地考辨》，载《江西教育学院学报》2012年第2期。

景星书院和李渤书堂乃江州刺史李渤所立，这是作为地方官员和文人对发展教育和读书人的重视，与宗族无关。但唐代江西其他书院的兴创与宗族培养人才目标紧密联系。

1. 桂岩书院

桂岩书院，在今江西宜春市高安县华林乡，唐代时属洪州高安县城北六十里的洪城桂岩。同治《高安县志》载："在高安郡北六十里""环两山之间厥地邃而深，水泉清冽而草敷茂者，即桂岩也。"① 书院创办者为幸南容（746—819 年）。

据史料记载，桂岩书院为幸南容所创，这在学界是没有疑问的。但对于该书院的创办时间却有不同的看法。邓洪波先生的《唐代地方书院考》一文及李才栋先生的《江西古代书院史》一书中都认为该书院是幸南容在唐宪宗元和九年（814 年）致仕后家居所创，陈金凤先生在《江西通史·隋唐五代卷》也采用此说。但 1996 年出版的《江西省教育志》把该书院的创办时间定在幸南容中进士之前，即在 793 年前。据幸南容 40 世裔幸友金考证，桂岩书院的创办定在幸南容中进士（793 年）前是对的，幸南容在 50 岁（793 年）中进士前曾做过一段时间地方官，由于为人耿直，被非议而辞官回家办书院，"开馆授业"②。

无论是出仕前还是致仕后兴办，其目的都是为了让宗族子弟学文化以达到科举出仕的目的。幸金友先生认为，幸南容从地方官任上辞官回家办书院开馆授业，既为自己的生计着想，也为子孙铺就了读书科举之路。

据记载，在幸南容中进士出仕前，其家族的声望、经济基础和藏书条件都已经具备了办书院的充足条件，幸金友先生在文中说：

从其鼻祖幸偃至其祖父幸茂宏（旁支者未计）平均每 2.3 代（即平均每隔 1.3 代）就有一代为官的记录（其中有许多理推应袭职的代数未记录到）。幸茂宏，唐武后万岁通天二年（公元 697 年）任南昌府丞，后

---

① 同治十一年《高安县志》，《中国方志丛书·华中地方·第 847 号》，第 716 页。
② 幸金友：《桂岩书字考》，载江西书院研究会第四届年会学术论文汇编《中国书院论坛》。

迁高安幕山故址,"江南一时代阅称显者,以公家为最"。

即幸氏定居高安后已是赫赫望族,已完全具备办书院的条件。据幸元龙《桂岩书院记》[①]所载:桂岩书院自创办至中和二年(882年)其孙幸轼为太子校书郎,家徙郡城,"书院自是芜也"。即从公元793年至882年,在唐代存续了近90年,是江西历史上最早的书院,也是中国家族办书院聚徒讲学的最早的书院之一。幸氏后人曾在南宋和明清多次复兴此书院。

2. 东佳书堂

东佳书堂是唐代一所著名的书院,首先在于其创办者为著名的陈氏家族(南唐升元937年特立为"义门",所以陈氏家族在宋代又被称为"义门陈")[②];其次是其规模著名,建有书楼、堂庑数十间,聚书数千卷;其三是其教学体制著名,陈氏家族创有"书屋""书堂"两级学校,前者为蒙学馆,7岁入学,15岁出学;后者为培养科举人才的高级学校,订有中国书院史上最早的学规并设置有中国私人办学史上最早的学田,"延四方学者,伏腊皆资焉。江南名士皆肄业于其家"[③]。

东佳书堂是中国早期宗族办书院的典范。一是其经济基础及办学条件依据的是宗族的力量,建有数十间堂屋和书楼、聚数千卷书、供众多学生食宿(包括陈氏宗族子弟及游学于此的学子),依靠的是宗族的雄厚经济支持。二是办学的目的很明确,就是为了培养宗族子弟科举入仕,以使宗族声望不衰。唐大顺元年(890年)陈崇所立《陈氏家法》(又称《陈氏家法三十二条》)规定:"立书堂一所于东佳庄,弟侄子孙有志性聪敏令修学,稍有功业精进者应举,除现置书籍外,须令添置。于书生中令一人掌书籍,出入须令委照管,不得遗失,宾客寄止修业者,并延待

---

① 载雍正《江西通志》卷一百二十六《艺文·记·宋》,景印四库全书第517册,第418页。
② 关于"义门陈"有很多研究成果,如许怀林先生编有《义门陈氏家族》。其家族享有盛名一是乃名门之后,为南朝陈文帝之后,唐开元间其后裔陈旺自庐山圣治峰下迁往江州德安(今江西德安县)定居;二是累世同居共爨,百年不散,成为著名的义门,直至北宋嘉祐七年(1062年),朝廷劝其分家,分为291庄,散居全国各地;三是其家族科举出仕者众。
③ (宋)僧文莹《湘山野录》卷上,《景印文渊阁四库全书》第1037册,第249页。

于彼，一一出东佳庄供应周旋。"后《推广家法十五条》又明确规定："子孙蒙养时先当择师，稍长令从名师习圣贤书，教循礼义……如果资性刚敏者，严教举业，期过道以取青紫。"①。三是教学规制完备，有书屋（启蒙教育）和书堂（高等教育）两级教学的设定，李才栋先生将东佳书堂说成是"具有教学功能的书院初步规范化的标本"②。

3. 飞麟学塾、陷湖书院、皇寮书院

飞麟学塾，据雍正《江西通志》卷二十一《书院一》记载："虎溪书院在新建忠孝乡琚塘，亦名虎溪精舍，唐婺源程天器刺洪州即家于此，始置飞麟学塾，至宋嘉定间其孙必东、必简先后登进士，因改为虎溪书院。"③由这段记载可知，飞麟学塾创于唐代，但此学塾在唐代的状况如何，是否具有教育性质，已不可知，但可以肯定的是此学塾是为了培养宗族子弟学文化而创。

又由咸丰《大塘程氏宗谱》④可知，飞麟学塾的创立者程天器，即程焴，其祖根中原，"晋永嘉之时，有元谭者佐琅琊王起建业，为新安⑤太守，因赐地遂家焉。梁陈之际有灵洗者匡国安民，移陈镇西将军，开府仪同三司，卒谥忠壮公，其嗣益蕃衍，族弥著，乃更望新安，厥后分南北两宗，自隋及唐及宋及明，其间累叶相承，多名宦显于世……因宦家新建者则焴公始。"⑥其初定居洪州西山之竹园，后其孙又分支开基于附近的大塘："我焴公唐乾符中谪居豫章，遂卜西山之胜地竹园而居，公之孙仕昇公，性耽风水，遍览山川，得其秀丽者唯我大塘，遂留恋莫舍而

---

① 阮志高等：《江州陈氏东佳书堂研究》，载《江西教育学院学报》1989 年专刊。

② 李才栋：《从早期江南三书院看书院、科举制度的互动关系》，载《江西教育学院学报》2004 年第 2 期。

③ 雍正《江西通志》卷二十一，《景印文渊阁四库全书》第 513 册，第 693 页。

④（清）程逢露等修、程新辆等纂《大塘程氏宗谱》，不分卷十二册，咸丰七年木活字本，江西省图书馆藏。

⑤ 即晋隋唐时期的新安郡（280—758 年），包括了明清至今的徽州与严州大部分，成为后来徽州、严州的代称；位于钱塘江上游的新安江流域，所辖地域为今安徽黄山市、绩溪县及江西婺源县、浙江建德市（寿昌）、淳安县（含原淳安县、遂安县）。

⑥ 咸丰《大唐程氏宗谱·程氏族谱序》，江西省图书馆藏本。

置家之故，数百年来蝉联科第。"①

程焴是一个有文化的官员出身，从洪州刺史任上退居，为了宗族子孙学习文化而创办学塾，也就成了情理之中的事。到南宋嘉定年间，其九世孙程必东在嘉定十六年（1223）中进士（官至礼部尚书），程必简在嘉定十五年（1222）中进士（官至司勋员外郎），二人重建书院，并改名虎溪，置有学田千亩，四方游学之士集此读书。

陷湖书院，关于这所书院，李才栋先生在《江西古代书院研究》一书中将其列为"登东书院"，唐乾符末（879年）解世隆所建。但据解缙在《修家谱序》中所说，其先祖原居山西平阳，唐天宝间解隐及其子解禹皆中进士，解隐出仕为蕲州刺史，解禹出仕为吉州刺史，安史之乱后定居当时的庐陵：

> 唐天宝中有讳隐，字退翁，与子禹，字德远并举进士及第，退翁仕为蕲州司户参军，德远为湖州安吉令，值安史之乱父子皆寓于蕲，由蕲迁金陵，德远用荐为吉州刺史，因家庐陵同水乡臻善里，今吉水县西鹧鸪洞迹符南山之麓，世传许逊治蛟孽迹其所，篆符于此地，故得名，俗讹呼为积富，而吉水县则南唐后主保大八年析庐陵县所置，或云隋大业中尝置而旋废，史传不载，不知其果然否也。黄巢之乱，吉之世族相与率乡兵拒却之，由是吉独不罹害，或云吉州有山名"天狱"，巢亦闻而恶之，遂敛兵去，盖得之传闻云。今吉水县治有招义寨，实刺史公之曾孙讳盛，字世隆者所筑，以御巢而子孙因家焉。世隆在南唐追赠仆射，子孙皆仕为制置，至宋仁宗嘉祐己亥，仆射之元孙讳希孟，字伯轲，天圣进士，茂州司户参军，知廉州致仕，子安，字吉甫，熙宁进士，濮州参军秘书丞致仕，父子始即县东之鉴湖书院居焉。先是其傍有道院，梁上二钟以索自相击，一夕地陷名曰"陷湖"，其曰"鉴湖"者，因制置公之请而南唐烈祖赐名也。书院本仆射公之所作，环垒而可见者有五，皆为湖，其前而傍，皆有第宅周垣，其南曰"平湖"，北曰"茭湖"，皆淤为平畴，西曰"青湖"，为江水所决，独鉴湖与东湖夹两山之脊而潴其水，

---

① 咸丰《大唐程氏宗谱·重修宗谱序（乾隆三年）》，江西省图书馆藏本。

虽淤泥不至泯没，尤多芙蕖，绕岸林木蔚然，解氏之居在其上者，盘蠹如旧，而弦诵之声不绝，宋丞相刘冲之少时游学其所题句犹在也。①

由上可知，解世隆所建乃"陷湖书院"而非登东书院，方志中也无登东书院的记载。陷湖书院乃解世隆为宗族子弟而建的一所家族子弟读书的书院。

皇寮书院，清代江西方志中的记载是刘庆霖为聚徒讲学而创。另据永丰县坑田乡渝州村之《吉丰二都渝州刘氏族谱（九修）》记载：庆霖，克己次子，讳泽，行龙三。幼颖敏，习举业。唐太和三年（829年）胄监，开成二年（838年）任庐陵郡倅。会昌四年（844年）六月奉诏裁减佐官，公在例，遂归，值寇乱道阻，弗获西迁。因家于箬山岭打石寨下居焉，自是不复仕进，隐居教授，四方师尊。故于居南开地构居，匾曰"皇寮书院"，以实汉之宗室……（庆霖）元和二年（807年）生，乾符五年（878年）殁。②

史料中没有明确记述刘庆霖教授一些什么样的学生，但可以肯定的是，其学生以其宗族子弟和乡人为主，虽为刘庆霖个人所创，但带有家族性是可以肯定的。

从唐代江西书院的创办历史可知，宗族对书院的兴创起了重要作用，从桂岩书院、东桂书堂到飞麟学塾、陷湖书院、皇寮书院，其兴创依据的是宗族的力量，学生主要是宗族子弟，宗族为培养子弟学文化和科举而办书院，这是唐代江西书院能处于全国领先的原因之所在。

另外，邓洪波先生的《中国书院史》还谈到唐代江西有一所"施肩吾书院"，此书院名为当代学者所加，当时为何名已不知。但江西方志及有关文献无载，只是《道藏》中简略地记载在西山有施肩吾读书处，不知是否曾建有书院。

---

① （明）解缙《文毅集》卷八《序》，《景印文渊阁四库全书》第1236册，第710页。
② 陈元：《皇寮书院始建朝代及今属籍地考辨》，载《井冈山大学学报》2012年第2期。

（五）唐末五代的书院与宗族

唐末五代十国时期（907—960年），社会动荡不安，政权频繁更换，特别是中原地带，战乱不断，百姓流离失所，大批北人南迁，中国经济重心南移。江西地域在这一时期，经历了唐末豪强并起：钟传据洪州、危全讽兄弟据抚州和信州、彭玕理吉州、卢光稠和谭全播治虔州，五代时期经历了杨行密建立吴和李氏南唐的统治。社会环境相对安定，统治者从保境安民的理念出发，发展经济、振兴文教、好文重士、招贤纳能，为文化的发展提供了良好的环境。

唐末五代时期，除了唐代书院（如东佳书堂）仍在运转外，又兴创了一些书院，李才栋先生在《江西古代书院研究》共列了6所：留张书院，在洪州高安县（今属宜丰县境内），天复二年（902年）进士张玉创建；云阳书院，在洪州建昌县（今永修县境内），南唐进士吴白创办；光禄书院，在吉州庐陵县（今吉安县富田），庐陵人刘玉创建；匡山书院，在吉州泰和县（今吉安市泰和县），泰和罗韬创建；梧桐书院，在洪州奉新县（今奉新县），奉新罗靖、罗简兄弟二人创建；华林书院，在洪州奉新县（今奉新县）境内，创建者为胡珰。

这5所书院，都是个人讲学授徒所创。如留张书院乃由于唐亡，张玉于天祐四年（907年）从九江观察使任上挂冠而归，构书堂讲学；云阳书院乃吴白举进士后从南唐谪归，隐居建书院读书讲学处；光禄书院原为刘玉的读书处，雍正《江西通志》载："宋开宝二年邑人刘玉建凤冈精舍"[①]，所谓精舍，乃私人读书处；匡山书院乃罗韬从端明殿学士任上引疾归，建书院授徒；梧桐书院乃罗靖、罗简兄弟聚徒讲学之所。

奉新胡氏华林书院，与上述5所书院不同，他是唐末五代江西规模和影响最大的一所书院，且是典型的家族性质的书院。所谓家族性书院，李才栋先生在《江西古代书院研究》中有精辟的论述："书院（书堂）为家族创办，要依赖家族的经济基础、思想和组织上的条件。同时书院（书

---

① 雍正《江西通志》卷二十一《书院》，《景印文渊阁四库全书》第513册，第712页。

堂）对义门的全部生活的延续发挥积极作用，是维持聚居生活的重要手段之一。当然，这种家学并不封闭。正如陈氏一样，同时招延宾客留止，以求与本族子弟互相切磋、共同长进和提高义门声望。华林书院不仅是家族的书院，而且华林山别墅就是胡氏家族聚居之处。这点与陈氏不同。陈氏是在数十里外的东佳庄另建书堂。华林山别墅却是既有全族人的生活设施，又有教育和交际设施'大院'"。[①]

对于华林书院的创办年代和创办者，学者依据不同的史料，持有不同的观点，有创于宋淳化五年（994年）说，有胡仲尧创于宋雍熙年间（984—987年）说，有创于宋太平兴国年间（976—983年）说，有胡珰创于南唐说（李才栋先生持此说）。笔者赞同胡炜《华林书院创办时间考》[②]的考证，华林书院应当是定居奉新华林山的一世祖胡城在杨吴时期（892—937年）所创。胡城创办此书院时正是天下大乱时期，虽然读书风气大不如前，但胡城创此书院教授自己的5个儿子，同时也招些他人子弟共同学习切磋，这种家族式的书院融生活场所与学习场所为一体，当时可能未必使用"华林书院"之名，到胡仲尧时代才使用华林书院之名，到宋代发展成为一所著名书院。

从上可知，宗族在唐末五代江西书院的创办过程中起了重要作用。

二、宋代赣鄱书院的兴盛有宗族兴创和捐助之功

（一）宋代赣鄱书院的兴盛

宋代江西的书院和全国其他地域的书院一样，在宋朝重文教、重文士以及更规范的科举取士等因素的引导下，书院这种私人办学机构发展很快，较之唐及唐末五代，数量大增，创办主体和书院特点呈现多样化。

据白新良先生在《中国书院发展史》的统计，北宋年间（960—1127

[①] 李才栋：《江西古代代书院研究》，江西教育出版社1993年版，第36—37页。
[②] 胡炜：《华林书院创办时间考》，《宜春师专学报》1998年第3期。

年）全国共建有 73 所书院，其中江西以 23 所为全国最多，占全国总数的 31.5%；第二名湖南仅 9 所，第三名河南 6 所，安徽、江苏、浙江、山东合计 16 所，福建、湖北、广东、四川合计 14 所，直隶、陕西、山西合计 5 所。①另许怀林先生据光绪《江西通志》及有关府县志的记载统计，北宋年间江西 13 州军共开办书院 50 余所（包括分不清北宋还是南宋的 16 所）。②据李才栋先生统计，整个北宋时期，江西建书院 39 所，另有 19 所分不清是北宋还是南宋。总之，北宋江西的书院远比全国其他地域多。

至南宋时，江西书院和全国其他地域一样数量大增，据邓洪波先生《中国书院史》统计，南宋有书院 442 所，江西 147 所，约占南宋书院总数的 34%，第二名为浙江 82 所。③李才栋先生在《江西古代书院研究》一书中的统计是"始建于南宋的书院约有 170 所"。④李国钧主编的《中国书院史》列出南宋江西书院 162 所。⑤许怀林先生依据光绪《江西通志》和部分府县志的统计结果是南宋江西地区建有 134 所书院。⑥之所以会出现不同的统计数字，如许怀林先生所说："造成这种差异，有资料来源、对事项鉴别、统计口径不一样等多种原因，要求得一个确切数字，需普查了文献，而且对大多数书院进精细的考证之后。"⑦总之，南宋如同北宋，江西地域的书院远比全国其他地域多。

宋代全国书院兴盛的原因，许多学者都做过论述，归纳起来有几点：

一是印刷术的推广对文化的发展起了重要作用。据学者研究⑧，宋仁宗即位后开始使用雕版印刷术印刷文告，从而使政府的文告能海行天下。

---

① 白新良：《中国书院发展史》，天津大学出版社 1995 年版。
② 钟起煌主编、许怀林著：《江西通史·北宋卷》，江西人民出版社 2008 年版，第 251 页。
③ 邓洪波：《中国书院史》，上海东方出版中心 2004 年版。
④ 李才栋：《江西古代书院研究》，江西教育出版社 1993 年版，第 117 页。
⑤ 李国钧主编：《中国书院史》，湖南教育出版社 1994 年版，第 1016—1021 页。
⑥ 钟起煌主编、许怀林著：《江西通史·北宋卷》，第 251 页。
⑦ 同上。
⑧ 参见应岳林：《印刷术在中国的起源发展及在亚洲的传播》，载《复旦大学学报》1994 年第 3 期。

同样，雕版印刷术用于民间坊肆刻书，使图书经籍大量印刷发行，其对文化和教育的发展作用可想而知了。

二是宋朝廷重文轻武，以文治国。在宋太祖建宋之初即定下了"优礼文人士大夫"的国策，经太宗、真宗两朝强化之后，成为宋统治者的基本国策。

三是与重文士相连，宋朝廷改革了科举考试，使科举考试更规范、更开放，为读书人提供了更公平出仕的机会，所谓"朝为田舍郎，暮登天子堂"。宋真宗赵恒在《劝学诗》中直接明了地鼓励读书人参加读书和科举："富家不用买良田，书中自有千钟粟。安居不用架高堂，书中自有黄金屋。出门莫恨无人随，书中车马多如簇。娶妻莫恨无良媒，书中有女颜如玉。男儿欲遂平生志，六经勤问窗前读。"正是宋朝的科举取士，激起了家庭和家族竭尽全力培养子弟读书，同样激励了读书人努力读书，寒窗苦读，朝着"登天子堂"而奋发。因而，南宋陆九渊感叹："科举取士久矣，名儒巨公，皆由此出，今为士者，固不能免此。"[①]南宋朱熹也感叹："居今之世，使孔子复生，也不免应举。"[②]科举取士引领了士子们的价值取向，宋代的蒙学教材《神童诗》直白明了地鼓励士人读书："天子重英豪，文章教尔曹；万般皆下品，惟有读书高。"

四是官学满足不了众多读书人的读书需求，于是私人兴学兴盛起来，家族为培养子弟科举而兴学，文化精英们为满足读书人的读书需求而办学收徒。特别是北宋"庆历兴学"以前，官学不兴，南宋一些地方学校经费困难，而且学风不佳，促使书院大兴等。南宋朱熹曾谈到北宋书院兴盛的原因："前代庠序之教不修，士病无所学，往往相与择胜地，立精舍，以为群居讲习之所，而为政者乃或就而褒表之，若此山（石鼓），若岳麓，若白鹿洞之类是也。"[③]南宋吕祖谦也说到北宋前期书院的兴起之

[①]（宋）陆九渊：《象山集》卷二十三《讲议·白鹿洞书院讲义》，《景印文渊阁四库全书》第1156册，第454页。

[②]（宋）黎靖德：《朱子语类》卷十三《学七·力行》，《景印文渊阁四库全书》第700册，第236页。

[③]（宋）朱熹：《晦庵文集》卷七十九，《景印文渊阁四库全书》第1145册，第670页。

因:"国初斯民新脱五季锋镝之轭,学者尚寡,海内向平,文风日起。儒先往往依山林,即闲旷以讲授,大率多至数百人。嵩阳、岳麓、睢阳及是洞(白鹿洞)为尤著,天下所谓四书院者也。"①

五是宋统治者对民间办学的奖励,如赐书、赐田、赐额及褒奖隐居乡野授徒讲学的儒者等,在一定程度上刺激了民间办学。

从宏观上看,宋代江西书院特别兴盛有时代发展原因:

一是社会经济的发展。隋唐以来,中国社会经济随着人口的大量南迁而重心南移,江西处于水路交通要冲,唐代以来逐渐得到开发,到宋代处于大发展时期。许怀林先生在《江西史稿》中曾写道:"宋代江西,农业、手工业生产全盛,岭路开拓,航道畅通,同时又位于四通八达的冲要区域。"②这是对宋代江西社会经济发展概括性的总结。

二是中原移民大量进入江西和庶民宗族的形成。第一章曾谈到,唐代中期"安史之乱"后中原移民大量进入江西;唐末五代战乱,江西相对安定,北方人口大量移入江西;北宋末年中原战乱,大量中原人口南移,有相当数量的人口进入了江西。按照 25 年一代计算,由一个人繁衍成小规模的宗族,大约需 5 代人,即 125 年左右。因而唐中期移入江西的移民,到唐末五代已形成了一定规模的宗族;唐末五代移入江西的移民,到北宋后期已形成一定规模的宗族;北宋末期进入江西的移民到南宋后期则形成一定规模的宗族。从现存宋代江西的族谱序可知,南宋后期出现了较多的族谱序,即到南宋后期开始了普遍的宗族建设,据此推测,江西庶民宗族的形成可定为南宋时期。北宋末年移民江西的人口中有些是举族而迁,如赵氏皇室和一些大臣们,在江西形成宗族的时间就更短。只有宗族才有力量去创办书院这样较大规模和较高等级的教育机构。

三是理学在江西的兴盛,理学家们为宣讲学术和聚徒讲学而创办书

---

① (宋)吕祖谦:《东莱集》卷六《记·白鹿洞书院记》,《景印文渊阁四库全书》第 1150 册,第 57 页。
② 许怀林:《江西史稿》,江西教育出版社 1998 年版,第 333 页。

院。南宋的理学家朱熹任职南康军，创建并讲学于白鹿洞书院，培养了大批弟子；临川陆九渊创立"心学"，创办象山书院讲学，培养了大批弟子。朱陆的弟子们为宣传理学和心学，纷纷创办书院，聚徒讲学。

宋代江西书院的创办有官办、个人办和宗族办三种类型：

一是官办。唐和唐末五代的书院都是个人办或家族办。然而，从宋代开始有的书院就是官办或官学化。如白鹿洞书院就是官办的典型代表，由官费创办，官府给予田地维持其经费开支，由官府给解额，由官府制定条规管理等。有些书院是地方为教化、纪念前贤而由地方政府创办，如隆兴府的忠濂精舍就是为纪念周敦颐而建："知隆兴府江万里奏建祀濂溪先生，以先生尝令南昌，配以张子二程子朱子，理宗御书赐额。"再如抚州临汝书院是为纪念朱熹而建，乐平县慈湖书院为纪念地方官员杨简而建。

一些个人书院也逐渐官学化，朝廷通过赐书院解额（参加科举之名额）、赐国子监书、置学田及授任山长等途径逐步将书院纳入官学化的轨道。具有典型代表的是抚州的槐堂书院和临汝书院，前者为陆学门人陈咏之组建，后者由朱熹门人冯此山（江南西路提举茶盐使）组建，官府正是通过颁额、任山长、制定管理条规等手段，将其纳入朝廷认可的官学体系。[①]其他一些在江西有影响力的书院如"江（州）之濂溪、景星，袁（州）之南轩，吉（州）之鹭洲、龙溪，抚（州）之临汝，建昌（军）之旴江"[②]，都相继官学化。

二是个人办。在宋代个人办书院的状况比较复杂一些。

有的是无功名的儒者为谋生而办书院。宋代由于文化和教育的发展，读书人大增。尽管科举录取名额有限——南宋时的江西五六百人竞争一个乡举考试名额，但在社会基层分布许多落第士子或暂无功名的士子便以办书院授徒为生。如，永丰人黄惟直"自少以传习修洁为乡党所称，

---

① 杨杰：《两宋江西的官学、书院和科举》，江西师范大学 2008 年硕士论文，第 31—32 页，载中国知网。
② （宋）叶寘：《爱日斋丛抄》卷四，《景印文渊阁四库全书》第 854 册，第 685 页。

名卿达人争致以诲其子弟，既连蹇场屋，志弗克施"，于是便在家乡"举义塾，聚英才而教育之，以乐吾志"，他选择了"五山辐辏……宜为学者藏修之地"，"悉其力，建龙山书院……青衿来游，莫不竞劝"。①

隐居的硕儒聚徒讲学而办书院。如洪州的邓晏，是一位有名气的儒者，洪州安抚使王明访得邓晏在郡学执教两年后，邓晏辞归，但学生就是要从学于他，于是他创办了秀溪书院："宋安抚使王明访邓晏典教郡庠，二载辞归，生徒愿执经从之者众，乃度地创院，中设夫子，位翼以颜曾思孟，详孔武仲记。"②

在方志的记载中，有许多书院的创办是"邑人某某"办。所谓"邑人"，大多可能是乡中无功名的文化人，以雍正十一年（1733）刊本的《江西通志》卷二十一《书院一》记载新建县宋代的书院为例："香溪书院在新建北乡，宋邑人邓武建""万坊书院在新建南乡，宋邑人万骥建""柳唐书院在新建县二十一都，宋邑人邹一唯建""三洲书院在新建二十四都，宋邑人夏文建""五溪书院在新建忠孝乡，宋邑人丁锬建"。

有的致仕官员为培养族人和乡人科举而办书院。如万年县的南园书舍乃胡预卸任后回乡所建，以教育家族子弟："信州守胡预致政归建，以课其族党子弟"③。

有的是理学家们为宣讲学术而办书院。宋明时代的江西是中国理学的中心，从周敦颐、朱熹到王阳明，他们都非江西人，但都是在为官江西任上完成其理论创立并在江西培养了大批弟子。陆九渊是与朱熹同时代的心学创始人，在江西培养了大批弟子，他们的弟子为宣讲学术而办书院。如有学者据光绪《江西通志》所载统计，与朱熹有关的书院有18所，如吉州白鹭洲书院、萍乡东轩书院、福州高峰书院分别由朱熹弟子江万里、胡安之、黄榦所创办。

三是宗族办学。唐代和唐末五代，宗族是办学的主要力量。宋代亦

---

① （宋）真德秀《西山文集》卷二十六，《景印文渊阁四库全书》第1174册，第399页。
② 雍正《江西通志》卷二十一《书院一》，《景印文渊阁四库全书》第513册，第693页。
③ 雍正《江西通志》卷二十二《书院二·饶州府》，《景印文渊阁四库全书》第513册，第736页。

然，尽管宋代书院的创办主体更多、更复杂，但宗族是重要的办学力量，宗族对宋代江西书院的兴盛做出了重要贡献。

（二）宗族对宋代赣鄱书院兴盛的兴创之功

唐及五代以来的家族书院在宋代随着家族的兴盛而更加兴盛，以东佳书堂和华林书院为代表。

东佳书院：据宋代徐锴在《陈氏书堂记》中载：江州陈衮家"合族同处，迨今千人"，"族既庶矣，居既睦矣。当礼乐以固之，诗书以文之。遂于居之左二十里曰东佳因胜据奇是卜是筑为书楼，堂庑数十间，聚书数千卷，田二十顷，以为游学之资，子弟之秀者，弱冠以上，皆就学焉"[1]徐锴所记乃东佳书院在宋代时的状况，并非书院为宋代所创。

华林书院：洪州胡仲尧"筑室百区，聚书五千卷，子弟及远方之士从学者数千人。岁时讨论讲习无绝，又以为学者常存神闲旷之地，游目清虚之境"[2]。

上述两所书院是宋代典型且有名的宗族书院，规模大、学生多，培养出来的宗族人才亦多。宋代江西还有一所典型的家族书院即南康的雷湖书院。

南康洪氏的雷湖书院："建昌县民洪文抚，六世义居，室无异爨。就所居雷湖北创书院，舍来学者。太宗遣内侍裴愈赍御书赐其家。"[3]

宗族办学的直接目的是为了培养子弟科举入仕，也为了让宗族子弟学文化，提高宗族子弟素质。除上述三所典型的宗族书院外，宋代有许多书院都是宗族所建，即由宗族的财力所建，也主要是为了培养宗族子弟。

安福周奕彦建秀溪书院，杨万里《秀溪书院记》云："周奕彦博居其上，筑馆临之，名之曰秀溪书院，讲经有堂，诸生有舍，丛书于阁，招良傅以训其四子曰伯纪、承勋、伯仍、大同，艮斋先生闻而嘉之，为大

---

[1] 雍正《江西通志》卷一百二十二《艺文·记一》，《景印文渊阁四库全书》第517册，第310页。
[2] 徐铉《骑省集》卷二十八，《景印文渊阁四库全书》第1085册，第217页。
[3] （宋）李焘：《续资治通鉴长编》，中华书局2004年版，第867页。

书四字以署其堂焉。"①

龙泉鲍氏捐己财建金斗学堂："书堂之建，将聚乡族之子弟而教之。"②

贵溪高氏桐源书院："高氏子孙读书于书院，当以古圣贤心学自勉，毋以词章之学自足。他日有自此而达于郡邑，上于国学，赫然名闻于四方，则书院不为徒设矣。"③

黄庭坚高祖黄中理在家乡双井创办了芝台书院，"广聚图籍达数万卷。诸子孙皆以文学知名……四方游学者常数十百人"，宋庠、宋祁兄弟亦曾挟策来游。至黄庭坚曾叔祖黄注，"乐以家资赈乡里，多聚书以招四方之士。"④

上述宗族书院在宋代还有很多，如萧行叔在泰和桃源溪创办的"南薰书院"，张文先在吉水创建的"白沙书院"，李椿于浮梁创建的"新田书院"等，都是属于家族书院的性质，宗族书院的兴办和发展反映出教育在民间的勃兴。

由此可知，宋代江西书院的兴盛有宗族的兴创之功。宗族兴创书院，既为培养子弟角逐科场，也为宗族子弟学文化，乃至美乡俗、让子弟有谋生的能力。

三、元明清书院官学化宗族仍热衷捐助与兴创

（一）元明清书院官学化背景下赣鄱书院的兴旺

元明清时期，中国的书院发展到一个新阶段，从唐宋时期的个人聚徒授学（或讲学）和宗族办学，到元明清时期书院的官学化，即官方委派官员（山长）管理书院，官方引导制定并认可书院管理规定，官方划

---

① （宋）杨万里：《诚斋集》卷七十七，《景印文渊阁四库全书》第1161册，第56页。
② （宋）袁甫：《蒙斋集》卷十四，《景印文渊阁四库全书》第1175册，第519页。
③ （宋）汪应辰：《文定集》卷九，《景印文渊阁四库全书》第1138册，第684页。
④ （宋）欧阳修：《文忠集》卷二十八《墓志铭六首·黄梦升墓志铭》，《景印文渊阁四库全书》第1102册，第222页。

拨学田或给经费维持书院的开支,甚至书院由官方创办,官方监督检查考试等。

从宋到清,书院官学化经历了一个逐步发展和加深的过程。

1. 元代书院官学化下的江西书院发展

早在宋代,书院已出现官学化的倾向,特别是到南宋时期更甚。朝廷通过赐给书院解额、赐书院国子监书、赐学田乃至于授任山长,使书院落入官方控制中。但在宋代书院官学化的现象并不普遍,只是少数书院开始了官学化,大多数书院仍然是家族办学或个人聚徒讲学或聚徒授学,即书院仍然是以私学为主,但元代书院却开始了另一番景象。

元代是一个统治者非常重视通过书院传播理学以控制臣民的时代。早在蒙古汗国时期,蒙古贵族就注意到了南宋统治者用书院维系人心、统一思想的作用,所以在南下攻伐的过程中,特别注意网罗南方的儒学人才和收集理学著作,并在蒙都(后来的元大都即今北京)创建了第一所官办的书院——太极书院,聘请江汉大儒赵复等主讲,将理学与书院相结合,为天下书院树立标准。在蒙古军队南下攻伐过程中,忽必烈曾一再下令要保护书院等文化设施,虽然一些书院难免毁于战火,但许多书院的确也得到了保护。元朝统一全国后,元统治者一再重申保护书院,并下令江南官府将占有的学田归还学校,制止官府变卖学校和书院的田地。同时,元统治者开始了将书院纳入官学的行动。

元代初年,元统治者为了争取南宋遗民的归顺,不但下令保护书院还倡导创建书院,在书院创建之后朝廷赐额设官,即将书院纳入其统治体系之内。到至元年间(1264—1294年)后期,民间创办书院还要经过审批,创建前要官府审批,建成后要报官,请官府设山长主持书院院务;按元朝规定,山长先由集贤院及台宪等地方官提名,然后由礼部、行省或宣慰司任命,延祐(1314—1320年)后期山长多由落第举人充任,山长之下"设直学以掌钱谷",直学"从郡守及宪府官试补",[①]由此将书院

---

① (明)宋濂等:《元史》卷八十一《选举志》,《景印文渊阁四库全书》第293册,第574页。

的教学和经济大权掌握在官府手中。山长和直学与官学的教授、学正、学录、教谕一样，同属地方教官体系，并一体考试、升迁①，并规定书院的毕业生享受府学及州县学毕业生的待遇，"凡（书院）生徒之肄业于是者，守令举荐之，台宪考核之"，给予不同的出路，除可参加科举考试外，"或用为教官，或取为吏属"②。据此，将书院掌握在官府手中。

书院的官学化并不是遏制书院的发展，相反，由于政府鼓励发展书院，元代虽然是一个短暂的朝代，只有 90 多年，但书院建设却很繁荣。尽管书院的数量并不比南宋时多（接近南宋），但在这并不太长的时间里，创办这么多书院，可谓繁荣。据邓洪波先生《中国书院史》一书统计，南宋时全国有书院 442 所，元朝全国有书院 406 所，明朝全国书院 1700 所；其中江西分别为 175 所、162 所、288 所，分别占全国的 39.59%、39.9%、16.94%，南宋和元代时期，江西都是全国书院最多的，可见，在书院官学化背景下江西的书院仍然兴旺。

2. 明代书院官学下的江西书院的繁荣

明代中国书院的发展又经历了另外一番历程。明初统治者非常重视科举取士，也非常重视发展与建设官办学校，但对书院并不重视。因为明代开创者朱元璋是一个很强势的皇帝，诛杀了那些威胁其统治基业的功臣，大力推广理学，试图用理学一统天下文人思想。而书院是一个思想言论自由的阵地，所以朱元璋不重视书院，规定"科举必由学校，而学校起家可不由科举。学校有二，曰国学，曰府州县学"③。即规定必须是官学生员才能参加科举，所以，明前期的百年间书院处于自生自灭的状态。战乱中被毁的一些著名书院都处于荒废之中，如江西的白鹿洞书院、白鹭洲书院、象山书院、鹅湖书院、濂溪书院、盱江书院等，在明初很长的时间里都处于废止状态。洪武四年朝廷下令将书院与府、州、县学合并。弘治时曾官江西按察使（弘治癸丑进士官至兵部右侍郎）的

---

① 邓洪波：《元代书院及其发展特点》，载《内蒙古社会科学》1994 年第 6 期。
② （明）宋濂等：《元史》卷八十一《选举志》，《景印文渊阁四库全书》第 293 册，第 574 页。
③ （清）张廷玉等：《明史》卷六十九《选举》，《景印文渊阁四库全书》第 298 册，第 104 页。

福建人郑岳，在其《立诚书院记》中曾感叹说："宋、元时书院领于官，赐额、割田，以直学、山长主之。迨我朝定制，并归于学，而书院废。"①而官办学校则是另一番状态：从京师到府州，从乡村到卫所，从沿海到内地"盖无地而不设之学，无人而不纳之教。庠声序音，重规叠矩，无间于下邑荒徼，山陬海涯。此明代学校之盛，唐宋以来所不及也。"②但也有少数书院作为供奉和祭祀先儒场所而在官府倡导下得以修复或兴建，如洪武30年间，江西有3所书院并入了县学，有2所废山长改任学官，有4所书院被占为他用，保存了11所（其中官吏带头修复4所、民间修复4所），新建19所（其中地方官吏倡修6所）。

然而，官学在长期的发展中逐渐弊端丛生，教学空疏，教师数量不足且素质低，管理体制松弛；对学生而言，学校仅仅成为科举入仕的阶梯，学生指望着科举入仕，取功名、取富贵，潜心研学、究学者极少，甚至冒籍顶名、捐财贿买、科场舞弊等相演成风，学校教育被世人诟病，人们逐渐把目光转向了书院，在洪武元年（1368）之后的124年，即成化二十年（1484年），明宪宗命江西贵溪县重建象山书院，拉开了书院走向复苏的序幕。③

明代中期由于政治比较腐败，宦官专政，社会矛盾日益激烈，文化环境反而宽松了。以王守仁（1472—1529年）、湛若水（1466—1560年）为导师的心学兴起，复倡讲学之风，为讲学而兴建书院。从正德三年（1508年）王阳明到达贵州龙场驿，当地民众为他创建书院讲学，到嘉靖六年（1527年）去世，20多年间，因为王阳明的讲学而兴建了不少书院，如正德十三年（1518年）在赣州为"破心中贼"，建复了六所书院。④正是王阳明与湛若水及他们的弟子兴起了明代中期的讲学之风，推动了全国书院的兴创，势头猛烈，数量激增。由于书院的思想与学术的自由化倾

---

① （明）郑岳：《山斋文集》卷十一《记》，《景印文渊阁四库全书》第1263册，第63页。
② （清）张廷玉等：《明史》卷六十九《选举》，《景印文渊阁四库全书》第298册，第119页。
③ 应方淦：《明代书院举业化探析》，载《晋阳学刊》2006年第4期。
④ 邓洪波：《王阳明的书院实践与书院观》，载《湖南大学学报》2005年第6期。

向，引起了统治者的恐慌，朝廷在嘉靖十六年（1537年）和嘉靖十七年（1538年）两次下令禁毁书院，万历七年（1579年）张居正任宰相时下令禁毁书院，尽管在这三次禁毁中许多书院遭受了灭顶之灾，但由于学人向往书院的自由学习环境，都倾心保护书院，许多书院还是得到了保护，且书院发展的步伐也没有停止，书院数量仍在增加，特别是张居正死后，朝廷下旨："凡天下书院，俱准复之。"①

朝廷经历了不倡导修建书院到明令各地方官出资修复和兴办书院的态度变化历程，其目的是要通过书院培养人才，以弥补官办学校之弊。到嘉靖末年，中央和地方各级政府都热心投入办书院。明代沈德符在《万历野获编》中说："凡抚台莅镇，必立书院。"②官办的书院是由官方控制，由政府安排管理人员及制定教规、拨给经费或设置学田等以保证经费的需要、限定入学名额，乃至参加考试名额等。书院的目标仍是培养科举人才，所以到明代中后期书院又走入了科举化的轨道。明代中期王阳明和湛若水本也是主张讲学与科举并重，即主张学生既研究圣贤之学也积极参加科举，既为书院赢得生存空间，也为国家培养人才。

本以自由讲学、自由讨论学术而创建的书院，发展到明代中后期，学术讨论与科举的界限却越来越模糊，表现在书院以培养科举人才为目标，而不是以探讨学术为旨归；其次是将官办学校的考课制度引入书院，书院成了科举的预备场；最后，明末书院争取到了参加乡试的名额，不再是非得由官办学校的生员才能参加科举。

在明代的270多年间，江西书院同样是一个非常兴旺的时期，据学者统计，明代共新建了2122所书院，其中江西新建322所，为全国新建书院最多的省份。明代重建、重修了223所书院，其中江西就有57所，同样居全国之首。③

明代江西书院的发展同样经历了全国书院发展轨迹，即在明前期的

---

① 白新良：《中国古代书院发展史》，天津大学出版社1995年版。
② （明）沈德符：《万历野获编》下册卷二十四，文化艺术出版社1998年版。
③ 李国均等主编：《中国教育制度通史》第四卷，山东教育出版社2000年版，第359—360页。

百年间书院建设缓慢，直到正德年间书院建设才兴盛起来，嘉靖年间达到鼎盛状态。正德年间（1506—1521年）江西共新建书院25所（其中官办10所），修复书院11所（其中官修5所）；嘉靖年间（1522—1566年）江西新建书院82所（其官办26所），修复书院15所（其中官修11所）；万历年间（1573—1620年）新建书院65所（其中官办31所），修复书院4所（其中官修3所）。①明代中后期的这三个时间段是江西新建和修复书院最多的时期。地方官员在创建和修复书院的过程中将官学的管理和教学模式移植到书院中，使书院官学化了。

3. 清代书院官学化下的江西书院的兴旺

清代是中国书院最为繁荣的一个时代，具有数量多、分布面广、类型多等特点。清代书院的发展经历了从清初的抑制，到康熙年间的复苏，再到雍正十一年（1733）后的大发展，直到清末的改制与衰落。

清代顺治年间，由于朝廷限制主论自由，对书院采取抑制与控制的方针，顺治九年诏令："各提学官督率教官，令诸生将所习经书义理讲求实践，不许别创书院，及号召游食之徒，空谈废业。又刊置卧碑于明伦堂之左，晓示生员"②，由此书院陷于沉寂的状态。顺治十四年（1657），顺治帝准予抚臣袁廓宇疏请，修复了衡阳石鼓书院③，此后各省次第修复了一些原来著名的书院。江西的地方官对书院比较重视，尽管朝廷在顺治九年曾明令不许别创书院，但江西巡抚蔡士英在顺治十年（1653）前后会同下属依次修复了鹅湖、白鹿、白鹭洲、友教四大书院，恢复了讲学。

清顺治年间，除修复上述书院外，一些地方官和前朝遗民仍重视创建书院。据李才栋先生统计，始建于顺治年间的书院有18所，其中官员倡建9所，其余大多不以书院称，如称会馆、讲堂、草堂、书塾等，系避朝廷所令"不许别创书院"。另外还修复了11所书院。④即在清朝初年江西的书院建设就走在全国前列。

---

① 李才栋：《江西古代书院研究》，江西教育出版社1993年版，第292—300页。
② 《皇朝通志》卷七十四《选举四》，《景印文渊阁四库全书》第645册，第132页。
③ 《皇朝文献通考》卷六十九《学校考》，《景印文渊阁四库全书》第633册，第678页。
④ 李才栋：《江西古代书院研究》，江西教育出版社1993年版，第369—370页。

顺治之后的康熙皇帝是一位对汉文化非常精通和热衷的皇帝，他深知程朱理学对于国民教化和国民思想统一的重要性，在朝廷和地方大员中任用了一批理学名臣，并将"学达性天"的御书匾额赐周敦颐、二程、张载、邵雍、朱熹祠、白鹿洞书院和岳麓书院，还将《十三经》和《二十一史》等书颁赐各地书院。康熙帝虽未明令各地兴建书院，但表现出了对书院传播理学的认同乃至鼓励，推动了全国书院的发展，据邓洪波先生《中国书院史》统计，康熙一朝，全国新建、重建书院785所。[①]

康熙皇帝对于江西的书院尤其关爱，曾赐豫章书院"章水文渊"匾额。康熙一朝江西的书院有很大发展，新建书院约61所，其中大部分为地方官员倡建或创建，修复前朝书院约33所[②]，其中大多为地方官员倡修，少部分为"邑人"修复。

雍正皇帝时不鼓励兴建书院，在雍正元年（1723年）宣谕："命各省改生祠、书院为义学，延师授徒以广文教"[③]，所以，在雍正执政的最初十年间，书院发展缓慢。但由于顺、康年间书院的发展，书院的讲学已经成了地方社会重要的政治文化力量，并且书院对于传播官方的意识形态——程朱理学起着重要作用，到雍正十一年（1733年），雍正皇帝开始改变其对书院的政策和态度，采取引导和控制并扶植的方针来对待书院。雍正十一年谕令各省建省会书院：

雍正十一年癸丑正月壬辰

上谕：内阁各省学校之外，地方大吏每有设立书院、聚集生徒、讲诵肄业者，朕临御以来，时时以教育人才为念，但稔闻书院之设实有裨益者少，浮慕虚名者多，是以未尝敕令各省通行，盖欲徐徐有待而后颁降谕旨也。近见各省大吏渐知崇尚实政，不事沽名邀誉之为，而读书应举者亦颇能屏去浮嚣奔竞之习，则建立书院，择一省文行兼优之士读书其中，使之朝夕讲诵，整躬励行，有所成就，俾远近士子观感奋发亦兴

[①] 邓洪波：《中国书院史》，东方出版中心2004年版，第411页。
[②] 李才栋：《江西古代书院研究》，江西教育出版社1993年版，第383—385页。
[③]《清世宗宪皇帝实录》卷7，中华书局1986年版，第145页。

贤育材之一道也。督抚驻扎之所为省会之地，着该督抚商酌举行，各赐帑金一千两，将来士子群聚读书须豫为筹划资其膏火，以垂永久，其不足者在于存公银内支用，封疆大臣等并有化导士子之职，各宜殚心奉行，黜浮崇实，以广国家菁莪棫朴之化，则书院之设于士习文风有裨益而无流弊，乃朕之所厚望也。①

这道诏令说明了其原来抑制书院的原因，并以实际行动鼓励并支持书院发展。此后，各省省会陆续建立了书院，省级书院就相当于省级高等教育。

雍正年间，江西兴建书院5所，兴复书院4所。②乾隆皇帝执政之初（1736年），继承了雍正皇帝对书院的态度与方针，即鼓励书院发展又强化对书院的控制，乾隆初年（1736年）上谕：

书院之制，所以导进人才，广学校所不及。我世宗宪皇帝命设之省会，发帑金以资膏火，恩意至渥也。古者乡学之秀始升于国，然其时诸侯之国皆有学，今府州县学并建而无递升之法，国子监虽设于京师而道里辽远，四方之士不能胥会，则书院即古侯国之学也；居中讲习者固宜老成宿望，而从游之士亦必立品、勤学、争自濯磨，俾相观而善，庶人材成就足备朝家佐使，不负教育之意。该部即行文各省督抚学政，凡书院之长必选经明行修足为多士模范者，以礼聘请，负笈生徒必择乡里秀异沉潜学问者，肄业其中，其恃才放诞佻达不羁之士不得滥入书院中，酌仿朱子《白鹿洞规》条立之仪节，以检束其身心，仿分年读书法，予之程课，使贯通乎经史，有不率教者则摈斥勿留，学臣三年任满，咨访考核，如果教术可观，人材兴起，各加奖励，六年之后著有成效，奏请酌量议叙诸生中材器尤异者，准令荐举一二，以示鼓舞。③

乾隆皇帝更进一步明确了对书院的强化管理与控制，强调了该礼聘什么样的山长，该选择什么样的学生，该如何管理学生（以《白鹿洞规》

---

① 《世宗宪皇帝圣训》卷十《文教》，《景印文渊阁四库全书》第412册，第165页。
② 李才栋：《江西古代书院研究》，江西教育出版社1993年版，第406—407页。
③ 《皇朝文献通考》卷七十一《学校考九》，《景印文渊阁四库全书》第633册，第703页。

为范本），及该如何奖励、考核学生和老师等。在乾隆皇帝此诏令之后，各省督抚及其以下官员兴起了兴建书院的热潮，乾隆一朝成为清代兴建书院最多的一个朝代，据邓洪波先生在《中国书院史》一书中统计，乾隆一朝，全国兴建和兴复书院1298所。①据李才栋先生的统计，乾隆一朝，江西共建书院51所，兴复前朝书院17所。②

嘉庆、道光、咸丰年间，官学衰微，书院逐渐成为官办教育的主体，书院从山长的遴选、任命、管理、考核、奖励，到书院学生的选拔、课程安排、考课等，均需报官备案并按官府规定开展工作。书院完全成为科举的附庸。嘉庆年间（1796—1820年），江西的书院仍有所创建，新建了10所书院，多为民办；另兴复前朝书院4所。道光及其以后，尽管中国的书院和科举走向式微，但"江西书院新建的数量颇多，然而滥极。其中相当多是私塾、会馆、文会、祠庙性质的机构。统计中，已经剔除又剔除。"③道光年间（1821—1850年）江西新建书院68所，咸丰年间（1851—1861年）新建书院17所，同治年间（1862—1874年）新建书院34所，光绪年间（1875—1908年）新建书院38所。

根据李才栋先生的统计，清代江西共新建书院302所，兴复前朝书院58所以上。据邓洪波先生的统计，清代江西共新建书院467所，占全国5836所的8%，在全国排第3名，兴复前朝书院100所。④由此可知，清代江西的书院依然如唐宋元明一样兴旺发达。

（二）在书院官学化背景下赣鄱宗族仍热心兴创与捐助书院

元明清时期，书院尽管纳入了官学化的轨道，但是个人办书院和家族、乡里办的书院仍然占很大比重，据曹松叶先生在《元代书院概况》一文中的统计，"元代，民办书院约占书院总数的47.51%，官办书院占

---

① 邓洪波：《中国书院史》，东方出版中心2004年版，第406页。
② 李才栋：《江西古代书院研究》，江西教育出版社1993年版，第408页。
③ 李才栋：《江西古代书院研究》，江西教育出版社1993年版，第439—449页。
④ 邓洪波：《中国书院史》，东方出版中心2004年版，第465页。

书院总数的52.49%，其中7.8%是中央政府直接主办的。即使民办书院，政府也逐渐加强了在其经济管理方面的控制"。曹松叶先生在《明代书院概况》一文中的统计是：明代共计1239所，书院中民办书院仅有184所，约占总数的15%。而官办书院则达828所，约占总数的60%强，其中地方官办的有635所，督抚办的有135所，京官办的有58所。即元明时期，在官办书院占主要优势的状态下，仍然有一部分书院是民办的。清代的省级和府州县级书院都是官办的，但在乡村社会存在大量民办（特别是家族办）且以书院为名的私塾、蒙学等。

从赣鄱地域元明清时期书院的状况来看，尽管书院已官学化，但家族仍热心捐助和兴创书院。其动力无非是为培养宗族人才，提高宗族族人文化素质、助其族人科举入仕。

家族书院的特点是血缘性、家族性、祭祀先祖以教学授受为主等，教学程度不高，属普及性教育，延续时间长等。元明清时期江西宗族热心创办书院表现在以下4个方面：

1. 元明清时期江西宗族热心办书院的表现之一，是族人前后相继、持续坚持办书院，使书院长时间延续

典型的代表书院有：

（1）白沙书院。元人刘岳申在《白沙书院记》中称赞元代吉水人张文先为族人创办书院："吉水文昌张文先创白沙书院，教其族里俊秀子弟""今文先捐良田入书院内，岁入税赋于官，使师生廪膳可终岁""文先既不为其身谋，而谋及其族里与其子子孙孙甚远，此其所以异于近世者；又将以开来哲而继先志，则此田与书院相为无穷，必不见夺于世家，坏于有司，此又其异于近世者。"①

（2）石冈书院。"宋邑人萧仪凤建，宋末兵毁，仪凤从孙徙梅溪复建。元季又毁，梅溪孙三溪再复之"。再如永丰县湖头书院，"宋邑人金汝砺建。

---

① （元）刘岳申：《申斋集》卷五，《景印文渊阁四库全书》第1204册，第259页。

明永乐五年,金氏裔孙从缄修",到清代乾隆年间,"裔孙协泰重修"。①

(3)桐源书院。贵溪桐源书院乃宋代高氏创,"以教乡族子弟,置赡田,元时九世孙惠甫又割田以资书院费,元末毁。明宣德间,十四世孙吉昌重建。成化间余干胡居仁讲学其中,门人徐宏嗣主教事,一时称盛。万历三十一年(1603),知县吴继京重修,申请裔孙绍宪奉祠。"②数百年传续不断,明后期虽然有官府参与院政建设,但一直是家族书院。

乐安县流坑村董氏家族,这是一个开基于南唐的著名文化宗族,其开基祖董合之孙董文广于北宋大中祥符二年(1009年)参加"明法科"招贤纳士考试,成为流坑村历史上第一位科举榜上的"荐辟"。但董文广并没有入仕,而是返回家乡,倾其积累,建房屋,致力于宗族子弟教育。大中祥符七年(1014年),文广长弟文肇四子滋、湘、渊、淳全都中举。次年,董淳进士及第,成为流坑董氏登进士第一人。科举的成功,极大地激发了流坑董氏家族兴办教育的热情。于是,流坑董氏家族先后在家族中兴办了桂林书院(又称桂林书斋)、中冈书院。北宋流坑董氏科举兴旺,曾先后出现"五子联科""六子联科""七子联科"的盛况。南宋时期流坑董氏创办书院的热情更为高涨,又创办了子男书院、境山书屋。宋末元初董氏家族由于加入文天祥抗元,兵败后山村被杀掠,后又遭山寇打劫,董氏族人大量流徙他乡。明代中后期,流坑董氏族人利用地处乌江上游的优势,许多族人从事竹木贸易,赚钱后的商人们,继承祖宗遗业,大力振兴教育,至明万历十年,流坑董氏家族如雨后春笋般创办的书院、书屋、精舍等各类学校30余所。其中,最有名的书院为蓉山书院、心斋书院。清代,流坑董氏家族垄断了乌江上游的竹木砍伐和贸易,商业兴旺发达的同时,反过来致力于发展教育,新建了司马书院、亦简书院、焕文书院、凭山书院、培风书院、卧龙书院、孕达书屋等近10所;清乾隆年间还兴建了一座大型的藏书楼,收藏历代皇帝的御赐书

---

① 雍正《江西通志》卷二十一《书院一》,《景印文渊阁四库全书》第513册,第730页。
② 光绪《江西通志》卷八十二《书院二》,《中国方志集成·省志辑·江西⑤》,凤凰出版社1996年版,第251页。

及各大书坊刻印的图书 1 万余册。①

2. 明清时期宗族办书院的普遍化

自宋代以来,有能力的宗族都热心办书院以培养族人读书学文化,特别是科举取士引领了家庭、家族和整个社会的价值取向,在中国形成了"士"为四民之首的社会观念,所以,有能力的宗族都会致力创办各种水平不等的书院。元代由于在方志记载中较少,尚难断定宗族办书院是否已普遍化。但明清时期的记载较多,从方志和族谱的记载可知宗族办书院已普遍化。

以万载县为例,全县共有望族著姓 23,较次姓 16,其他稀姓即人口较少的姓 63。②据罗艳春统计,清道光至同治年间（1821—1874 年）万载共有书院共 57 所③,即不仅著姓望族都办有书院,人口较多些的较次姓也都办有书院。据康熙二十二年（1683）刊本《万载县志》卷之三中的《书院》统计见表 12。

表 12 明后期万载各宗族所建书院

书院名	创建者	地点	创建目的
张岩书院	元代临江儒学文崖张氏立,张羧,其甥萍乡荣氏修葺	邑西八十里获富市场	率族子弟就学焉
昼永书屋	邑人郭氏	治东建城坊	
坞溪书院	邑人易氏	治东后街	
绿荫书屋	邑人郭彦正建	治西南绿阴池	课其孙瑾,后瑾登甲科
桐冈书屋	邑处士刘文忠创	治东北二里	训子,果登进士,官至给事中
朱溪书屋	处士李克恭创	邑西七十里朱溪桥	延师以训子弟及里中俊秀者,子琼卒中乡试,历官至汀州郡守
北溟馆	庠生谭嘉栋建	邑北康乐坊	课子训孙,书声不振
斗南精舍	邑孝廉杨资读书处		
三峰书院	教谕龙国臣未仕时创立	邑东郊外五十步	以训课生徒子侄,其子允中举乡试

---

① 张发祥:《流坑董氏家族书院考略》,载《华东理工学院学报》2007 年第 4 期。
② （民国）吴宗慈《江西通志稿》第三四册,第 44—45 页,江西省博物馆 1982 年整理本。
③ 罗艳春:《教育、族群与地域社会——清中叶江西万载书院初考》,《中国社会历史评论》第七卷,天津古籍出版社 2006 年版。

续表

书院名	创建者	地点	创建目的
凤鸣书屋	彭澄	治北城外石头山上	居业致学，训饬子侄
万松书屋	邑人晏朝瑞	治东一里许	邑人晏朝瑞雪坡居士之别墅也，每即其中延师训子
善垂书屋	邑东汪永善创		子孙读书其中，入庠食饩、贡荐者世代相继。邑北礼源学田与子孙读书灯油之资
竹泉书屋	处士欧阳恕建		课其子信，果中乡试
绿筠书屋	邑人辛滔	小北关外	课子侄及里中子弟，迄今其嗣卓有成立者
东樵书屋	监生彭浑建造	东郊百步许	以居业课子，周屋皆田畴，耕读及时，趋作兼牧
官峰书屋	宋一和创建	治西官山左照磨	以为子侄肄业
欧江书屋	邑宋氏	邑西五十里	宋氏子孙读书处
柏窗书屋	训导龙人俊、知县龙士通建	治东建城坊	建以居业及教育子弟
秀林书屋	义民宋一本	邑西深塘	延师训子课侄
篆篁书屋	监生谭嘉猷建	邑东康乐坊	课训子弟，延明师贤友，社中科弟联翩，发迹其中。邑令韦明杰扁其堂曰"风雅名宗"
先春别业	邑处士杨正英建		课子孙
步云书院	邑郡幕杨嘉和建		
水天别业	邑诸生杨正时建		
丛桂书屋	庠生胥大顺建	北关外	课其子。邑令韦明杰雅有期许，扁其室曰："指日飘香，学博龙静。"

上述资料表明，在明后期，宗族办书院已普遍化，但宗族所办书院多为基础教育的蒙学，并非严格意义上的书院；因为严格意义上的书院应当设有管理人员、订有管理规条、有一定的藏书、有完备的教学场地（如读书、祭祀、习礼等场所）、有教学计划和置有学田作为经费来源等。但作为家族性的子弟读书处，不可能有很完备的建置，所以，其名称也不一，有"书院""书屋""精舍""馆""别业"等名。

清代的情况与明代相同之处在于宗族普遍化办书院，据清同治十一年（1872）刊本《万载县志》卷九《书院》载，明确是宗族办学的，除明代创办而清代仍存的绿筠书屋、柏窗书屋、善垂书屋、秀林书屋外，[①] 还可见表13。

---

① 康熙《万载县志》中所载图南精舍、竹泉书屋、三峰书院、官峰书屋、篆篁书屋、绿筠清室、北溪馆、桃林书屋、东樵书屋、欧江书屋、水天别业、万松书屋、先春别业、步云书院、丛桂书屋，皆"时移代易，遗址莫寻"。

表13 清代万载宗族办的书院

书院名	地址	创建者	创建目的
郭氏义塾	大南门外	郭孟牖后裔合建	堂宇轩敞，岁延师教族子弟，置膏火田，有记
南坡义塾	城南吼狸塅	辛氏族众买本姓屋宇基土渐次增拓置产兼行义田，有记	《南坡义塾记》："萃同姓子弟互相竞劝，其将专力贴括以为弋获梯乎！"
仰止义塾	在石板塅三官岭锦衣坊	鲍祠众建，有膏火田，有记	《仰止书院记》："萃族子弟，教育其间。"
义井书屋	康乐坊龙祠右侧	龙姓众建	
石溪书院	在郭村铺	邑绅郭世华倡族众建，兼置田产，有记	
柏荫书屋	在山田大智寺左	湖溪李姓众建	族人肄业焉
永常书屋	在邑北长江上	增生高摺笏、监生高廷俊等倡建	课族子弟
白竹山房	在龙河书院右即镇龙庵遗址	生员张承自、张承哲、监生张作睿等十八建	课族子弟
观澜轩	在邑东北	湖溪李姓合族建，并祀关帝	族子弟读书
古城脑山房	在邑东北	罗城塅高姓合支建，有记	《古城脑山房记》："高氏聚族于斯已历数世，大城脑实故业，茂才炳麟、金铃，以族多俊秀而苦乏藏修所，因集同志醵赀建山房，其地中为讲堂，后厅以居师，左右室若干处肄业子弟，束修有费，膏火有田。"
花萼斋	邑北三十里桥头	职员胥淮子孙建	教本支子弟，有膏火田
望西山房	邑北桥头虎形山下	职员胥泗子孙建以课族人	
恕训书院	在邑西缅村	高用中子孙建	族人肄业其中
文昌书院	五区十八都下碓	喻廷圭后裔	建以课族人
彦威书院	在书堂	张明芳等合族捐金数百并邀同志助建	张氏族人读书
斐斋义塾	在北门外四里许	王尽子孙建	置有田亩，仿鹿洞条规训子弟
松轩书屋	在乔居屋畔	张栾子孙众建	
啸竹斋	在观上卢家洲	增生卢复阳子孙因祖慎评旧基修建	
浴花轩	在岐山	彭明植子孙众建，置膏火田，有记	
正谊书屋	在白良	袁则鉴众建，有田产置膏火	
南圃义塾	在笔架山对岸	唐开仕众建	
会芳书院	在二区车上	李九六众建，有膏火	
绿柳讲堂	在罗城下塅	贡生卢后中、监生卢怀珍兄弟合建	

续表

书院名	地址	创建者	创建目的
青英书院	在六区麻田	李宗汉妻杨氏建，教族子弟，并膏火田壹千把。道光三十年旌表义妇，建坊	
多文书院	岐源	杨族斯文会建，置有膏火田千把有奇	
启秀书院	在罗城中洲	范元达倡建	率族中子弟就学焉
久大书院	在二区深塘	钟惟德	建以训族中子弟
时伦家塾	在小南门外十五里三都一鄙	监生龙超英倡举合族捐建	

上述资料表明，清代宗族建书院更普遍化，虽然宗族所办书院层次与水平不一，但总体上较明代宗族所办书院更规范，大多设有学田，以资学生膏火，乃至考试的卷资、路费等。一些宗族所办书院也如正规的官学化书院一样设有学规。宗族所办书院主要目的是"课族人"，即为宗族子弟读书而建。

清代的书院创办与明代不同的是，除了官办的书院更多外，出现了一些由宗族的乡绅们合办的书院，也就是基层社会的文化精英们合办书院，基层文化精英本是宗族的代表，所以这类书院也有宗族办学性质，但这种书院一般是纳入官学化管理模式，可以说是半官半民的性质，在万载，这类书院占比较大，如：

龙冈书院，在邑西址坪上龙岭，道光七年，三区绅士汤荐馨、周治睿、龙文、陈常等倡建，购田亩供束脩膏火，并给童试卷资、乡会程仪，详知县汤记。

龙云书院，在邑西小江滨孙家脑下，道光庚子四区及上五区各绅士陈绵韵，陈熏等倡捐合建并置脩金、膏火田，有记。

龙桥书院，在邑北万岁桥，道光癸卯五区绅士张居敬、高起河、钱惟日、潘厥修、张大椿等劝捐创建屋宇三栋左右，书舍三十二，有膏火田，有记。

龙洲书院，在邑东北罗城，道光癸卯六区绅士卢昆銮、喻炳、彭士模、杨罗峰、卢及芝、卢介等倡劝捐建并束脩膏火田，有记。

高魁书院，在邑北高村里上有巨石，中开平岩，其印纹俨若魁星，故名。道光三年，廪生潘维新、监生刘凤喈等集同志捐建；监生蓝桥捐银捌百两为倡，余捐助有差，置讲堂学舍，购田租伍佰伍拾石以资师生束脩膏火费，岁经首事延师开馆督学，李宗昉记，知县卫剑鸣捐金百金以助，额其斋曰"课心"并有记；六年知县穆淳捐廉壹百两并购存《十三经注疏》付以牒。①

上述这种乡绅合建或乡绅联合捐资并倡劝捐而建的书院，在清代的万载还有10多所。

明清时期万载县的书院表明，明清时期县域社会的书院，有官方出资兴建的几所作为县域内重要的书院，如清代万载官方出资兴建或官方部分出资加民助而建的书院有龙山书院、龙河书院、吴公讲堂、何公讲堂，有相当一部分是乡绅合办而官学化的书院，还有一部分是宗族所办的书院（明清时期的万载一半以上的书院均为宗族所办）。

3. 一些大族办有多所书院

元明清时期，许多宗族历经宋元明，到清代形成了许多著姓望族，此时，清代的江西已全面宗族化。所以，宗族不仅普遍办书院，而且一些大族往往都办有多所书院。

仍以万载县为例，万载辛氏是宋代著名文人士大夫辛弃疾的后裔，南宋时开基万载，到明清时期已是万载县的著姓望族②，在明后期虽只办有一所书院（绿筠书屋），但到清代，宗族性书院有南坡义塾、绿筠书屋。并与他族乡绅共同创办多所书院，有常公讲堂（辛汝歧、郭治清捐建）、尚志书院（增生郭治清偕举人辛廷芝、拔贡巢起仑、张焜圭等12人建）、四美书院（辛锦玑、龙建辰等四人建）、友仁书院（监生刘明鸿、举人辛文彬等12人建）、启元书院（少宰辛授经、江口刘氏塾与同志十人建）、敬业书院（庠生辛超常、李期珑、杨敷荣等11人建）、崇文书院

---

① 同治十一年《万载县志》卷九《书院》，《中国方志丛书·华中地方·第871号》，第370—372页。

② 施由明：《明清时期的宗族、乡绅与基层社会——以万载辛氏为例》，载《农业考古》2005年第3期。

（钦赐举人郭光笏、贡生辛炳昭、辛学诚、辛廷元偕友16人建）、聚贤书院（举人辛系传偕友龙衢、彭国乔等18人建）、两以书院（召试生辛垫、江浦知县辛启泰、因举郭光笏、兴国大使郭如泰等12人建）、集益书院（邑廪辛徽、监生王碧嵩等13人建）。①

万载辛氏宗族和族人办书院的实况，正是明清时期基层大族办书院的代表，万载县的其他大族郭氏、龙氏、刘氏、李氏皆类辛氏，不仅宗族办有多所专供本宗族人读书学习的多所书院，族中乡绅与他族乡绅还合办了多所书院。

综上所述，宗族在元明清，特别是明清时期基层社会办书院的过程中，起着重要作用。

4. 宗族不仅热心办书院，还热心捐助地域社会中的官办书院

元明清时期，基层社会（府、州、县）除了官办的学校外，还有一些官办的书院或纳入官学化的书院，并且一个区域可能只会以一两所书院为主，如赣东北主要以象山书院为主，赣中地区主要以白鹭洲书院为主，赣北地区以豫章书院、白鹿洞书院为主，赣南以廉溪书院和阳明书院为主等。每个县都会有一两所书院作为官办领军的书院。这些官办书院在创办、扩建、维修等过程中，往往都会得到宗族和乡绅的捐助，有时是官倡民助，有时是宗族或乡绅主动捐助。即在元明清时期，特别是清代，宗族不仅会尽力去创办书院，还热心捐助官办或官学化的书院。

仍以万载县为例。清代万载县域内规模较大、体制较完备的官办书院是龙山书院（乾隆二十年改名为龙河书院），这是万载县域内居于主导地位的书院，书院在县治后偏左，乾隆九年（1744）知县严在昌捐廉倡建。在倡建过程中得到了万载县域内各大宗族乡绅的大力捐助，有的捐款，有的捐田：

聂嘉会，助银捌拾壹两。

---

① 同治十一年《万载县志》卷九《书院》，《中国方志丛书·华中地方·第871号》，第369—82页。

汪淑躬，玖两，买田贰百把。

易观国，助银陆拾两，令首事，买田壹百肆拾把。

辛汝岐，助银贰拾两。

郭孟牖祠，拾肆两。

辛汝襄，伍两并租买息买田壹百伍拾把。

王嗣立，助银贰拾两。[①]

这些捐款者，既代表个人，也代表宗族。

就江西而言，明清时期，大多数的府、州、县域内的官办书院在创建和维持运转的过程中，都得到了乡绅或普通百姓的捐助，乡绅的捐助不仅仅代表个人，也代表了宗族。

四、近代学堂的创办有宗族之功

光绪二十四年（1898年）6月11日至9月21日的维新变法时期，维新派就呼吁要变动学制、创办西式学堂。光绪二十七年（1901年），为躲避八国联军而逃到西安的清朝廷下诏变动学制："著各省所有书院，于省城均改设大学堂，各府及直隶州均改设中学堂，各州县均改设小学堂，并多设蒙学堂。著名该督抚学政切实通筹，认真举办。"[②]1904年清政府又颁布《奏定学堂章程》，明确中学堂读5年，文实不分科，高等小学堂和中学堂都属于中等教育。

江西地方官员本"素不以兴学为然"。理学的暮气遏制着西学，守旧人多，开化难于他省。追求科举功名，探求儒家义理，是江西文人、乡绅和官员的传统追求。1901年朝廷下诏变功学制之后，江西官员才不得不开始设立学堂的变革。光绪二十八年（1902年）4月，江西巡抚柯逢时将省城豫章书院改为江西大学堂，1904年又改为江西高等学堂，1911年又改名为江西工业学堂；光绪二十八年（1902年）年11月，江西巡

[①] 同治十一年《万载县志》卷九《书院》，《中国方志丛书·华中地方·第871号》，第357页。
[②] 《光绪朝东华录》卷一百六十九，光绪十九年（1893年）石印本，第1页。

抚柯逢时又奉朝廷令在南昌行台开办江西武备学堂。这两所学堂的办学效果都不好，主要是学生们对新学没有兴趣，还是不忘科举功名，教师的教学效果也不好。

光绪三十一年（1905年）为强力推行新学，江西巡抚正式设立了管理教育的机构——江西省学务处，对省城及各府州县中小学堂暨民间私立学堂进行稽核和奖惩。1906年，根据清朝廷要求，各厅州县设劝学所，每劝学所设县视学一人，管理各厅州县学堂。实际上，直到光绪三十二年（1906年）科举已废除，江西各界对办新学堂仍然没有表现出很大的兴趣，据1906年8月10日的《申报》所载《奖励私立小学堂》一文论及江西新办学堂状况：即使在省城这样全省最繁华之地，官私立小学也是寥若星辰。

江西新式学堂兴起是自1907年始，因科举已废，读书人的出路只有通过新式学堂，于是才有了江西新式学堂发展较快、创办较多的局面，据光绪三十三年（1907年）清政府学部总务司编制的《第一次教育统计图表》统计，1907年江西官立、公立、私立学堂总数有456所，学生14748人。据清学部总务司编《第二次教育统计图表》，1908年江西学堂数为716所，学生22674人；据《第三次教育统计表》，1909年学堂数达1005所，学生达30348人。①这三年间无论学堂数还是学生数，都在快速发展，有官办、公立、私立。按类别分有师范学堂、实业学堂、法政学堂、女子学堂、慈善学堂及其他。

江西新式学堂的创办，奠定了江西近代教育的基础，为培养各类现代人才做出了巨大贡献，还引导了女性走出家庭，改变了歧视女性的旧观念，对江西由传统社会向近代社会的转型起了重要作用。

在近代新式学堂创办的过程中，宗族和宗族的乡绅们起了重要作用。清末和民国时期江西的一些绅商、有识之士，积极创办新式学堂，其经费的来源和依托便是宗族的资产，即宗族的资产为近代江西的一些绅商、乡绅和热心教育的有识之士们提供了支撑，没有宗族资产支撑，不可能

---

① 袁轶峰：《清末江西新式学堂与社会变迁》，南昌大学2005年硕士论文，第9页，载中国知网。

兴办起如上述这么多的新式学堂。

最具代表性的是南昌岗上乡月池熊氏创立的"心远中学堂",创办人熊育锡(1869—1942年)与其兄熊育锷,在清光绪二十五年(1899年)以熊氏宗族的学塾款项充经费,创办了乐群学堂,熊育锡自任监督;1903年改为南昌熊氏私立心远英文学塾;1907年改名为"心远中学堂",熊育锡主持校务。这所学堂在新中国成立前的40余年间,培育了大量人才,中国近现代史上著名的历史人物如程孝刚、邹韬奋、曾天宇、袁玉冰、方志敏、张国焘、饶漱石、程天放、彭学沛、欧阳恪、桂永清等都曾在这所学校就读;在清末民国初,心远中学成了当时与天津南开中学、长沙明德中学称为中国著名三大私立学校。新中国成立后,心远中学改名为南昌二中,至今是江西名校,每年培养数百毕业学生。

再如进贤县桂桥小学,乃心怀实业救国思想的留日学者桂瑞藩(1880—1948年)先生,在1919年用自己家族的钱财创办的,这是一所在民国年间有较大影响力的小学,创办30年(1919—1949年)间,进贤、临川、抚州、南昌、丰城、东乡、南城、南丰、崇仁、乐安、宜黄、余干、高安等13个县(市)的学生,年年前来求学。该校生源广泛、学风好、教育质量高,30年间培养了2000多名毕业生,其中90%以上均先后考进了当时全省质量较高的中学——南昌一中,毕业后,绝大部分进入了高等院校继续深造。

除上述两所名校之外,民国时期江西以宗族或家族资产为依托兴办的小学遍布全省各地。其中较有影响的小学有:南昌县冈上乡月池熊氏家族创办的心远小学、红庙小学;南昌县岗上乡南岗村黄文植先生创办的私立文植小学;武宁县黄隐霆先生创办的沉健高等小学;都昌县邵氏宗族创办的私立弘毅高初两级小学校等。

除创办私立小学外,民国时期江西省内的部分宗族还结合江西社会经济的发展,开办了职业学校、中学、大学等。如民国八年(1919年),宜丰县士绅刘化成和同族其他进步知识分子,以刘氏宗族资产为依托,发起创办了培养农业专门人才的学校——培根农业专门学校。民国时期,月池熊氏家族不仅办有心远中学,还于民国十一年(1922年)创办了心远大学等。

近代江西宗族对创办新式学堂的贡献，具体地说，一是在校舍的支持，二是经费的支持。

兴办学校，校舍是首要的。少数宗族借用旧有的书院作为开办学校的校舍。如1919年武宁县黄隐霆先生创办武宁县沉健高等小学时，校址是利用旧有的正谊书院。大部分宗族动用族产作为办学场所，如月池熊氏家族创办乐群英文学堂（后改为心远中学）时，征得熊氏家族同意，借用熊氏位于南昌市东湖之滨环湖路口的平远山房家塾为校址。后在南昌市三道桥附近征购大片土地，兴建两座教学大楼及许多配套建筑。还有的动用宗族的祠堂作为办学校舍。如江西都昌县邵氏宗族创办弘毅小学以邵氏大祠为校舍。

学校要运作，经费是必需的。各校办学所需经费，除学费和教育行政部门的补助外，不足部分由各宗族用族产和家族资金自行解决。有的是以家族经商的股金来解决，如江西武宁县黄隐霆创办的沉健高等小学，其经费是黄隐霆拨自己在坤泰商号所有股金为基金，每学期除学费和县补助外，其余不敷之数概由基金项下补足。再如1913年，清江县大桥乡龚伯声、龚叔珩兄弟捐资在樟树镇创办"私立竞存两等小学"，其资金来源就是家庭积蓄和经商股金；南昌县私立文植小学，是黄文植用自己家银行、纱厂、布店等股金为办学基金。有的是以家族的田租或店租作为办学经费。如宜丰县刘氏宗族创办的培根农业专门学校，为了解决办校经费，他们利用刘氏墨庄义学会的租产作为开办费；民国十年（1921年）创办的都昌县邵氏私立弘毅小学校，就是曾任浔阳道公署顾问的士绅邵伯棠以自己在邵姓人中的威望，说服邵姓各房族首，拿出邵姓部分族产创办的。[①]

所谓公学，即府、州、县各官办学校。在前述"江西书院兴起前的官学和私学"时，曾论述唐代及其前江西各地兴办的官办学校。进入宋

[①] 本专题参考并引用王栋：《宗族与近代民办教育》，载《南昌师范学院学报（综合）》2014年第6期，未注明出处的资料均转引自该文。

代之后，江西各地的官办学校进入了总体上颇为兴盛的历史时期，其间，随着国家教育发展形势的变化，也曾历兴衰的过程。

【第九章】赣鄱宗族对公学和蒙学的贡献

所谓私学，即私人办的家塾、私塾、书院、精舍、义塾等启蒙教育机构，其中关于私人办书院的情况已做论述，且私人办的书院虽大部分是启蒙教育机构，但有相当一部分有中等教育水平，直接培养科举人才，具有官办学校的层次。本书所谓私学，即是指私人创办的启蒙教育机构，即相当于小学教育机构。

一、公学和蒙学的兴盛

（一）官办学校兴盛

1. 宋代官办学校的兴盛

唐代江西官办的学校在宋代仍保留着。进入宋代后江西的官学同整个国家的地方官学的节奏一样，经历了不断发展的过程。

宋代是一个重文轻武的时代。但在宋初的百十年间，宋朝廷仍忙于全国的稳定，还未着力于全国文教的发展。至宋真宗朝，朝廷开始着力于文教建设，景德三年（1006年），宋真宗下诏建学校："诏天下诸郡咸修先圣庙。又诏庙中起讲堂，聚学徒，择儒雅可为人师者以教焉。"[①]由此，开启了依郡庙建学的历程。到宋仁宗的景祐、庆历年间，州（府）、县官学得到较大规模发展。景祐（1034—1038年）以来，宋仁宗多次下诏州郡立学，并赐田给书，使州郡官学相继兴起。庆历四年（1044年）范仲淹推行新政，仁宗下诏："诏诸州各立学，如学者二百人以上，许更置县学。"[②]并设置教授，享受官员待遇。由此，全国各州郡县开始了大

---

① 傅增湘辑：《宋蜀文辑存》卷二十四《华阳县学馆记》，新文丰出版社1974年版。
② （宋）吕祖谦：《历代制度详说》卷二《学校·制度》，《景印文渊阁四库全书》第923册，第906页。

规模地办官学，史称"庆历兴学"。

宋神宗熙宁四年（1071年），神宗任用王安石推行变法，下诏各州学赐田10顷，作为学粮之来源；又下诏诸路各置教授，以为学官，从而在经费和师资上保证了各州郡官学，对州县官学的发展起了推动作用，史称"熙宁兴学"。

宋徽宗时期，朝廷进一步推进州县官学的兴办。崇宁元年（1102年），宋徽宗下诏天下州县并置官办学校，州置教授二员，县置小学；县学生选考升州学，州学生每三年贡入太学。崇宁三年，又定诸路县学生名额，大县50人，中县40人，小县30人。又下诏罢州郡解试和礼部省试，开下取士并由学校升贡，史称"崇宁兴学"。

经过上述三次兴学之后，"学校之设遍天下，而海内文治彬彬"[①]，"虽荒服郡县必有学"[②]。

江西州县学校的兴办紧跟全国步伐，经历上述三次兴学之后，江西共有65个州（军）县创建了官学，占州（军）县总数（78个）的83%，其中13个州军全部建学，未曾建学的有南昌、新建、武宁、靖安、高安、鄱阳、安仁、上饶、铅山、石城、星子、南城、清江共13个县。[③]

南宋时期，朝廷延续了北宋重文教的政策，全国的州县官学仍有发展。就江西而言，原有的州县学有相当部分建得更好，如洪州州学、南安军学和一些县学等，且上述13个在北宋时期未兴办县学校的县，在南宋有11个县首次创建了县学。终两宋而未创县学的只有南昌、新建二县，大概是由于州学所在的原因。

两宋江西的官办学校建设达到了鼎盛，元明时期延续了这种格局。

2. 元明清时期官办学校的兴盛

元朝是蒙古族征服了汉民族和其他民族所建立起来的王朝，尽管蒙

---

① （元）脱脱等：《宋史》卷一百五十五《选举志》，《景印文渊阁四库全书》第282册，第708页。
② （宋）吕祖谦：《宋文鉴》卷八十二《南安军学记》，《丛书集成初编》本，商务印书馆1937年版。
③ 杨杰：《两宋官学、书院与科举》，2008年江西师范大学硕士论文，载中国知网。

古族人在征服其他民族的过程中非常强势，而且元朝建立后仍存在民族歧视，但其统治者接受了其身边儒士的建议，重儒尊孔、发展教育，令各郡县普遍建立学校及书院，并将书院置于官方控制下，即书院官学化。元代的路、府、州、县均设有儒学，即传授儒家学说的学校，设有教授、学正、学录、教谕等学官，并设有行省提举司和道学提举司管理辖区内的儒学。

江西在两宋时代已基本普及儒学，至南宋末，仅有个别县未建立官办学校。然而，宋末元初的战争使一些学校被毁坏，在元代逐步得到修复。元代江西地区共有13路、19州、51县，除吉安路永宁县作为元代新设的县而没有兴办县学外，其余82个路、州、县均设有传授儒学的官办学校，占江西行政区划的98.8%，是全国儒学普及率最高的区域之一。

明代的统治者为了用儒学教化百姓，非常重视各层级的学校建设，早在洪武二年（1369年），明太祖朱元璋就下令："郡县皆立学校，延师儒，授生徒，讲论圣道，使人日渐月化，以复先王之旧。"[①]除朝廷有国子监学、府州县有官办学校，还令各地方政府在最基层办有社学和书塾，洪武八年明太祖朱元璋诏令天下立社学："昔成周之世，家有塾，党有庠，故民无不知学，是以教化行而风俗美。今京师及郡县皆有学，而乡社之民未睹教化，有司其更置社学，延师儒以教民间子弟，导民善俗，称朕意也。"（《续文献通考·学校考》）即明朝为三级教育制度，学校的覆盖面比元代更大，官办学校的体制也比元代更完备，并且考试制度较历代都更严密。

就江西而言，明代江西共有13府73县，均设有官办学校，各县基层还按朝廷规定，设有不等的社学。

清代虽然是满族建立的王朝，统治者特别重视用儒学（特别是理学）来教化和控制各阶层人等，所以在官办学校方面，不仅沿袭了明代在府、州、县兴办学校的制度，还强化了社学和义学的建设。《明史·选举志》载："府设教授，州设学正，县设教谕，各一。俱设训导，府、州、县、

[①]（清）张廷玉等：《明史》卷六十九《选举一》，《景印文渊阁四库全书》第298册，第119页。

卫儒学，明制具备，清因之。"①

对于明代社学时废时兴的状态，清朝廷进行了强化，一是在农村要求普遍建立社学，"社学，乡置一区，择其文行优者充社师，免其差役，量给廪饩"；②并在各省设提督学政，监督地方社学的兴办情况，并要求各地行政长官将社学师生名录造册上报，以供提督学政检查考核。雍正元年，清廷再次下诏，要求各州县在大乡巨堡设置社学，使农村地区年龄在12岁至20岁的农家子弟，凡有志学文者，均能入学读书，学习儒家经典和朝廷律令，从而达到"导民向善""移风易俗"的目的。二是在城市设立社学，清朝廷在乡间兴办社学之后，又把社学引入城市，在京城和府、州、县兴建官立小学，使出身贫寒但却有志读书的"文理兼优之士""不论城乡，不拘长幼，俱令赴学肄业"。三是把社学与府、州、县学衔接起来，如果社学的学生成绩优秀，经考试可以升入府、州、县学为学生。反之，如果府、州、县学的学生学业不佳，就可能遭到"发社"的处罚，即开除生员资格，逐出学宫，降为社学学生。这样社学既可化民善俗又可为科举输送人才。

清代的江西沿袭明制，13府77县都兴建或修复了县学，并在乡间和城市中广泛建立了社学。

（二）蒙学的兴盛

蒙学即基础教育，相当于现在的小学教育。

蒙学是私学的其中一类。西周时期乃"学在官府"，到春秋时期，中国私学——私人办学或私人聚徒授学兴起。此后，在中国两千多年的历史中，虽然在秦始皇"焚书坑儒"之后，私学曾受到打击，但从汉至清，中国的私学一直兴盛，是中华文化传续不断并不断走向博大精深的重要原因之一。

---

① （清）张廷玉等：《明史》卷六十九《选举一》，《景印文渊阁四库全书》第298册，第119页。
② （民国）赵尔巽：《清史稿》，中华书局1976年版，第3119页。

中国古代的私学主要可分三类：蒙养教学、经师讲学和书院教育。蒙养教学包括父母或兄弟对子弟的启蒙教育，包括家塾或私塾而延师课子弟，包括兴办书院等。

蒙养教育，即儿童的启蒙教育。早在周秦时期，贵族家庭的儿童七八岁时就开始接受蒙养教育，《周易·蒙卦》就曾提出："蒙以养正，圣功也"；即强调在幼童阶段起，就要进行启蒙教育，培养品格和人格才有成为圣人的可能。汉代时统治者开始认识到儿童启蒙教育的重要性，《汉书》卷二十四上《食货志》中说："八岁入小学，学六甲五方书计之事，始知室家长幼之节。十五入大学，学先圣礼乐，而知朝廷君臣之礼。"[1]唐代蒙养教育已很成熟，形成了成熟的教育和体系，在家庭、家族、乡村和城市的坊间形成了形式多样的教育形式。

经师聚徒讲学，是私学的一种重要形式，自汉代至清在中国长盛不衰，是具有中国特色的一种教育形式。

书院，作为私学的一种，在其发展过程中不断官学化，但私人办书院始终是书院存在的重要形式。

关于赣鄱宗族与书院之间的关系，前文已作论述。经师聚徒讲学，与宗族关系不大，本书不作论述。本文重点论蒙学与宗族之关系。

江西古代蒙学的兴盛，见于记载的，可追及唐代。

唐代时在乡间普遍设有村学、乡校、村校、乡塾、小学等。唐玄宗开元二十六年（738年）正月诏令："宜令天下州县，每一乡之内，别各置学，仍择师资，令其教授。"[2]朝廷的重视，加之社会经济的发展，作为启蒙教育的乡学便在乡间推开。宋初李昉等人编纂的小说集《太平广记》卷三百五十八《齐推女》的主要人物之一便是一个乡间蒙学的教师：元和年间（806—820年），在饶州的"西五里鄱亭村，有一老人姓田，方教授村儿"[3]；《太平广记》卷五十五《伊用昌》还记载唐天祐年间，

---

[1] （汉）班固：《汉书》卷二十四上《食货志》，《景印文渊阁四库全书》第249册，第538页。
[2] 《唐大诏令集》卷七十三《亲祀东郊德音》，《景印文渊阁四库全书》第426册，第548页。
[3] （宋）李昉等：《太平广记》卷三百五十八《齐推女》，《景印文渊阁四库全书》第1406册，第419页。

抚州南城县设有乡校:"天祐癸酉年,(伊用昌)夫妻至抚州南城县,所有村民毙一犊,夫妻丐得牛肉一二十勋,于乡校内烹炙,一夕俱食尽,至明夫妻为肉所胀,俱死于乡校内。"宋代僧文莹在其笔记体野史《湘山野录》卷上也记载了这样一则故事:"(南唐)李建勋罢相江南,出镇豫章,一日与宾僚游东山,各事宽履轻衫,携酒肴,引步于渔溪樵坞间,遇佳处则饮,忽平田间一茅舍有儿童诵书声,相君携策就之,乃一老叟教数村童,叟惊悚离席,改容趋谢,而翔雅有体,气调潇洒,丞相爱之遂觞于其庐"。

这三则故事虽为小说家言,但反映出唐代蒙学在江西乡间的普及和兴盛。①

宋代是中国蒙学教育非常兴盛的时代,是中国蒙学的全新时代,元明清时期不过是延续与传承宋代的蒙学教育成果。宋代蒙学的全新表现在:

一是朝廷重视蒙学教育,宋朝廷明确规定在县学内设立小学,招收儿童进行启蒙教育。

二是形成了多层且形式多样的蒙学教育机制。高层次的有为皇室、贵族子弟设立的宗学、诸王宫学、内小学等贵族性质的学校和由中央朝廷设立并管辖的国立、地方小学,低层的有大量为普通百姓子弟设立的私塾、义学(或义塾)、家塾、村塾、冬学等各种私学。既满足了贵族对子弟教育的需求,也满足了普通百姓教育子弟的需求。

三是文化精英们,不仅聚徒讲学,还非常重视儿童启蒙教育,并编撰有关教材。如宋代著名学者朱熹、吕祖谦、吕本中、陈淳、真德秀、王应麟等都亲自参与过许多童蒙教材的编写,如《三字经》《童蒙须知》《少仪外传》《小学绀珠》《小学》《性理字训》《小学诗礼》《训蒙雅言》及《童蒙训》等,都成为中国蒙学的传世佳作。

四是明确了蒙学教育的内容,不仅要习字、识字,还要对蒙童进行

---

① 关于唐代的乡学,可参见钟起煌主编、陈金凤著:《江西通史·隋唐五代卷》,江西人民出版社2008年版,第219—220页。

儒家伦理道德灌输以及人格、心理、思想塑造。如朱熹说："方其幼也，不习之于小学，则无以收其放心，养其德性。""童稚之学，不止记诵。养其良知良能，当以先人之言为主。日记故事，不拘今古，必先以孝悌忠信、礼义廉耻等事，如黄香扇枕、陆绩怀桔、叔敖阴德、子路负米之类，只如俗说，便晓此道理，久久成熟，德性若自然矣。"①所以，宋代的理学家们将理学输入到蒙童教育中，将儒家的圣人人格追求、孝悌的伦理道德原则，融入了儿童教育中。此外，还重视对蒙童进行一些自然知识和科学常识的普及教育。

五是将科举入仕的价值追求融入了儿童的启蒙教育中，以此来作为儿童的学习动力。宋代的社会中有许多《劝学诗》《劝学文》《劝学歌》，以宋真宗的《劝学诗》最为著名，所谓"富家不用买良田，书中自有千钟粟。安居不用架高梁，书中自有黄金屋。娶妻莫恨无良媒，书中自有颜如玉。出门莫恨无随人，书中车马多如簇。男儿欲遂平生志，六经勤向窗前读。"这样一首在中国古代最具催动力的《劝学诗》，竟然出自一位皇帝之手！可见，宋代皇帝对文教的重视。

就江西而言，宋代的江西是一个文教发达、人才辈出之域，这种儿童的启蒙教育机构毫无疑问非常普及和兴盛，诸如冬学、义学、小学、书会、乡校、村校、学塾等启蒙教育学校众多。署名耐得翁的宋人著作《都城纪胜》曾写道："都城内外自有文武两学：宗学、京学、县学之外其余乡校：家塾、舍馆、书会，每一里巷一二所，弦诵之声，往往相闻。"②这虽不是特指江西，而是指南宋都城临安之外的南方，实际上，以江西最为典型。正如苏轼在《南安军学记》所说："虽荒服郡县必有学。"③

元代统治者虽然实行民族歧视政策，但是非常重视用儒学来教化与控制国民。至元六年（1269年），元中书省下文："所在乡村镇店，选择有

---

① （宋）张伯行：《小学集解·小学辑说》，中华书局1985年版，第5页、第94页。
② （宋）耐得翁：《都城纪胜·三教外地》，《景印文渊阁四库全书》第590册，第12页。
③ 雍正《江西通志》卷一百二十三《艺文·记二》，《景印文渊阁四库全书》第517册，第346页。

德望学问可为师长者，于百姓农隙之时，如法训导，使长幼皆闻孝悌忠信廉耻之言，礼让既行，风俗自厚，政清民化，止盗息奸，不为小补。"[1]即要求各乡村建立冬学。至元七年（1270年）元朝廷又下令建立社学："今后每社设立学校一所，择通晓经书者为学师，于农隙时月各令子弟入学，先读《孝经》《小学》书，次及《大学》《论》《孟》、经、史，务要各知孝弟忠信，敦本抑末，依乡原例，出办束脩。如自愿立长学者，听。若积久学问有成者，申覆上司照验。"[2]此外，元朝廷还鼓励民间办家塾，至元二十八年（1291年），"令江南诸路学及各县学内设立小学，选老成之士教之。或自愿招师，或自受家学，于父兄者亦从其便。其他先儒过化之地，名贤经行之所，与好事之家出钱粟赡学者，并立为书院"。[3]

从冬学、社学、家学到书院，形成了形式多样的元代蒙学体系。

就江西而言，这样一个自宋代以来的中国文教兴盛之区，毫无疑问，执行朝廷兴学的要求是积极的，如延祐（1314—1320年）后期，雩都县令靳孟享"命乡社皆立义塾，择士之高年有行者主为之师，教以孝弟"。[4]至于家塾，更是普及，如吴澄描写乐安曾田夏氏："家有内塾教子，又有外塾普及亲邻诸幼之可教者，月朔弦望，远近宾朋，内外子弟，深衣会讲，以身率先，升降进退，威仪整肃如学校规。"[5]家塾是元代江西很普遍的一种蒙学机构，从记载可知，如程矩夫、吴澄、虞集等都设有家塾。

明代的统治者同样（甚至超过）宋元时代的统治者，非常重视蒙童的教育。如洪武八年明太祖命天下立社学，延师儒教民间子弟，以期导

---

[1] （元）佚名：《庙学典礼》卷一中的《官吏诣庙学烧香讲书》，《景印文渊阁四库全书》第648册，第329页。

[2] （元）佚名：《庙学典礼》卷六中的《成宗设立小学书塾》，《景印文渊阁四库全书》第648册，第415页。

[3] （明）宋濂：《元史》卷八十一《选举一》，《景印文渊阁四库全书》第293册，第574页。

[4] 苏天爵：《滋溪文稿》卷七元《碑志·大元赠中顺大夫兵部侍郎靳公神道碑铭》，《景印文渊阁四库全书》第1214册，第83页。

[5] （元）吴澄：《吴文正集》卷七十四《墓志铭三·元将仕佐郎赣州路同知会昌州事夏侯墓志铭》，《景印文渊阁四库全书》第1197册，第719页。

民善俗。社学的学生是平民的子弟（儿童）。社学在明初是官办，后来有民办也有官办。

明代蒙学教育的普及表现在蒙学教材多，流传下来的有《千字文》《三字经》《百家姓》等；明代的文人们为蒙童教育又编写了许多读本，如萧良《龙影鞭形》（流畅顺口的历史神话故事）、程登吉《幼学故事琼林》（计33个门类，包括天文、地理、家庭、社会、宫室、器用、制作、技艺、鸟兽、花木等方面的内容）、《女儿经》（妇女礼教）、吕近溪《小儿语》和《续小儿语》（儿童易学易记的流行口语）、方孝孺《幼仪学箴》（儿童品德教育纲要）、杨林兰《声律启蒙》（儿童诗歌启蒙教育）、《名贤集》（格言成语）、朱升《小四书》（宋元四种蒙学课本集），此外还有王相编《女四书》、周履靖编《广易千文》、李登编《正字千文》、吕得胜编《女小儿语》、吕坤编《闺范》等。这些蒙学教材继承了宋元时代的蒙学教材特点，贯输理学思想，用三纲五常来塑造儿童的思维和行为，同时也为科举服务，并钳制妇女的思想。[①]

清统治者，不仅非常重视学校教育，也非常重视蒙童的社会教育，以达到"尚德缓刑，化民成俗"之目的，《圣谕》和《圣谕广训》不仅要成人学习，也要儿童学习。清代中国的蒙学教育无论教育方法还是教材编纂都达到了最成熟的阶段。

就江西而言，明清时期江西作为一个文化积淀非常深厚的区域，蒙学教育和全国许多地区一样，非常普及。从地方志、族谱等人物的记载就可知，经商致富或致仕回乡或落第居乡等退而教子弟或延师教子弟者多，即子弟受学于家者多，略举数例：

徐旭初，字庆元，都昌人，例授营千总，教子读书，多方培植，捐房屋一所归本族廖公祠为义塾，并田地一百五十余亩，岁久，租石供支裔从师应试之用。

余锡龄，字学华，都昌例贡生，兄弟均财以培养群从子弟读书为己

[①] 熊承涤：《明代的蒙学教材》，载《课程教材研究》1991年第1期。

任，置义学、义田垂之久远。

袁旭新，字海门，都昌监生，捐田三十亩于家祠，为岁时茸墓、延师课读之用，后嗣承志捐备荒田若干亩赡族人。[1]

刘世楷，字廷谟，号慎庵，邑增生，世卓里，身异才而务为沉潜之学，尝谓读书不通经史如无楫济江河，居心不晓大义，犹无炬而入幽室，孝慈、友弟、忠信笃敬，乃食之醯醢，不可一日无也。识者以为名言。楷处家庭，如对大宾未尝有惰容，居乡能任恤，不为财吝，岁歉捐赀赈济，州民邑令高尚礼嘉其行，以同拯疾苦，殁之后，建立家塾，置义田，教子孙读书立品，高又亲制，序文署篇首，荣善不倦，颜其塾"日月"，领子孙庠序相望，以礼法称于士林。[2]

如上述这类记载，在明清时期的府县志和清代族谱中，数目之多浩如烟海，说明明清时期蒙学的普及以及社会各阶层对儿童启蒙教育的高度重视。

再如明清时期方志中"风俗"篇的记载也反映了明清时期蒙学的普及。如光绪《吉安府志·风土》载吉安府："南接赣江，北竟淦水，环地几千里，据江上流，人庞淳多寿，家有诗书，塾序相望，为忠义文献之邦。"泰和县："俗喜诗书而尊儒雅，不独世业之家延师教子，虽间阎之陋，山谷之穷，塾序相望，弦诵相闻。"吉水县："百里之疆多业儒，吾乡远近之间多世族，儒业多，故宦达之士隆，世族多，故诗书之习盛。"这些记述反映出明清时期江西读书风气浓厚，无论是家庭还是家族都非常重视儿童的读书教育。

---

[1] 徐旭初、余锡龄、袁旭新三人摘自同治十一年刊本《南康府志》卷十八《人物》，《中国方志丛书·华中地方·第98号》，第448—449页。

[2] 同治十三年刊本《九江府志》卷三十九《善士》，《中国方志丛书·华中地方·第267号》，第597页。

二、宗族热衷于捐助公学和兴办蒙学

在自唐至清一千多年官办学校的兴创和蒙学的兴办过程中，如同书院的创办与兴盛，总是少不了宗族的作用。宗族对官办学校的作用就是捐助，捐助其兴创、维持、维修、扩展；对蒙学的作用就是兴办，兴办家塾、私塾、义塾、书院等蒙学机构。

（一）宗族热衷捐助公学

唐代时江西官办学校的记载不多，无法分析其创办与运转的情况。

宋代对各官办学校的创建时间、经费来源、学习内容等有诸多记载。尽管关于宗族兴学（如办书院）的记载更多，但少数记载也反映出宗族对官办学校的热心捐助，如欧阳修在《吉州学记》中的记载，庆历四年（1044年），吉州知州李宽之应朝廷兴学诏，兴建州学，即州官办学校，"吉之士，率其私钱一百五十万以助用"[1]。所谓"吉之士"，实际上代表了许多家族，即家族对兴建州学的支持。宋代官员余靖在《饶州新建州学记》中记载庆历六年饶州地方官员应朝廷兴学诏，在谋划兴建州学时，"郡之秀民闻是谋者争出家（资）以助其费……又市美田三顷以赋其（学生）日廪"[2]。

由上可知，早在宋代那些有经济实力的家族对于地方兴创官办学校很热衷捐助。

元明清时期，庶民宗族在江西更成熟，宗族成为社会结构单位，不仅热衷于办私学，对于官办学校或书院同样很热心捐助其创办或发展。其捐助形式多以乡绅个人名义捐助，实际上，乡绅代表的是宗族，乡绅树立声名的同时也为宗族树立了声名和话语权。在元明清时期，县级财

---

[1] （宋）欧阳修：《欧阳文忠集》卷三十九《记·吉州学记》，《景印文渊阁四库全书》第1102册，第316页。
[2] （宋）余靖：《武溪集》卷六《记·饶州新建州学记》，《景印文渊阁四库全书》第1089册，第55页。

政很不宽裕，只能维持县衙的行政开支，一旦县域内进行一些建设，如县城内的文教设施建设、修桥、修水利等，都是以官倡民助的形式来开展，很多县级官员，为了号召县民捐助，往往自己先捐薪俸以倡。在明清时期的府县志中有很多这样的记载，以赣州府的一些县为例：

袁淳《重建儒学旧址记》记载了嘉靖庚子（1540年）雩都县重建县学：

> 雩学在县治东郊，盖先为紫阳观，以学故址易之。水绕而清，山峙而峻，创后登贤书院者人，然岁历三纪，未有释褐于国学者。嘉靖庚子，淳谋诸友人黄褒曰：夫学惟故址之为善也，盍迁诸？褒曰：是则然矣。特费用浩，将需乎？淳曰：夫事求诸势力者，则睽而难集；举以大义者，则意合而易成。顾倡之何如耳。于是谋及诸士，谋及父老，谋及先达，谋及官师，罔不用孚焉。三师廪生各捐季俸岁膳以示倡，诸士则称家之隆杀，父老先达亦随力衷助，盖不动公帑，不烦有司，而所敛不下五百金矣，乃鸠工市材……经始于庚子初冬，落成于辛丑之二月。①

在宗族和乡绅及社会各界的共同努力下，嘉靖年间雩都县才重建儒学。

龙澍《重修县学记》记载嘉庆甲子（1804年）赣县重修县学：

> 余莅任兹土（赣县），邑绅士复请重修（县学）。予乃捐俸为倡，众咸乐助，庀材鸠工。正殿无烦改造，余俱创。……经始于嘉庆乙丑，告成于辛未夏季，计费二万余金。是岁余调任南昌，而学工方竣，诸绅士请余记其事。……是役也，倡捐始事者鹭溪钟氏，其余捐助者若而人，董事者若而人，并勒名于石，以见赣人之好义云。②

这样一项花费了两万余金的工程，在县域可是一项大工程，靠的是县域内有实力的宗族的捐助。

---

① 同治十一年刊本《赣州府志》卷二十四《经政志·学校》，赣州地方志委员会1986年整理标点本，第853页。
② 同上，第848页。

在明清时期的府县志中，如上述记载非常多，每个县都有，表明明清时期的官办学校的创建、扩建和维持，离不开宗族与乡绅们的热心参与和捐助。

（二）宗族热衷兴办蒙学

蒙学，即儿童和青少年的启蒙教育，这是培养人才的开始。无论家庭、宗族还是国家，都要培养人才，毫无疑问都要重视蒙学。作为国家而言，在重视府州县官办儒学学校的同时，元明清时期朝廷下令建有社学、义学等作为官办启蒙教育机构，然而，时兴时废且普及面有限，所以儿童的教育主要靠家庭和宗族。自唐代以来，宗族开始在儿童启蒙教育方面起重要作用。

在论述"唐代江西的书院"时，曾列举7所书院：皇寮书院、桂岩书院、景星书院、东佳书堂、李渤书堂、飞麟学塾、登东书院（陷湖书院），其中可以确定桂岩书院、东佳书堂、飞麟学塾、陷湖书院乃宗族创办，作为宗族让子弟学文化的机构，均从蒙学开始，其中的东佳书堂很明确地将书堂分为两个层级，即蒙学教育和科举教育。《陈氏家法》共三十三条，其中有两条对家族教育做出了规定：

立书堂一所于东佳庄。弟侄子孙有志性聪敏者令修学。稍有功业精进应举者。见置书外须令添置，于书生中立一人掌书籍。出入须令知委者照管，不得失去。应宾客寄止修业者，并延待于彼。——出东佳庄供应周旋。

立学院一所于东佳之西，止教授童蒙。每年春三月择日起馆，至秋九月解散。童子年七岁令入学，至十五岁出学。逐年于书堂内次第抽二人归家诲训，一人为副。其纸笔墨砚并出宅库主事收买应付。[①]

由《陈氏家法》可知，中唐时期陈氏合族共居时就已经设置了两种

---

① （唐）陈崇：《江州陈氏家法三十三条》，载陈增荣等纂修《义门陈氏宗谱》，民国二十五年江西宜春德星堂本，江西省图书馆藏本。

层次的学校：一类是启蒙教育的书屋，一类是相当于今天大学层次的书堂。并且家法规定了书屋与书堂之间的转业升承关系。

宋代的童蒙教育颇有特色，有学校和家庭两个途径。此外，以"宗约""义约"和讲史为主要内容的社会教化也是童蒙教育。北宋仁宗庆历年间，范仲淹在苏州置良田十多顷，将每年所获供给自远族以下各房宗族衣食、婚嫁及丧葬之用，史称"义庄"；范仲淹还立下13条"规矩"，成为宋代封建家族组织的典范。此后，许多官员竞相效仿，一时间赡族人、立规矩以管教、约束族人的义庄大盛，形成了宋代以家族教育为特色的社会教化系统。

如饶州都阳县朱氏家族，每天由族长聚集子弟"训饬""久而成编""其目凡三：由父母而兄弟，而宗族，各先之以圣人之明训，次之以古人之懿行，而复终之以有司不可犯之成法"[1]。而抚州累世义居的陆九渊家族，由一位最长者任"家长"，总管全家事；"子弟有过，家长会众子弟责而训之，不改则挞之，终不改，度不可容，则告于官，屏之远方；晨揖击鼓三叠，子弟一人唱云：听！听！听！劳我以生天理定，若还懒惰必饥寒，莫到饥寒方怨命，虚空自有神明听；又唱云：听！听！听！衣食生身天付定，酒肉贪多折人寿，经营太甚违天命，定！定！定！"[2]即用族训教育蒙童，这是宋代蒙童教育的一大特色。

宋代江西的私塾教育已很普及，据清代徐松编《宋会要辑稿》刑法二之一五零记载，宋代江西人好讼，官员们竟然批评私塾没有很好地教授圣贤书："江西州县有号为教书夫子者，聚集儿童，授以非圣之书，如《四言杂字》，名类非一，方言俚鄙，皆词诉语。"由此反映出江西蒙学的兴盛。

宋代江西教育繁荣，但科举取士的名额有限，从而在县乡活跃着许多科举落第而以教书为生的乡先生，他们受聘于私塾或私家书院，对宋

---

[1] （宋）黄震：《黄氏日抄》卷九十《序·训族编序》，《景印文渊阁四库全书》第708册，第960页。

[2] （宋）罗大经：《鹤林玉露》卷五，《景印文渊阁四库全书》第865册，第299页。

代江西蒙学的兴盛起了重要作用。①

元明清时期，无论家庭、宗族都热衷创办蒙学，因为这是培养家庭、宗族人才所必需。有经济实力的家庭往往会"延师课子"。有一定经济实力的宗族往往会办私塾、义塾乃至以书院命名的蒙学教育机构等。

关于元代宗族办家塾的普及，元代大儒吴澄对乐安县曾田夏氏的描述可作为一个有普遍意义的代表："家有内塾教子，又有外塾普及亲邻，诸幼之可教者，月朔弦望，远近宾朋，内外子弟，深衣会讲。"②可见，元代时期宗族对启蒙教育的重视。

关于明清时期宗族对蒙学的普及，前述万载县明清时期许多书院便多是宗族的蒙学机构，作为一个山区小县，宗族办有这么多蒙学机构，说明明代江西宗族对蒙学的重视。

在清代族谱的族规中，普遍反映了宗族对培养子弟读书成才的重视，在族规中往往会有条规规定必须培养宗族子弟读书学文，如清代《萍乡王氏续修支谱》中的《家规》规定："重教养。教育人才国家所首重，故诗书之泽宜世世相继，所以教养子弟务宜隆师重道，督维勤，预养其德性，则致用于国，丕振乎家。"③即使在科举已废除的民国初年，江西的宗族仍一如既往地重视子弟读书学文化。儿童的启蒙教育是其中基本的部分，民国《万载南田王氏族谱》中的《王氏家规》中规定："传家以读书为贵，绅衿士子理宜崇重，今科举虽废，学堂聿兴，所有各校毕业以及出仕锦旋者，花红彩乐迎至宗堂，拜谒祖先，以彰盛事。子孙有笃志图进而阻于贫乏者，察其文理，果通，族中宜加意作养，量给灯油之费，曲为成就。"④由此可知，江西的宗族对子弟读书成才非常重视，所谓耕读传家，乃是宗族的生存方式。

---

① 钟起煌主编、许怀林著：《江西通史·南宋卷》，江西人民出版社2008年版，第345—349页。
② （元）吴澄：《吴文正集》卷七十四《墓志铭三·元将仕佐郎赣州路同知会昌州事夏侯墓志铭》，《景印文渊阁四库全书》第1197册，第719页。
③ 王兴烓等修、王善岚等纂：《萍乡王氏续修支谱》，民国十三年庆源堂木活字本，江西省图书馆藏本，存三册。
④ 佚名纂：《万载南田王氏族谱》，民国九年三槐堂木活字本，江西省图书馆藏本，存六册。

【第十章】赣鄱宗族对赣鄱人才辈出的贡献

宋元明清时期，江西人才辈出，宗族的重学起了重要作用。

一、宗族重学使宗族人才辈出

宋代以前，江西汉文化的发展经历了一个缓慢的过程：秦始皇统一中国后，江西地域开始了由原住民越人向汉民族的漫长转化过程，直到汉末的三国时期，江西基本汉化，中原文化在赣鄱地域基本扎根[①]。魏晋南北朝时期，江西地域的汉文化开始兴盛起来，儒学教育在江西中部与北部得到发展，佛与道也在江西中部与北部日益传播，赣北的庐山成了佛道名山，赣中的阁皂山和玉笥山成为道教的洞天福地。然而，魏晋南北朝时期江西地域汉文化的发展还是初步的，与全国许多区域相比，江西仍然是落后之区，在这三百多年间（从280年西晋灭吴到589年隋统一全国），文化名人也就只有陶渊明和慧远。唐代中期以前，江西地域的文化仍然发展不快，在全国占不重要地位，尽管初唐的王勃曾称赞江西"物华天宝""人杰地灵"，实际上那不过是溢美之词。唐中期"安史之乱"引发北人大规模南迁之后，中原移民大量移入江西后，江西文化迅速发展，无论儒学还是佛道，无论官办教育还是私人办学等，江西区域的重要性都越来越凸显。

（一）两宋时期赣鄱人才从宗族中群体涌现

宋代江西成为中国的文化名区，其标志是：教育发达、科举人才

---

① 施由明：《论中原文化在赣鄱地域的早期传播与影响》，载《黄河科技大学学报》2010年第4期。

群出、政治权臣众多、文化精英如群星灿烂等；他们或致力于著述或驰骋于文坛或纵横于政界或聚徒讲学、开宗立派，创造了江西文化史上的丰碑。

文化是由人创造，而人是家庭、宗族和国家培养的。正是宗族的重学，才使宋代江西的文化人才从宗族中相继涌现。

以高安幸氏为例，唐代幸南容创办桂岩书院后，直接帮助了本族子弟在科举考试中取得成功，科举人才前后相继：幸南容之孙幸轼在唐咸通七年（866年）中进士，历任殿中侍御史、著作郎；幸南容14世孙幸元龙在宋庆历五年（1199年）中进士，为南宋名臣，历官湘阴簿、京山县丞、随州州学教授、鄞州通判等官，为人正直、忠义激奋、指陈时政，被迫致仕；元龙之父幸邦国登宋乾道间（1163—1173年）特科进士，任礼部主事；元龙二弟幸仕龙登嘉定四年（1211年）进士，任竹山县令；三弟幸友龙任兵部赡军承信郎；四弟幸从龙登嘉定十年（1217年）进士，任户部监税；元龙长子幸溥中登嘉定十三年（1220年）进士，官至郁林知州；次子应中登宝庆二年（1226年）进士，官至严州通判。侄子建中为绍定五年（1226年）进士，任郡阳知县；侄子匡中为端平二年（1235年）进士，官至工部侍郎。唐宋时代的高安幸氏一族，科举人才辈出。[1]

以德安义门陈氏为例，陈氏在唐后期创办了东佳书堂，作为培养家族子弟的家族书院，自唐入宋的短时间内，培养了众多科举人才，与江西奉新的华林书院、安义雷塘书院并称为宋初鼎峙江东的三书院，宋代著名文学家杨亿（974—1020年）在称赞安义雷塘书院时说："先是寻阳陈氏有东佳书堂，豫章胡氏有华林书院，皆聚坟索以延俊髦，咸有名流为之记述，讲道论议，况力敌以势均；好事乐贤，复争驰而骛。宜乎与二家者鼎峙于江东。"[2]南唐著名学者徐锴（920—974年）于开宝二年（969年）所写的《陈氏书堂记》中对义门陈氏的称赞："自龙纪（889年）以

---

[1] 李江：《桂岩书院探论》，载《江西社会科学》2009年第6期。
[2] （宋）杨亿：《武夷新集》卷六《记·南康建昌县义居洪氏雷塘书院记》，《景印文渊阁四库全书》第1086册，第451页。

降，崇之子蜕，从子渤，族子乘登进士第，近有蔚文，尤出表焉。曰逊，曰范，皆随计矣！"①

据江州义门陈氏第八、九、十世登科名录载，其十世中进士者有陈用等20多人，其中状元及第者两人。宋代著名词人晏殊（991—1055年）在《题义门陈村东佳书院》盛赞陈氏"趋庭子弟皆攀桂，弹铗宾朋偏食鱼"②。

除培养宗族子弟外，义门陈氏的东佳书堂还接纳四方读书人，"（陈氏）别墅建家塾，聚书延四方学者，伏腊皆资焉。江南名士皆肄业于其家"③。

以奉新华林胡氏为例，胡氏为培养宗族子弟创办了华林书院，入宋之后科举人才相继涌出，宋太祖曾两次旌表之，盛赞华林胡氏："一门三刺史，四代五尚书。他族未有闻，朕只见今朝。"宋孝宗也为之大书特书："朕笔亲题灿锦霞，满封官职遍天涯。名重千古应难朽，庆衍千秋宰相家。"自宋太宗端拱二年（989），至真宗天禧三年（1019），30年间，胡氏考中进士6人，至哲宗绍圣四年，胡氏共中进士11人，中举者则不可胜数。华林书院不仅培养了本族子弟，在此学习的外姓子弟亦有不少人高中科第，成为国家栋梁，其中最为知名者当数王钦若。

以南康洪氏为例，为培养宗族人才，洪文抚在宋代创立了宗族书院——雷塘书院，"子弟之秀者咸肄业于兹"，洪氏子弟通过在书院长年学经史，科举人才（亦是文学人才）相继涌出，咸平三年（1000年）书院创始人洪文抚之兄子洪待用登进士第，官至都官员外郎，其弟文举的儿子洪民师，接着考上进士，为石州（今山西省离石市）司户参军。民师的四个儿子洪朋（荐举知临川）、洪刍（绍圣元年即1094年进士靖康初官谏议大夫）、洪炎（元祐三年即1088年进士累官秘书少监、中书舍人）、洪羽（绍圣四年即1097年进士，任台州知州）。这些洪氏子弟皆宋代"江西诗派"的重要组成人物。

---

① （南唐）徐锴：《陈氏书堂记》，载雍正《江西通志》卷一百二十二《艺文》，《景印文渊阁四库全书》第517册，第310页。
② 阮志高等：《江州陈氏东佳书堂研究》，载《江西教育学院学报》（1989年专刊）。
③ （宋）僧文莹：《湘山野录》卷上，《景印文渊阁四库全书》第1037册，第249页。

上述3个实例乃宋代江西人才从家族中群出的典型案例，实际上，这样的现象在宋代的江西有很多，如庐陵欧阳修家族，其祖父欧阳偃以"儒学名当世"，其父辈四人"以进士登于科"①，到欧阳修一代大儒名满天下，再到其子辈、孙辈等，登进士者不绝，有成就者不断。临川王安石家族自其祖父辈至其子辈，上下四代登进士者8人，虽以王安石声名最著，但皆有文名。南丰曾巩家族从太平兴国八年至宝祐元年（983—1253年）的271年间，登进士者55人，解试41人，还有荐辟19人，以曾致尧、曾易占、曾巩、曾布、曾肇文名最著。②双井黄庭坚家族自其伯祖黄茂宗在大中祥符八年（1015年）中进士后，分宁双井黄氏族人在宋代共有50人中进士，以黄庭坚文名最著（一代诗坛大师）之外，还有诸多人都有文名，如黄庠、黄庶、黄大临、黄叔达、黄次山、黄辇等。金溪陆九渊家族，陆九渊兄弟六人，陆九诏、陆九龄、陆九渊皆以儒学名当世，被称为"三陆之学"，其子陆持之主持东湖书院，使东湖书院成为传播陆学（心学）的中心之一。

宋代江西还有众多文化名人都是以家族或宗族群体的特点出现的，如清江刘氏墨庄（刘敞、刘攽）、临川晏氏（晏殊、晏几道）、高安刘恕家族、德兴汪藻家族、鄱阳四洪（洪皓、洪遵、洪迈、洪适）、临江三孔（孔文仲、孔武仲、孔平仲）、德兴董氏（董洙等）、余干赵氏（赵汝愚等）、都昌曹彦约家族、庐陵王庭珪家族、吉水杨万里家族等。

不仅这些名人家族与宗族人才群体涌现，诸多非名人家族与宗族同样如此。宋末元初的大儒吴澄所谈到的丰城同造里孙氏，这样一个非名人宗族在唐宋数百年间传承着重学、好学与科举仕进的传统，虽未出著名人物，但同样人才辈出："沂唐沿宋五百年，子孙繁衍绵延以至于今，代有科名而官不甚贵，家有恒产而赀不甚富，人人被服儒术，其间通经通史工文工诗之人卓尔不群，求之它姓鲜或可俪，虽遭历运迁革之余，

---

① （宋）欧阳修：《文忠集》卷二十八《谱·欧阳氏谱图序》，《景印文渊阁四库全书》1102册，第559页。
② 李才栋、曹涛主编：《中国文化世家·江右卷》，湖北教育出版社2004年版，第105页。

一族聚处彬彬文物视昔无衰杀也。"①南宋杨万里在《朝奉刘先生行状》一文中称赞吉州安福县丛桂坊的刘安世家族，"从祖溥开始，以文章魁恩科，群兄弟策进士者六人，荐名者三十三人。"②南宋文天祥在《跋吴氏族谱》称赞其家乡吴氏："自宋兴以来衣冠灿然，盖升学者二十有二，举于乡者五十有七，荐于漕者三，奏于礼部及精究科贤良科者九，而特恩封世赏拜爵者又三十有四人。"③实际上，宋代人才的产生如上述者多也。

南宋初年文学家汪藻（江西饶州德兴人）（1079—1154年）有载，虽说其汪氏，可代表宋代江西宗族对人才培养：

> 当唐末五季，干戈纷挠之时，衣冠散处诸邑之大川长谷间，率皆即深而潜，依险而居。迨宋兴百年，无不安土乐生，于是豪杰始相与出耕，而各长雄其地。以力田课僮仆，以诗书训子弟，以孝谨保坟墓，以信义服乡闾。室庐相望为闻家，子弟取高科登贤仕者，无世无之，而汪氏尤其章章者也。汪氏之居石田者数世皆有德，而训子弟尤力。④

汪藻的描述，说明了宋代江西人才宗族性辈出的原因。

（二）元明时期文化世家中人才辈出

经过宋末元初的战争，社会经济遭到严重破坏，元统治者采取民族压迫政策，虽然元统治者重视儒学教育，但在元初的40年并没有用科举取士的办法来选拔人才，没有用科举取士的价值取向来引领士人的价值追求，宋代那种文化人才群星灿烂的局面已不复再现，特别是从宗族中群体产生或前后相继、人才辈出的局面已不复重现。然而，人才从文化世家中有较多的产生，也就是情理中的事了。

---

① （元）吴澄：《吴文正集》卷三十二《序·丰城县孙氏世谱序》，《景印文渊阁四库全书》第1197册，第338页。
② （宋）杨万里：《诚斋集》卷一百一十八《朝奉刘先生行状》，《景印文渊阁四库全书》第1161册，第492页。
③ （宋）文天祥：《文山集》卷十四《跋吴氏族谱》，《景印文渊阁四库全书》第1184册，第606页。
④ （南宋）汪藻：《浮溪集》卷十七《记·为德兴汪氏种德堂作记》，《景印文渊阁四库全书》1128册，第425页。

明代是一个重视教育用儒学控制文人思想的时代，也是一个重视科举取士来引领文人价值追求的时代。在科举的引领下江西的宗族更加用力地培养人才，科举和文化人才从家族中群体涌现的局面再次出现，在江西中部的吉安府（唐宋称"庐陵"）产生了许多文化世家，被称为"故家"。

明代前期的新淦人金幼孜（1400年进士）在《赠周子宣还吉水序》中就说到"吉水多故家"[①]，《宋惟学墓志铭》中也说到"吾新淦自宋元以来多大家硕族"[②]。泰和人王直（1402年进士）在《文溪曾氏族谱序》中谈到"予泰和多故家"[③]。所谓"故家"，既是世家大族，也是文化世家，曾因其族大、士大夫多而传续着显赫的家族声名和文名。明代前期著名文人泰和人杨士奇（1399年荐入翰林充编撰官）在《西昌梁氏续谱序》一文中对所谓"故家"有过一番解释："人之先尝有贵富则不复计其功，行世率谓之故家，此自流俗之见耳。夫所谓故家者，必其先文行有诸躬，功利及于人，声誉有闻于时，子孙克嗣于后，而岂徒富贵之云哉？"[④]杨士奇指出，"故家"不仅是富贵之家，还应当是文化人才辈出之家，并指出宋元以来整个赣中区域的"故家"多。

以欧阳修家族为例，从欧阳修的远祖——仕汉的欧阳尚书，至仕晋的欧阳坚石，仕唐的欧阳询、欧阳通，为吉州刺史的欧阳琮，再至为安福县令的欧阳万，都是"以儒学知名"当世，且都是儒学大家。至欧阳修的祖父欧阳偃，"少以文学著称南唐，耻从进士举，乃诣文学院上书献其所为文十余万言，召试为街院判官"[⑤]。至其父辈欧阳观、欧阳晔等四人都是以业儒而得入进士第。以至于欧阳氏在庐陵的定居地原本称"文

[①]（明）金幼孜：《金文靖集》卷七《序》，《景印文渊阁四库全书》第1240册，第712页。
[②]（明）金幼孜：《金文靖集》卷九《碑铭》，《景印文渊阁四库全书》第1240册，第838页。
[③]（明）王直：《抑庵文集》后集卷十《序》，《文溪曾氏族谱序》，《景印文渊阁四库全书》第1241册，第542页。
[④]（明）杨士奇：《东里集》卷五《序》，《景印文渊四库全书》第1238册，第62页。
[⑤]（明）欧阳修：《文忠集》卷七十一《欧阳氏图谱序》，《景印文渊阁四库全书》第1102册，第562页。

霸乡安德里"，也改称为"儒林乡欧桂里"。欧阳修从小在其母亲的培养下以浓厚的兴趣学习儒学，积累了深厚的儒学功底。同样，欧阳修之后的欧阳氏族人仍然以业儒而仕进者多。正是这种耕读传家和科举仕进成就了欧阳氏家族，同样，欧阳氏家族传承和弘扬了儒学，产生了欧阳修这样的一代大儒。此外，庐陵的欧阳氏家族"宋代登进士者有欧阳修等十七人，登乡举者有欧阳采等六十一人"。分支泰和欧阳氏家族则反映了明清时期欧阳氏家族的科举仕进："明代探花欧阳衢、进士欧阳和等十九人，乡举欧阳允坚等十七人；清代进士欧阳充铗、欧阳柱二人，乡举欧阳彦三人，宋明清三代均有科甲，称望族。"①

再以源于华阴人杨辂的吉水、泰和等地的杨氏为例，无论吉水还是泰和的杨氏，都世代传承着耕读传家与科举仕进的生存方式。杨万里（1154年进士）在《宋故赠中大夫徽猷阁待制谥忠襄杨公行状》曾记载其吉水杨氏"以儒学相承"。杨士奇在《族弟仲穆墓表》②则记载了杨氏自吉水分支泰和以后的状况：分东城、西城两支，居西城者富，居东城者"田园才足给"，但"其诗书行义与西城相高，而忠信之行，文学之华远近钦服，而以进士得官累累有闻焉"。即使在元末的战争中，"于时杨氏之后其仅存者皆退处山溪林谷间，虽不废诗书而自食其力"，从而使得杨氏成为赣中的著姓望族，自宋至清庐陵区域的杨氏共出了22位进士，56位举人，入选为朝廷重要官员者200余人。③

此外，从庐陵永和徙泰和白沙的吴氏，"宋兴以来，衣冠蝉联，以经术而显者项背相望，至于今（明永乐时）益繁衍盛大，有若尚礼尚忠之笃厚著称于乡"④。庐陵曲山萧氏："以诗书自力，以科第进身，仕于时者又卓然有善政可记，及时中遂以进士第一入翰林为侍从之臣又何其显

---

① （民国）吴宗慈：《江西通志稿》第34册，第62页，江西省图书馆藏线装本。
② （明）杨士奇：《东里续集》卷三十《墓表》，《景印文渊阁四库全书》第1239册，第243页。
③ 谢文联、杨毅主编：《千年吉水》，新华出版社2001年版，第293页。
④ （明）金幼孜：《金文靖集》卷七《序》，《景印文渊阁四库全书》第12140册，第754页。

之多也。"①泰和陈氏："五季之乱由金陵徙泰和至今（明前期）四百余年之间，贵显相望而以科第进者不可胜数。"②安福瓜畲邓氏："安成多大族而瓜畲之邓最盛……发科登仕连世有人。"③吉水解氏："邑中世有科第。"④

正因为诸多家族以耕读传家、科举仕进的生存方式传续着，从而形成了赣中地域浓厚的读书风气，早在明代万历年间刊本的《吉安府志》就已有关于吉安地域风俗的记述："吉安府由六一公之乡里，家有诗书，以数万户之井廛，人多儒雅，此州之君子皆颜鲁公之流风遗俗也。""家有诗书，塾序相望。""虽极贫苦者皆知教子孙读书。""俗喜诗书而尊儒雅，不独世业之家延师教子，虽闾阎之陋，山谷之穷，序塾相望，弦诵之声相闻。"⑤

明代前期的泰和人李时勉（1402 年进士）在《送孙知县之任庐陵序》中也谈到当时庐陵县（今吉安县）的社会风尚是"地广而民众，习诗书而人知礼节，重廉耻而有恩义"⑥。

明代正统、景泰间大学士陈循（泰和人）曾谈到赣中的吉安儒学和科举人在宗族中群出的原因："臣原籍江西及浙江、福建等处，自昔国民之中其为士者有人，而臣江西颇多。""世代务习经史，其父子叔侄兄弟族姻自相为师友，十常二三"，且"其风俗如此"。⑦陈循说明了吉安"故

---

① （明）梁潜：《泊庵集》卷五《序·庐陵曲山萧氏族谱序》，《景印文渊阁四库全书》第 1237 册，第 257 页。
② （明）杨士奇：《东里续集》卷四十三《止斋先生传》，《景印文渊阁四库全书》第 1239 册，第 257 页。
③ （明）刘球：《两溪文集》卷十二《瓜畲邓氏族谱序》，《景印文渊阁四库全书》第 1243 册，第 586 页。
④ 杨士奇：《东里集》文集卷十七《前朝列大夫交阯布政司右参议解公墓志铭》，《景印文渊阁四库全书》第 1238 册，第 204 页。
⑤ 光绪元年刊本《吉安府志》卷一《地理·风土》，《中国方志丛书·华中地方·第 251 号》，第 88—90 页。
⑥ （明）李时勉：《古廉文集》卷四《序》，《景印文渊阁四库全书》第 1242 册，第 761 页。
⑦ 《明英宗实录》卷 268，景泰七年戊辰朔，台湾"中研院史语所"1968 年校堪本。

家"即文化世家多的原因。

元明时期文化世家在赣中的吉安府是较多的,但在江西的其他地域同样也不少,只是没有赣中地域那么显著而已。以赣东北铅山县的费氏为例,元末开基铅山横林,第二、三、四代皆经商,经商积蓄家财之后培养子弟科举入仕,从第五代起,从景泰初年至嘉靖末百余年间,这个家族先后走出进士6人、举人11人,其中状元1人、探花1人,入翰林者4人,另有贡生23人,国子监生17人,还有大批皓首穷经而终无功名者;其中成化二十三年(1487)中状元者费宏,官至内阁首辅。铅山费氏被称为"西江甲族""科第世家"。[①]

另据陈秋露在硕士论文《明代江西进士家族研究》中的研究,明代江西进士家族有121个,产生进士303人[②],占明代江西总进士数2719人的11%。所谓进士家族,指的是四代以内出过两个及两个以上进士的家族(兄弟亦可)。由此可知,人才往往从宗族中群出是明代的突出文化现象,并由此又产生众多文化世家。

(三)清代的著姓望族中人才群出

清代的江西已是一个全面宗族化的社会,即宗族已成为社会的基本结构单位,经过从唐至清的发展,江西已形成了许多大族,宗族势力强大。许多宗族不仅族大(人口多和分支多),而且前后相继、人才辈出,被称为"著姓望族"。

清代江西人才的产生有一大突出现象就是从著姓望族中群出。

以前述万载县辛氏宗族为例,万载辛氏乃南宋爱国志士、豪放派词人辛弃疾的孙子辛竭开基于南宋嘉定年间(1208—1227年),至清代已发展成为万载22大著姓中的第一大姓,虽然此前有宋、李、彭、陈、钟、欧阳等姓开基于唐朝,即在万载开基比辛氏早许多,但辛氏是明清时期

---

① 曹国庆:《明代江西科第世家的崛起及其在地方上的作用——以铅山费氏为例》,载《中国文化研究》1999年冬之卷(总第26期)。
② 陈秋露:《明代江西进士家族研究》,江西师范大学2014年硕士学位论文,第47页。

万载出人才最多的望族，进士、举人、秀才等有名望并入了府县志传记中的人物，明代18人，清代83人；民国时期的吴宗慈在《江西通志稿·氏族略》的《万载著姓》中说："清传胪辛从益，进士辛绍业、炳晟、师云，举人辛联竭等，文武举人辛金炳等，清一代登进士者四人，登文武乡举者17人，科甲甚盛，称望族。"①同时，吴宗慈记载万载第二大著姓郭氏明代有各种有名望并入有关志传的人物15人、清代41人，吴宗慈说："清武举人郭钟秀、郭洪、郭疆、郭彪、泰昌、如山、大赞、如棠、如崧、有庆、凤舒、郭英，清一代登文武举乡举者十五人，诚是为荣，称望族。"吴宗慈记载万载第五大姓宋氏，明清两代各种有名望并入有关志传的人物分别为22人与20人，"清进士宋继横、希贤、古陈、联元等，武举人宋跃、宋韶、宋挺久、宋赵、宋拔、启潜同榜举人，世以为荣，称望族。"②这几个实例都说明清代人才从著姓望族中群出的时代特点。

以新建县汪山土库程氏为例，新建的程氏最早乃唐代时从安徽篁墩迁来，不断分支，大塘乡汪山土库开基于明代中前期，开基祖为玉碌公（1486—1646年），一直是以耕种为生的普通农户家庭，直到嘉庆朝程矞采、程楙采、程焕采三兄弟崛起之前，其父辈通过耕种、养鸭、经营借贷致富，努力培养子弟科举入仕；清嘉庆朝，程矞采、程楙采、程焕采三兄弟先后高中进士；道光朝三兄弟又荣升总督、巡抚，创造了"一门三督抚"的科举成就，名震江南，成为当地著姓望族。此后，程氏家族代代有人考取功名，共计出过6位进士、17位举人，一百多位大小官员。

汪山土库程氏宗族之所以在清中后期及清末人才群出，主要在于宗族非常重视教育，宗族兴办私塾义学、义仓、扶贫济弱，并以一族之力创建了新建县宾兴会，助全县士子科举。清末废除科举之后，程氏家族一如既往地重视教育，派子弟入省城接受新式教育，还在大塘创办石泉小学，不仅要求男孩读书，还要求女孩也读书，并让子弟（包括女子）

---

① （民国）吴宗慈：《江西通志稿》第34册，江西省博物馆《江西通志稿》整理组1982年印，第44页。
② （民国）吴宗慈：《江西通志稿》第34册，江西省博物馆《江西通志稿》整理组1982年印，第44页。

出国留学,故而汪山土库程氏在清末民国为国家和社会输送了大量官员、文艺和科技人才,并带动了周边村落的好学之风;同时期或稍晚周边兴起的望族有熊氏、蔡氏、杜氏、勒氏、陶氏等;新建县衙门曾贴有对联:"一门三督抚,五里六翰林";前者指程氏三兄弟,程矞采官至漕运总督、云贵总督、湖广总督,程楙采官至安徽巡抚、浙东巡抚,程焕采署理江苏巡抚;后者指程楙采、程焕采、万良、熊言孔、熊遇泰、杜果六位翰林,彼此住处相近,不超过五里。①

同样以清代新建县著姓望族裘氏为例,新建老屋裘氏开基于北宋末年,开基祖裘邦光由浙江云门县迁来,宋元明清各代裘氏都出了不少人才,据吴宗慈在《江西通志·新建著姓》中的统计,明代新建裘氏有98人、清代有159人为有名望的人物,特别是在清乾隆年间裘氏出了一位朝廷重臣裘曰修,历任礼、刑、工部尚书,以治水而贡献最著,被人们称为"水神",同时,他还是乾隆年间的著名学者,曾任《清令典》总裁、《四库全书》总裁、奉敕纂修《西清古签》《钱录》《秘殿珠林》《石渠宝笈》等大型传世名著,著有《裘文达公文集》6卷,其中《治河论》为治河力作。清代的新建裘氏除裘曰修著名外,还有其祖父裘松亭官至工部侍郎,其父裘君弼官至吏部郎中,其子裘行简官至兵部侍郎兼直隶总督,一门四代进士出仕且官位高;其孙元淦、元善也科举入仕为翰林。新建裘氏也是清代人才著姓望族群出的典型。

上述事例只是清代人才从著姓望族群出的典型个案,这在清代的江西实乃一种普遍现象。

人才之所以从著姓望族中群出,至少有两个重要原因,一是经济实力,二是家风的熏陶;大族、望族往往有经济实力来培养人才,人才的相继产生,形成重学、好学的家风,从而形成产生人才的良性循环。

---

① 曹雷:《汪山土库程氏家族与基层社会管理研究》,南昌大学2014年硕士学位论文,载中国知网。

二、宗族人才辈出对赣鄱人才辈出有重大贡献

文化是由人创造的,赣鄱文化是由赣鄱地域的人们创造的。

赣鄱文化源远流长,遥远的旧石器时代赣鄱地域的远古人类已留下了一些打制石器和活动遗迹(如万年仙人洞遗址)[1],虽然还谈不上多少文化的内涵,人类的精神活动也非常简单,但表明了人类文明的久远;在江西也发生较多新石器时代的文化遗址(如拾年山遗址、山背遗址、筑卫城遗址、杜山头遗址、郑家坳遗址等)。但直到夏商时代,江西和南方许多地方一样,江西被人们认为还是蛮荒之地。1989年新干县大洋洲商墓出土了大量精美的青铜器和玉器,虽然有着中原殷商文明的因素,但浓厚的地域特色表明,商代的江西已有很高水平的文化,3000多年前的赣江流域活跃着一支与中原殷商并行发展的方国(见图55、图56)。

(a) (b) (c)

图55 新干县大洋洲商代大墓出土文物

(a) (b) (c)

图56 新干县大洋洲商代大墓出土文物

春秋战国时期江西处于"吴头楚尾",既受吴文化影响,也受楚文化影响。2007年靖安县李洲坳周代大墓的发掘表明东周时期的江西有很高

---

[1] 钟起煌主编、彭适凡著:《江西通史》第1卷《先秦卷》,江西人民出版社2008年版,第2—14页。

的纺织水平和竹木手工艺水平，墓葬中出土了中国最早、密度最高的织锦及服饰，对研究中国纺织织造史有很大影响（见图57）。

图57　靖安东周大墓出土的纺织工具

秦统一中国后，江西被纳入了国家管理的郡县范围内。

两汉时期江西已产生了一些有名望的文化人物，传播中原的儒家文化，但直到唐代中后期，江西文化的影响越来越大，表现在：一是科举中进士者大增，在唐开元以前只有8人，开元以后57人，整个唐代江西进士占总数的88%。二是产生了一批文化名人，据光绪《江西通志·艺文略》统计，江西籍作家较前历代激增至六十余人，著作达八十五种之多；在这些文化人物中，既有以善书而著称于当世的书法家钟绍京，也有笔记小说《唐摭言》的作者王定保；既有唐代后期古文运动的重要代表人物、散文家舒元舆；也有在当时颇为有名的诗人刘慎虚、陈陶、吉中孚、王贞白、郑谷、卢肇、施肩吾、綦毋潜、沈彬等人。文化名人之多，著述之丰富，充分显现出唐代中后期江西文化由发展开始走向昌盛。三是唐后期江西的教育也开始走向兴盛，除私人办的书院外，官办了一批府县学。

唐代中后期江西文化的发展，为宋代江西步入中国的文化名区奠定了基础。

宋代是古代江西文化发展的一个高峰，表现在：

一是文化名人大量涌现，这些文化精英们或活跃在当时的政治舞台，或在文学、学术上开宗立派等。南宋江西吉水县人杨万里在《诚斋集》对宋代江西人才辈出的描述：

国朝文章之士特盛于江西，如欧阳文忠公、王文公、集贤学士刘公兄弟、中书舍人曾公兄弟、李公泰伯、刘公恕、黄公庭坚，其大者古文经术足以名世，其余则博学多识，见于议论、溢于词章者亦皆各自名家，求之他方未有若是其众者。然尝论之，此八九公所以光明隽伟，著于时而垂于后者，非以其文，以其节也！盖文不高则不传，文高矣而节不能与之俱高，则虽传而不久，是故君子惟其节之为贵也！此八九公者出处不同，用舍各异，而皆挺然自立，不肯少贬以求合，有如王公学术、政事，虽负天下之责而高风特操固有一时诸贤所不敢望以及者，以如是之节，有如是之文，此其所以著于时而垂于后也。[①]

南宋江西吉水县人罗大经在其名著《鹤林玉露》则是这样评述宋代江西人才：

> 江西自欧阳子（修）以古文起于庐陵，遂为一代冠冕，后来者莫能与之抗。其次莫如曾子固（巩），王介甫（石），皆出欧门，亦皆江西人……朱文公（熹）谓江西文章如欧阳永叔、王介甫、曾子固，做得如此好，亦知其皓皓不可尚已，至于诗，则山谷（黄庭坚）倡之，自成一家，并不蹈古人町畦。

上述两位官员出身的学者所谈论到的仅仅是宋代江西几位著名人物而已。实际上，宋代江西的文化人物如群星灿烂，据光绪《江西通志·选举志》统计，两宋江西进士有 5142 人（其中北宋 1745 人，南宋 3697 人），约占宋朝进士总额的六分之一。又据《宋史·宰辅表》统计，两宋宰相共有 133 名，其中江西共有 27 人任正副宰相，如临川的晏殊、王安石，庐陵的欧阳修、周必大、文天祥等人不仅是文化泰斗，也是大政治家，形成两宋政治中枢呈赣人化倾向。

二是江西文人士大夫们在文学、史学、学术思想等方面的成就，在宋代中国文化史中占有重要地位。

关于宋代江西人在文学上的成就，清代临川人李纮在洋洋数千言的《南言答问》中写道：

---

① （宋）杨万里：《诚斋集》卷一百三十三《附录·谥文节公告议》，《景印文渊阁四库全书》第 1161 册，第 716 页。

宋兴百年，文章陋靡，欧阳公奋兴，然后沛然复古，并辔绝驰，直追韩愈，探大道之根原，作斯文之宗主。独立一代，高视六寓，不特吴越所绝无，盖寰瀛所希也。若夫晏临川开荆国文公，李旰江传南丰子固，古今大家，七有其三；文鉴佳篇，士居其五。黄涪翁辟宗派于西江，周益公领台阁乎南渡。觊封事则胡忠简惊人，诗盟则杨诚斋独主。钟秀于一门，则三刘三孔，竞美清江……盖西江文事，若晋之霸业，世执牛耳，西被秦，南服楚，未暇问陈蔡而围郑许也。四国廪廪，若山仰岱以为宗，水朝海而争赴也。

欧阳修开宋代文风，为一代领袖；唐宋八大家江西有三家：欧阳修、王安石、曾巩；晏殊开一代词风，被称为"北宋词坛的报春花"；黄庭坚开"江西诗派"，为一代大家；还有南宋杨万里为"中兴四诗人"之一，自创"诚斋体"，融禅宗与理学入诗；还有三刘三孔、鄱阳四洪等。宋代江西的文学大师真是不胜枚举，各领风骚，使宋代的江西文学成就，在中国文学史上占有重要地位。

在史学方面，由于科举考试中的"策论"需要士子们广泛涉猎史学，以博古通今。催动了江西学子们奋发研究史学，史学大家辈出，如欧阳修除与宋祁会修《新唐书》之外，又独撰《新五代史》。刘恕、刘攽是《资治通鉴》写作骨干，为这部史学巨著的问世做出了巨大的贡献。此外，刘恕还撰有《通鉴外纪》《五代十国纪年》，均为史学要作。南宋徐梦莘所撰《三朝北盟会编》为重要史学著作；其侄徐天麟著《西汉会要》《东汉会要》《西汉地理书》《山经》等书，均为中国的重要史学著作。此外，金石学也是宋代江西史学家开辟的一个新园地，他们把历史研究的范围，从古典文献拓展至金石器物。如欧阳修的《集古录》"剔除幽隐""证见史家阙失颇多"。洪遵的《宋志》和洪适的《隶释》均为金石学界的力作，为考订史学提供了新的资料。①

在政治论哲学和理学研究方面，江西的学者也是群星灿烂，独抒己

---

① 关于宋代江西文化，可参见陈志云：《科举制度与两宋赣文化》，《上饶师范学院学报》2001年第1期。

见，流派纷呈。如北宋前期的南城李觏（1009—1059年）创盱江学派，主"气一元论"，斥佛道、神仙方士、巫医相士和鬼神迷信等。以王安石为代表的临川学派，以"气"为万物本源，以"道"为自然规律，训释《诗》《书》《周礼》三经义。以杨万里为代表的唯物主义哲学家和现实政治思想家，认为混沌的元气是宇宙的根源，阴阳二气的运动和相互作用，使宇宙万物产生变化。在政治上，他忧国忧民，主张抗金，提出了养民仁政的主张。宋代产生于江西的理学派别有北宋周敦颐融合儒道佛三家，创立的濂溪学派；汪应辰（？—1176年）以克己诚正为宗旨的玉山学派；大理学家朱熹（1130—1200年）任职江西时开创晦翁学派；南宋末欧阳守道开创讲求实学之风的巽斋学派；另有会通朱陆之说的鄱阳湖三汤等学派。[①]

除上述文史哲外，还有科技方面成就，如曾安止的《禾谱》、曾之谨的《农具谱》等；还有姜夔的音律等方面的艺术成就。

所有上述这些文化成就的取得，都离不开宗族重学的支撑。家族人才辈出。如临川晏氏，不仅有晏殊（991—1055年）开北宋词风，还有其子晏几道（1038—1110年），擅大令小令，对宋代词的创作起了重要引领作用；临川王氏，不但有一代政治、文学、经学大家王安石，其子王雱亦是临川派著名学者，对佛老深有研究，父子二人对宋代的经学都有所贡献；鄱阳四洪（洪皓、洪适、洪遵、洪迈）对宋代文学各有贡献，皆为宋代著名文学家；清江三刘（刘敞、刘攽、刘奉世）为宋代著名文学家，对宋代文学各有贡献；金溪三陆（陆九渊、陆九龄、陆九韶）皆为南宋著名心学家，在中国思想发展史上占有一定地位；临江三孔（孔文仲、孔武仲、孔平仲）皆为宋代著名文学家，对宋代文学的发展各有贡献。如此种种，家族人才辈出对文化发展有重要贡献，在宋代表现得特别明显。

元明清时期科举人才再现从家族中群出，但如宋代那样著名的文化人才从家族中较大量地群出的文化现象，再也不复重现。元明清时期从

---

① 关于宋代的学派，可参见李国强、傅伯言主编：《赣文化通志》，江西教育出版社2004年版，第108—112页。

家族中群出的科举人才，大多可以成为治理国家的各级官员，未必都能成为有贡献的文化人才，但元明清时期江西文化的发展同样也得益于家族人才的辈出。如重要的文化人物马端临、吴澄、虞集、罗贯中、罗钦顺、汤显祖、宋应星、魏禧、朱耷、蒋士铨、陈三立、文廷式、李瑞清、陈寅恪、萧公权、傅抱石等，都离不开宗族的教育。

【第十一章】赣鄱宗族文化与赣鄱社会变迁

自唐至民国的 1000 多年赣鄱社会变迁过程中，宗族文化起了重要作用宗族将儒家文化贯彻到社会的最基层，宗族对基层国民性的塑造起着主要作用。但这种国民性在近代化过程却起着保守且阻碍时代的作用。这种保守与安土重迁的国民性格甚至影响着当代赣鄱社会的发展。

一、宗族文化强化了古代社会稳定传续

中国封建社会能稳定延续两千多年，宗族文化功不可没，江西即是一个典型的代表。

宗族文化是一种什么样的文化？如前所曾述，宗族文化的核心就是儒家文化。宗族通过长辈的个人行为将儒家思想典范、教诲，通过族规、家族教育、祭祖和祠堂文化等，将儒家的"忠""孝""仁""和""勤"等核心思想贯彻到基层民众，以此塑造基层民众的思想和行为规范，即基层民众的国民性。

（一）孝悌

孝悌，是中国儒家文化的核心思想，源于《论语·学而》："弟子入则孝，出则悌，谨而信，泛爱众，而亲仁。行有余力，则以学文。"

孝，就是孝顺父母；悌，就是敬爱兄长。即南宋理学家朱熹所说："善事父母为孝，善事兄长为悌。"

孔子的"孝悌"思想在文人的推波助澜之下，历代统治者都看到了提倡"孝悌"、推广"孝悌"、弘扬"孝悌"思想对社会稳定和社会有序发展的重要作用。于是，有了《秦律》规定不孝为重罪；有了汉代皇帝的"以孝治天下"，大力表彰"孝悌力田"，以至除开国皇帝刘邦、刘秀

之外，所有的皇帝都加上"孝"的谥号；有了《唐律疏议》和《宋刑统》中规定子孙不得与"父母异财别居"的规定，否则，"徒三年"；有了明代皇帝朱元璋《圣谕六言》中的教化要求："孝顺父母、尊敬长上、和睦乡里、教训子孙、各安生理、毋作非为。"有了清代康熙皇帝的《上谕十六条》，其中首条就是"敦孝悌以重人伦"。此外，还有了从唐至清，历代帝王对乡民们"孝"的旌表。

宗族教育最基本的核心是"忠""孝"，家族人伦皆围绕此二者展开。陆九韶《居家正本》上篇：

> 愚谓人之爱子，但当教之以孝悌忠信。所读之书，先须六经、《语》《孟》，通晓大义，明父母（应为"子"）君臣夫妇兄弟朋友之节，知正心齐家治国平天下之道。以事父母，以和兄弟，以睦族党，以交朋友，以接邻里，使不得罪于尊卑上下之际。次读诸史以知历代兴衰，究观皇帝王霸与秦汉以来为国者规模措置之方。①

宗族的长辈和乡绅们无论是亲自授学、办家塾延师课子，还是让子弟成为"邑庠生"即到县儒学学习或者让子弟到书院学习；无论是从孩童时期在乡校或义塾、私塾、家塾接受启蒙教育，还是到县儒学或书院接受较高层次的教育，都不仅仅是读书识字学文化，都是接受人格的塑造。因为中国的文化是以"孝"和伦理为核心的文化，中国的教育也是以人格塑造和品德培养为核心。无论启蒙教育还是县儒学或书院的教育，中国的学子们都是围绕着"孝悌"展开学习，从读研经史（孔孟程朱至诸子百家）到习礼和"明人伦"，以此塑造其"孝悌"的本性。

接受儒家教育是学习塑造，在受教育之外，乡绅们的人格典范和宗族活动对族人和或乡人起着重要的示范作用。

宗族的乡绅，无论是有功名和学衔，还是无功名与学衔，往往都受过良好的儒家文化教育，他们本身就是儒家文化的践行者，他们在日常生活中表现出来的"孝悌"品格往往给子弟、族人、乡人起着典范作用，

---

① （宋）陆九韶《居家正本》，《续修四库全书》第953册，上海古籍出版社2002年版，第258页。

使子弟、族人、乡人们受着潜移默化的影响。这样的人物往往受到儒家学者和史家的称赞，在明清时期的文人文集和府县志中以及清代的族谱中都记载有大量这样的人物。

家族或宗族活动是乡绅们凝聚、规范、塑造族人的重要媒介，修谱、祭祖是为了慎终追远、尊祖敬宗，这二者本是"孝悌"的表现，即宗族本是通过"孝悌"来凝聚族人，又反过来通过"孝悌"塑造族人。宗族还通过族规、家训、祠规等来明确规定族人们必须"孝悌"。

在明清时期的族规、家训、祠规等，往往摆在首要位置的便是"孝悌"，并且往往会对这一条做出具体的行为要求。如《(宜春)古氏族谱·家训》：

正伦纪。百行孝弟为先，鞠育之恩与天罔极，徐行后长，弟道宜然，况爱亲敬长原于天性，犯上作乱岂是故家？尔辈各宜协力自尽。至于族属尊卑原有定分，齿序难容，僭越毋论，五服之内即服尽情疏，名分犹存，交接之际须循理度，勿因小忿辄加凌犯，勿倚财力辄生衰慢，违者家法扑责，齐民穷究必严，读书明理者加等。

又《(萍乡小库村)王氏家乘》中《家范二十四则》对于该如何孝悌作了详细规定：

——族内子弟自年十五以上者，每岁新正必诣祖屋焚香，凡遇时祭及先人诞忌当敬谨奉祀，违者公斥不贷。

——子事父母以得亲顺为重，服劳奉养当竭其力，遇事禀命而行，疾病谨视汤药，即父母怒，我亦惟顺受而已。其事祖父母尤宜加谨焉，违者亲属须早教诫，倘教诫不悛，即应告知户族，重则禀官究治，轻则家规惩责。

——子事继母固宜孝敬如事所生，倘有不敬，即以家规惩责。其事庶母亦当一体奉养，怒可上慰亲心，免蹈不孝之罪，而为其母者不得故意刻薄，惟尊压逼或并不自珍重，如遇此等情节，亲属长者当秉公理处，以全天伦之爱，否则公同处罚。

——处兄弟宜式好无犹，兄固当友爱于弟，弟更宜恭敬于兄，怡怡一堂，天伦至乐，不然者偏听闺阃之言，致起阋墙之衅，一经鸣论，即以家规惩责。

——事长上宜谦卑逊顺，隅坐徐行，毋冒僭越。其事先生亦然，或有事故相触，必须既定让，不得肆行无忌，违者有犯亲属，族属长者先责不敬之咎，后论其事之曲直。

对于如何敬祖、如何事长上、如何事父母、如何处兄弟等这些"孝悌"的内在要求，《家乘》中用具体的条例进行了规定。毫无疑问，族规、家范、家训等对于塑造基层国民性起着重要作用。

从族谱中我们还可知，孝悌不仅表现在孝顺父母、尊敬长辈、兄弟姐妹友爱，还表现在尊祖敬宗，报本慎始。在族谱中往往对"祭礼"有详细的规定，在族规中往往会规定"春秋祭祀合宜举行"，并规定祭田的收入是用于祭祀之费。

（二）仁义、友善、和睦

仁义，是儒家思想中的核心思想。孝悌虽也是儒家理论的核心，但"孝悌"仅仅是"仁"的一部分，《论语·学而》曰："孝悌也者，其为仁之本欤！"即"孝悌"是"仁"之根本，但"仁"是一个内涵更广的概念。孔子把"仁"定为人生的最高道德境界，认为志士仁人应当"无求生以害仁，有杀身以成仁"。而"仁"之核心仍然是"爱亲""爱人"。"君子笃于亲，则民兴于仁。""樊迟问仁。子曰：'爱人。'"被称为"亚圣"的孟子，扩展与深化了孔子"仁"的思想，提出了"仁义礼智"。

孟子之后的历代儒家思想家们都对"仁义礼智"做出阐述。汉代董仲舒认为"仁"是"天心"。唐代韩愈在《原道》中认为："博爱之谓仁，行而宜之谓义。"北宋理学家周敦颐认为，"仁"即是"生"："天以阳生万物，以阴成万物。生，仁也；成，义也。故圣人在上，以仁育万物，以义正万民。天道行而万物顺，圣德修而万民化；大顺大化，不见其迹，莫知其然之谓神。"（《通书·顺化》）王安石则说："德以仁为主，故君子在仁义之间，所当依者仁而已。"（《答韩求仁书》）北宋理学家程颢则认为"仁"德是"天理",是儒家道德之本原,要求人们"去人欲,存天理",通过"格物致知"以保证"仁"德的实施。南宋理学家朱熹在二程的理论基础上,又论述了"仁义礼智"与"天理"的关系:"且所谓天理,复是何物?仁义礼智,岂不是天理!君臣、父子、兄弟、朋友,岂不是天理!"

仁,在历代儒家思想家的论述中包含了这些含义:爱人、爱他人、同情他人、友爱他人、将心比心、心中有他人、和谐处世、和谐待人、和谐接物。

义,是实现"仁"的路径,如孔子所说"舍生取义""杀身成仁",是一种封建社会的道德规范、价值取向。孟子对"仁"和"义"作了比较清晰而深入的阐述。孟子在《尽心上》中说:"亲亲,仁也;敬长,义也。"在《告子上》中说:"仁,人心也;义,人路了。舍其路而弗由,放其心而不知求,哀哉!"在《离娄上》中说:"仁,人之安宅也;义,人之正路也,旷安宅而弗居,舍正路而不由,哀哉!"即孔子虽然"仁""义"并举,但到孟子时才将"仁"与"义"有机统一起来,仁义的主要含义是指宽厚、爱人、正义。

仁义,作为儒家理论的核心,中国历代儒家文人、思想家和历代统治者都非常推崇,仁义也就成为中国传统文化的核心,成了中国古代教育的核心,作为品德与人格培养的核心内容。中国古代的学人,从其受启蒙教育始,就在接受孝悌、仁义、礼等儒家核心思想的洗礼和塑造。

宗族的长辈和乡绅还特别重视用族规来塑造族人们的仁义、友善、和睦的品格。在宗族的族规中会对忠义、仁义做出明确的规定。如万载县清道光年间的《李氏族谱》卷一《李氏宗祠家规十条》中"崇忠义"条规定:"忠臣义士世所罕希,赤胆忠心毫发莫欺,光争日月,气贯虹霓,凛烈万古,为世表仪。"

在宗族的族规中,往往将友善、和睦具体化为"睦乡党"。《(宜春)古氏族谱·家训》:"睦乡党。古者五族为党,五列为邻,睦姻任恤之教由来尚实矣。顾乡党生齿日繁,比闾相接,睚眦小失,狎昵微嫌,一或不诚,凌竞以起,自必构成大怨,故乡党之中,必贵于和睦,古云:'非宅是卜，惟邻是卜，缓急可恃者，莫如乡邻，务使一乡之中，父老子弟联为一体，安乐忧患，视同一家，农商相资，工贾相让，则里仁为美，比户可封，讼息人安，愿吾族凛遵勿失。'"道光年间的《（万载）李氏族谱》卷一《宗祠十》中的"和"条规定："阴阳和而雨泽降，夫妇和而家道成，兄弟和而争论少，邻里和而是非平。"道光间《袁氏族谱》卷首《家规十则》中的"和睦乡党"条规定："乡邻与吾族接壤者，凡非吾姻娅即吾朋友，往来交际，固当喜相庆、患相恤、善相劝、过相规，即遇口角微嫌争斗，宜极力劝解，化大为小，为无使之忿怒两恶，亲逊和睦，方知仁里。"

在宗族的族规中，还往往将友善、和睦具体化为"息争讼"。江西是一个自宋代以来讼风就很盛行的区域，直至清后期仍然如此，所以在一些宗族的族规中往往都对族人提出了不争讼的要求。《（宜春）古氏族谱·家训》中规定："息争讼。争讼者因不平而起也，今人往往逞一时之小忿，操戈于大廷，不惟废时失业，亦且荡产破家，此大易有终离之戒。对人以无讼为贵也。愿吾族凡遇口角细故，或田互混等类，须平心息气，投族房长理论，听其秉公处断，无伤宗族之雅，勿兴争讼，得饶且饶，若非深冤极仇，切勿哓哓公廷，戒之。"道光年间的《（万载）李氏族谱》卷一《合族十议》中的"息是非"条规定："凡族间有不平之事，当投户族理论，自能决其低昂，分其是非，切不可大小男妇撒泼放赖，辄兴讼端，勿以些小致伤同族之谊。"

这些宗族的规定，给族人与乡人们灌输了"仁义""友善""和睦"等理念，族人与乡人们若不遵守，将受到谴责乃至宗族的惩处，对塑造基层国民性起着重要作用。

（三）勤劳、守法、端正

勤劳、守法、品行端正、节俭等，是儒家的道德要求和人格要求的重要组成部分，和孝悌、仁义、友善、和睦等道德要求是一脉相承的，是中华民族传承不衰的优秀品德。在明清时期府县志的人物传记中，勤劳、守法、品行端正、节俭等往往作为优秀品格载入传记中。

明清时期族谱中的族规，都会有勤劳、守法、节俭和品行端正的明确要求，作为一种规定要求族人遵守。如关于勤奋：

《(宜春)古氏族谱·家训》："勤职业。士农工商虽各别，皆有本职。勤则业修，懒则无成。古诗云：少年经岁月不解早谋身，晚岁无成就；低头避故人，盖言蹉跎岁月；不勤生业，以致贫穷无藉也。传曰：民生在勤，勤则不匮。惟士而勤则博学多闻，义理充足，学不匮也。为农而勤，则禾黍丰熟，仓箱满余，家不匮也。"

道光《(万载)袁氏族谱·家规十八则》："人生在世莫过于勤诚，使男勤于耕，女勤于织，一生衣食自然丰足，然勤而不俭，所入不胜所出，一日之费耗散终岁财。语云：常将有日思无日，莫把无时作有时。又云：量其所入，度其所出；能记此古语，则一生吃着不尽，各宜猛省。"

这些族规对于为何要勤奋、节俭，都做了很有说服力的说明。

关于守法：

首先要完国课。光绪三十二年（1906）《(宜春)古氏族谱》中的《家规》："我族子孙，凡于朝廷正供，每届征科，先期急公奉课，勿至吏扰追乎"，"此吾家规训首之以完国课终之，以息争讼，愿我族人拳膺弗失，共勉为纯良之民，而相安于保合大和之世矣。"在《家训》中又规定："吾族管有钱粮者当早完国课，不可拖欠，谚云：若要安，先予官，斯外无追乎之扰，内无挂欠之忧，即啜粥饮水亦悠然自得矣！倘有意抗违，以致胥役剥啄，叩门多方需索，无名之费或反浮于应纳之数；试思供胥役之侵渔，曷若输朝廷之正供；为抗粮之顽户，曷若为守法之良民；愿吾子侄交相劝勉。"在清代的族规、家训中大都有此类似的规定，但此宜春古氏家规、家训中对完国课的重要性的阐述是较有深度的。

其次是不赌博。清代的族规、家训中，对赌博之害都会说明，并严禁赌博。《(宜春)古氏族谱·家训》中说："严赌博。丧身辱先之事非一，其要莫甚于赌博，游惰之民不务生业，往往呼朋引类，斗牌掷骰，小则倾囊，继则穿穴逾墙，渐沦盗贼，或借开场撮头，以补输钱，卜昼卜夜，无外无内，遂尔贻羞中诟，是奸盗诈伪未有不由于赌博也，族中不时稽查，有犯者锁赴祠内究处，违者送官枷责。"

关于品行端正：

孝悌、仁义、勤劳、守法这些本都是品行端正之要义，在清代的族谱中都会对妇女要守妇道做出明确的规定，即对于妇女的品行还会有特别的要求。如《(宜春)古氏族谱》中的《家规》："明四德三从，故纺绩井臼，事姑哺儿妇人常道。"对于"悍妒妇女咆哮翁姑，不顺夫男，离间骨肉，厚颜长舌，放泼，尤赖纵肆无忌，以致出乖露丑，深可痛恨，轻者家法昭然，重者七尺其在夫男不阻者坐罪。"道光《(万载)袁氏族谱·家规十八则》载："闺门乃万化之原，内外贵乎有别，妇人之职惟在主中，助夫益子而已。若厚颜长舌，波及姒娌，罪在夫主，甚至骄悍成性，不敬翁姑，不敬丈夫，七出难逃。"

族谱以族规的形式做出明确的规定，对于族人的思想塑造和行为的规范起着一定作用。

（四）敦厚

"温柔敦厚"，原本是汉儒提出来的一种文学风格，《礼记·经解》"孔子曰：'入其国，其教可知也。其为人也，温柔敦厚，《诗》教也；疏通知远，《书》教也；广博易良，《乐》教也；洁静精微，《易》教也；恭俭庄敬，《礼》教也；属辞比事，《春秋》教也。故《诗》之失愚，《书》之失诬，《乐》之失奢，《易》之失贼，《礼》之失烦，《春秋》失乱。'"孔子要构建的是君子人格，在其人格理论中，包含了许多人格范畴：仁、义、礼、智、信、敬、勇、恭、敬、宽、敏、惠等。而汉儒提出的温柔敦厚所要构造的是臣子型人格，是为了迎合封建专制的需要。在封建专制的社会里，"温柔敦厚"成了文学创作的指导思想，文学家以含蓄、锋芒内敛、隐而不露、合于"中和""中庸"之美为标准取向。同时，自汉儒提出"温柔敦厚"之后，"敦厚"二字成了一种受推崇和受赞美的性格、个性，正合于汉代及其以后儒家的人格要求，因而，在人物传记或人物事迹的记载中，"敦厚"的性格往往作为优点而被称道。

正是宗族将儒家思想贯彻到基层，塑造了中国基层的国民性，对于中国封建社会的稳固维持起了重要作用。

二、宗族文化在近代社会变迁中的两面性

近代中国经历了风起云涌、战火纷飞、动荡不安、被侵略、被蹂躏和中国人民奋起抗敌、建立新中国的历程。江西的命运和国家是紧紧相连的，近代的江西经历了太平天国起义军与清军持续拉锯，对江西社会经济造成巨大破坏；太平天国起义被镇压之后的洋务运动过程中，江西没有享受到国家的投资，没有一家洋务工厂办在江西；19世纪60—90年代的洋务运动开启了中国近代化的历程，然而，江西由于地方官员保守、地处内陆经商风气不浓且江西的文化精英们专注于学而优则仕等诸多原因，使得江西的近代化晚于全国许多省份二三十年，直到20世纪初才开启近代化的步伐。宗族文化在江西近代化的变迁中则呈现出两面性，一些地方的一些宗族适应近代化的变迁，宗族文化呈现出一些近代化的内容，然而，江西广大农村地区宗族文化依然如故，固守传统，甚至将封建专制的性质强化。

（一）适应社会近代化转型与宗族文化的一些近代化变化

1. 工商观念强化

士农工商是中国人的传统职业，在两千多年的中国历史中，特别是科举制的引领下，社会首先推崇"士"，即学而优则仕，其次是耕田为生，工和商被认为是"末业"；特别是江西在中国古代乃科举盛区，读书的风气浓厚，家庭、家族总是以培养子弟科举入仕为价值取向，耕读传家。工商观念不强。在国家走向近代化的过程中，江西起步晚，直到20世纪的初期，在国家鼓励发展工商业的形势下，工商观念才有所改变，一些宗族开始鼓励子弟从事工商业。在20世纪的最初十年，江西兴起了一批近代工业企业，万元以上的有13家，其中官办2家、官商合办3家，商

办8家[①]。商办8家万元以上企业的创办，标志着在江西走向近代化的过程中，宗族工商业观念发生变化，一些宗族已不再将工商业视为"末业"，有条件的宗族也积极支持宗族子弟从事工商业，这是宗族文化走向近代化的起步。

2. 教育观念的改变

宗族的教育观念随着时代的变化而变化，集中表现在许多宗族捐资捐物支持创办新式学校，让宗族子弟学习西方文化；一些有经济实力的宗族，以宗族之力创办新式学堂，南昌熊氏创办心远中学就是其典型代表。此外，对女子接受教育的观念亦发生变化，传统的宗族教育观念是女子无才便是德，女子不读书学习，但在1905年科举被废除之后，西式教育理念传播的过程中，宗族的教育观念也发生了变化，让女子也读书，成了宗族的普遍观念。前述新建县大塘程氏在近代培养了一百多位人才，其中就包括一些女性人才。

3. 族谱的谱论中出现了近代内容

近代中国的风云变幻反映在族谱中就是谱论增加了新的内容。江西学者梁洪生先生专门研究过从光绪二十一年（1895年）至1927年间的148种江西公藏族谱，认为"从江西谱论看，辛亥革命前十余年，严译《天演论》的'物竞天择，优胜劣败'理论为不少谱牒所申论，辛亥革命后数年间，谱论则在重点讨论'家''国'关系问题，即民国已经成立，家族是否还应该存在，谱牒还要不要修，以及要怎么样修才有新时代意义等。到新文化运动后，白话文和平民史观也开始对家谱产生影响，且可见激进之例"[②]。参阅具体实例。

[①] 这8家商办企业是：萍乡瓷业公司（黎景淑1904年）、江西省城电灯厂（贺赞元1907年）、吉祥机器瓷砖厂（徐家藩1906年）、徐塘煤矿（朱载亭1906年）、保源滇料有限公司（陈庚昌1906年）、开明电灯公司（1908年）、厚生机器碾米厂（肖庚良1908年）、日新瓷业公司（程箴1908年）。

[②] 梁洪生：《辛亥前后江西谱论与社会变迁——读谱笔记三则》，载《中国社会历史评论》第二辑，天津人民出版社2002年版，第117页。

一是新时代、新状态、新眼界给人以新的时代感，反映在谱论中就是论述新时代族谱的作用，光绪二十八年（1902年）《（萍乡）南门叶氏三修族谱》新修序：

> 方今五洲互市，风气日开；铁轨轮舶，咫尺寰瀛。我中华户口之繁，甲于中外，士大夫之家子弟，多腾骧磊落才，其中思远引而高翔者多，非复昔时株守乡间之见。他日或以远贾安业，或以室成就籍，以时世度之，谅所应有非有以联宗盟而纠族谊，其曷以考？然则斯举也，非惟阐前德之昭重，亦以稽后嗣之增减；不惟洽今日之欢聚，亦以考异日之迁移，其敬宗收族之意可不谓厚欤？①

此谱论虽然还是坚持传统的观点，认为族谱非常重要，但作者是放在新时代的背景下去论述，不同于传统的论述：族之有谱犹国之有史也！

二是民族危机意识和家国情怀反映在谱论中。光绪三十四年（1908年）张禄申、张世英、张钟岳《万载张氏六房宗谱》的新修"序"即是典型代表：

> 况近日五洲交通，中外政治风俗，皆有历史，于种族之辨翳严。我中国四万万众系出炎黄，各富保种思想，视同种不啻同胞，天下既为一家，吾族岂忍涣散而不有以联之耶？……窃惟谱者，敬宗收族之意也。尚信义、敦亲睦、溯流派、判尊卑、彰行实、发幽光，雍雍穆穆，和蔼一堂，殆孔子所谓孝弟谨信，进之以汎爱亲仁者也。抑（世英）更有请者：方今强邻逼外，时势多艰。薄海争雄，已达极点。吾族世笃忠贞，家传孝友，允宜勉绍前徽，以造就国民而洗耻。天下事未有本源既具而奋兴之难者，盖忠爱根于性生，感发尤易为力。诚能人人向学，植基于蒙养之初，将见砥砺志节，激发忠勇，由个人伦理进于家族伦理，更进于国家社会伦理。骎骎乎内外交修，上以副圣天子锐意振兴之治，下以慰亿万民翕然向慕之忱。文明进化之象，岂仅在于一家哉？！（张世英序）②

---

① 《（萍乡）南门叶氏三修族谱》，江西省图书馆藏本，存4册。
② （民国）张禄申、张世英、张钟岳修：《万载张氏六房宗谱》，江西图书馆藏本，存5册。

此序已深具家国情怀，论述了家族团结对国家强大的重要性，并谈到了要洗刷耻辱，在强邻外逼、时势多艰的背景下，要人人向学，天子要锐意振兴，达到文明进化，家国情怀跃然纸上。

三是甲午战败后国民的悲愤之情、危机之感及强国之期盼表于族谱之序跋中。光绪三十四年（1908年）《萍乡北石源李氏家谱》主修李炳荪所写《后跋》：

> 今环球列强竞争，所鹰瞵虎视者，惟我国人民土地，苟无人可以战胜，将一旦瓜分豆剖，为印度、波斯之续，觍为西奴。异日无由收族，今日辑谱亦徒然耳。夫明天道者曰栽培，论天演者曰物竞天择，语有理欲纯驳之不同，而其意实相为表里。但使士日进于高明，农日精于树艺，工日神于制造，商日辟于懋迁。极之妇孺老幼，莫不以爱国为心，以自强为志，天虽欲不择，虽欲不培，而有所不能。是故日本一蕞尔岛国，自明治维新以来，人皆知学，遂为地球强国。甲辰之役，俄且不能制胜。顾国强由是民强，民强由是族强，强非徒血气之勇也，必仰体朝廷兴学育才之意，于智育、德育、体育各尽其才。庶几蔚为强国之民，不至见逼于他族，异日我族强大，家谱且增修焉，斯我族之原（愿）望也。①

这是近代特定背景下的谱序和国民心声，已远不同于清代中期及其以前的谱论、谱序跋。

（二）固守传统与落后时代的变化

由于广大农村的社会结构没有改变，封建统治的性质没有改变，尽管宗族文化在近代化的过程中，在一些地方的宗族中出现了一些与时代相适用的新内容，但是广大农村社会的宗族文化在近代不仅固守传统，在近代社会变革中封建专制的性质仍被强化。

1. 在镇压太平天国起义过程中族权和绅权被强化

1851年，洪秀全在广西桂平县金田村宣布起义，建号"太平天国"，

---

① （民国）李炳荪修：《萍乡北石源李氏家谱》，江西省图书馆藏本，存5册。

史称太平天国起义,然后一路向北,占领了以南京为中心的长江中游地区。1852年太平军放弃武汉,沿长江东下,占领了九江、湖口、彭泽。1855年11月下旬开始,太平军自北向南、向东等挺进江西腹地,至1856年4月,在不到半年的时间里,攻占了江西13府76州县中的8府50州县。

1852年,咸丰皇帝面对太平军的快速发展和迅猛攻势,曾诏令大江南北各省的在籍官绅督办团练。

江西巡抚张芾在太平军攻入赣北之初就曾檄饬下属各级政权与豪绅办团局、练乡勇,组织地方武装力量,于是江西各地兴起了一批官督绅办的团练地方武装,同时还兴起了一些宗族与乡绅为"自卫身家"而自发组织的团练地方武装。1856年太平军席卷江西之后,江西各地的宗族、乡绅、士绅、富民更加积极主动地办团练,江西地方政权依赖乡绅的力量组建了各色大小不一的团练组织,从而凸显了在抵抗太平军过程中乡绅的力量。

据学者研究[1],在抵抗太平军的过程中,乡绅兴办的团练和招募的乡勇是钳制太平军的一股重要力量,如曾国藩颇为赞许的义宁团练,在乡绅、士绅的率领下,"前后接战,大小胜负约数百仗",颇为勇猛,"一闻寇警,凡年十六以上,五十以内者踊跃效命,名'扫地勇'"[2]。

清军大量的军费饷需等开支,清廷和地方财政无法解决,只得靠宗族和乡绅们捐输,在奖以功名、赏以封赠的刺激下,江西各地的乡绅竟然很踊跃地捐款助战。据1865年至1874年任江西巡抚的刘坤一《刘忠诚公遗集》卷四所载曾国藩奏折《开造各属捐输数目送部查考折(同治七年闰四月二十八日)》统计,从咸丰二年至同治三年(1852—1846),

---

[1] 蔡晓明、张英明:《江西士绅与太平天国运动》,载《江西师范大学学报》(哲学社会科学版)2001年第8期;杜德凤:《太平军在江西的胜利与失败》,载《江西社会科学》1993年第6期;朱谐汉:《太平天国时期的江西团练》,载《江西师范大学学报》(哲学社会科学版)1988年第4期。

[2] 同治《义宁州志》卷之十四《武事》,转见杜德凤编:《太平军在江西史料》,江西人民出版社1987年版,第55页。

进贤、清江等 16 县绅民共捐团费银 3769675 两[①]。另据学者研究[②]，在抵抗太平天国起义军时期，江西绅民共捐银 13000.4 两，其中有按户科派之银，但大部分为宗族中的乡绅与富民们所捐。

正是在镇压太平天国起义的过程中，由于清政府及地方政府对宗族和乡绅、富民的依赖，使得族权和绅权被强化，宗族文化封建专制的性质被强化，其中一项明显的标志就是近代江西宗族械斗成风。

近代江西许多地方（如乐平、余干、萍乡、宜春、赣南等地）械斗成风。如乐平南东乡八姓，从清咸丰年间至民国初的 60 余年中，宗族械斗 40 余次，几乎一年半便要厮杀一场，其中 1918 年张胡两姓的第七次械斗，致使 40 余村被焚，四五百人被杀，赤地千里。乐平的众埠乡杨叶两村从 1900 年至 1949 年共械斗 7 次，970 人被杀，1300 余幢房屋被毁，两村由 670 户减为 300 余户，尸横遍野，田园荒芜，妇女老少流浪，惨不忍睹。[③]

宗族械斗成风表明晚清和民国时期，宗族地主和乡绅操纵了地方社会权力，掌握了乡村社会秩序的控制权。宗族地主和乡绅为了达到自身目的，以维护全宗族利益为借口，动辄挑动宗族械斗，使宗族矛盾激化。

2. 在国民党统治区内族权和绅权强化

1911 年辛亥革命推翻清朝的统治之后，中国经历了北洋政府统治、军阀混战和国民党统治下的国民政府时期，直到 1949 年新中国成立。北洋政府和国民党的国民政府的统治，虽然都没有明文授予族长权力，但对地方宗族和乡绅很倚重，借助宗族和乡绅来控制基层社会，国民政府在 20 世纪 30 年代起曾全面推行乡村自治，蒋介石在《中国之命运》一书中说："要知道，中国古来建设国家的程序，自身而家而族，则系之血统，由族而保甲而乡社，则合之以互助。由乡社以至县与省，以构成我们国家大一统的组织。故国家建设的基层实在乡社。"又说"由个人日常生活的茂规，推而至于家，则有家礼、家训，推而至于族，则有族谱、

[①] 沈云龙编：《近代中国史料丛刊》第二十六辑，台湾文海出版社 1966 年版，第 669—671 页。
[②] 毛晓阳：《太平天国时期江西乡绅的捐输广额》，载《福州师专学报》2002 年第 2 期。
[③] 何友良：《江西通史·民国卷》，江西人民出版社 2008 年版，第 96 页。

族规。在保甲则有保约，在乡社则有乡约和社规。其自治的精神，可举修齐的实效，而不待法令的干涉"①。

1932年1月，江西安义人熊式辉出任江西省主席兼民政厅长，在江西推行保甲制，以户为单位，10户组成一甲，10甲组成一保，分别设立户长、甲长和保长，户长由各户家长充任，甲长、保长由各甲、各保公推。实际上，甲长和保长都是由宗族的族长或宗族的乡绅担任，使族权和绅权强化。

毛泽东在1928年所撰的《井冈山的斗争》中曾指出当时江西的状况："无论在哪一县，封建的家族组织十分普遍，多是一姓一个村子，或一姓几个村子。非有一个比较长的时间，村子内阶级分化不能完成，家族主义不能战胜。"②毛泽东在其更早（1927年）的著作《湖南农民运动考察报告》中曾指出，近代中国"由宗祠、支祠以至家长的家族系统"，构成了一种以"祠堂族长"为代表的族权，这是压迫中国人民的四大权力体系之一。③由此可见近现代江西宗族势力的坚固。

3. 宗族文化固守传统对江西近代化的滞后影响大

近代化指的是17世纪下半叶至20世纪上半叶世界历史发展的总趋势，即以资本主义化和工业化为特征的发展趋势。英、法、德三国在19世纪30年代至40年代完成了这一进程，美、俄、日等国在19世纪下半叶完成了这一进程，成为世界上早期的资本主义强国。

1840年资本主义列强用坚船利炮打开了中国的大门，中国在殖民侵略中开始了近代化的进程。这一进程不是以制度的根本变革为标志，而是经济上的一些变化为表现，即自给自足的自然经济走向解体（但又顽强地延续着，解体不彻底），资本主义性质的工业经济艰难地成长。

中国境内最早的资本主义企业是外国资本主义列强为在中国境内倾销商品和掠夺原料而建立的船舶修造厂和各种出口加工工厂，如缫丝、

---

① 蒋介石：《中国之命运》，正中书局1934年版。
② 《毛泽东选集》第一卷，人民出版社1991年版，第68页。
③ 《毛泽东选集》第一卷，人民出版社1991年版，第34页。

制糖、制蛋粉、制茶、打包等类的工厂,以及火柴、肥皂、制药、玻璃、造纸、铁器等工业。据汪敬虞编《中国近代工业史资料》(中华书局年版)统计,19世纪40年代资本主义列强还未在中国取得建厂特权,至19世纪90年代中期,资本主义企业共有103家。这些企业并没有促进中国的近代化,是资本主义各国对中国进行经济侵略的重要机构,反而加深了中国的半殖民地化程度。

中国的近代化起始于清政府中的洋务派创办近代机器业。鸦片战争后,曾国藩、李鸿章等认识到西方先进技术的重要性,认识到清政府要自强,必须在军事上和工业技术等方面,向西方资本主义学习,创办新式军事工业。清政府中以恭亲王奕䜣和军机大臣桂良、文祥及曾国藩、李鸿章、左宗棠、张之洞等地方总督、巡抚为主的洋务派,从1861年至1895年共创办了21个军事工业,其中规模较大的有江南制造总局、金陵机器局、福州船政局和天津机器局等。这些军事工业分布在华东各省的有14个[①],但江西直到清朝灭亡也没有一个这样的企业。这些企业尽管具有突出的封建性和买办性,但毕竟具有一定的资本主义色彩,对引进资本主义先进技术和培养产业工人起了一定的历史作用,是中国近代化的开始,可见江西在中国近代化的起始阶段就已经落后了。

洋务派为了供应军用工业需要的原料、燃料和运输,从19世纪70—90年代,先后创办了20多个民用企业[②],有官办、官督商办和官商合办,主要形式是官督商办,即在官府监督下,招募社会上的私人资金,创办民用企业,以解决清廷财政拮据和军工企业所需的巨额资金。这些民用企业中,规模较大的有轮船招商局、开平矿务局、电报总局、汉阳铁厂、上海机器织布局、湖北织布局等。这些民用企业尽管有浓厚的封建性及对外国资本主义的依赖性,但对建立和发展中国的近代企业,促进社会生产力的发展,并在一定程度上抵制外国资本主义对中国近代企业的垄断和压迫有积极作用。但洋务派所办的这些民用企业也没有一家在江西,

---

① 孙毓棠:《中国近代工业史资料》,第一辑下,第1166—1173页附录(五)。
② 何友良等:《当代江西简史·序》,江西人民出版社2000年版。

江西的近代化未得到启动。

在洋务派创办近代企业的同时，中国民族资本主义企业也开始出现，一部分官员、地主、买办、商人投资创办或由原来的手工工场、作坊采用机器生产转化成近代民族资本企业。从19世纪70年代至1894年前，依靠民族资本共创办了136个大小不等的企业，创办资本500多万两，雇佣工人3万人左右。① 但江西仍没一家，江西的官员、地主、商人仍然固守在传统的农业自然经济中顽强生存，江西的近代化进程仍然得不到启动。

1894年甲午中日战争中国战败以后，资本主义列强掀起了在中国划分势力范围和争夺路矿权的狂潮，对华投资也迅速增长，不仅垄断了中国的经济命脉，而且从金融和财政上扼住中国的咽喉，使中国社会进一步半殖民地半封建化。资产阶级维新派和爱国人士，痛感封建专制制度的腐败，对帝国主义的侵略极为愤懑，他们酝酿和发动了一次维新变法运动。在1898年6月11日至1898年9月21日103天的维新变法期间，光绪皇帝接受维新派的建议，接连下了100多道新政的诏令，涉及政治、经济、财政、军事、文教、社会生活等方面。这些措施有利于民族资本主义经济的发展和资产阶级思想文化的传播。但仅持续了103天，变法就失败了，但维新运动产生的思想解放潮流却不可遏制，近代资产阶级改良思想和民主革命思想深入人心。

随着"新政"的推行，江西相继成立了农工商矿总局和商务总会，颁布实业章程，派员奔沪赴日考察，并对开办实业的府县官实行奖励，在1895年至1911年间，江西资本主义经济逐渐产生，近代化的进程终于启动。在这期间，全省兴起资本万元以上的企业27家，数十、数百和数千元的企业有1678家。

江西近代化的进程与全国（特别是东南地区）相比，已晚得多。与其他各省同行首创新式企业比较，江西每项企业开办的时间与同行业相比

---

① 何友良等：《当代江西简史·序》，江西人民出版社2000年版。

都晚,如航运业晚35年,制茶业晚26年,纺织业晚11年,面粉业晚39年,碾米业晚10年,造纸业晚23年,制茶业晚26年,采炼业晚22年,矿冶业晚26年,银行业晚16年。仅1903年出口的制瓷业在全国居先。

从1895年至1911年期间,江西虽然办了许多企业,但都是一些小企业,无一家使用机器动力,仍然以手工业为主,对推进江西的近代化虽然起了一定作用,但作用不大。

1840年后资本主义列强在向中国大量倾销产品的同时,也在大量掠夺中国的农产品和原料,中国农村经济也走向半殖民地化,自然经济逐渐解体。农产品日益商品化,农村中资本主义因素的滋长,主要表现在富农经济的滋长、经营地主的增加和农村手工业中资本主义关系的滋长。

中国的富农经济分旧式富农与新式富农两种,前者是中国农村资本主义经济的主要形式。旧式富农一般占有土地不多,有二三十亩和五六十亩不等,其特点是自己参加劳动,同时雇用长工耕种,一般雇工二三人或四五人,农忙时还雇一些短工,他们大多有一部分土地出卖,又放高利贷,对于雇农的剥削也很残酷,带有半封建性。至于新式富农,主要是指佃富农,即租地主土地而雇工耕种,类似于西方的租地农场主。其封建性比旧式富农少,资本主义性质较为明显,不过,中国这种佃富农的规模不大,一般有十余亩或数十亩,百亩以上土地者较少,多是手工劳动,很少机器生产,对雇工剥削上的封建性与旧式富农没什么差别。

19世纪末20世纪初,江西的富农主要还是旧式富农,且旧式富农也不多,拥有的土地也少,98%的富农拥有的土地在30亩以下,雇工也就少,而新式富农即从地主那里租来土地进行大规模的生产则极少。

经营地主是指中国农村经济中带有一定资本主义性质的经营模式,即地主以一部分土地进行雇工经营,它与旧式富农的主要区别是本人不参加生产劳动,由管家代为经营,过着剥削生活,出租的土地和农村的规模也比富农大,故其封建性比旧式富农强。鸦片战争后,随着自然经济的解体和农产品商品化,为经营地主经营农业生产提供了更为廉价的劳动力和农产品销售市场,经营地主不断增加,这种情况在山东、河北等地比较常见。而清后期江西的地主仍然是固守租佃制，地主把土地分散成小块租给农民耕种，收取高额的地租。

从富农和地主的状况来看，清后期直至20世纪初，江西的农村完整地保留了封建土地所有制，封建的土地制度没有丝毫的改变，资本主义因素没有滋长。在自然经济解体过程中，农村手工业也日益商品化，在全国各地形成了一些著名的手工业区，如河北、江南一带的棉织业（土布生产），河南的卷烟业、东北的榨油业及其他各地的焙茶、梳麻、夏布、纺绳、织草帽等。在这些手工业中，一些资金雄厚的商人（特别是在棉织业中）雇工经营，资本主义生产关系得到发展。而江西在清后期中资本主义生产关系没有得到发展。江西的工业和农业在向近代化转进的过程中落后于邻近省区及全国的许多地区，同样，江西的近代教育也远远落后于邻近省区和全国的许多地区。

清末，中国新式学堂的开办经历了3个阶段：洋务派在洋务活动时创办了一批洋务学堂；戊戌变法期间又创办了一批学堂；光绪二十七年（1901），光绪帝诏谕各省督抚将本省所存书院改为大学堂，各省及直隶州改设中学堂，并多设蒙学堂，一时学堂越办越多。

江西第一所新式学堂江西蚕桑专科学堂到1904年才建立，和邻省的湖南、湖北相比已远远落后，而与沿海省份相比则更落后。

在中国走向近代化的过程中，江西落后了。对个中的缘由，学界普遍达成这样的共识：

太平天国运动在江西拉锯十多年，对江西社会经济破坏巨大，成为江西由先进区域变为落后区域的转折点。清末政府在江西征收前所未有的苛重赋税，更是雪上加霜，使江西社会经济没有喘息的机会。鸦片战争后，资本主义列强的势力侵入江西，在江西攫取了一系列特权，把江西当作倾销商品的基地和掠取原料的基地，使得江西传统的农业和手工业经济受挤压而日渐凋敝。

上海的开埠和长江的通航，使曾经在我国南北交通中占有重要地位的江西变得不再重要，曾经繁忙的运河—长江—赣江—珠江运输线变得不再繁忙，使依托转运贸易而繁荣的樟树、吴城等城镇也变得萧条、萎缩。

毫无疑问，上述事实是江西在近代落后的表象原因。然而，江西的落后还有更深层次的原因，这就是传统宗族文化培养出来的江西人的性格素质。在唐至清中期的近千年历史中，江西人曾创造出科举的辉煌，通过科举考试而入仕为官者众，且产生过一大批位高权重的官员。正因为在传统的宗族文化培养下，江西人习惯于耕读传家，擅长于科举，不习惯于开拓、冒险。当太平天国战争的爆发，一千多年来文官治国的时代结束，国家进入了一个需要通过建立军功才能进入权力核心的时代，江西人没有适应这一时代要求。在清政府兴办洋务的运动中，江西区域也就得不到国家资金的投入，没有一家企业办在江西。同样，在19世纪70年代中国近代工业化的第二阶段，由于江西耕读传家传统，只兴办了一些资金少、规模小的民用企业，远远落后于其他许多省份，在近代奠定的工业基础也就显得很薄弱。

三、宗族文化对中国革命的功与过

1924年中国国民党第一次全国代表大会在广州召开，国共合作大革命风暴迅速席卷全国，工农运动高涨，北伐战争凯歌高奏，收回九江、汉口租界等。

1927年4月12日，蒋介石发动反革命政变，大肆屠杀共产党人，大革命失败。

1927年11月至1928年6月，赣西，赣南和闽西地区的农民，在中国共产党领导下，先后举行万安、吉安、赣县、于都、南康、信丰、寻邬、永定、龙岩、上杭、平和等起义，建立红军江西独立第二团、第三团、闽西红军第十九师和游击队，开展游击战争，为建立根据地奠定了坚实的基础。

1927年10月，毛泽东率领经"三湾改编"后的秋收起义部队到达宁冈，先后在宁冈、永新、茶陵、遂川等县恢复和建立了党组织，发展武装力量，开展游击战争，领导农民打土豪分田地，建立红色政权，实行工农武装割据，创立了党领导下的第一个农村革命根据地。

南昌起义后，方志敏返回弋阳发动了秋收暴动，创建了中国工农红军第十军，1931年成立了赣东北苏维埃政府，创建了赣东北革命根据地。

1928年4月底，朱德、陈毅率领南昌起义保存下来的部队和湘南农军到达井冈山，和毛泽东领导的工农革命军会师，成立了中国工农红军第四军。5月，组成了毛泽东为书记的中共湘赣边界特别委员会；接着成立了袁文才任主席的湘赣边界苏维埃政府。红军在赤卫队和人民群众配合下，接连打破了江西国民党军的多次"进剿"。至6月，井冈山革命根据地拥有宁冈、永新、莲花3个县以及遂川、酃县、吉安、安福等县的部分地区。之后，又打破了湘赣两省国民党军的两次"会剿"。12月，彭德怀、滕代远率领红五军主力到达井冈山，同红四军会师。此后，红军粉碎了敌人的多次"围剿"，根据地不断扩大。1929年1月，毛泽东、朱德率领红四军主力向赣南、闽西挺进，留下一部分红军坚持井冈山的斗争。

1929年1月，毛泽东、朱德率红军第四军进军赣南、闽西，进行了大柏地、长汀、龙岩等战斗，并帮助各地建立了共产党组织。

1930年3月15日，中共赣西南特委成立，刘士奇任书记，赣西南苏维埃政府成立，邓子恢任主席。

1931年9月，中央革命根据地军民粉碎了国民党军第三次"围剿"后，赣南、闽西两区连成一片，革命根据地扩展到30多个县境，在24个县建立了县苏维埃政府。11月，在江西瑞金成立了中华苏维埃共和国临时中央政府，毛泽东任主席，项英、张国焘任副主席。临时中央政府颁布了《中华苏维埃共和国宪法大纲》《土地法》《关于红军问题决议案》等决议。

1933年1月，中共临时中央由上海迁入中央革命根据地。同年二三月间,中央革命根据地取得第四次反"围剿"的胜利,不仅巩固了中央革命根据地,而且打通了中央苏区与闽浙赣苏区的联系。1933年秋,中央苏区辖有江西、福建、闽赣、粤赣四个省级苏维埃政权,拥有60个行政县,红军和根据地发展到了鼎盛时期。中央苏区成为全国最大的革命根据地。

1934年10月,在"左"倾冒险主义领导者的指挥下,中央革命根据地军民未能打破国民党军被迫退出根据地进行长征。整个江西成了国民党统治区,直到1949年9月30日江西全境解放。

由此可知,江西在新民主主义革命时期,对中国革命做出过巨大贡献。江西被称为"共和国的摇篮""中国人民解放军的摇篮"。

近代中国的农村,特别是南方的农村社会是以宗族为基本结构单位的社会。正如毛泽东在《井冈山的斗争》(1928年)中指出:"社会组织是普遍地以一姓为单位的家族组织。党在村落中的组织,因居住关系,许多是一姓的党员为一个支部,支部会议简直同时就是家族会议。在这种情形下,斗争的布尔什维克党的建设,真是难得很。说共产党不分国界省界的话,他们不大懂,不分县界、区界、乡界的话,也是不大懂得的。各县之间地方主义很重,一县内的各区乃至各乡之间也有很深的地方主义。"[①]所以,在革命根据地的开创和建设过程中,都离不开与宗族的关系。江西的宗族和宗族文化在中央革命根据地的开创和建设过程中起了哪些作用?中国共产党又是如何处理与宗族的关系的?宗族文化在革命过程中又经历了怎样的变化?笔者认为,江西的宗族文化对中国革命有功有过,在中央革命根据地时期宗族文化曾经消亡。

(一)宗族文化对中国革命之功

赣鄱的宗族文化对中国革命之功,表现在革命初期宗族对革命的支持,并且利用宗族的力量帮助革命。这种宗族往往是由其宗族子弟在外

---

① 《毛泽东农村调查文集》第74页,人民出版社1985年版。

读书，接受了共产主义的信念，受党组织指派，回到原来的故乡利用宗族关系发动土地革命。

最具代表性的个案是兴国籍的陈奇涵从黄埔军校毕业便回乡开展土地革命，他回忆当时的情况："兴国的姓氏观念很浓厚。肖、陈两姓在兴国很有势力，兴国的伪商会长历来都是姓肖，伪县长来兴国就任时，都要拜过肖以钱（伪商会长），肖以佐、陈奇涵等是兴国县革命的领导人，因此党的组织一直没有遭到严重破坏。"[①]兴国籍上将肖华回乡发动革命斗争时，肖姓宗族几乎全族支持肖华干革命，而且提供一切可能的方便。赣南志士刘建华在早期开展土地革命时，全家族赞成并投入革命，共有10多名族员为革命壮烈牺牲。陈毅在1929年给中央的报告中专门谈到江西最早和最好根据地之一东固[②]，在建立时对宗族的影响："东固一带是以附近召集知识分子（往吉安、南昌读书的学生）为基干，他们在外面加入共产党，受豪绅压迫而跑回来，利用家族关系，以东固附近一带山林为基础向豪绅游击。"[③]土地革命时期曾任中共遂川县委书记、井冈山湘赣边界特委副书记的陈正人（1907—1972年）曾对遂川西庄王姓家族的表现一直记在心中：大革命失败时全县仅剩的6支枪为他们所保存；土地革命刚起，他们又踊跃参加，并成了"出干部的地方"，遂川县乃至湘赣边界的不少干部都是西庄王姓人。这是一个表现卓越的家族。[④]

有的地方农民运动的开展利用了家族的力量，如湘赣边界宁冈县的农民运动领导人龙超清和刘克猷就是利用家族的影响力来号召农民开展农民运动，"龙超清家族是一个有影响力的家族，其父龙钦海曾任知县事、

---

① 陈毅、肖华：《回忆中央苏区》，《革命历史资料丛书之七》，江西人民出版社1986年版，第8页。
② 东固位于赣中南，处于吉安、吉水、永丰、泰和、兴国五县交界地带。东固革命根据地是第二次国内革命战争时期，我党创建的最早的革命根据地之一，同时也是最早实行"工农割据"的红色区域之一，被毛泽东高度评价为"李文林式"根据地和"第二个井冈山"，陈毅元帅誉之为"东井冈"。
③ 恽代英：《恽代英文集（上册）》，人民出版社1984年版，第536—537页。
④ 转见何友良：《苏区农村的宗族势力及其消亡》，载《江西社会科学》1991年第12期。

江西省参议会长和省教育会长等职，龙钦海的女婿刘克猷也是农民运动的领导人，其父刘应岳在当地很有威望"①。

土地革命利用宗族文化的凝聚力和影响力，推动革命的开展。

另外，还有一种是弱小宗族长期以来受到强宗大族的欺压，只得忍气吞声。当中国共产党领导土地革命后，这些弱小宗族积极参加革命，借助中国共产党的力量打击强势宗族，反对强势宗族的压迫，以改变自己在农村中不利的社会地位。1932年《中共江西省委第一、二、三、四个月工作总结报告》指出："农民的氏族观念，特别浓厚……同时过去大姓压小姓的传统，到现在许多地区还存在。"②在革命兴起时，湖南、江西、湖北等地一些弱小宗族农民为反抗大姓豪族乡绅地主的压迫，积极参加革命。"于都葛坳宋姓长期遭受大族葛姓的欺辱，因人少势弱，只好惹气吞声，等红军进入于都时，宋姓族人踊跃参加革命，借助中共的力量猛烈地投入到开展对葛姓土豪劣绅的斗争中去。"③

何友良先生在《苏区农村的宗族势力及其消亡》一文论述说："宗族投入革命，引起两个社会变化：一是这样的宗族力量已脱离其原来形态，而属于改造社会的政治力量的范畴，其斗争也就有了不同以往的意义，上升为社会进步力量与反动力量的抗争。二是它们立即受到旧秩序维护者的仇恨，如遂川王姓不少人遭到国民党的屠杀……选择革命的宗族在当时敌我力量异势条件下，不但要有政治明见，而且要有非凡勇气。"④

（二）宗族文化对中国革命之过

赣鄱宗族文化对中国革命之过表现在宗族聚族反抗革命。宗族反抗或抵抗革命的的形式很多，何友良先生将其归结为5种。

---

① 刘建华：《风雷激荡二十年》，中央文献出版社1999年版，第107页。
② 江西省档案馆编：《中央革命根据地史料选编（下册）》，江西人民出版社1982年版，第127页。
③ 林济：《大革命及土地革命时期党对乡村宗族的认识与政策》，载《中共党史研究》2002年第5期。
④ 何友良：《苏区农村的宗族势力及其消亡》，《江西社会科学》1991年第12期。

一是积极配合国民党反共，主动利用宗族的力量参与清乡。如永新县中洲村潭立官，1928年已年届71岁，尤"纠集族中子弟组织挨户团"加入清乡，"积极参加反共"，每有捕获辄予杀害，"不稍宽假"①。此类宗族豪绅，对共产党人领导的社会变动，持至恨至狂态度，一旦其有所倚靠便肆无忌惮地参与镇压革命。

在赣南和赣西客家区域，土豪劣绅还利用土客矛盾来配合国民党清乡。如宁冈县"土客籍的矛盾很深，客籍人占领山林后，经常受土籍人的压迫，当边界八月失败后，土籍豪绅宣传客籍人要杀土籍，于是土籍大部分反水，挂起白带子带领白军烧屋搜山。"②

二是主动集合族众进攻革命、扑灭暴动、仇杀民众。宗族的土豪劣绅对于族众往往有很强的控制力，如于都县马鞍石"由几家大姓聚族而居，各姓的土劣就是各族的首领，他们一声令下，宗族的人可以倾巢而出。"③于都农民暴动时，豪绅刘国瞿等人利用宗族的力量，动员禾丰和上龙田刘姓千余人反扑，将暴动领导者张文焕等及邻近房屋焚毁殆尽，使这次暴动失败。赣县阳埠"土豪有少数能用改良主义团结氏族民众（将家中谷物财产散给家族，诱骗同志自首），他们号召一部分民众向我们进攻"④。

三是集合族众抵抗红军。这是宗族反抗革命较为普遍的方式，往往颇成规模。如1930年8月，赣东北红军李新汉部在波阳八齐，曾遭到方、蔡等宗族力量的顽强抵抗。"八齐农民，素称强悍"，乡长方恒发、乡绅方韧升、蔡品辉等对族众施以军事训练。红军来时，族众5000余人"以刀矛土枪土炮，实行对垒"，红军兵少力弱，不敌而去，一而再，再而三，竟到第三次才将抵抗压服，并将为首豪绅镇压⑤，表明了乡村宗族力量与

---

① 《剿匪阵亡及殉难忠烈事略》，1935年4月；转见何友良：《苏区农村的宗族势力及其消亡》，载《江西社会科学》1991年第12期。
② 黄琨：《中共暴动中的宗族组织（1927—1929）》，载《中共党史研究》2005年第8期。
③ 江西省档案馆编：《江西革命历史文件汇编：省委文件（1929—1931）》，内刊，1986年，第148页。
④ 中共江西省委党史资料征集委员会编：《中共江西党史资料汇编》（第五辑），内刊，第236页。
⑤ 姜伯澎等编：《波阳匪祸史》，江西省档案馆存。

声势之大。东固革命胜利后,兴国县"枫边的地主豪绅胡家照、密石的欧阳登偾、欧阳登贤十分仇视,出钱买了二十几条枪,组织枫边靖卫团,与东固革命军相对抗。1928年6月,枫边靖卫团得知东固七纵队要攻打枫边的消息后,一面组织16岁以上男子阻击,一面派人赶往兴国搬救兵。当七纵队与靖卫团正在激战时,兴国来的一个连的援兵从侧面袭击第七纵队,使其乱了阵脚而失败"①。

四是不准族人参加革命活动。如萍乡县刘氏宗族规定:"族中子弟有交结非人,奸宄不法,归于匪类者,令入祠重处。怙恶不悛,禀官究治。"②

五是结寨自保,顽抗革命。抵抗时间最长的是赣南的土围子,如被称为于都北部望族的赖村宋姓,以宗族700多人据守土围长达四五年之久。葛坳葛姓家族筑有土围多所,小部红军来时,他们集中族中子弟抵抗和反扑,且联络邻族共相抵御,与上下榭肖族、澄江谭族、赖村宋族等声气相通,直至组织国民党宁都、于都、兴国边陲联防办事处,与苏区长期为敌。这处土围,从1928年结寨固守,到1932年由红军主力攻破,前后共五年,其间有"血战百数十次"的记录。这种结寨聚族抵抗还得到了国民党武器弹药的支援,是最顽固的一种。③

宗族对革命的态度和行为,除了上述支持和抵抗两种之外,还有中立,即谁也不想得罪,还有的是宗族内部分化成支持与反对两种。

中立者谈不上功与过。如1928年冬,于都县上宝等地利用宗族观念集合800余农民,他们倾向于国民党却又反对旧的土豪劣绅,对革命势力也不愿兵戎相见,基本上持一种中立、自守的态度。古柏在寻乌县开展革命运动时,为扩大革命队伍,决定发动仰天吴姓宗族参加革命,他们因惧怕反动势力而不敢响应。当革命取得初步胜利,白天把地主豪绅

---

① 江西省档案馆编:《江西革命历史文件汇编:省委文件(1929—1931)》,内刊,1986年,第158页。
② 《萍乡刘氏宗谱》卷2《宗约》;转见黄琨:《中共暴动中的宗族组织(1927—1929)》,载《中共党史研究》2005年第8期。
③ 何友良:《苏区农村的宗族势力及其消亡》,载《江西社会科学》1991年第12期。

的土地、财产分给贫苦农民,夜里他们就把财物退给地主,生怕地主日后反攻倒算,因此,这些族人对革命既不支持也不反对①,所以,无功也无过。

(三)宗族文化在中央苏区的消亡

1. 中共对宗族和宗族文化的认识

在中国共产党成立之前,一批具有初步共产主义思想的知识分子在从事反帝反封建的革命过程中,如李大钊在《国情》中写道:"吾尝思之,中国自唐虞之世,敷教明伦,亲九族以协邦,家族之基,予以确立,聚族为村,有礼俗以相维系,国家权力之及于民者,微乎渺点……尤以他国大陆之中,闭关自守,历年有所,初无外力之激迫,而家族制度之巩固,亦以远却国家之权力,故此状保持独久,民情亦因之稍异,斯成近似。"李大钊还指出家族制度的经济基础:"中国以农业立国,在东洋诸农业本位国中,占有很重要的位置,所以大家族制度特别发达……中国的大家族制度,就是中国的农业经济组织,就是两千年来社会的基础构建。一切政治、法度、伦理、道德、学术、思想、风俗习惯都是建筑在大家族制度作它的表层构造,所以,从前的中国,可以说是没有国家、没有个人,只有家族的社会。"②

陈独秀认为:"中国社会种种卑劣、不法、残酷、衰微之象,必须摧毁家族本位主义的宗族制度。"③

瞿秋白认为:"政府之下属于无数的小经济单位,就是家族、百姓,因此,百姓之中的大姓世家往往形成贵族非贵族的阶级,官僚、地主、官吏亦能形成诸侯非诸侯的统治者。"④

---

① 曾小锋:《冲击与回应:农村宗族的分化与中国苏维埃革命——以中央苏区为例》,载《赣南师范学院学报》2011年第2期。
② 李大钊:《李大钊文集》,人民出版社1985年版,第111页、第178页。
③ 陈独秀:《东西民族根本之差异》,载《陈独秀文存》,安徽人民出版社1987年版,第105页。
④ 瞿秋白:《东方文化与世界革命》,载《瞿秋白选集》,人民出版社1985年版,第11页。

恽代英在 1924 年 5 月撰文认为："我们一向把破除迷信、改良风俗习惯看太重了，至于因打菩萨，废除礼仪而引起乡村中的恶感使一切工作者都无法进行，这是大错。人的信仰与风俗，都只是经济背景的反映，不改变社会经济状况，不要指望能够改变人的信仰与风俗。"①

毛泽东在 1927 年 1 月撰写的《湖南农民运动考察报告》认为："广大农民身受政权、族权、神权、夫权四大枷锁的禁锢，而地主政权是一切权力的基干，族权则是维持封建统治的辅助力量，要消灭封建族权，首先要消灭封建政权。"②

毛泽东又将族权统治与家族主义文化相区别，认为家族主义等"乃是政治斗争和经济斗争胜利以后自然而然的结果"，不主张"用过大的力量生硬地勉强地从事这些东西的破坏"③，毛泽东的这些认识发展了党对乡村宗族的认识，代表了大革命时期党对乡村宗族的正确认识。

在中国共产党成立初期，党内对乡村宗族认识中，许多人的思想还存在着模糊不清的地方，有的人将族权与地主政权等同起来，如谭平山曾经将祠堂、民团局、保卫局都看成"是农村政府的机关"，祠堂里的规约也是"'农村政府'的法律"，祠堂也"随时可以拘捕农民，监禁农民，这与国家的监狱更没有什么分别"④。

中国共产党早期领导人都认为宗族组织是中国革命必须消灭的对象，消灭宗族是中国共产党社会革命的主要任务。

中国共产党成立后，一部分党的主要领导人继续从理论上对宗族制度及宗法思想进行揭露和批判，以提高人们对它的社会根源和危害的认识，为中央制订消灭宗族制度的政策提供理论依据。他们除了继续论证宗族制度产生的社会根源是自给自足的小农经济之外，还第一次明确指出，农村中大量的族产族田是宗族制度存在的物质基础，族长宗长把持

---

① 恽代英：《恽代英文集（上册）》，人民出版社 1984 年版，第 536—537 页。
② 《毛泽东选集（第一卷）》，人民出版社 1991 年版，第 12 页。
③ 《湘鄂赣苏维埃政府土地部训令》第 1 号（1935 年 6 月 5 日），中国现代革命史资料丛刊《湘鄂赣革命根据地文献资料》第 3 辑，人民出版社 1985 年版，第 203 页。
④ 谭平山：《谭平山文集》，人民出版社 1986 年版，第 354 页。

族产族田，是封建剥削的一种形式。要消灭宗族制度，必须消灭这种以"公田"的形式出现的族产族田。①

1927年4月底至5月初，在中国共产党第五次全国代表大会上，中国共产党第一次提出了消灭族产公田，并将其分配给农民的纲领。大会在通过的《土地问题决议案》中指出：农村中"寺庙、祠堂等所属之地，占有耕地之亩数，亦实有可观"，存在于乡村中的所谓公有田产管理制度，实际上是"乡村中宗法社会政权之基础。此等田地的主有权，已为乡绅所篡夺，耕地者反而失却享有的权利，乡绅等得变为地主，更利用此等权利，以行使其宗法社会的威权及统治"。因此，"要破灭乡村宗法社会的政权，必须取消绅士对于所谓公有的祠堂、寺庙之田产的管理权"②。林济先生在《大革命及土地革命时期党对乡村宗族的认识与政策》一文认为："五大《土地问题决议案》在认识乡村宗族方面有许多值得肯定的地方，如乡绅掌握了乡村公产的主有权等，提出没收乡村公产的正确主张，但在认识乡村宗族土地关系及乡村宗族关系方面还存在着一些不够成熟的地方，如对乡村公产性质的判断过于简单。"③

把没收和分配祠堂族产公田作为土地革命纲领写进党的全国代表大会的决议，表明中国共产党对于领导农民消灭封建宗族制度有了十分明确的认识，同时也显示出中国共产党消灭宗族制度，尤其是从土地关系上消灭的决心。

2. 土地革命战争时期中共对宗族制度和宗族势力的铲除

（1）没收祠堂族田等公产。

族田本是宗族公产，但往往被族长等族中豪绅掌控，与私人地主的土地一样，以租佃的方式进行经营。即使本族人租佃，租额亦不减轻。放高利贷是族产的另一来源，外族人借贷，利息很高；族内贫穷者借贷，

---

① 《六大以前》，人民出版社1980年版，第678页。
② 中央档案馆：《中共中央文件选集》（1927年），中共中央党校出版社1989年版，第60、65页。
③ 林济：《大革命及土地革命时期党对乡村宗族的认识与政策》，《中共党史研究》2002年第5期。

虽利息略低，但"一样要抵押，公堂索债比富农还要厉害，期满利钱不清，牵牛赶猪，下田割禾，都做得出"①。族田族产的管理者作为宗族的核心人物，他们在地方上拥有一定的权威，掌控着族田等族产，在族内行使其宗法社会的权威，束缚族人的人身自由。

中国共产党在根据地建设和发展过程中，极为重视对宗族势力的打击。各根据地在土地革命中，对实际上由族长、会长、豪绅所垄断并利用其来剥削农民的族田祠产，一概进行没收。被没收的土地以乡而不是以村为单位按人口平均分配。

1930年5月，全国苏维埃区域代表大会通过的《土地暂行法》和同年6月中国革命军事委员会颁布的《苏维埃土地法》均规定：在暴力推翻豪绅地主阶级政权后，凡属豪绅、地主、祠堂、庙宇、会社等私人和团体占有的田地、山林、池塘、房屋，一律无偿没收。由苏维埃政府分配给无地少地的农民及其他需要的贫民使用。②

1931年中华工农兵苏维埃共和国第一次全国代表大会通过的《中华苏维埃共和国土地法》又明确规定："一切祠堂庙宇及其他公共土地，苏维埃政府必须力求无条件地交给农民。"为了在根据地范围内彻底消灭封建土地所有制和一切经济压迫，保护贫苦农民的权益，《土地法》还规定：没收地主豪绅的财产，同时必须消灭口头的及书面的一切佃租契约，取消农民对这些财产与土地的义务与债务，并宣布一切高利贷债务无效。所有旧地主与农民约定自愿偿还的，应以革命的法律加以严禁，并不准农民部分地退还地主豪绅的土地，或偿还一部分债务。③根据中共中央的指示，各革命根据地也都具体规定了没收宗族祠堂、土地财产的细则或办法。

1933年《苏维埃共和国中央政府关于土地斗争一些问题的决定》要

---

① 毛泽东：《兴国调查》（1930年10月），见《毛泽东农村调查文集》，人民出版社1982年版。
② 韩延龙、常兆儒：《中国新民主主义革命时期根据地法制文献选编》，第4卷，中国社会科学出版社1984年版，第7—10页。
③ 同上书，第16—18页。

求：“应分别地主、富农或资本家管公堂与工农贫农管公堂的不同,有些小的公堂,为工农贫农群众轮流管理,剥削量极小,则不能构成管理者阶级成分的一个因素,有些人认为只要管过公堂的都是地主、富农或资本家,这是不对的。”①

（2）消灭族长豪绅。

中国共产党对绅士的界定是：“豪绅把持着公地,向佃农收租,在经济上就是地主。中国旧时地主阶级是绅士阶级,旧时破落的绅士,自己虽然没有土地,却因为有政治上的特权,一部分能把持所谓公产,而成为实际上的地主。”②中共以阶级斗争介入宗族后,对宗族上层精英从经济上没收其田地分给农民,政治上剥夺其参政的权利,列入批斗对象,对顽固不化者甚至就地正法。族长在族内族外的威权也就被消灭了,不仅不能任意处置族人,反而成了被打倒的对象了。

（3）扫除封建意识。

在长期的历史发展中,基层社会的民众大多有浓厚的宗族意识。为了从思想上根除农民的宗族意识,中国共产党以阶级斗争的思想意识取代宗族意识。在开展土地革命,建设苏维埃政权的过程中,中共打破以族长、房长、族员等划分的宗族意识,代之以地主、富农、中农、贫农、雇农划分的阶级意识。地主、富农是剥削阶级,贫、雇农是被剥削阶级。在苏维埃革命宣传下,农民普遍具有阶级意识,认识到自己贫穷是因为地主的残酷剥削,摆脱贫困的方式是开展土地革命,反对地主阶级,建立属于自己的政权。在查田运动中,苏维埃政府明确提出：“要避免一切可能发生的氏族地方斗争,团结一切力量,开展对地主富农的斗争,过去有两姓斗争的地方,须在两姓群众大会上,订立'团结公约',互相承认过去的错误,相约以阶级斗争代替过去的两姓斗争。”③

中共在以阶级斗争的方式破除宗族意识的同时,充分认识到要尊重

---

① 彭明：《中国现代史资料选编（四）补编》,人民出版社1986年版,第349页。
② 中央档案馆：《中共中央文件选集（6）》,中共中央党校出版社1989年版,第332页。
③ 《八县区苏维埃负责人员查田运动大会所通过的结论》,载《中央革命根据地史料选编（下册）》,江西人民出版社,1982年版。

农民缅怀祖先的合理性，当时党的文件规定："反对旧礼教，拜祖教及一切迷信菩萨等束缚农民思想的恶俗，改革男女关系的运动等，自然都有进行的必要，但是这些文化运动只能靠宣传而不能鼓动的方法，对于宗教尚且必须以信仰为原则——可以没收庙产但不可以强迫捣毁其神像祖宗牌等，至于宗法尚深的农村中甚至于反对这些陈腐的东西，都必须以谨慎出之。"①

《中华苏维埃共和国土地法》规定："一切祠堂庙宇及其公共土地，须取得农民的自行赞助，以不妨碍他们的奉教感情为原则。"② 在苏维埃革命过程中一度出现烧杀神谱等过左的行为，中国共产党很快发现其严重性，采取有力措施及时纠正。

（4）区别对待。

由于宗族对革命持不同的态度，中国共产党在改造宗族的过程中采取区别对待的方针。首先是在对待管公堂的问题上，中共不再像以前一样把宗族看成是纯粹的剥削行为，而是认为："管公堂无疑是剥削的一种行为，但是有些小的公堂，为工农群众轮流管理，剥削量极小，则不能构成管理者阶级成分的一个因素。有些人认为只要管过公堂的都是地主、富农或资本家是不对的。"③

对于赞成革命的宗族，苏维埃给予政策优惠。如对红军家属在税收、服役等方面给予减轻或免除。对表现良好的宗族发"五好家庭"牌号、表彰做出突出贡献的先进集体和个人，以此激励后人。

对于持中立的宗族主要采取宣传、教育的政策，引导他们积极投身革命，至少不使他们站在苏维埃的对立面，从而威胁苏维埃政权的巩固。

对于顽固不化、对抗革命的宗族，苏维埃政府则坚决给予镇压。如赣南对抗苏维埃政府的"土围子"，比较著名的是于都县北部的马安上宝

---

① 《中央通告农字第七号——纠正农民组织行为》，载《中共党史教学参考资料（第十三册）》，中共党史出版社1985年版，第572页。
② 中央档案馆：《中共中央文件选集（七）》，中共中央党校出版社1989年版，第778页。
③ 彭明：《中央政府关于土地斗争中一些问题的决议》，载《中国近代史资料选编（第三、四册）》，人民出版社1996年版，第349页。

土围、石城县南部的红石寨与陈坊寨、宁都县的赤面寨、安远县的仰天湖土围和兴国的"龙聚三都"等。中央苏维埃政府深刻认识到对这些宗族必须坚决消灭。政府主席毛泽东对消灭"土围子"工作十分重视。1931年10月,他与朱德专门制定并签发了《收集攻打土围炮楼经验的训令》,指出:"土围炮楼是土豪最后的营垒,不能消灭这一最后的营垒,许多的农民群众还是不敢起来。为肃清赤白对立,夺取广大群众,并能向土豪筹得款子,必定要完全消灭土围子炮楼。"训令还指出:"兵力布置,工作方法等详细的汇集起来报告总部,再由总部参谋处加以讨论,汇集有效的有经验的方法编为筑垒攻城教范,训练红军。"①经过4个多月的打土围战斗,几乎所有在苏维埃政府区域的土围子都被拔除,从而进一步巩固了苏维埃政权。

(5) 改造宗族祠堂。

苏维埃政府认识到要从根本上破除宗族势力,必须改造宗族功能。祠堂原是宗族活动的重要场所,苏维埃政府决定将其改造成为中央省、县、区、乡的办公场所和娱乐之地。江西省苏维埃政府规定:"祠堂或没收土豪的房屋,其中能容一百人的大厅,用来做群众大会的会场。此外,还要有书报室、展览室乃至乒乓球室等。"②瑞金市保留的85处中央机关和著名领导人的旧址旧居中,仅宗祠即达27处,占三分之一。其中最为有名的临时中央政府办公地,就是坐落在叶坪的谢氏祠堂。利用宗族祠堂为新社会服务,使之成为政府办公场所,也适应了群众团体活动的需要。③

(6) 开展基层政权建设。

为取代宗族的功能,苏维埃政府积极开展基层政权建设,建立运转高效的苏维埃组织机制。宗族最强调的家族利益被阶级利益取代;宗族互助救济功能被乡村政权、生产合作社、拥军优属委员会取代;经济活动功能被乡村政权和供销、消费、金融合作社等取代;宗族矛盾调解功

---

① 《毛泽东军事文选(第一卷)》,人民出版社1981年版,第257—258页。
② 《教育工作计划》,载《红色中华(第42期)》,1932-11-28。
③ 何友良:《苏区农村的宗族势力及其消亡》,载《江西社会科学》1991年第12期。

能被贫农团、妇女会取代；奖惩与社会治安功能被乡村政权取代。宗族功能的彻底改造，标志着宗族在乡村的基本丧失。

通过上述措施和行动，宗族制度、宗族文化、宗族势力在苏区消亡了。然而，1934年国民党攻占苏区以后，宗族制度、宗族势力和宗族文化又恢复了，直到1949年新中国成立后，宗族制度和宗族文化呈现出被逐步消灭的状态。

四、宗族文化对当代赣鄱社会的影响

文化的产生是由经济、社会、生活环境等作为基础的。只要文化的根还在，文化就会顽强地传延与发展下去。中国宗族的产生是由于聚族而居、小农经济的生活方式、儒家伦理思想作为精神的依托和道德准则，正因为这些因素一千多年来都不变，所以宗族这种组织形式和宗族的文化一直传承着。在中央苏区时代，因为我党从经济基础、社会组织方式、思想意识上坚决瓦解宗族，所以宗族文化在中央苏区时代消亡了，代之以阶级观念和阶级斗争方式处理人与人之间的关系。但红军长征后，中央苏区沦为了国民党统治区，宗族的组织形式和宗族观念又恢复了。新中国成立后，我党重新用阶级斗争的观念武装人们的思想，用阶级斗争的方式处理人与人之间的关系，虽然聚族而居的生活环境没有变，但小农经济的生产方式变了，代之以集体所有制和共同劳动的公有制方式，宗族的组织形式被瓦解，宗族的观念作为封建的残余思想被压制，宗族文化被打压。所以，在新中国成立后的30多年里，宗族文化基本消亡了。

1978年以后，随着"文化大革命"的结束和以家庭承包联产责任制为形式的小农经济的恢复，传统的宗族组织和宗族文化又自发恢复，修族谱、修祠堂、祭祖宗等宗族文化又恢复起来了。[①]这是传统的宗族文化对当代赣鄱社会的重要影响。

---

① 关于20世纪八九十年代宗族的恢复与重建，在前面第二章中的"20世纪80年代后赣鄱农村社会宗族化趋向"已作了叙述，在此不重复。

浓厚而长久的宗族文化氛围和地处内陆的地理形势，形成了江西人保守、耕读传家、小富即安的性格和价值追求，影响到改革开放后江西社会经济的发展，江西人与沿海省份的民众相比，缺乏那种敢闯、敢干、开拓、冒险、创业的精神，而更愿意守着那份田土耕读传家。即使离开那份田土，到沿海经济发达区去谋生，也是以打工为多，打工更保险，缺乏创业精神。20世纪初的中国近代化过程中，江西仍落后于沿海乃至周边省份。20世纪80年代改革开放最初的十多年里，江西不但落后于沿海的江苏、浙江、福建、广东等省，甚至落后于同样地处内陆的安徽、湖南等邻省。江西自近代以来的落后有多方面的原因，但宗族文化的影响是其中的重要因素之一。

进入21世纪，中国城镇化的速度加快，大量的农村人口进入城市务工或创业。国家也把转移农村人口到城镇作为解决"三农"问题的途径，其结果是农村人口锐减，造成许多所谓的"空心村"，守着田土耕种的是老人、妇女，那些外出务工的青壮年只有到一年一度的春节期间才回到农村老家与家人团聚。传统的聚居方式和生活方式发生很大变化，宗族存在的基础正在被抽空，族人间因分散在城镇，族人间的温情也在淡化，即使相聚也只在春节的很短时间里。虽然族谱早就新修了，祠堂也在翻修，但宗族的活动已很少了，或许只有春节期间的聚会。进入21世纪，宗族文化正在走向消失，族人间的脉脉温情渐行渐远，宗族间的感谢正在走向淡化。

第十二章 历史启迪与未来展望

庶民宗族自宋代形成以来，传续了一千多年，至今仍在影响人们的思想情感和社会生活。回顾一千多年赣鄱宗族文化的历史，我们可以从中得到哪些历史的启迪和对宗族未来的发展做出什么样的展望？在本书即将结尾时，且不妨作些试说。

一、历史的启迪

人类的聚居形式是由自然条件所决定的。中国北方游牧民族形成了草原民族粗犷强悍的性格。中国的中部、东部和西南部，山河平原盆地交错，雨量充沛，光照充足，宜于农耕、定居；农耕民族也就形成了如泥土般温和的性格。

由于定居的生活方式，定居在一起的人们总有着或近或远的血缘关系；而与生俱来的这种血缘关系，使聚居在一起的人们有着天然的亲情感。人们祭祀共同的祖先，共同的祖先串起人们同共的情感，形成了独具中国特色的基层社会组织方式——宗族组织。宗族组织在中国的存在，这是环境的必然，是农耕的生活生产方式发展的必然。

宗族组织的产生、发展和走向的严密化，是中国农耕民族情感的需要和社会生活的需要。

农耕民族自上古以来，就有尊祖的习俗，人们相信人死后灵魂不死，祭祀祖先就是祈求祖宗的在天之灵福祐现世中的后人。中国的第一部诗歌总集《诗经》中的《大雅》《周颂》《鲁颂》《商颂》中的许多诗篇叙述了西周历代先王的丰功伟绩和祭祀祖先的场景，其中，《大雅》中祭祖的乐歌有 16 篇，三"颂"中祭祖的乐歌有 35 篇，共占现存《诗经》305 篇的六分之一左右。这些乐歌有描写型、抒情型、叙事型，祭祖礼仪隆重而烦琐，说明了西周时期尊祖观念在中原地域的国民中已根深蒂固。

记载与总结西周与春秋战国时期礼仪习俗的《礼记·大传》说:"尊祖故敬宗,敬宗故收族,收族故宗庙严,宗庙严故重社稷。"[1]即对共同的祖先的情感,凝聚有共同血缘关系的人们为一个共同体(宗族),在宗族这个共同体内大家都有情感的归属性和温情感,定居在一起的、有共同血缘关系的人们,愿意去维护宗族这样一个共同性,宗族的产生是人们情感归属的需要。

宗族的产生不仅是人们情感归属的需要,还是社会生活的需要。人们居住在一个地域,并且都是有血缘关系的一个群体,该以怎样的一个组织形式共居?尽管国家有乡里制度,但是乡里制度只是一种行政管理,人们的日常相处、日常生活总要有一个比较合适的组织方式,宗族组织就是中国国民所找到的一个比较好的、适合中国社会的组织方式。在这样一个组织中,人们可以有序地生活,以光宗耀祖为共同的价值追求,在相互扶持、共同祭祖中得到温情,人们遵守共同的组织原则,如"族规""祠规"等。宗族可以说是古代中国农耕民族一种比较合适的组织方式。

赣鄱宗族和宗族文化对自唐代以来江西的社会经济和文化发展的贡献是巨大的。如前曾述,江西社会的稳定传续有宗族的重要贡献,宗族有一套组织、教育机制,能维持作为社会基本单位的小社会的稳定传续,国家通过引导、教育、控制宗族的乡绅,维持着地域社会稳定。自唐代至清代,江西区域除了受改朝换代的战争干扰之外,基本维持着稳定。江西在宋元明时代人才辈出,宗族有着重大的贡献,因为宗族重学,或捐助学校,或办学,使江西在宋元明时代各种人才辈出,有官员、学者、文人、思想家和科技人才,有开宗立派者,有鹤立鸡群者,总之,群星灿烂,青史留名者多。

然而,任何事物都有两面性,有正面,就会有反面。宗族也一样,在肯定其正面作用的同时,也应当看到其负面作用。

宗族在历史上的负面作用之一是宗族间的械斗扰乱区域社会秩序,

---

[1] (汉)郑玄注、(唐)孔颖达疏《礼记注疏》,《景印文渊阁四库全书》第115册,第64页。

形成区域社会的动荡不安。在中国历史上江西是一个宗族械斗很严重的区域。宗族间为争坟山、山林、风水、水利或其他利益而常发生械斗,在清代江西的地方志中有很多记载。乾隆四十六年(1781)刊本《会昌县志》卷二十二《风俗》载:"会地连闽粤,往时草寇窃丛,各乡多团练乡勇以为守御,日习干戈,遂成武健悍劲,喜争好斗。"①同治十一年(1872)刊本《会昌县志》卷十一《风俗志》载:"(会昌)乡民聚族而居,室庐鳞次,多至数千家。睚眦小怒,动则格斗,各庇其族,不逞之徒往往挟刃以游,捐躯不悔,故命件较别邑为多。尤喜争讼,一遇雀角,纵故旧姻娅亦织词呈控。"②会昌县周田乡上营村的王姓与邻村的张姓,因为争夺水利坡圳,双方从1911年6月开始,展开了一场持续一年多的武装械斗,周边几个与双方有亲缘关系的村庄都卷入此次械斗,结果酿成死伤数十人的惨案。③1937年《寻乌乡土志》载:"吾邑人民向称淳朴,勤俭是其本能,耐劳实出天性。虽间有禀赋强悍,积习武功,流弊所至,易生械斗。然而民性随环境转移,苟能施以教化,破除姓界,化私斗为公战,亦易无事,则以勇敢之性,乌足为吾民病哉。"④共和国上将陈奇涵回忆民国年间的兴国:"人们聚族而居,使地主(祠堂、庙宇、会社)占有很大部分土地,族绅、头人可以利用这部分土地为所欲为,在有事不离祖的宗法幌子下笼络群众,树立门户,党同伐异,寻找借口,挑起氏族或地方械斗。这种械斗有时连年累月,甚至结为世代恩仇。"⑤而1934年国民党官员对瑞金的调查中谈到瑞金民性旷悍,"尤好械斗,每斗则全村参加,伏尸流血,视为故常"⑥,又据土地革命战争时期苏区的报告中关于修水的情况:"修水宗族观念特别浓厚,械斗最为利害;阳新氏族性极强

---

① 乾隆四十六年刊本《会昌县志》卷二十二《风俗》,《中国方志丛书·华中地方·903号》,第860页。
② 同治十一年《会昌县志》卷十一《风俗志》,《中国方志丛书·华中地方·904号》,第235页。
③ 汪兴仁:《骇人听闻的宗族大械斗》,载《会昌文史资料》第二辑,第105页,会昌县政协文史委员会1987年编。
④ 饶伟新:《论土地革命时期赣南农村的社会矛盾——历史人类学视野下的中国土地革命史研究》,载《厦门大学学报》2004年第5期。
⑤ 陈奇涵:《兴国的初期革命斗争》,载《星火燎原(二)》,解放军出版社1979年版,第105页。
⑥ 李渔升:《瑞金匪祸记》,载《中央周刊》1934年12月17日。

悍，械斗之事时常发生"；广济豪绅鼓动宗族械斗，"有许多争坟山，争湖场，甚至为一些顶小的问题，牵连数十个村庄，械斗至数十百次，死人至数十人"[①]。

不仅清代和民国年间赣鄱地域宗族械斗成风，20世纪80年代家庭联产承包责任推行后，宗族观念得到恢复，宗族得以重建，赣鄱地域宗族的械斗不断发生，在20世纪90年代达到顶峰。据余红等人在《对农村宗族械斗的忧思》[②]一文的统计：

> 上饶地区1990年度1月至9月共发生宗族械斗案126起，大型械斗45起，死亡35人，伤280人，其中重伤79人；波阳1987年以来，共发生械斗25起，比前5年上升了38.8%；九江市永修县三角乡联群村与南昌市新建县大塘乡新培村因民事纠纷发展成械斗事件，仅1990年1月至11月就达9起，伤残群众数十人。九江市都昌县余晃村与上饶地区波阳县金家村长期以来械斗不断，伤亡严重，1989年"8·21"械斗，双方死亡8人，伤数十人。据有关信息，1991年上半年，江西全省发生各种械斗案件214起，参与人数26000余人，死亡17人，伤916人，直接经济损失逾百万元。农村宗族械斗在当前主要表现为三种形式。

> 一是山林、土地、水利纠纷引起的械斗。由于历史以来山林划分界址不清，或划分后不得执行，造成边界村民长期争夺不已。江西省波阳县与安徽省东至县石门街镇为山林纠纷发生械斗，有时放火烧山林，打死打伤对方看山人员，互抓人质。两地边界关系长期处于对峙状态。万年县盘岭、大源乡与乐平县文山、泪田乡1985年以来共发生山林纠纷酿成的群众性械斗21次，先后死亡5人，伤39人。1990年2月12日，横峰县姚家乡七甲村杨姓和百家村林姓因山林纠纷发生械斗，当即死3人，伤1人。农民还常常因土地纠纷发生械斗。由于土地界址划分不清和拒不执行裁定，使得农民常为小块土地之争动刀动枪，发生流血事件，如波阳县磨刀石乡金家村与团村乡夏家村1989年12月22日因挑好取土

---

① 《鄂东巡视员曹大骏的报告》，1929年8月31日，载中央档案馆、湖北省档案馆编：《湖北革命历史文件汇集（省委文件）1929》，湖北人民出版社1985年版，第146页。
② 余红：《对农村宗族械斗的忧思》，《南昌大学学报》1993年第3期。

发生纠纷，酿成械斗。1989年波阳与都昌的"8·21"械斗事件也因一块不毛之地产生纠纷，发展成械斗，造成双方死伤惨重。此外，还有为争水域，争湖面草洲、滩的归属权而大动干戈。

二是矿产资源纠纷引起的械斗。矿产资源直接为所在地农民带来物质利益，这也成为附近农民争夺的焦点。如铅山县青溪乡与上饶县茶亭乡双方村民为争夺交界处的包公尖金矿的开采权而酿成数千人大械斗。1989年至1990年两年内械斗死伤10余人。1989年12月6日，分宜县杨桥镇建陂村与宜春市寨下乡陵背村因争夺煤炭资源发生械斗。坐落在铅山县境内的国营永平铜矿矿区附近村民常常为争捞海绵铜而发生械斗。当地一伙村民形成团伙，持枪控制地盘，并对外来农民敲诈、抢劫、行凶，严重危害了当地农村与矿区的治安和生产。

三是民间纠纷引起的械斗。不同宗族、姓氏之间有的历史隔阂一直未解开，村民之间动不动就因一件小事发生口角、争斗，并由纠纷酿成械斗。如万年县梓谷乡与波阳县张家1990年端午节为划龙舟产生纠纷，酿成械斗，死亡3人。新建县大塘乡新培村与永修县三角乡联群村1990年11月7日因生猪下田吃庄稼，由纠纷酿成械斗。联群村受伤23人，其中重伤6人，有的致残。近年来两村纠纷不断，1990年1月至11月就发生大的纠纷引起械斗9起。

另据肖唐镖统计，自1994年起，每年农村械斗的数量一直维持在20起左右。[①]

这些事例都说明，宗族械斗危害社会，这是宗族在地方社会的负面作用。

宗族在历史上的负面作用之二是专制。宗族的族长、房长、乡绅们在族中往往权力很大，他们不但控制着宗族公产，还有权处置或惩罚违反族规的族人，轻者打板子、不准入祠堂和参加祭祀等活动，重者处以沉潭、活埋或死后不许葬入祖坟地。宗族豪绅们的专制，阻碍着社会的发展。

[①] 肖唐镖：《二十余年来大陆农村的政治稳定状况》，2001年"转型中的中国政治与政治学发展国际学术研讨会"论文。

二、未来的展望

庶民宗族自宋代形成以后，走过了一千多年的历程，对社会经济文化的发展以积极正面为主，因为这是一种适合中国农耕社会的组织形式，其产生于中国社会有其必然性。宗族组织之所以至今仍然存在，并仍对当代的农村社会起着作用，因为其存在的基础没有变，即聚居的形式（同族人聚居在一个村庄或几个村庄）和小农经济的谋生方式没有发生根本的改变。尽管进入21世纪，中国工业和城镇化快速发展，大量的农民已长年在城镇务工，宗族间情感正在走向淡化。然而，毕竟家还在村庄，根还在村庄，承包的土地还在村庄，老人、孩子还在村庄，村庄还是要回去的，所以，宗族的组织还存在着。虽然宗族活动已经很少了，宗族的宗规族约已没有多少约束力了，但宗族还没有瓦解，宗族的活动有时还会有，宗族之人相见，仍然还有着族人间的情谊。

未来宗族的发展，可以预见的是，宗族会成为一种记忆、一种美好的回忆，或者是一种非常松散的联谊组织。如同古村落，成为一种乡愁，成为一种历史文化记忆。因为宗族存在的基础将会彻底瓦解，村庄聚居这一形式会被改变，小农生产的谋生形式也会被改变，也许到这么一种状态还需要很长一段时间，但目前我国正在快速发展的城镇化正在将宗族组织推向这一天。

所谓城镇化，就是农村人口转化为城市人口的过程，包括土地的城镇化和人口的城镇化。城镇化将彻底瓦解农村同姓聚居的居住形式，人们散居在不同小区，或散落于全国各地，各自忙于谋生。族人相见，宗族亲情可能还有，但早已淡化，也许同姓族人还会聚会，还会联谊，但传统严密的宗族组织早已荡然无存。

目前，中国正在经历快速城镇化的过程。据有关统计，1978年我国的城镇化水平是17.92%，2000年上升到了36.09%，年均提高0.83个百分点，城市数量从1978年的193个增加到2000年的663个，建制镇从2176个增加到2.03万个，城镇人口从1.7亿人增加到4.56亿人。2011

年年底，我国城镇人口比重达到 51.27%，首超 50%。2013 年城镇化率达 53.7%。由此可知，我国的城镇化速度是非常快的，特别是近 10 年，城镇化率平均每年以 1.35 个百分点的速度快速迈进，形成了城市化"大跃进"，大规模的"造城运动"，超出了城市化的常规速度。专家估计，到 2020 年，中国的城镇化率将达 70%。目前，美国的城镇化水平已超过 80%，日本的城镇化水平超过 65%，即到 2020 年，中国的城镇化率可与发达国家接近。

城镇化是工业化和经济发展的需要。因为现代社会的经济要发展，必然要工业率先发展，而工业的发展，必然要将人口从农村聚集到城镇，使农村人口脱离农业生产而来从事工业。英美等西方发达国家都经历过这一过程，工业的发展与城市化交织在一起。20 世纪七八十年代，我国曾经历过乡镇企业迅猛崛起的过程，人口和生产要素迅速向城市集中，1998 年我国乡镇企业人口曾达 12536.5 万人，后来成为各工业小区的人口。

城镇化是转移农村剩余劳动力，破解"三农"问题的必由之路。1978 年之前，由于政策的强大阻力，农村大量的剩余劳动力以隐性形式存在于农村地域。改革开放后，农村剩余劳动力由隐性变为显性，人地矛盾尖锐突显，大量的农村剩余劳动力从耕地上释放出来。其原因是近 20 年来，农业技术尤其是农业机械和农业服务社会化的进步，提高了农业生产率，同时也提出了优化农业资源配置的要求，产生了大量剩余劳动力。要转移这些农村剩余劳动力，必然要将农村人口转移到城镇从事二三产业。

城市化是社会进步的标志。按照马斯洛的需求层次理论，人们在满足了较低层次的物质需求后，就有了较高层次的精神方面的需求。随着农民知识水平的提高，使他们对农村极其匮乏的精神生活感到不满，开始寻求较高层次的精神生活，希望得到城镇文明的熏陶，这种愿望年轻的农民身上表现得尤为突出。他们外出打工一方面是为了获得更高的工资性收入，另一方面也是为了体验城镇丰富多彩的精神生活。这种愿望也成为农民进城的巨大推动力。年青一代进入城市务工后，都不愿再回到农村，希望通过努力打拼在城市获得一席之地。

城镇化是国家推进社会发展的战略。中国共产党的十六大报告就明确指出：要逐步提高城镇化水平，坚持大中城市和小城镇协调发展，走中国特色城镇化道路。"坚持走中国特色新型工业化、信息化、城镇化、农业现代化道路，推动信息化和工业化深度融合、工业化和城镇化良性互动、城镇化和农业现代化相互协调，促进工业化、信息化、城镇化、农业现代化同步发展。"2015 年的"十三五"规划中以重要篇幅系统阐述了加快推进新型城镇化的内容；2016 年 2 月，国务院又印发了《关于深入推进新型城镇化建设的若干意见》，提出要坚持走以人为本，以人的城镇化为核心的中国特色新型城镇化道路。

从上内容可知，城镇化发展将是中国不会逆转的未来之路。

城镇化的最终结果将是农村土地将集中到现代农业企业或现代大农庄来经营，如同当代西方发达国家一样，小农经营将最终消失，农村聚居亦将最终消失，宗族将成为一种历史的记忆，一种乡愁，一种美好的回忆，一种非常松散的组织；这将是现代社会经济文化发展的必然，也许还需要数十年时间。

然而，中国人尊祖、重血脉的国民性格将会保持，也许数十年后传统的宗族组织已瓦解，但寻根问祖的民族传统还会保持，宗族可能仍会以非常松散的形式存在很长时间。

【参考文献】

一、史料类

[1] （春秋）吕不韦. 吕氏春秋[M]//（清）永瑢, 纪昀等. 景印文渊阁四库全书. 台北：台湾"商务印书馆", 1986.

[2] （汉）司马迁著,（宋）裴骃集解. 史记,[M]//（清）永瑢, 纪昀等. 景印文渊阁四库全书. 台北：台湾"商务印书馆", 1986.

[3] （汉）班固. 汉书[M]//（清）永瑢, 纪昀等. 景印文渊阁四库全书. 台北：台湾"商务印书馆", 1986.

[4] （汉）郑玄注,（唐）孔颖达疏. 礼记注疏[M]//（清）永瑢, 纪昀等. 景印文渊阁四库全书. 台北：台湾"商务印书馆", 1986.

[5] （汉）高诱所注. 淮南鸿烈解[M]//（清）永瑢, 纪昀等. 景印文渊阁四库全书. 台北：台湾"商务印书馆", 1986.

[6] （南朝宋）范晔. 后汉书[M]//（清）永瑢, 纪昀等. 景印文渊阁四库全书. 台北：台湾"商务印书馆", 1986.

[7] （晋）陈寿. 三国志[M]//（清）永瑢, 纪昀等. 景印文渊阁四库全书. 台北：台湾"商务印书馆", 1986.

[8] （唐）姚思廉. 陈书[M]//（清）永瑢, 纪昀等. 景印文渊阁四库全书. 台北：台湾"商务印书馆", 1986.

[9] （唐）房乔等. 晋书[M]//（清）永瑢, 纪昀等. 景印文渊阁四库全书. 台北：台湾"商务印书馆", 1986.

[10] （唐）李延寿. 南史[M]//（清）永瑢, 纪昀等. 景印文渊阁四库全书. 台北：台湾"商务印书馆", 1986.

[11] 唐大诏令集[M]//（清）永瑢, 纪昀等. 景印文渊阁四库全书. 台北：台湾"商务印书馆", 1986.

[12] （唐）魏徵. 隋书[M]//（清）永瑢, 纪昀等. 景印文渊阁四库全书. 台北：台湾"商务印书馆", 1986.

[13] （唐）长孙无忌等. 唐律疏议[M]//（清）永瑢，纪昀等. 景印文渊阁四库全书. 台北：台湾"商务印书馆"，1986.

[14] （唐）杜佑. 通典[M]//（清）永瑢，纪昀等. 景印文渊阁四库全书. 台北：台湾"商务印书馆"，1986.

[15] （后晋）刘昫. 旧唐书[M]//（清）永瑢，纪昀等. 景印文渊阁四库全书. 台北：台湾"商务印书馆"，1986.

[16] 彭定球，主编. 全唐诗[M]. 西安：三秦出版社，2002.

[17] （宋）司马光. 资治通鉴[M]//（清）永瑢，纪昀等. 景印文渊阁四库全书. 台北：台湾"商务印书馆"，1986.

[18] （宋）王溥编. 唐会要[M]. 北京：中华书局，1955.

[19] （宋）李焘. 续资治通鉴长编[M]. 北京：中华书局，2004.

[20] （宋）谢深甫. 庆元条法事类纂[M]. 北京：燕京大学图书馆藏版，1948.

[21] （宋）窦仪等撰，薛梅点校. 宋刑统[M]. 北京：法律出版社，1999.

[22] （元）脱脱等. 宋史[M]//（清）永瑢，纪昀等. 景印文渊阁四库全书. 台北：台湾"商务印书馆"，1986.

[23] （明）宋濂等. 元史[M]//（清）永瑢，纪昀等. 景印文渊阁四库全书. 台北：台湾"商务印书馆"，1986.

[24] （清）张廷玉等. 明史[M]//（清）永瑢，纪昀等. 景印文渊阁四库全书. 台北：台湾"商务印书馆"，1986.

[25] 清文献通考[M]//（清）永瑢，纪昀等. 景印文渊阁四库全书. 台北：台湾"商务印书馆"，1986.

[26] 雍正《圣谕广训》.[M]//（清）永瑢，纪昀等. 景印文渊阁四库全书. 台北：台湾"商务印书馆"，1986.

[27] 明实录[M]. 台北：台湾"中研院史语所"，1968年校勘本.

[28] 清实录[M]. 北京：中华书局，1985.

[29] （清）贺长龄辑. 皇朝经世文编[M]//中国近代史料丛刊. 台北：台湾文海出版社，1966.

[30] 道光年间江西按察使司，编纂. 西江政要[M]. 江西图书馆藏本.

[31] 钦定大清会典[M]//（清）永瑢，纪昀等. 景印文渊阁四库全书. 台北：台湾"商务印书馆"，1986.

[32] 皇朝文献通考[M]//（清）永瑢，纪昀等. 景印文渊阁四库全书. 台北：台湾"商务印书馆"，1986.

[33] 钦定大清会典事例[M]//续修四库全书. 上海：上海古籍出版社，2002.

[34] 圣祖仁皇帝圣训[M]//（清）永瑢，纪昀等. 景印文渊阁四库全书. 台北：台湾"商务印书馆"，1986.

[35] 世宗宪皇帝圣训[M]//（清）永瑢，纪昀等. 景印文渊阁四库全书. 台北：台湾"商务印书馆"，1986.

[36] 世宗宪皇帝朱批谕旨[M]//（清）永瑢，纪昀等. 景印文渊阁四库全书. 台北：台湾"商务印书馆"，1986.

[37] 光绪朝东华录[M]//续修四库全书. 上海：上海古籍出版社，2002.

[38] （民国）赵尔巽. 清史稿[M]. 北京：中华书局，1976.

[39] （唐）柳宗元. 柳河东集[M]//（清）永瑢，纪昀等. 景印文渊阁四库全书. 台北：台湾"商务印书馆"，1986.

[40] （宋）王辟之. 渑水燕谈录[M]. 北京：中华书局，1981.

[41] （宋）欧阳玄. 圭斋文集[M]//四部丛刊初编. 上海：上海书店，1989.

[42] （宋）姚勉. 雪坡集[M]//（清）永瑢，纪昀等. 景印文渊阁四库全书. 台北：台湾"商务印书馆"，1986.

[43] （宋）欧阳修. 文忠集[M]//（清）永瑢，纪昀等. 景印文渊阁四库全书. 台北：台湾"商务印书馆"，1986.

[45] （宋）苏洵. 嘉祐集[M]//（清）永瑢，纪昀等. 景印文渊阁四库全书. 台北：台湾"商务印书馆"，1986.

[46] （宋）苏洵. 嘉祐集[M]//（清）永瑢，纪昀等. 景印文渊阁四库全书. 台北：台湾"商务印书馆"，1986.

[47] （宋）张载. 张子全书[M]//（清）永瑢，纪昀等. 景印文渊阁四库全书. 台北：台湾"商务印书馆"，1986.

[48] （宋）程颐. 伊川易传[M]//（清）永瑢，纪昀等. 景印文渊阁四库全书. 台北：台湾"商务印书馆"，1986.

[49] （宋）朱熹编. 二程遗书[M]//（清）永瑢，纪昀等. 景印文渊阁四库全书. 台北：台湾"商务印书馆"，1986.

[50] （宋）王安石. 临川集[M]//（清）永瑢，纪昀等. 景印文渊阁四库全书.

台北：台湾"商务印书馆"，1986.

[51] （宋）曾肇. 曲阜集[M]//（清）永瑢,纪昀等. 景印文渊阁四库全书. 台北：台湾"商务印书馆"，1986.

[52] （宋）黄榦. 勉斋集[M]//（清）永瑢,纪昀等. 景印文渊阁四库全书. 台北：台湾"商务印书馆"，1986.

[53] （宋）李覯. 李覯集[M]//（清）永瑢,纪昀等. 景印文渊阁四库全书. 台北：台湾"商务印书馆"，1986.

[54] （宋）程颐. 河南程氏遗书[M]//（清）永瑢,纪昀等. 景印文渊阁四库全书. 台北：台湾"商务印书馆"，1986.

[55] （宋）洪迈. 夷坚志[M]. 北京：中华书局，1981.

[56] （宋）陆九渊. 象山集[M]//（清）永瑢,纪昀等. 景印文渊阁四库全书. 台北：台湾"商务印书馆"，1986.

[57] （宋）黎靖德. 朱子语类[M]. 北京：中华书局，1986.

[58] （宋）曾巩. 隆平集[M]//（清）永瑢,纪昀等. 景印文渊阁四库全书. 台北：台湾"商务印书馆"，1986.

[59] （宋）朱熹. 朱文公文集[M]//四部丛刊. 北京：中央编译出版社，2015.

[60] （宋）叶寘. 爱日斋丛抄[M]//（清）永瑢,纪昀等. 景印文渊阁四库全书. 台北：台湾"商务印书馆"，1986.

[61] （宋）真德秀. 西山文集[M]//四部丛刊.北京：中央编译出版社，2015.

[62] （宋）徐铉. 骑省集[M]//四部丛刊. 北京：中央编译出版社，2015.

[63] （宋）杨万里. 诚斋集[M]//（清）永瑢,纪昀等. 景印文渊阁四库全书. 台北：台湾"商务印书馆"，1986.

[64] （宋）袁甫. 蒙斋集[M]//（清）永瑢,纪昀等. 景印文渊阁四库全书. 台北：台湾"商务印书馆"，1986.

[65] （宋）汪应辰. 文定集[M]//（清）永瑢,纪昀等. 景印文渊阁四库全书. 台北：台湾"商务印书馆"，1986.

[66] （宋）袁燮. 絜斋集[M]//（清）永瑢,纪昀等. 景印文渊阁四库全书. 台北：台湾"商务印书馆"，1986.

[67] （宋）欧阳守道. 巽斋文集[M]//（清）永瑢,纪昀等. 景印文渊阁四库全书. 台北：台湾"商务印书馆"，1986.

[68] （宋）文天祥. 文山集[M]//（清）永瑢, 纪昀等. 景印文渊阁四库全书. 台北：台湾"商务印书馆"，1986.

[69] （宋）李昉等. 太平广记[M]//（清）永瑢, 纪昀等. 景印文渊阁四库全书. 台北：台湾"商务印书馆"，1986.

[70] （宋）张伯行. 小学集解[M]. 北京：中华书局，1985.

[70] （宋）耐得翁. 都城纪胜[M]//（清）永瑢, 纪昀等. 景印文渊阁四库全书. 台北：台湾"商务印书馆"，1986.

[71] （宋）余靖. 武溪集[M]//（清）永瑢, 纪昀等. 景印文渊阁四库全书. 台北：台湾"商务印书馆"，1986.

[72] （宋）黄震. 黄氏日抄[M]//（清）永瑢, 纪昀等. 景印文渊阁四库全书. 台北：台湾"商务印书馆"，1986.

[73] （宋）罗大经. 鹤林玉露[M]//（清）永瑢, 纪昀等. 景印文渊阁四库全书. 台北：台湾"商务印书馆"，1986.

[74] （宋）杨亿. 武夷新集[M]//（清）永瑢, 纪昀等. 景印文渊阁四库全书. 台北：台湾"商务印书馆"，1986.

[75] （宋）汪藻. 浮溪集[M]//（清）永瑢, 纪昀等. 景印文渊阁四库全书. 台北：台湾"商务印书馆"，1986.

[76] （宋）僧文莹. 湘山野录[M]//（清）永瑢, 纪昀等. 景印文渊阁四库全书. 台北：台湾"商务印书馆"，1986.

[77] （宋）邓名世. 古今姓氏书辨证[M]//（清）永瑢, 纪昀等. 景印文渊阁四库全书. 台北：台湾"商务印书馆"，1986.

[78] （元）佚名. 庙学典礼[M]//（清）永瑢, 纪昀等. 景印文渊阁四库全书. 台北：台湾"商务印书馆"，1986.

[79] （元）苏天爵. 滋溪文稿[M]//（清）永瑢, 纪昀等. 景印文渊阁四库全书. 台北：台湾"商务印书馆"，1986.

[80] （元）欧阳玄. 圭斋文集[M]//（清）永瑢, 纪昀等. 景印文渊阁四库全书. 台北：台湾"商务印书馆"，1986.

[81] （元）胡炳文. 纯正蒙求卷下[M]//（清）永瑢, 纪昀等. 景印文渊阁四库全书. 台北：台湾"商务印书馆"，1986.

[82] （元）刘埙. 水云村稿[M]//（清）永瑢, 纪昀等. 景印文渊阁四库全书.

台北：台湾"商务印书馆"，1986.

[83] （元）王礼. 麟原前集[M]//（清）永瑢，纪昀等. 景印文渊阁四库全书. 台北：台湾"商务印书馆"，1986.

[84] （元）吴澄. 吴文正集[M]//（清）永瑢，纪昀等. 景印文渊阁四库全书. 台北：台湾"商务印书馆"，1986.

[85] （元）刘诜. 桂隐文集[M]//（清）永瑢，纪昀等. 景印文渊阁四库全书. 台北：台湾"商务印书馆"，1986.

[86] （元）徐明善. 芳谷集[M]//（清）永瑢，纪昀等. 景印文渊阁四库全书. 台北：台湾"商务印书馆"，1986.

[87] （元）虞集. 道园学古录[M]//四部丛刊初编. 上海：上海书店，1989.

[88] （元）马端临. 文献通考[M]. 北京：中华书局，1986.

[89] （元）刘岳申. 申斋集[M]//（清）永瑢，纪昀等. 景印文渊阁四库全书. 台北：台湾"商务印书馆"，1986.

[90] （明）陶宗仪纂. 说郛[M]. 北京：中国书店，1986.

[91] （明）贺复征. 文章辨体汇选[M]//（清）永瑢，纪昀等. 景印文渊阁四库全书. 台北：台湾"商务印书馆"，1986.

[92] （明）杨士奇. 东里集[M]//（清）永瑢，纪昀等. 景印文渊阁四库全书. 台北：台湾"商务印书馆"，1986.

[93] （明）李时勉. 古廉文集[M]//（清）永瑢，纪昀等. 景印文渊阁四库全书. 台北：台湾"商务印书馆"，1986.

[94] （明）罗钦顺. 整庵存稿[M]//（清）永瑢，纪昀等. 景印文渊阁四库全书. 台北：台湾"商务印书馆"，1986.

[95] （明）梁潜. 泊庵集[M]//（清）永瑢，纪昀等. 景印文渊阁四库全书. 台北：台湾"商务印书馆"，1986.

[96] （明）王直. 抑庵文集[M]//（清）永瑢，纪昀等. 景印文渊阁四库全书. 台北：台湾"商务印书馆"，1986.

[97] （明）金幼孜. 金文靖集[M]//（清）永瑢，纪昀等. 景印文渊阁四库全书. 台北：台湾"商务印书馆"，1986.

[98] （明）方孝孺. 逊志斋集[M]//（清）永瑢，纪昀等. 景印文渊阁四库全书. 台北：台湾"商务印书馆"，1986.

[99] （明）宋濂. 文宪集[M]//（清）永瑢, 纪昀等. 景印文渊阁四库全书. 台北：台湾"商务印书馆"，1986.

[100] （明）徐一夔. 明集礼[M]//（清）永瑢, 纪昀等. 景印文渊阁四库全书. 台北：台湾"商务印书馆"，1986.

[101] （明）夏言. 夏桂州先生文集[M]//四库存目丛书. 济南：齐鲁书社，1997.

[102] （明）萧镒. 尚约文钞[M]//四库存目丛书. 济南：齐鲁书社，1997.

[103] （明）杨嗣昌. 杨文恪公文集[M]//续修四库全书. 上海：上海古籍出版社，2002.

[104] （明）靳贵. 在其戒庵文集[M]//四库存目丛书. 济南：齐鲁书社，1997.

[105] （明）尹襄. 巽峰集[M]//四库存目丛书. 济南：齐鲁书社，1997.

[106] （明）欧阳铎. 欧阳恭简公文集[M]//四库存目丛书. 济南：齐鲁书社，1997.

[107] （明）欧阳德. 欧阳南野先生文集[M]//四库存目丛书. 济南：齐鲁书社，1997.

[108] （明）刘元卿. 刘聘君全集[M]//四库存目丛书. 济南：齐鲁书社，1997.

[109] （明）郑岳. 山斋文集[M]//（清）永瑢, 纪昀等. 景印文渊阁四库全书. 台北：台湾"商务印书馆"，1986.

[110] （明）沈德符. 万历野获编[M]. 北京：文化艺术出版社，1998.

[111] （明）吕祖谦. 宋文鉴[M]//丛书集成初编. 北京：中华书局，2010.

[112] （明）吕祖谦. 东莱集[M].[M]//（清）永瑢, 纪昀等. 景印文渊阁四库全书. 台北：台湾"商务印书馆"，1986.

[113] （明）刘球. 两溪文集[M]//（清）永瑢, 纪昀等. 景印文渊阁四库全书. 台北：台湾"商务印书馆"，1986.

[114] （清）贺长龄, 辑. 皇朝经世文编[M]//沈云龙, 主编. 近代中国史料丛刊. 台北：台湾文海出版社，1966.

[115] （清）凌燽. 西江视臬纪事[M]//续修四库全书. 上海：上海古籍出版社，2002.

[116] （清）朱轼. 朱文端公集[M]//续修四库全书. 上海：上海古籍出版社，2002.

[117]（清）徐松. 宋会要辑稿[M]. 北京：中华书局，1957.

[118]（清）陈宏谋. 培远堂存稿[M]//沈云龙，主编. 近代中国史料丛刊. 台北：台湾文海出版社，1966.

[119]（清）辅德. 覆奏查办祠谱疏[M]//续修四库全书. 上海：上海古籍出版社，2002.

[120]嘉靖. 铅山县志[M]//天一阁藏明代方志选刊续编四六. 上海：上海书店，1963.

[121]正德. 新城县志[M]//天一阁藏明代方志选刊续编四六. 上海：上海书店，1963.

[122]嘉靖. 南康县志[M]//天一阁藏明代方志选刊. 上海：上海古籍书店，1963.

[123]万历. 新修南昌府志[M]//日本藏中国罕见地方志丛刊. 北京：书目文献出版社，1990.

[124]万历. 吉安府志[M]//日本藏中国罕见地方志丛刊北京：书目文献出版社，1991.

[125]雍正. 江西通志[M]//（清）永瑢，纪昀等. 景印文渊阁四库全书. 台北：台湾"商务印书馆"，1986.

[126]（民国）吴宗慈[M]. 江西通志稿[M]//江西博物馆，1982.

[127]安义县志[M]. 海口：南海出版社，1995.

[128]安义县地名志. 安义县地名志办公室，1985.

[129]同治. 赣州府志. 赣州地区志编纂委员会办公室，1986.

[130]同治. 赣县志中国方志丛书，台北：台湾成文出版有限公司.

[131]同治. 新建县志[M]//中国方志丛书，台北：台湾成文出版有限公司.

[132]同治. 南城县志[M]//中国方志丛书，台北：台湾成文出版有限公司.

[133]同治. 都昌县志[M]//中国方志丛书，台北：台湾成文出版有限公司.

[134]道光. 兴国县志[M]//中国方志丛书，台北：台湾成文出版有限公司.

[135]光绪. 长宁县志[M]//中国方志丛书，台北：台湾成文出版有限公司.

[136]同治. 万安县志[M]//中国方志丛书，台北：台湾成文出版有限公司.

[137]同治. 会昌县志[M]//中国方志丛书，台北：台湾成文出版有限公司.

[138]同治. 瑞州府志[M]//中国方志丛书，台北：台湾成文出版有限公司.

[139]乾隆.袁州府志[M]//中国方志丛书,台北:台湾成文出版有限公司.
[140]同治.铅山县志[M]//中国方志丛书,台北:台湾成文出版有限公司.
[141]雍正.万载县志[M]//中国方志丛书,台北:台湾成文出版有限公司.
[142]同治.万载县志[M]//中国方志丛书,台北:台湾成文出版有限公司.
[143]康熙.万载县志[M]//中国方志丛书,台北:台湾成文出版有限公司.
[144]民国.万载县志[M]//中国方志丛书,台北:台湾成文出版有限公司.
[145]同治.九江府志[M]//中国方志丛书,台北:台湾成文出版有限公司.
[146]康熙.乐安县志[M]//中国方志丛书,台北:台湾成文出版有限公司.
[147]民国.石城县志[M]//中国方志丛书,台北:台湾成文出版有限公司.
[148]同治.兴安县志[M]//中国方志丛书,台北:台湾成文出版有限公司.
[149]同治.安义县志[M]//中国方志丛书,台北:台湾成文出版有限公司.
[150]同治.清江县志[M]//中国方志丛书,台北:台湾成文出版有限公司.
[151]同治.广昌县志[M]//中国方志丛书,台北:台湾成文出版有限公司.
[152]同治.湖口县志[M]//中国方志丛书,台北:台湾成文出版有限公司.
[153]同治.玉山县志[M]//中国方志丛书,台北:台湾成文出版有限公司.
[154]同治.余干县志[M]//中国方志丛书,台北:台湾成文出版有限公司.
[155]道光.宁都直隶州志[M]//中国方志丛书,台北:台湾成文出版有限公司.
[156]同治.东乡县志[M]//中国方志丛书,台北:台湾成文出版有限公司.
[157]道光.宜黄县志[M]//中国方志丛书,台北:台湾成文出版有限公司.
[158]同治.广丰县志[M]//中国方志丛书,台北:台湾成文出版有限公司.
[159]道光.安远县志[M]//中国方志丛书,台北:台湾成文出版有限公司.
[160]同治.广信府志[M]//中国方志丛书,台北:台湾成文出版有限公司.
[161]同治.德化县志[M]//中国方志丛书,台北:台湾成文出版有限公司.
[162]同治.遂川县志[M]//中国方志丛书,台北:台湾成文出版有限公司.
[163]同治.彭泽县志[M]//中国方志丛书,台北:台湾成文出版有限公司.
[164]道光.崇仁县志[M]//中国方志丛书,台北:台湾成文出版有限公司.
[165]同治.靖安县志[M]//中国方志丛书,台北:台湾成文出版有限公司.
[166]乾隆.建昌府志[M]//中国方志丛书,台北:台湾成文出版有限公司.
[167]同治.都昌县志[M]//中国方志丛书,台北:台湾成文出版有限公司.
[168]同治.德安县志[M]//中国方志丛书,台北:台湾成文出版有限公司.

[169]同治. 瑞州府志[M]//中国方志丛书, 台北: 台湾成文出版有限公司.

[170]民国. 南昌县志[M]//中国方志丛书, 台北: 台湾成文出版有限公司.

[171]同治. 新城县志[M]//中国方志丛书, 台北: 台湾成文出版有限公司.

[172]同治. 萍乡县志[M]//中国方志丛书, 台北: 台湾成文出版有限公司.

[173]乾隆. 袁州府志[M]//中国方志丛书, 台北: 台湾成文出版有限公司.

[174]同治. 德兴县志[M]//中国方志丛书, 台北: 台湾成文出版有限公司.

[175]同治. 永新县志[M]//中国方志丛书, 台北: 台湾成文出版有限公司.

[176]乾隆. 建昌府志[M]//中国方志丛书, 台北: 台湾成文出版有限公司.

[177]同治. 广昌县志[M]//中国方志丛书, 台北: 台湾成文出版有限公司.

[178]康熙. 浮梁县志[M]//中国方志丛书, 台北: 台湾成文出版有限公司.

[179]同治. 赣州府志[M]//中国方志丛书, 台北: 台湾成文出版有限公司.

[180]康熙. 乐安县志[M]//中国方志丛书, 台北: 台湾成文出版有限公司.

[181]同治. 广信府志[M]//中国方志丛书, 台北: 台湾成文出版有限公司.

[182]同治. 武宁县志[M]//中国方志丛书, 台北: 台湾成文出版有限公司.

[183]光绪. 江西通志[M]. 江西省社科院图书馆藏石印本.

[184]同治. 庐陵县志[M]//中国方志丛书, 台北: 台湾成文出版有限公司.

[185]（清）刘绎. 白鹭洲书院志[M]. 江西省图书馆藏清同治十年白鹭书院刊本。

[186]同治. 定南厅志[M]//中国方志丛书, 台北: 台湾成文出版有限公司.

[187]同治. 南康府志[M]//中国方志丛书, 台北: 台湾成文出版有限公司.

[188]同治. 赣州府志[M]. 赣州地方志委员会, 1986年整理标点本.

[190]光绪. 吉安府志[M]//中国方志丛书, 台北: 台湾成文出版有限公司.

[191]杜德凤, 编. 太平军在江西史料[M]. 南昌: 江西人民出版社, 1987.

[192]孙毓棠. 中国近代工业史资料[M]. 北京: 科学出版社, 1957.

[193]北京师范大学历史系中国近代史组. 中国近代史资料选编（第三、四册）[M]. 北京: 人民出版社, 1996.

[194]彭明. 中国现代史资料选编（四）补编[M]. 北京: 人民出版社, 1986.

[195]中央档案馆, 编. 中共中央文件选集（6）[M]. 北京: 中共中央党校出版社, 1989.

[196]中央档案馆, 编. 中共中央文件选集: 1927年[M]. 北京: 中共中央党

校出版社，1989.

[197] 中央档案馆，湖北省档案馆，编. 湖北革命历史文件汇集（省委文件）1929[M]. 武汉：湖北人民出版社，1985.

[198] 江西省档案馆，编. 中央革命根据地史料选编[M]. 南昌：江西人民出版社，1982.

[199] 编委会，编. 中共党史教学参考资料（第十三册）[M]. 北京：中共党史出版社，1985.

[200] 江西省档案馆，编. 中央革命根据地史料选编[M]. 南昌：江西人民出版社，1982.

[201] 江西省档案馆，编. 江西革命历史文件汇编：省委文件（1929—1931）. 内刊[M]. 1986.

[202] 中共江西省委党史资料征集委员会，编. 中共江西党史资料汇编：第五辑. 内刊[M].

[203] 会昌县政协文史委员会，编. 会昌文史资料：第二辑[M]. 1987.

[204] 星火燎原：（二）[M]. 北京：解放军出版社，1979.

[205] 六大以前[M]. 北京：人民出版社，1980.

[206] 湘鄂赣革命根据地文献资料：第3辑[M]. 北京：人民出版社，1985.

[207] 刘建华. 风雷激荡二十年[M]. 北京：中央文献出版社，1999.

[208] 革命历史资料丛书[M]. 南昌：江西人民出版社，1986.

[209] 韩延龙，常兆儒. 中国新民主主义革命时期根据地法制文献选编：第4卷[M]. 北京：中国社会科学出版社，1984.

[210] 姜伯澎等编. 波阳匪祸史[M]. 江西省档案馆存.

[211] 李渔升. 瑞金匪祸记[J]. 中央周刊，1934-12-17.

[212]（清）佚名，修纂.（宜春赤溪塘）易氏宗谱[M]. 江西省图书馆藏本.

[213]（安义）京台刘氏族谱[M]. 安义县京台村刘氏家族自印自存.

[214]（清）佚名，纂修.（萍乡小库村）王氏族谱[M]. 江西图书馆藏本.

[215]（清）程逢露，等修.（新建）大塘程氏宗谱[M]. 江西图书馆藏本.

[216]（民国）古光藩主修、古子植纂. 古氏宗谱[M]. 江西图书馆藏本.

[217]（清）袁奠周等纂修.（万载东隅）袁氏族谱[M]. 江西省图书馆藏本.

[218] 民国九年佚名纂. 万载南田王氏族谱[M]. 江西省图书馆藏本.

[219]（清）古诚意修、古学杰纂. （袁郡）古氏族谱[M]. 江西图书馆藏本.

[220] 1995 年辛发庚主修. 万载辛氏族谱[M]. 江西省图书馆藏本.

[221]（清）辛聚等修、辛廷芝等纂. 万载辛氏族谱[M]. 江西省图书馆藏本.

[222] 辛金寿等主修的. 万载辛氏族谱[M]. 江西省图书馆藏本.

[223] 辛廷杰主修. 万载辛氏觐房谱[M]. 江西省图书馆藏本.

[224] 辛树仁、辛子敬主修. 万载辛氏顺房谱[M]. 江西省图书馆藏本.

[225] 辛其章主修. 辛幼房祭先事件册[M]. 江西省图书馆藏本.

[226] 辛汝莹主修. 万载辛氏幼房谱[M]. 江西省图书馆藏本.

[227] 辛守质主修. 万载辛氏幼房谱[M]. 江西省图书馆藏本.

[228] 辛怀之、辛际唐等十二人主修的. 万载辛氏幼房谱[M]. 江西省图书馆藏本.

[229] 辛景舒、辛庆光，主修. 万载辛氏六房谱[M]. 江西省图书馆藏本.

[230]（丰城骊塘）甘氏族谱[M]. 江西省图书馆藏本.

[231]（清）杨式坫、杨能济等纂修. 清江杨氏五修族谱[M]. 江西省图书本.

[232]（清）民国佚名纂. 宜春万载王氏族谱[M]. 江西省图书馆藏本.

[233]（清）袁国奉等纂修. 万载（东隅）袁氏族谱[M]. 江西省图书馆藏.

[234] 杨淑田修、杨树声纂. 宜春北关五甲杨氏支谱[M]. 江西省图书馆藏本.

[235]（民国）李振铎等纂修. 李大祠章程田册[M]. 江西图书馆藏本.

[236]（清）袁孔绿等纂修. （丰城）袁氏重修宗谱[M]. 江西省图书馆藏本.

[237]（宜春东隅）张氏族谱[M]. 江西省图书馆藏本.

[238]（民国）. （南城）宁氏族谱[M]. 民国丁丑戊寅年修，本人自藏图片本.

[239]（宜春东隅）张氏族谱[M]. 江西省图书馆藏本.

[240]（清）李福祥纂修. 李氏族谱[M]. 江西省图书馆藏本.

[241]（民国）王兴炜等修、王善岚等纂. （萍乡）王氏支谱[M]. 江西省图书馆本.

[242] 陈增荣等纂修. 义门陈氏宗谱[M]. 民国二十五年江西宜春德星堂本，江西省图书馆藏本.

[243]（萍乡）南门叶氏三修族谱[M]. 江西省图书馆藏本.

[244]（民国）张禄申、张世英、张钟岳修. 万载张氏六房宗谱[M]. 江西图书馆藏本.

[245]（民国）李炳荪修. 萍乡北石源李氏家谱[M]. 江西省图书馆藏本.

[246]中国社会科学院历史研究所，编. 清史资料：第三辑[M]. 北京：中华书局，1982.

[247]胡成晟，夏新华，李交发，点校. 民商事习惯调查报告录[M]. 北京：中国政法大学出版社，2005.

[248]中共中央文献研究室，编. 毛泽东农村调查文集[M]. 北京：人民出版社，1982.

[249]中国人民解放军军事科学院，编辑. 毛泽东军事文选[M]. 北京：人民出版社，1981.

[250]李大钊. 李大钊文集[M]. 北京：人民出版社，1985.

[251]陈独秀. 陈独秀文存[M]. 合肥：安徽人民出版社，1987.

[252]编辑组. 瞿秋白选集[M]. 北京：人民出版社，1985.

[253]恽代英. 恽代英文集：（上册）[M]. 北京：人民出版社，1984.

[254]编辑组. 谭平山文集[M]. 北京：人民出版社，1986.

[255]陈赓雅. 赣鄂湘皖视察记[J]. 上海：上海《申报月刊》社，1935.

二、论著类

[256]费孝通. 乡土中国[M]. 北京：中华书局，2013.

[258]梁启超. 中国近三百年学术史（新校本）[M]. 北京：商务印书馆，2011.

[259]弗里德曼. 中国东南的宗族组织[M]. 刘晓春，译，王铭铭，校. 上海：上海人民出版社，2000.

[260]甘怀真. 唐代家庙礼制研究[M]. 台北：台湾"商务印书馆"，1991.

[261]冯尔康等. 中国宗族社会[M]. 杭州：浙江人民出版社，1994.

[262]钱杭、谢维扬. 传统与转型：江西泰和农村宗族形态———项社会人类学的研究[M].上海：上海社会科学院出版社，1995.

[263]郑振满. 明清福建家族组织与社会变迁[M]. 长沙：湖南教育出版社，1992.

[264]王善军. 宋代宗族和宗族制度研究[M]. 石家庄：河北教育出版社，2000.

[265]冯尔康. 中国古代的宗族和祠堂[M]. 北京：商务印书馆，2013.

[266] 常建华. 宗族志[M]. 上海：上海人民出版社，1998.

[267] 常建华. 明代宗族研究[M]. 上海：上海人民出版社，2005.

[268] 徐扬杰. 中国家族制度史[M]. 北京：人民出版社，1992.

[269] 周天游，主编. 地域社会与传统中国[M]. 西安：西北大学出版社，1995.

[270] 罗勇，劳格文，主编. 赣南地区的庙会与宗族[M]. 国际客家学会、海外华人研究社、法国远东学院，1997.

[271] 刘劲峰. 赣南宗族社会与道教文化研究[M]. 国际客家学会、海外华人研究社、法国远东学院，2000.

[272] 刘劲峰，主编. 宁都县的宗族、庙会与经济[M]. 国际客家学会、海外华人研究社、法国远东学院，2002.

[273] 朱凤瀚. 商周家族形态研究[M]. 天津：天津古籍出版社，2004.

[274] 赵沛. 两汉宗族研究[M]. 济南：山东大学出版社，2002.

[275] 李卿. 秦汉魏晋南北朝时期家族、宗族关系研究[M]. 上海：上海人民出版社，2005.

[276] 钟起煌，主编. 江西通史[M]. 南昌：江西人民出版社，2008.

[277] 葛剑雄，主编. 中国移民史[M]. 福州：福建人民出版社，1997.

[278] 陈月海，陈钢，主编. 义门陈文史考[M]. 南昌：江西人民出版社，2006.

[279] 黄宝华. 黄庭坚评传[M]. 南京：南京大学出版社，2005.

[280] 宗韵. 明代家族上行流动研究[M]. 上海：华东师大出版社，2009.

[281] 《赣文化研究》总第六期[J]. 南昌大学，1999年12月编印内部资料。

[282] 肖唐镖. 村治中的宗族[M]. 上海：上海书店出版社，2001.

[283] 王铭铭. 村落视野中的文化与权力：闽台三村五论[M]. 北京：生活·读书·新知三联书店，1997.

[284] 上海图书馆，编. 王鹤鸣，主编. 上海图书馆馆藏家谱提要[M]. 上海：上海古籍出版社，2000.

[285] 危仁晸，主编. 当代江西简史[M]. 北京：当代中国出版社，2002.

[286] 肖唐镖、史天健，主编. 当代中国农村宗族与乡村治理：跨学科的研究与对话[M]. 西安：西北大学出版社，2002.

[287] 欧阳宗书. 中国家谱[M]. 北京：新华出版社，1993.

[288] 中国谱牒学研究会，编. 《谱牒学研究》第三辑[M]. 北京：书目文献

出版社，1992.

[289]余红. 当代农村五大社会问题[M]. 南昌：江西人民出版社，1995.

[290]清水盛光. 中国族产制度考[M]. 宋念慈，译. 台北："中华文化出版事业委员会出版"，1954.

[291]周文鹏. 江西万载县祠堂研究[D]. 北京：北方工业大学，2015.

[292]金炳华，主编. 哲学大词典[M]. 上海：上海辞书出版社，2001.

[293]张妍. 清代族田与基层社会结构[M]. 北京：中国人民大学出版社，1991.

[294]许华安. 清代宗族组织研究[M]. 北京：中国人民公安大学出版社，1999.

[295]王日根. 明清福建与江南义田的比较[J]. 学术月刊，1996，（1）.

[296]赵华富. 徽州宗族研究[M]. 合肥：安徽大学出版社，2004.

[297]顾树森. 中国历代教育制度[M]. 南京：江苏人民出版社，1981.

[298]李才栋. 江西古代书院研究[M]. 南昌：江西教育出版社，1993.

[299]白新良. 中国书院发展史[M]. 天津：天津大学出版社，1995.

[300]邓洪波. 中国书院史[M]. 上海：上海东方出版中心，2004.

[301]李国钧，主编. 中国书院史[M]. 长沙：湖南教育出版社，1998.

[302]李国均，等，主编. 中国教育制度通史[M]. 济南：山东教育出版社，2000.

[303]王小明、杨毅，主编. 千年吉水[M]. 北京：新华出版社，2001.

[304]李国强、傅伯言，主编. 赣文化通志[M]. 南昌：江西教育出版社，2004.

[305]李才栋、曹涛，主编. 中国文化世家·江右卷[M]. 武汉：湖北教育出版社，2004.

[306]李文治，江太新. 中国宗法宗族制和族田义庄[M]. 北京：社会科学文献出版社，2000.

[307]许怀林. 江西史稿[M]. 南昌：江西教育出版社，1998.

[308]杨杰. 两宋江西的官学、书院和科举[D]. 南昌：江西师范大学，2008.

[309]袁轶峰. 清末江西新式学堂与社会变迁[D]. 南昌：南昌大学，2005.

[310]陈秋露. 明代江西进士家族研究[D]. 南昌：江西师范大学，2014.

[311]曹雷. 汪山土库程氏家族与基层社会管理研究[D]. 南昌：南昌大学，2014.

[312] 蒋国河. 当代农村宗族族谱研究：以赣南闽西为中心[D]. 福州：福建师范大学，2004

[313] 徐秀丽. 江西的宗族势力与乾隆朝的治理[D]. 长春：东北师范大学，2009.

[314] 何仁美. 明清以来赣北地区宗族社会变迁——以河湾村何氏宗族为例[D]. 厦门：厦门大学，2002.

[315] 江西教育学院书院史研究室等，合编. 江州陈氏东佳书堂研究[M]. 内部刊印，1989.

[316] 王沪宁. 当代中国村落家族文化：对中国社会现代化的一项探索[M]. 上海：上海人民出版社，1991.

三、论文类

[317] 巴根. 明清绅士研究综述[J]. 清史研究，1996（3）.

[318] 常建华. 日本八十年代以来的明清地域社会研究述评[J]. 中国社会经济史研究，1998（2）.

[319] 常建华. 二十世纪的中国宗族研究[J]. 历史研究，1999（5）.

[320] 常建华. 近十年明清宗族研究综述[J]. 安徽史学，2010（1）.

[321] 常建华. 近十年晚清民国以来宗族研究综述[J]. 安徽史学，2009（3）.

[322] 常建华. 宗族与农村基层社会控制的历史和现实——考察宋以来江西宗族的发展[A]//华南研究第2辑[C]. 香港：香港教育图书公司，1999.

[323] 常建华. 杨士奇之族谱序跋所见宗族与修谱——以明初江西泰和及吉安为中心[A]//中国社会历史评论第5卷[C]. 天津：天津古籍出版社，2007.

[324] 常建华. 元人文集族谱序跋数量及反映的谱名与地区分布[J]. 史学集刊，2008（6）.

[325] 常建华. 乡约·保甲·族正与清代乡村治理——以凌燽《西江视臬纪事》为中心[J]. 华东师范大学学报（人文社会科学版）2006（1）.

[326] 常建华. 清代宗族"保甲乡约化"的开端——雍正朝族正制出现过程新考[J]. 河北学刊，2008（6）.

[327] 常建华. 明代宗族祠庙祭祖礼制及其演变[J]. 南开大学学报（哲学社会

科学版）2001（3）.

[328] 常建华. 明代江浙赣地区的宗族乡约化[J]. 史林，2004（5）.

[329] 常建华. 元人族谱研究[A]//谱牒学研究第三辑[C]. 北京：书目文献出版社，1992.

[330] 曹国庆. 明代江西科第世家的崛起及其在地方上的作用——以铅山费氏为例[J]. 中国文化研究，1999（4）.

[331] 陈志云. 科举制度与两宋赣文化[J]. 上饶师范学院学报，2001（1）.

[332] 陈元. 皇寮书院始建朝代及今属籍地考辨[J]. 江西教育学院学校（哲学社会科学版）2012（2）.

[333] 蔡晓荣，张英明. 江西士绅与太平天国运动[J]. 江西师范大学学报（哲学社会科学版），2001（8）.

[334] 杜德凤. 太平军在江西的胜利与失败[J]. 江西社会科学，1993（6）.

[335] 邓洪波. 王阳明的书院实践与书院观[J]. 湖南大学学报（社会科学版），2005（6）.

[336] 戴利朝. 转型时期的农村宗族及其嬗变——以20世纪下半叶江西为中心[J]. 江西师范大学学报，2004（2）.

[337] 方小芬. 家法族规的发展历史和时代特征[J]. 上海社会科学院学术季刊，1998（3）.

[338] 方潜龙，吴屾. 东晋南朝时期江西田庄经济探析[J]. 九江学院学报，2006（2）.

[339] 付文茂，龚春明. 乡村宗族文化复苏的路径依赖——以江西 F 村为例[J]. 社会工作，2006（10）.

[340] 方荣. 家谱的起源、价值、作用和内容[J]. 学术研究，2014（7）.

[341] 郭宇昕. 明代江西宗族建设个案研究——以泰和郭氏宗族为例[J]. 社科纵横（新理论版），2012（3）.

[342] 郝秉键. 日本史学界的明清"绅士论"[J]. 清史研究，2007（4）.

[343] 黄琨. 中共暴动中的宗族组织（1927—1929）[J]. 中共党史研究，2005（8）.

[344] 黄超，王善军. 宋代族谱序跋所涉家族的地域分布[J]. 大连大学学报，2012（1）.

[345] 黄志繁. 乡约与保甲：以明代赣南为中心的分析[J]. 中国社会经济史研究，2002（2）.

[346] 黄志坚，黄志繁. 清代赣南的乡族势力与农村墟市[J]. 江西社会科学，2003（2）.

[347] 黄万波，计宏祥. 江西乐平"大熊猫—剑齿象"化石及其洞穴堆积[J]. 古脊椎动物与古人类，1936（2）.

[348] 何友良. 苏区农村的宗族势力及其消亡》，载《江西社会科学》1991年第12期。

[349] 胡炜. 华林书院创办时间考[J]. 宜春师专学报，1998（3）.

[350] 蒋志华. 试论民国时期广东家谱的编修特点[J]. 文献，2004（4）.

[351] 毛晓阳. 太平天国时期江西乡绅的捐输广额[J]. 福州师专学报（社会科学版），2002（2）.

[352] 买文兰. 中国农村家族势力复兴的原因探析[J]. 华北水利水电学院学报（社科版），2001（3）.

[353] 马新，齐涛. 魏晋隋唐时期民间祭祖制度略论[J]. 民俗研究，2012（5）.

[354] 秦富平. 明清乡约研究述评[J]. 山西大学学报(哲学社会科学版)，2006（3）.

[355] 潘光旦. 家谱与宗法[J]. 东方杂志，27（21）.

[356] 饶伟新. 明清时期华南地区乡村聚落的宗族化与军事化——以赣南乡村围寨为中心[J]. 史学月刊，2003（12）.

[357] 饶伟新. 清代赣南客民的联宗谱及其意义初探[J]. 赣南师范学院学报，2007（4）.

[358] 饶伟新. 论土地革命时期赣南农村的社会矛盾——历史人类学视野下的中国土地革命史研究[J]. 厦门大学学报（哲学社会科学版），2004（5）.

[359] 康春华. 调适和融通：国家权力与客家宗族系统之间的二重变奏——以明代中叶崇义为例[J]. 嘉应大学学报，2002（5）.

[360] 刘经富. 从义宁州怀远陈姓宗谱祠志看陈宝箴家族史[J]. 南昌大学学报（人文社会科学版），2003（2）.

[361] 李文治. 中国封建社会土地关系与宗法宗族制[J]. 历史研究，1989(5).

[362]李江. 桂岩书院探论[J]. 江西社会科学，2009（6）.

[363]李才栋. 从早期江南三书院看书院、科举制度的互动关系[J]. 江西教育学院学报（社会科学），2004（2）.

[364]李学如. 宋代宗族义庄述论[J]. 淮北师范大学学报（哲学社会科学版），2014（6）.

[365]李平亮. 近代中国的新学、宗族与地方政治——以南昌熊氏宗族为中心[A]//常建华，主编. 中国社会历史评论第八卷[C]. 天津：天津古籍出版社，2007.

[366]李超荣，徐长青. 江西安义潦河发现的旧石器及其意义[J]. 人类学学报，1991，10（1）.

[367]李超荣. 江西安义县旧石器的研究[J]. 江西文物，1991（3）.

[368]李超荣，侯远志，王强. 江西新余发现的旧石器[J]. 人类学学报，1994（4）.

[369]林晓平. 赣南客家宗族制度的形成与特色[J]. 赣南师范学院学报，2003（5）.

[370]林济. 大革命及土地革命时期党对乡村宗族的认识与政策[J]. 中共党史研究，2002（5）.

[371]梁洪生. 家族组织的整合与乡绅——乐安县流坑"彰义堂"祭祀的历史考察[A]//周天游主编. 地域社会与传统中国[C]. 西安：西北大学出版社，1995.

[372]梁洪生. 江右王门学者的乡族建设——以流坑村为例[J]. 新史学，1997（8）.

[373]梁洪生. 辛亥革命前后江西谱论与社会变迁——读谱笔记三则[A]//张国刚，主编.中国社会历史评论第二卷[C]. 天津：天津古籍出版社，2000.

[374]梁洪生. 近观江西民间的修谱活动[J]. 1995（2）.

[375]梁洪生. 谁在修谱[J]. 东方，1995（3）.

[376]廖雅琴. 中国近代南方宗族早期变迁[A]//张国刚，主编. 中国社会历史评论第二卷[C]. 天津：天津古籍出版社，2000.

[377]廖样年. 社会控制视野下的国家、地方、宗族的三重变奏——以明代赣南盐政为中心[J]. 盐业史研究，2005（1）.

[378]罗艳春. 教育、宗族与地域社会——清中叶江西书院再考[A]//常建华, 主编. 中国社会历史评论第九卷[C]. 天津：天津古籍出版社，2008.

[379]罗艳春. 祠堂与宗族社会[J]. 史林，2004（5）.

[380]罗艳春. 教育、族群与地域社会——清中叶江西万载书院初考[A]//常建华主编.中国社会历史评论第七卷[C]. 天津：天津古籍出版社，2006.

[381]吕小鲜. 嘉庆朝江西万载县土棚学额纷争案[J]. 历史档案，1994（1）.

[382]骆江铃，邱新有，杨明. 宗族复兴的有限性与工具性研究——以赣北红顶村田野调查为中心[J]. 农业考古，2013（6）.

[383]施由明. 试论中原移民与赣中世家大族的历史形成[J]. 黄河科技大学学报，2009（4）.

[384]施由明. 论中原移民与江西宗族的发展——以赣中袁氏宗族为例[A]//陈义初，主编. 河洛文化与殷商文明[C]. 郑州：河南人民出版社，2010.

[385]施由明. 论河洛移民与中国南方宗族——以江西为中心的历史考察[A]//邓永俭，主编. 河洛文化与台湾文化[C]. 郑州：河南人民出版社，2011.

[386]施由明. 论中原移民与江西族谱编撰的兴起[J]. 黄河科技大学学报，2012（5）.

[387]施由明. 论明代江西农村宗族的大发展[J]. 中国农史，2013（2）.

[388]施由明. 论清代江西农村社会的宗族化[J]. 农业考古，2013（1）.

[389]施由明. 明清时期宗族与农村社会控制——以江西安义千年古村为例[J]. 农业考古，2006（4）.

[390]施由明. 试析清代江西宗族的自治机制——以万载辛氏宗族为例[J]. 江西社会科学，2008（12）.

[391]施由明. 论中原文化在赣鄱地域的早期传播与影响[J]. 黄河科技大学学报，2010（4）.

[392]宋三平. 宋代封建家族的物质基础是墓祭田[J]. 南昌大学学报（人文社会科学版）1991（1）.

[393]邵鸿. 明清江西农村社区中的会——以乐安县流坑村为例[J]. 中国社会经济史研究，1997（1）.

[394]唐晓腾. 社会变迁中的宗族与基层政府：1950—1979 对江西古竹村的个案分析[J]. 江西社会科学，2002（4）.

[395]谢建社,郑百录,谢蓬勃."民工潮"对农村宗族的影响——以江西姚圩镇为例[J].南昌大学学报(人文社会科学版),2005(3).

[396]谢宏维.清中晚期至民国时期江西万载的土客冲突与国家应对[J].江西社会科学,2004(2).

[397]谢宏维.棚民、土著与国家——以清中期江西省万载县土棚学额纷争为例[J].中国史研究,2004(2).

[398]熊承涤.明代的蒙学教材[J].课程·教材·教法,1991(11).

[399]许怀林.鄱阳洪氏家族的升腾与陨落[J].江西师范大学学报(哲学社会科学版),1999(1).

[400]许华安.清代江西宗族族产初探[J].中国社会经济史研究,1994(1).

[401]徐茂明.明清以来乡绅、绅士与士绅诸概念辨析[J].苏州大学学报(哲学社会科学版),2003(1).

[402]谢庐明.传统与变迁:赣南客家家法族规的地域性分析[J].赣南师范学院学报,2004(4).

[403]谢庐明,曾小锋.20世纪二三十年代赣南乡村宗族与苏维埃革命——兼论中国共产党对宗族的认识和政策[J].江西行政学院学报,2006(1).

[404]幸友金.桂岩书院新考[J].中国书院论坛,2002.

[405]熊明安.我国古代学校教育制度形成、发展及其历史作用[J].西南师范大学学报(人文社会科学版),1985(3).

[406]肖文评.地方贸易发展与宗族复兴——以清至民国时期江西乐安县流坑董氏为例[J].江西师范大学学报(哲学社会科学版),2004(4).

[407]肖唐镖,幸珍宁.江西农村宗族情况考察[J].社会学研究,1997(4).

[408]肖唐镖.农村宗族重建的普遍性分析——对江西农村的调查[J].中国农村观察,1997(5).

[409]肖唐镖,戴利朝.村治过程中的宗族——对赣、皖10个村治理状况的一项综合分析[J].福建师范大学学报(哲学社会科学版),2003(5).

[410]肖唐镖.农村基层治理与民主实践中的宗族问题[J].中共宁波市委党校学报,2003(5).

[411]肖唐镖.乡村治理中宗族与村民的互动关系分析[J].社会科学研究,

2008（6）.

[412]肖唐镖. 农村宗族与村民选举的关系分析——对赣、晋两省56个村选举的跟踪观察和研究[J]. 北京行政学院学报，2007（4）.

[413]肖塘镖. 宗族重建抑或瓦解——当前中国乡村地区的宗族重建状况分析[J]. 华中师范大学学报（人文社会科学版），2011（2）.

[414]肖唐镖. 宗族与村治、村选举关系研究[J]. 江西社会科学，2001（9）.

[415]肖唐镖. 二十余年来大陆农村的政治稳定状况——以农民行动的变化为视角[J]. 二十一世纪，2003（2）.

[416]姚硕. 徽州家谱编修特点及其徽商特征研究——以《西关章氏族谱》为例[J]. 沈阳大学学报（社会科学版），2014（4）.

[417]严文明，彭适凡. 仙人洞与吊桶环——华南史前考古的重大突破[N]. 中国文物报，2000-7-5.

[418]杨善华. 家族政治与农村基层政治精英的选拔、角色定位和精英更替——一个分析框架[J]. 社会学研究，2000（3）.

[419]杨吉安. 20世纪三四十年代国家视阈下江西万载新族学[J]. 历史教学，2013（12）.

[420]应方淦. 明代书院举业化探析[J]. 晋阳学刊，2006（4）.

[421]殷剑，吴娜. 试论乐安流坑祠堂祭祖风俗中的宗法问题[J]. 南昌师范学院学报，2003（4）.

[422]游彪. 宋代的宗族祠堂、祭祀及其他[J]. 安徽师范大学学报（人文社会科学版），2006（3）.

[423]余红. 中国农村宗族势力为什么能够复活[J]. 南昌大学学报（人文社会科学版），1996（3）.

[424]余冲，李立文，黎清平，黄材利. 农村宗族组织的变迁——来自江西万载县的调查[J]. 理论导报，2011（1）.

[425]吴尔泰. 试论宗族制度对赣傩传承与发展的影响[J]. 江西科技师范大学学院，2006（1）.

[426]王栋. 宗族与江西近代民办教育[J]. 南昌师范学院学报，2014（6）.

[427]王日根. 宋以来义田生成机制论[J]. 厦门大学学报（哲学社会科学版），1996（2）.

[428]王善军.宋代的宗族祭祀和祖先崇拜[J].世界宗教研究,1999（3）.

[429]温锐,蒋国河.20世纪90年代以来当代中国农村宗族问题管窥[J].福建师范大学学报（哲学社会科学版）,2004（4）.

[430]曾小锋.冲击与回应：农村宗族的分化与中国苏维埃革命——以中央苏区为例[J].赣南师范学院学报,2011（2）.

[431]曾国华.宗族组织与乡村权力结构——赣南和粤东两个村镇个案件研究[J].思想战线,2004（1）.

[432]周建新.人类学视野中宗族社会研究[J].民族研究,2006（1）.

[433]周建新.客家祖先崇拜的二元形态与客家社会[J].西南民族大学学报（人文社会科学版）,2005（3）.

[434]周红兵.赣南客家源流考[J].赣南师范学院学报,1992（增刊）.

[435]朱谐汉.太平天国时期的江西团练[J].江西师范大学学报（哲学社会科学版）,1988（4）.

[436]郑振满.中国家族史研究：历史学与人类学的不同视野[J].厦门大学学报（哲学社会科学版）,1991（4）.

[437]郑锐达.宗族的形成与户籍的关系——江西萍乡个案研究[J].华南研究：第2辑.香港：香港教育图书公司,1999.

[438]衷海燕.江右王学的学术传承与地方宗族的乡村实践——以明代中后期安福邹守益家族为例[J].贵州文史丛刊,2014（4）.

[439]衷海燕.士绅、乡绅与地方精英——关于精英群体研究的回顾[J].华南农业大学学报（社会科学版）,2005（2）.

[440]衷海燕.《清代江西的乡绅、望族与地方社会——新城县中田镇的个案研究[J].清史研究,2003（2）.

[441]衷海燕,唐云平.陂堰、乡族与国家——以泰和县槎滩、碉石陂为中心[J].农业考古,2005（3）.

[442]衷海燕.清代江西的家族、乡绅与义仓——新城县广仁庄研究[J].中国社会经济史研究,2002（4）.

[443]宗韵.明人谱牒序的地域分布及其成因[J].图书与情报,2010（3）.

[444]仲兆宏.明清苏闽族谱内容比较研究[J].苏州大学学报,2013（4）.

[445]张鹤泉.东汉宗族组织试探[J].中国史研究,1993（1）.

[446]张发祥. 流坑董氏家族书院考略[J]. 华东理工学院学报，2007（4）.

[447]张艺曦. 社群、家族与王学的乡里实践——以明中晚期江西吉水、安福两县为例[J]. "国立"台湾大学文史丛刊，台湾大学出版委员会，2006.

[448]张渝. 思想的继承、实践与流变——王阳明社会教化思想与明后期江西吉抚地区宗族的发展[J]. 哈尔滨市委党校学报，2011（6）.

[449]张侃. 从宗族到国家：中国共产党早期的基层政权建设——以1929—1934年的闽西赣南为中心的考察[J]. 福建论坛（人文社会科学版），2002（5）.

[450]左云鹏. 祠堂族长族权的形成及作用试说[J]. 历史研究，1964（21）.

[451]朱康对，黄卫堂，任晓. 宗族文化与村民自治——浙江省苍南县钱库镇村级民主选举调查[J]. 中国农村观察，2000（6）.

后记

本人在1986年从厦门大学历史系历史学专业毕业后分配到江西社会科学院工作，随即抽调到江西省委讲师团，作为江西省委首批讲师团成员支教江西省安远县第二中学，在从事中学教学一年后回到了江西省社会科学院，并按院人事处的分派，来到了历史研究所从事历史学的研究。时任江西省社会科学院历史研究所所长和副所长者是我的校友与系友陈荣华和陈文华先生。初次见面荣华先生就问我：你是跟我作中国革命史研究还是跟文华搞农业考古？我毫不犹豫地说：我跟文华先生搞农业考古。因为在我毕业离校之前，系里的老师傅崇文先生（宋史专家）就告知过我：到了江西省社会科学院之后，可跟我们的系友陈文华先生从事农业考古研究，他很有名，做得很好。师从陈文华先生之后，按陈文华先生的要求，从文献上研究中国农业史和江西地方史。所以，延续至今仍然是主要从文献的角度研究中国农业史和江西地方史，1991年之后又跟随陈文华先生的研究步伐开展了中国茶文化的研究。

在断断续续地对江西地方史研究的过程中，江西的宗族问题逐渐引起了我的兴趣，因为明清时期的江西是一个宗族势力很强盛的地区，社会的方方面面与宗族都相关，所以，在对江西经济史作了较多的研究之后，展开了对江西宗族的研究，主要是对一些宗族个案开展了研究，如万载县辛氏宗族，安义县千年古村黄、刘两大宗族等。而本书的写作源起于江西省委宣传部给了江西省社会科学院一百万经费，用以出版一套《赣鄱文化丛书》。原本抱着试试看的想法，按江西省社会科学院的要求申报选题。至2013年，我虽对江西的宗族作过一些个案研究，但要全面且透彻地分析江西的宗族文化，还是没有把握。但《赣鄱文化丛书》编委会确定要我撰写此书，并签订了合同，我调动江西地方史研究的积累全力创作，2014年9月至2016年9月完成了此书的写作。由于学术积累不够深厚，以及对江西族谱的阅读量还不够大，书中还存在缺漏和深度不够之处，期望专家们指正。

  能完成本书的创作，首先要感谢江西省社会科学院领导的信任，其次要感谢《赣鄱文化丛书》编委会决定出版此著，感谢江西省社科规划办将此书列入2016年省社科规划课题而给予资助，感谢江西省社会科学院文化所所长夏汉宁研究员对本书初稿的审读并提出修改意见，感谢本书编辑对本书的细心编校。

2016年9月25日于青山湖畔